项目管理工程硕士规划教材

项目管理概论

乐 云 主 编
何清华 罗 晟 李永奎 副主编
曹吉鸣 主 审

中国建筑工业出版社

图书在版编目(CIP)数据

项目管理概论/乐云主编. —北京：中国建筑工业出版社，2008
项目管理工程硕士规划教材
ISBN 978-7-112-10059-0

Ⅰ. 项… Ⅱ. 乐… Ⅲ. 项目管理—研究生—教材 Ⅳ. F224.5

中国版本图书馆 CIP 数据核字(2008)第 057597 号

本书是项目管理工程硕士规划教材之一，主要用于工程硕士"项目管理概论"课程的教学。旨在引导读者学习、掌握项目管理的基本理论、工作任务和工作方法。

本书主要内容包括项目管理的概念、项目管理的组织、项目前期策划、项目设计过程管理、项目目标控制、项目合同管理、信息沟通与管理等。全书章节分别按照项目管理工作任务和项目管理时间顺序两个维度展开。

本书概念清晰、理论性强，紧扣当前项目管理的研究前沿和热点话题，注重理论结合实际。不仅可供工程硕士研究生教学使用，也可供政府管理部门、项目主持方、项目参与方、科研单位以及有志于从事项目管理研究与实践的人员学习、参考。

* * *

责任编辑：牛 松 张 晶
责任设计：董建平
责任校对：关 健 刘 钰

项目管理工程硕士规划教材
项目管理概论
乐 云 主 编
何清华 罗 晟 李永奎 副主编
曹吉鸣 主 审

*

中国建筑工业出版社出版、发行(北京西郊百万庄)
各地新华书店、建筑书店经销
北京天成排版公司制版
北京二二〇七工厂印刷

*

开本：787×1092 毫米 1/16 印张：22¾ 字数：560 千字
2008 年 11 月第一版 2008 年 11 月第一次印刷
定价：42.00 元
ISBN 978-7-112-10059-0
(16862)

版权所有 翻印必究
如有印装质量问题，可寄本社退换
(邮政编码 100037)

项目管理工程硕士规划教材编审委员会

主　任：
　　李京文　中国工程院院士
　　　　　　中国社会科学院学部委员、学部主席团成员
　　何继善　中国工程院院士　中南大学教授

副主任：
　　丁士昭　全国高校工程管理专业评估委员会主任
　　　　　　同济大学教授
　　王守清　全国项目管理领域工程硕士教育协作组组长
　　　　　　清华大学教授
　　任　宏　全国高校工程管理专业指导委员会主任
　　　　　　重庆大学教授

委　员：（按姓氏笔画排序）

丁烈云	华中师范大学教授	王孟钧	中南大学教授
王要武	哈尔滨工业大学教授	王雪青	天津大学教授
乐　云	同济大学教授	田金信	哈尔滨工业大学教授
成　虎	东南大学教授	刘长滨	北京建筑工程学院教授
刘伊生	北京交通大学教授	刘贵文	重庆大学副教授
刘晓君	西安建筑科技大学教授	李启明	东南大学教授
何佰洲	北京建筑工程学院教授	何清华	同济大学副教授
张仕廉	重庆大学教授	张连营	天津大学教授
陈　健	哈尔滨工业大学副教授	陈建国	同济大学教授
陈起俊	山东建筑大学教授	赵世强	北京建筑工程学院教授
骆汉宾	华中科技大学副教授	陶　萍	哈尔滨工业大学副教授
黄梯云	哈尔滨工业大学教授	曹吉鸣	同济大学教授
蒋国瑞	北京工业大学教授		

序 一

近年来，随着经济的快速发展和新型工业化进程的加快，我国各级各类建设项目迅速增加，建设项目资金投入不断增长，近年我国年固定资产投资额已均在 10 万亿以上。在建设行业蓬勃发展的今天，由于种种原因，有些项目并不成功，在质量、成本或进度上不能完全实现建设目标，造成了一定的资源浪费和经济损失。据调查，造成项目失败的主要原因之一是管理工作跟不上形势要求，特别是项目管理工作不到位。为了提高管理水平，建设领域迫切需要大量既精通专业知识又具备管理能力的项目管理人才。因此，为建设行业培养一大批专业基础扎实、专业技能强、综合素质高、具备现代项目管理能力的复合型、创新型、开拓型人才是高等院校和企业培训部门所面临的艰巨且迫切的任务。

为满足社会对项目管理人才的需求，从 2003 年开始，我国相继有 100 多所高校开设了项目管理工程硕士专业学位教育。该项目主要培养对象是具有某一领域的工程技术背景且在实践中从事项目管理工作的工程人员，期望他们通过对项目管理知识的系统学习、结合自身的工作经验，针对工程项目管理中存在的重大问题、重点问题或热点问题作为自己的毕业设计进行研究，这不仅可以很好地提高学员的项目管理能力，也为有效解决工程项目实际中的问题奠定了基础，因此受到了社会的广泛欢迎。本专业学位教育的快速发展，为工程领域培养高层次项目管理人才拓宽了有效的途径。

项目管理工程硕士教育作为一个新兴的领域，开展的时间比较短，各方面经验不足，因此，到目前为止，国内还没有一套能很好满足教学需要的教材。大家知道，项目本身是一个内涵十分广泛的概念，不同类型的项目不仅技术背景截然不同，其管理的内外环境也有很大差异，因此试图满足所有类型项目管理教学需要的教材往往达不到预期效果。同时有些教材在编写的过程中忽视了工程硕士教育的工程背景及实践特征，常常重理论、轻实践，案例针对性差、内容更新缓慢，用于实际教学，效果往往不尽如人意。

鉴于此，中国建筑工业出版社在充分调研的基础上，组织了国内高校及企业界数十位从事项目管理教学、研究及实际工作的专家，历时近两年，编写了这套项目管理工程硕士规划教材。在教材规划及编写过程中，既强调了项目管理知识的系统性，又特别考虑了教材本身的建设工程背景。同时针对工程硕士教育的特点，教材在保持理论体系完整的同时，结合工程项目管理成功案例，增加国内外项目管理前沿发展信息、最新项目管理的思想与理念，着重加大实践及案例讨论的内容。相信这套教材的出版会为本领域的人才培养工作提供有力的支撑。

我国正处在加速实现信息化、工业化和城市化的进程之中,今后相当长一段时期内,国家的各项建设事业仍将维持高速发展。真诚希望这套规划教材的出版,能够为项目管理工程硕士培养质量的提高,为越来越多的创新型项目管理人才的培养,为国家和社会的进步与发展作出应有的贡献。

同时,真诚欢迎各位专家、领导和广大读者对这套教材提出修改补充与更新完善的意见。

李毅

2008.10.6.

序二

工程科学技术在推动人类文明的进步中一直起着发动机的作用，是经济发展和社会进步的强大动力。自20世纪下半叶以来，工程科技以前所未有的速度和规模迅速发展，其重要作用日益突显，并越来越受到人们的重视。

当前，我国正处于经济建设快速发展时期，全国各地都在进行类型多种多样的工程建设，特别是许多重大工程的建设，更凸显了工程科学技术的重要地位和工程管理的巨大作用，标志着我国已经进入工程时代。

在这一大背景下，2007年4月6日至9日，首届中国工程管理论坛在广州召开。这次论坛是由中国工程院发起和组织的第一次全国性工程管理论坛，是我国工程管理界的盛大聚会。吸引了20余位院士、350余名代表齐聚广州。论坛以"我国工程管理发展现状及关键问题"为主题，共同探讨了我国工程管理的现状、成就和未来，更好地促进了我国工程管理学科的发展，提高了工程管理的社会认知度和影响力。

一次大会就像播种机，播撒下的种子会默默地发芽、成长，会取得令人意想不到的收获。让我感到欣慰的是，中国建筑工业出版社以这次会议为契机，组织部分与会专家和代表编写了一套培养"项目管理工程硕士"的教材。这套教材融会了项目管理领域学者们的最新研究和教学成果，它的出版为高水平工程项目管理人才的培养提供了有力保障；对项目管理模式在工程建设领域的普及会产生积极的推动作用。

在人类文明的进程中，在中国经济发展和社会进步的潮涌中，需要具有创新思想的人才，需要掌握工程科学技术和先进项目管理思想的人才。日月之行，若出其中；星汉灿烂，若出其里。愿志存高远的青年朋友们，沉志于心、埋首读书，将来以真才实学报效国家和民族，这是我所期望的。

何建善识
2008.9.18

序三

2007年初，当中国建筑工业出版社提出要规划出版一套项目管理工程硕士教材而向我征求意见时，我当即表示支持，并借2007年4月参加"工程管理论坛"之际参加了出版社于在广州组织召开的教材编写工作会议，会上确立了强化工程背景的编写特色，教材编写工作正式启动。如今，在10余所高校数十位专家及中国建筑工业出版社的共同努力下，"项目管理工程硕士规划教材"终于面世了，这套教材的出版，必将进一步丰富我国项目管理工程硕士的特色教育资源，对提高我国项目管理工程硕士教育质量也将起到积极的促进作用。

现代项目管理学科起源于20世纪50年代，我国的项目管理则源于华罗庚教授在1965年开始从事的统筹法和优选法的研究和推广工作，而具有里程碑意义的项目管理在我国工程中的应用则始于20世纪80年代的鲁布革水电站引水隧洞工程。国家有关部门1987年总结了"鲁布革经验"，在工程建设领域提出了"项目法"施工的改革思路，推动了建筑业生产方式的改革和建筑企业组织结构的调整。考虑到社会对项目管理人才培养的迫切需求，有关行业协会制定了项目经理职业培训和资格认证体制，开展了数十万项目经理的职业培训和资格认证，培养了一支职业化、专业化的现代项目经理队伍。但随着经济的发展和竞争的加剧，各行业领域越来越需要以项目为单元进行精细的管理，而项目管理的国际化、信息化和集成化趋势日益明显，对高层次项目管理人才的需求越来越大。在这种情况下，我国的项目管理工程硕士教育一经推出就受到广泛欢迎并得到了迅猛的发展。

我国的项目管理工程硕士教育于2003年启动，经过近几年的发展，目前具有项目管理工程硕士学位授予权的高校已达到103所，项目管理工程硕士的报名人数及招生人数自2005年起一直居40个工程硕士领域之首。为促进工程硕士教育与国际接轨，在全国项目管理领域工程硕士教育协作组的积极努力下，促成了项目管理工程硕士与国际两大权威专业团体（IPMA和PMI）的实质性合作。与项目管理工程硕士教育的快速发展相比，适用于项目管理工程硕士培养的教材尤其是具有鲜明工程背景的特色教材还十分匮乏，制约了项目管理工程硕士教育的发展和质量的提高。因此，"项目管理工程硕士规划教材"的出版，是非常必要和及时的。

这套教材在确定各分册内容时充分考虑了项目管理知识体系的完整性和相对独立性，各分册自成体系又相互依托，力求全面覆盖项目管理工程硕士的培养要求。在编写过程中始终强调理论联系实际，强调培养学生的实际操作能力和解决问题的能力，全面满足项目管理工程硕士教学的需要。

这套教材最大的特点是具有鲜明的工程背景，这与全国工程硕士专业学位教育指导委员会一贯倡导的工程硕士教育要强调工程特性的指导思想完全一致。出版社在作者遴选阶段、编写启动阶段及编写过程中，都很好地落实了这一思想，全套教材以土木工程、水利工程、交通工程、电力工程及石油石化工程等为背景，做到了管理科学体系和工程科学体系的紧密结合。另外值得一提的是，这套教材的编写秉承了中国建筑工业出版社50余年来的严谨作风，实行了教材主审制度，每个分册书稿完成后都有一名业内专家进行审阅，进一步保证了本套教材的工程性和权威性。

这套教材除适用于高等学校项目管理工程硕士教育外，也可供管理类及技术类相关专业工程硕士、硕士、博士及工程管理本科生使用，还可作为社会相关专业人员的参考资料。

我衷心祝贺本套教材的出版，也衷心希望我国的项目管理工程硕士教育事业能够健康持续地发展！

（王守清）
清华大学建设管理系　教授
全国项目管理领域工程硕士教育协作组　组长
PMI全球项目管理认证中心　理事
2008年7月16日

前言 Preface

面对新世纪我国项目管理发展的实践，如何奉献一本既能把握当今项目管理的时代脉搏，又能贴近我国工程硕士教学实际的教材，以期满足我国培养高层次项目管理人才的需要，已成为一个摆在每一位项目管理教师面前必须思考并解决的问题。作者认为，正确、清晰的理论、概念和详尽、实际的案例、素材是项目管理教材必须具备的两大要素。

适逢其时，中国建筑工业出版社组织编写了一套项目管理工程硕士规划教材，作者荣幸地受邀主持了其中的一本——《项目管理概论》的编写。本教材在编写中特别注重以下几个方面：

1. 注重概念的准确性。对项目管理的概念、项目组织、项目策划、目标控制以及项目管理信息化等概念进行全面、详细的论述，力图澄清目前在项目管理领域中容易模糊和误解的观念，用尽可能清晰的语言和深入的剖析来阐述项目管理的理论框架。

2. 注重研究前沿和国际化趋势。介绍国内项目管理理论研究的前沿、国际项目管理理论体系及其今后发展的趋势，但又不是一本纯理论研究书籍，而是以国际化的角度，站在国内项目管理实践立场上，理论联系实际，使学生学到的知识尽可能具有可操作性。

3. 注重本领域当前热点话题。以发展的眼光，结合改革开放以来国家出台的诸多政策法规，重点分析和阐述当前本领域热点话题，从比较宏观的视角以及理论探讨的角度，力图既不违背国家现行法律法规，同时也明确提出自己的看法。

4. 注重理论结合实际。工程项目管理是实践性很强的一门课程，好的教材应该是长期实践经验的积累和总结，是理论结合实际的产物。通过大量案例教学，让学生在理解和掌握扎实的理论的基础上，知道在项目实施的各个阶段具体如何正确从事项目管理工作。

5. 注重读者对象和学生的需求。本教材主要读者对象为全国项目管理领域工程硕士，因此要兼顾各行业从事项目管理工作的不同对象的需求。鉴于作者所从事的是建设工程领域，因此在教材中大量引用了作者曾亲身经历的建设工程项目作为案例，但在理论体系中尽量采用广义的项目管理，以期不同行业背景的学生接受。作者曾在大学给本科生、硕士生、博士生以及 MBA、EMBA、MPA 和工程硕士讲授了多年项目管理课程，并受政府、专业协会和企业邀请讲授项目管理，深受不同行业各类听众欢迎，目前已经形成一套完整的教案。本教材即以作者的项目管理课程教案为蓝本。

  本教材主编由同济大学经济与管理学院建设管理与房地产系主任乐云教授担任，副主编由何清华、罗晟、李永奎担任，韦展在教材编写过程中作了大量的工作。其他参编人员还有彭勇、蒋卫平、陈训、佘志鹏、王盛文、崔政、许鹏、胡毅等。

  由于作者水平所限，谬误之处在所难免，恳请广大读者、专家提出批评、指正，以期能更好地为我国的项目管理工程硕士教育事业服务。

目录 Contents

第1章 导言
1.1 现代项目管理的发展前沿 ……………………………………………… 1
1.2 教材主要内容及学习方法 ……………………………………………… 6

第2章 项目管理的概念
2.1 项目管理的定义 ………………………………………………………… 10
2.2 项目管理的过程 ………………………………………………………… 15
2.3 项目管理的特点 ………………………………………………………… 18
2.4 项目管理的体系 ………………………………………………………… 25
2.5 项目经理的概念 ………………………………………………………… 27

第3章 项目管理的组织
3.1 组织的基本概念 ………………………………………………………… 32
3.2 组织结构图与基本组织结构模式 ……………………………………… 35
3.3 项目实施组织结构 ……………………………………………………… 42
3.4 项目管理班子内部组织 ………………………………………………… 50
3.5 项目管理的组织工具 …………………………………………………… 54
3.6 项目管理组织实施大纲 ………………………………………………… 80

第4章 项目前期策划
4.1 项目前期策划的概念 …………………………………………………… 85
4.2 环境调查与分析 ………………………………………………………… 90
4.3 项目决策策划 …………………………………………………………… 104
4.4 项目实施策划 …………………………………………………………… 126

第5章 设计过程的项目管理

- 5.1 设计过程项目管理概述 …… 140
- 5.2 设计过程项目管理的重要性 …… 149
- 5.3 设计任务委托及设计委托合同结构 …… 155
- 5.4 设计要求文件 …… 166
- 5.5 设计委托合同 …… 171
- 5.6 设计协调 …… 176

第6章 项目目标控制

- 6.1 动态控制原理及应用 …… 184
- 6.2 项目投资控制 …… 186
- 6.3 项目进度控制 …… 204
- 6.4 项目质量控制 …… 226
- 6.5 风险管理在项目目标控制中的应用 …… 240

第7章 项目合同管理

- 7.1 合同分类与合同分解结构 …… 252
- 7.2 合同结构模式与合同结构图 …… 254
- 7.3 工程招标投标 …… 273
- 7.4 项目合同文本 …… 280
- 7.5 项目合同的计价方式 …… 285

第8章 信息沟通与管理

- 8.1 信息管理的概念 …… 291
- 8.2 信息分类与编码体系 …… 295
- 8.3 信息交流和信息流程图 …… 307
- 8.4 信息管理制度 …… 311
- 8.5 项目管理信息系统 …… 317
- 8.6 项目信息门户 …… 332
- 8.7 生命周期信息集成 …… 342

参考文献

第1章 导言

项目管理，作为人们在长期项目实践中对经验和心得的提炼与升华，历经几十年不断地更新和完善，已成为一门具有完整知识体系和独特方法论的管理理论，反之又继续指导和推动项目更好地实践和发展。时至今日，项目管理在各行各业，尤其是工程领域都有着广泛的应用。因此，对以培养既能掌握工程技术又通晓管理技能的复合型人才为目标的工程硕士教育而言，掌握项目管理的基础理论、通晓项目管理的实践操作是工程硕士研究生重要而且必要的学习任务。

作为项目管理概论全书的导言，本章主要内容包括现代项目管理的发展前沿、本教材的主要内容、学习方法等。目的在于通过开篇简明扼要的文字，使读者了解全书的行文脉络和学习中应注意的事项，便于接下来对全文思想和内容的学习与理解。

1.1 现代项目管理的发展前沿

(1) 项目管理(Project Management)的发展

项目管理自20世纪50年代出现以来，已经经历了四代的发展，如图1-1所示。第一代是项目管理(Project Management)，即传统上单个项目的项目管理，它是以单个项目的目标控制为核心的管理；第二代是项目群管理(Program Management)，它是指对多个相互有关联的项目组成的项目群的管理，其控制的核心是组织整体的战略目标，时间范围不仅限于项目的实施阶段，更重视项目决策阶段的管理；第三代是组合管理(Portfolio Management)，它是指多个并不一定相互有关联的项目组成的项目群的管理；第四代是变更管理(Change Management)，即指针对不断变化环境的项目管理。

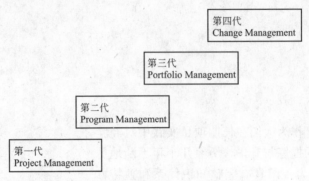

图 1-1 项目管理的四个发展阶段

上述四代项目管理的共同特点表现为项目管理工作主要集中在项目实施阶段，项目管理工作的核心是项目目标的控制。除此之外，在现代项目管理发展的过程中，项目管理的特征越来越体现为对项目决策支持的重视和项目生命周期集成化管理的需求。因此，促进了面向项目决策支持的项目总体控制和面向项目生命周期的项目集成化管理的现代项目管理理论研究。

(2) 项目总体控制(Project Controlling)

项目总体控制(Project Controlling)，是企业控制论的 Controlling 理论在项目运用中所形成的一个新的分支。它主要应用于一些特大型项目的管理实践中。与项目管理不同，项目总体控制不从事具体的项目事务处理，其主要工作是通过对项目目标实施全过程的跟踪、调查与分析，科学运用项目管理的经验和现代信息技术，及时向项目决策者提出项目实施的有关信息与咨询建议，为项目决策者提供决策支持，协助项目决策者从更宏观的角度来控制整个项目。其核心理念是以信息流来指导整个项目的实施。

同传统的项目管理相比，项目总体控制的特点体现为如下两个方面：

1) 工作内容不同。项目管理工作侧重于项目具体实施，主要内容包括项目质量、进度、投资目标的控制，项目安全、合同、信息的管理以及项目的组织、协调等。而项目总体控制侧重于项目决策支持，以实现对项目的宏观计划和控制，其主要工作是进行信息的处理和分析。项目总体控制的主要成果就是向项目决策者针对项目的实施提供高质量、有价值的信息。

2) 面向对象不同。项目管理面向项目主持方和项目各参与方，而项目总体控制面向项目主持方的决策层。项目总体控制人员既不是代替项目主持者，也不是具体的项目管理者，其定位是项目决策者的决策支持顾问。

案例分析 1-1　德国统一铁路改建和新建项目总体控制

德国统一铁路改建和新建项目的主要任务是建造统一后德国联系各州的高速铁路网。项目管理组织结构包括三层：中央控制中心，包括联合投资方以及德国铁路总公司委托和授权的项目开发方；子控制中心，开发方在整个德国设立了 9 个项目中心作为子控制中心,负责某一区域改建和新建项目的实施;地方实施中心,分散在全国各地的项目管理实施中心,项目参与单位包括负责某一区域具体工程的设计单位、承包商、供货商和咨询单位等。

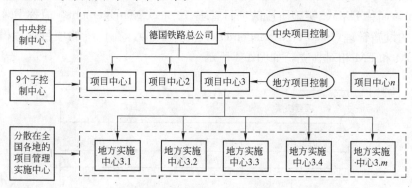

图 1-2 德国统一铁路改建和新建项目组织结构

为了便于项目决策者从众多地方实施中心产生的大量的项目信息中及时掌握项目总体发展情况,准确进行项目决策,该项目在国际上首次应用项目总体控制思想来协助项目实施。其项目总体控制组织结构包括在慕尼黑总部委托格来勒工学博士工程管理咨询公司为项目决策层提供中央项目总体控制,在9个子控制中心分别委托专业咨询公司为其提供地方项目总体控制。

整个总体控制循环由中央项目控制循环和9个子控制中心项目控制循环两个层面组成,都是以合同控制为核心的目标控制系统。项目决策者委托承担中央项目总体控制和地方项目总体控制的专业工程管理咨询公司进行数据处理,并生成辅助决策的报告系统。其项目总体控制的信息组织结构如图 1-3 所示。

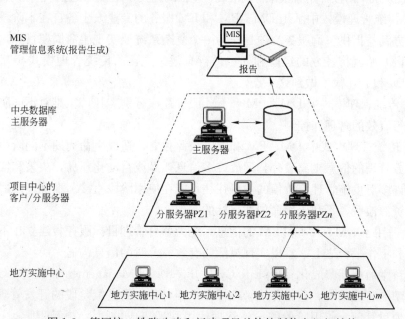

图 1-3 德国统一铁路改建和新建项目总体控制信息组织结构

(3) 集成化管理(Integrated Management)

项目生命周期包括决策阶段、实施阶段和使用阶段,对于项目主持方管理来说,对应于每一阶段有不同的管理,即决策阶段的开发管理(Development Management,简称DM)、实施阶段的项目管理(Project Management,简称PM)和使用阶段的设施管理(Facility Management,简称FM)。在传统的项目管理模式中,DM、PM和FM相对独立,如图1-4所示。

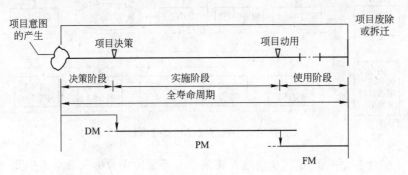

图1-4 项目生命周期的不同阶段与管理

由于传统管理模式中DM、PM和FM相互独立,给项目主持方管理带来种种弊端,主要表现在以下方面:

1) 传统管理模式中相互独立的DM、PM和FM分别针对决策阶段、实施阶段和使用阶段进行管理,缺少真正从生命周期角度对项目进行分析,生命周期目标很难实现。

2) 传统管理模式没有也不可能以项目运营目标为导向进行决策和实施,最终用户需求往往从决策阶段开始就很难得到准确、全面的定义,无法实现运营目标的优化。

3) 传统管理模式中承担DM、PM和FM服务的专业人士各自在本阶段代表项目主持方利益提供咨询服务。项目作为一个复杂系统要实现生命周期目标,需要从决策阶段开始就将各方的经验和知识进行有效集成,而传统管理模式相互独立的DM、PM和FM很难做到这一点。

4) 传统管理模式中DM、PM和FM服务往往分别委托,很难对不同阶段之间界面进行有效的管理和控制。

5) 传统管理模式中DM、PM和FM彼此独立,造成生命周期不同阶段用于项目主持方管理的信息支离破碎,形成许多信息孤岛或自动化孤岛,决策和实施阶段生成的许多对设施管理有价值的信息往往不能在使用阶段直接、准确地使用,造成很大的资源浪费,不利于生命周期目标的实现。

6) 适用于DM、PM和FM的信息系统为各自管理目标服务,建立在不同的项目语言和工作平台之上,难以实现灵活、有效、及时的信息沟通。

项目生命周期集成化管理(Life Cycle Integrated Management,简称LCIM)是一种新型的管理模式。它将传统管理模式中相对独立的决策阶段的开发管理、实施阶段的项目管理、使用阶段的设施管理运用管理集成思想,在管理理念、管理目标、管理组织、管理方法、管理手段等各方面进行有机集成。项目参与各方运用公共的、统一的管理语言和规则及集成化的管理信息系统，实施项目生命周期目标。图 1-5 形象化地表示了项目生命周期集成化管理的概念。

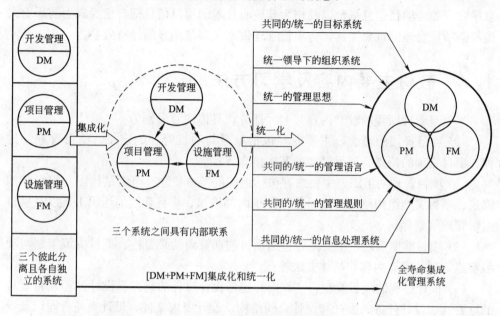

图 1-5　项目生命周期集成化管理

（4）项目管理信息化

项目管理信息化是当今世界项目管理研究的主题。如前所述，现代项目管理发展的三大前沿研究方向分别是项目管理（Project Management）、项目总体控制（Project Controlling）和集成化管理（Integrated Management）。现代项目管理的三个研究方向有一个共同点，即都是以高速发展的信息技术与网络技术为基础，是网络平台上的项目管理，因此被称为 E 时代的项目管理。

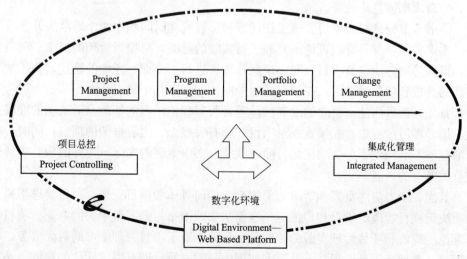

图 1-6　现代项目管理发展前沿的三大研究方向

作为伴随项目管理发展过程所必需的计算机辅助项目管理,其手段和工具经历了相当大的变革。从 20 世纪 70 年代开始广泛运用的项目管理信息系统(Project Management Information System),到 90 年代末开始出现项目信息门户与项目信息平台。如今项目信息平台以及作为其核心技术的项目信息门户已经成为国际上大型复杂项目管理的重要工具,为项目管理带来了非常明显的经济效益。

1.2 教材主要内容及学习方法

本项目管理课程的教学内容共七大部分,具体内容分别为:

(1) 项目管理的概念,主要内容包括项目与项目管理的定义、项目管理的过程、项目管理的特点、项目经理的基本概念等;

(2) 项目管理的组织,主要内容包括组织的基本概念、组织结构图与组织结构模式、项目实施组织结构与项目管理班子内部组织、项目管理的组织工具以及项目组织管理策划等;

(3) 项目前期策划,主要内容包括项目前期策划的必要性、项目决策策划与项目实施策划的重点内容和具体方法等;

(4) 设计过程的项目管理,主要内容包括设计过程的特点、设计过程项目管理的重要性、设计任务的委托和设计合同结构、设计要求文件、设计委托合同以及设计协调等;

(5) 项目目标控制,主要内容包括动态控制原理及其应用,项目质量、投资、进度控制和风险管理在项目目标控制中的应用等;

(6) 项目合同管理,主要内容包括合同分类与合同分解结构、合同结构模式与合同结构图、工程招投标、项目合同文本、项目合同的计价方式等;

(7) 信息沟通与信息管理,主要内容包括信息管理的概念、信息分类与编码体系、信息交流和信息流程图、信息管理制度以及项目管理信息系统、项目信息门户、生命周期信息集成等。

全书章节分别按照项目管理工作任务和项目管理时间顺序两个维度展开。

本课程结合项目管理理论研究和工程实践的经验,对项目管理的概念、项目组织、目标控制方法以及项目合同、信息管理等进行了全面、详细的论述。为了便于教师的传授和学生的学习,在学习过程中应注意如下几个要点。

首先,读者应注重概念的准确性。项目管理理论掌握的基础是对概念的准确把握,读者学习过程中首先须重视对项目管理有关概念、内容框架的理解;同时,概念的理解不必拘泥于条文的记忆,而应该结合文中案例的实际,更好的领会项目管理有关概念的内涵。

其次,读者应注重案例学习,了解究竟如何具体做项目管理。项目管理学科的本质决定项目管理的学习和传授应当遵循从实践中来,到实践中去的原则。项目管理理论的理解和项目管理实践的掌握是工程硕士对于项目管理学习的两大要务,缺一不可。本项目管理课程并不是一本纯理论研究书籍,而是以国际化的角度,站在国内项目管理实践立场上，理论联系实际，让读者在理解和掌握扎实的理论的基础上，知道在项目实施的各个阶段如何正确从事项目管理工作。因此，教师和学生都应特别注意对案例背景的分析和对案例项目实施的理解。读者在学习过程中，应积极采用换位思考的方法，认真体会案例中具体项目管理工作的优缺点，学习具体项目管理的应用方法，最终有利于读者在理解理论的基础上提高项目管理的实践水平。

复习思考题

1. 国际上现代项目管理发展的三大方向是什么，其不同点体现在哪里？
2. 项目管理研究的四个发展阶段分别是什么，彼此有什么区别？
3. 项目总体控制与传统的项目管理区别体现在哪两个方面？
4. 传统的管理模式中，开发管理、项目管理与设施管理的分离容易给项目主持方带来哪些弊端？

第 2 章 项目管理的概念

企业日常运营和项目运作构成了企业发展的基本模式。其中，面向日常运营的传统的企业管理大致包括人、财、物、产、供、销等六个方面，并随着实践与理论的深入，进一步发展为人力资源管理、财务管理、资产管理、生产运作管理、供应链管理和营销管理等多门学科。

在 21 世纪全球化市场经济的背景下，现代企业发展呈现出新的特点：企业发展更加重视组织愿景、价值观和战略的确立；企业传统的运作日趋项目化，项目运作日益成为组织获取利润，提高控制能力、完善组织结构的源泉。战略管理、项目管理和营销管理渐渐成为现代企业发展的重要支柱。

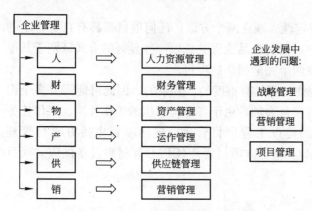

图 2-1 支撑企业发展的管理学科门类

战略管理面向未来，是企业发展的核心。营销管理面向成果，是企业发展的命脉。而项目管理面向过程，是企业发展的载体，也是战略管理和营销管理之间的过渡和支撑。三者关注的重点不同，管理的手段和方法也有区别。本章阐述项目管理的概念，主要内容包括项目管理的定义、项目管理的过程、项目管理的特点、项目管理的体系以及项目经理的概念等。

2.1 项目管理的定义

2.1.1 项目的定义

在人们的日常生活和工作中，往往会经历这样一类事情：它本身是一个一次性、不可逆的过程，拥有希望达到的明确目标，同时也受到特定约束条件的制约。这类活动，我们称其为项目。

项目存在于我们生活的方方面面。开发一个新产品是项目，实施一项新工程是项目，组织一次公共活动也是项目。小到召开日常的工作会议，大至举办国际瞩目的奥运会、世博会，在建设领域、航天事业、IT 领域、国防领域……项目已经成为日常生活不可缺少的组成部分。

根据美国项目管理学会的定义，项目是 A temporary endeavor undertaken to create a unique product, service or result，创造独特产品，提供独特服务，达到独特结果的临时性工作。

对于项目定义的理解，应注意以下三个方面。

(1) 一次性。项目是一个特定的、不可逆的过程，且与时间紧密相关，具有明确的开始和结束时间。

(2) 特定的产品或服务。特定性表现在两个方面：任何项目都具有自身特定的目标，也都具有特定的限制条件；任何产品或服务总以一些显著的方式区别于其他任何类似的产品或服务，不存在两个完全相同的项目。

(3) 努力。项目目标的实现往往都是有难度的，复杂的，因此可能需要多个组织共同参与和努力。以建设工程项目为例，由于各参与单位的工作性质、工作任务和利益不同，形成了不同类型的建设工程项目管理，包括项目主持方项目管理(OPM)、设计方项目管理(DPM)、施工方项目管理(CPM)和材料设备供应方项目管理(SPM)等，如图 2-2 所示。

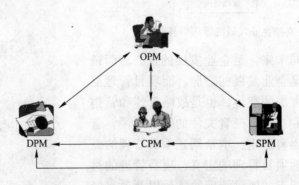

图 2-2 建设工程项目管理的不同类型

由于在目标实现过程中，项目受到种种限制条件的约束，可利用的资源是有限的，不同利益的项目参与方需要协调和控制，因此为了实现项目的目标，必须进行项目管理。

2.1.2 管理的定义

法国著名管理学家、"管理过程之父"亨利·法约尔(Henri Fayol)提出，管理就是计划、组织、指挥、协调和控制。

美国管理学家赫伯特·A·西蒙(Herbert A. Simen)认为，管理就是决策。

美国管理学家哈罗德·孔茨(Harold Koontz)认为，管理是引导人力和物质资源进入动态的组织，以达到这些组织的目标，亦即使服务对象获得满意，并且使服务的提供者获得一种高度的士气和成就感。

美国管理学家斯蒂芬·P·罗宾斯(Stephen P Robbins)对管理的定义是：管理是指同别人一起，或通过别人使活动完成得更有效的过程。

美国管理学家里奇·格里芬(Ricky Griffin)提出管理是根据组织资源(人力、财务、物质和信息)所进行的一系列活动(包括规划与决策、组织、领导和控制)，其目的是以有效率的和有交流的方式实现组织的目标。

正如科学的本质特征是探索与发现，技术的本质特征是发明与创造，管理的本质特征是构造与集成。之所以一提到管理，往往使人想到领导、决策、指挥等特征，是由于管理本身涵盖的内容十分丰富，因而在不同的环境、背景下强调的内容、体现的特征并不相同。就工程项目管理而言，管理是一个由多个环节构成的循环过程，如图 2-3 所示。其具体步骤包括：

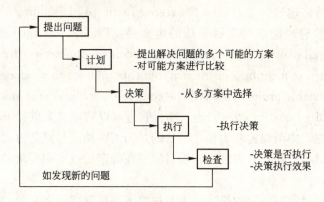

图 2-3 管理的有限循环过程

(1) 提出问题。管理工作与科学研究的区别之一在于，科学研究首先是假设问题，然后再通过实验论证假设的成立与否；而管理工作首先是发现或预见实践中存在的问题，其问题是生活、工作实践中的客观存在。

(2) 计划。根据提出的问题，设计不同的备选解决方案，方案内容包括计划达到的目标、实现目标的措施和行动计划等，以便于项目决策者选择。管理计划也可称为管理规划和管理策划。

(3) 决策。从多方案中选择最适合的计划作为最终方案。选择的因素包括目标的满意程度、计划的可行性、实施成本以及风险因素等。

(4) 执行。按计划规定的方法及要求执行决策。

(5) 检查。在执行过程中，动态跟踪执行的情况和效果，及时总结或发现计划执行过程中的经验和缺陷。检查内容包括两个方面：计划是否严格、真实地执行以及执行效果是否符合要求。检查中如发现新的问题，又可以对新问题进行计划、决策、执行和检查。因此，管理是一个有限环节组成的循环过程。

2.1.3 项目管理的定义

美国项目管理学会 Project Management Institute（PMI）在广义项目管理理论中对项目管理的定义是：Project management is the application of knowledge, skills, tools, and techniques to project activities in order to meet or exceed stakeholder needs and expectations from a project. Meeting or exceeding stakeholder needs and expectations invariably involves balancing competing demands among: scope, time, cost and quality; Stakeholders with different needs and expectations; Identified requirements (needs) and unidentified requirements (expectations). 项目管理是一种将知识、技能、工具和技术投入到项目活动中去的综合应用过程，目的是为了满足或超越项目所有者对项目的需求和期望。其中，项目所有者对项目的需求和期望由彼此之间既相互竞争又保持动态均衡的因素构成，包括：项目的范围、时间、成本和项目品质；对项目持有不同需求和期望的项目所有者；对项目明确的要求（需求）以及不明确的要求（期望）。

英国皇家特许建造师学会（the Chartered Institute of Building，CIOB）在建设工程行业项目管理理论中对项目管理的定义是：Project management may be defined as an overall planning, co-ordination and control of a project from inception to completion aimed at meeting a client requirements in order to produce a functionally and financially viable project that will be completed on time within authorized cost and to the required quality standards. 项目管理可以被定义为贯穿于项目开始至完成的一系列计划、协调和控制工作，其目的是为了在功能与财务方面都能满足客户的需求；客户对项目的需求表现为，项目能够在确定的成本和要求的质量标准前提下及时的完成。

结合上述项目管理概念的描述，本教材关于项目管理的定义是：**项目管理是从项目开始至项目完成，通过项目计划和项目控制，以使项目质量目标、费用目标和进度目标尽可能好地实现的过程。**

根据上述项目管理的定义，项目管理（Project Management）主要内容由项目计划（Project Planning）和项目控制（Project Control）构成，以公式化文字表示即：

$$PM=PP+PC$$

对于项目管理的理解，应注意以下几个方面的含义。

(1)"从项目开始至项目完成"指的是项目管理的时间范畴。传统的项目管理时间范畴特指项目实施阶段；项目生命周期集成化管理的时间范畴包括项目生命周期全过程——项目决策阶段、项目实施阶段和项目使用阶段。

(2)"项目计划和项目控制"是项目管理的主体内容。项目计划指的是在项目前期,明确项目定义,构建项目目标以及为实现项目目标而制定计划等一系列工作;项目控制指的是在项目目标建立以后,通过组织、管理、经济、技术等措施,确保项目目标得以实现的过程。

(3)"质量目标"是三大目标之中的首要目标。质量目标的实现既体现为满足项目投资方的要求和期望,也体现在符合相关法律、法规的规定,满足项目合同的要求以及社会效益、环境水平的提高等诸多方面。

(4)"费用目标"既包括项目实施阶段费用成本的降低,也包括项目使用阶段运营成本的降低。同时,不同的项目参与方的费用目标不同,以建设工程项目为例,费用目标对项目投资方而言是投资目标,对项目施工方而言是成本目标。

(5)项目质量目标、费用目标和进度目标之间既有矛盾的一面,也有统一的一面,三者的关系是对立、统一的关系。

一个项目往往由许多参与单位承担不同的工作任务,就同一项目而言,不同参与方的项目管理既有共性,又有特性。共性体现在项目管理的工作内容都包括如下7项工作:

(1)质量控制;
(2)进度控制;
(3)投资控制;
(4)合同管理;
(5)信息管理;
(6)安全管理;
(7)组织协调。

项目管理的核心任务是项目的目标控制,因此,质量控制、投资控制和进度控制是项目管理的三项基本内容。

合同管理是对项目合同的签订、履行、变更和解除等进行计划和控制的过程,其主要内容包括合同模式的选择、合同条款和计价方式的拟订、招投标管理与合同谈判、合同履行过程管理、合同索赔与反索赔等。

信息管理是指对信息的收集、整理、存储、传播、利用等一系列工作的总称。信息管理的目的就是要通过有效的信息规划和组织,使管理人员能及时、准确获得相应的信息。

安全管理不仅涉及项目进展过程中对可能影响项目目标实现的风险问题的识别、评估、决策和实施,也关系到人身的健康与安全。在建设工程项目管理中,安全管理是最重要的任务。

项目管理往往需要多个组织、众多人员的共同参与和努力,因此需要组织、协调工作来明确组织间的利益和责任,顺利实现项目的整体目标。

由于项目的目的、利益、工作性质不同,形成了不同类型的项目管理。以建设工程项目管理为例,根据建设工程项目不同参与方的工作性质和组织特征,项目管理包括如下几个类型：

(1) 业主方（项目主持方）项目管理；

(2) 设计方项目管理；

(3) 施工方项目管理；

(4) 供货方项目管理；

(5) 工程总承包方项目管理等。

不同参与方的项目管理涉及的项目时间范畴不同，因此构成了不同的项目参与方项目管理任务。建设工程项目主持方项目管理的任务如表 2-1 所示。

建设工程项目主持方项目管理的任务　　　　　　　　　　　　　　　表 2-1

	投资控制	进度控制	质量控制	合同管理	信息管理	安全管理	组织协调
设计准备阶段	★	★	★	★	★	★	★
设计阶段	★	★	★	★	★	★	★
施工阶段	★	★	★	★	★	★	★
动用前准备阶段	★	★	★	★	★	★	★
保修阶段	★	★	★	★	★	★	★

建设工程业主方项目管理工作涉及建设工程项目实施阶段的全过程，包括设计准备阶段、设计阶段、施工阶段、动用前准备阶段和保修期 5 个阶段；每一个阶段的项目管理工作任务都包括项目管理工作的 7 项基本内容，即质量控制、投资控制、进度控制、合同管理、信息管理、安全管理和组织协调。因此，建设工程业主方项目管理的任务共由 35 项构成。

综上所述，项目的本质属性体现为项目定义具有三方面含义。

(1) 目标性，项目具有一定的目标性，没有目标就无法称其为项目，更无法进行项目管理。目标性具体表现为项目的质量目标、费用目标和进度目标；

(2) 约束性，项目具有一定的约束性，任何项目都受到限定资源的制约，限定资源具体包括人力资源、物资资源和经济资源等；

(3) 一次性，项目实施的一次性特征，项目本身是一个特定的、不可逆的过程，因此任何项目都具有自身特定的目标和约束条件；同时，一次性还表现为项目具有明确的开始和结束时间。

由于项目具有的目标性、约束性和一次性的特点，因此对于项目的管理不仅需要普通企业管理的方法与手段，还需要项目管理特定的方法与手段。

如前所述，企业管理的方法与手段包括人、财、物、产、供、销 6 个方面，项目管理的基本内容包括质量控制、投资控制、进度控制、合同管理、信息管理、安全管理和组织协调 7 个方面。项目管理需要的能力涵盖了上述 13 个方面的内容，如图 2-4 所示。但是归根结底，项目管理的核心体现为项目管理者的控制能力，具体体现为计划、控制和协调。

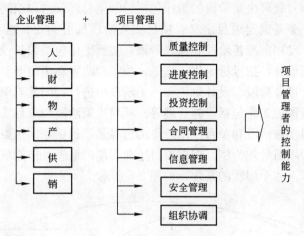

图 2-4 项目管理需要的能力

2.2 项目管理的过程

2.2.1 项目生命周期

项目管理的生命周期通常划分成三个阶段，即项目的决策阶段、实施阶段和使用阶段(也称为运营阶段)。在整个项目全寿命中，项目决策阶段的管理称为开发管理(Development Management)，项目实施阶段的管理称为项目管理(Project Management)，项目使用阶段的管理称为设施管理(Facility Management)，传统概念的项目管理即指项目实施阶段的项目管理。不同行业的项目管理根据其工作特点不同，其生命周期的三个阶段又可细分成不同的子阶段。建设工程项目管理生命周期如图 2-5 所示。

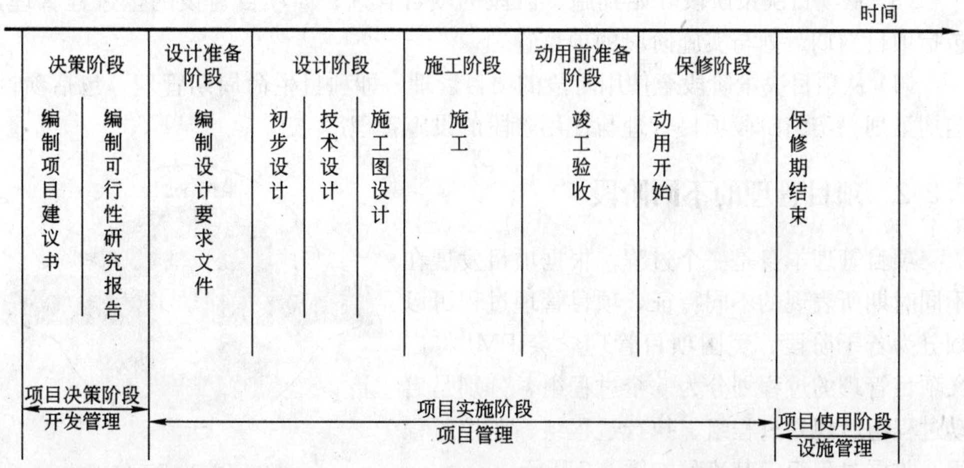

图 2-5 建设工程项目管理的生命周期

建设工程项目管理决策阶段的工作包括编制项目建议书和编制项目可行性研究报告,其主要任务是确定项目定义。项目实施阶段细分为设计准备阶段、设计阶段、施工阶段、动用前准备阶段和保修阶段,主要工作包括编制设计要求文件、方案设计、施工图设计、招投标工作、施工、竣工验收和动用前准备等,因为招投标工作分散在设计准备阶段、设计阶段和施工阶段中进行,因此不单独列为招投标阶段。项目使用阶段的工作包括设施管理等。项目决策阶段和项目实施阶段的边界是项目立项,项目实施阶段和项目使用阶段的边界是项目保修期结束。

以建设工程项目管理为例,根据项目生命周期的概念,作为项目业主的项目管理,主要包括以下4个层次的系统,如图2-6所示。

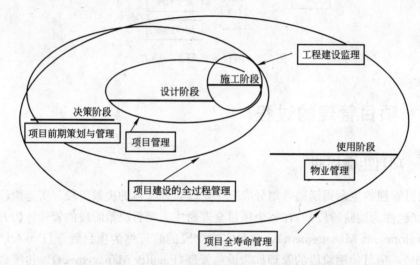

图2-6　建设工程项目生命周期项目业主项目管理系统

(1) 施工阶段代表项目主持方利益的项目管理,即现行的工程建设监理;

(2) 包括设计阶段和施工阶段在内的项目管理,即实施阶段的项目管理;

(3) 从项目决策阶段开始到施工阶段的项目管理,即项目建设的全过程管理,包括项目前期策划与实施阶段的项目管理;

(4) 从项目决策阶段至使用阶段的项目管理,即项目生命周期管理,包括项目前期策划、实施阶段项目管理与使用阶段的设施管理。

2.2.2　项目管理的不同阶段

项目管理本身是一个过程,根据项目发展在不同时期所表现的不同特征,项目管理过程可以划分为若干阶段。美国项目管理学会PMI将广义项目管理的过程划分为5个过程组,分别是启动过程组、规划过程组、执行过程组、监控过程组、收尾过程组,其流程如图2-7所示。

图2-7　广义项目管理的5个过程组

启动过程组是指确定并核准项目或项目阶

段;规划过程组是指确定和细化目标,并为实现项目要达到的目标和完成项目要解决的问题范围而规划必要的行动路线;执行过程组是指将人与其他资源结合为整体实施项目计划;监控过程组是指定期测量并监视绩效情况,发现偏离项目计划之处,以便在必要时采取纠正措施来实现项目的目标;收尾过程组是指正式验收产品、服务或成果,并有条不紊地结束项目或项目阶段。

英国皇家特许建造师学会CIOB在其《项目管理和项目建设与开发的实施规范》中针对建设工程项目在不同时期所表现的不同特征,将建设工程项目管理过程划分为如下8个阶段:①启动阶段;②可行性研究阶段;③战略策划阶段;④施工前准备阶段;⑤施工阶段;⑥工程设备试运行阶段;⑦竣工、移交与使用阶段;⑧竣工后评估/项目结束报告阶段。

对于广义项目管理与行业项目管理阶段的理解,应注意以下两方面的含义。

首先,广义项目管理与行业项目管理的阶段划分虽然不同,但其内涵是相似的。例如,参照图2-5建设工程项目管理的生命周期,广义项目管理启动阶段与建设工程项目管理启动阶段和可行性研究阶段的主要工作都包括项目建议书的编写和项目可行性研究。广义项目管理计划阶段与建设工程项目管理战略策划阶段的主要工作都包括编制设计要求文件、方案设计、初步设计和施工图设计。广义项目管理结束阶段与建设工程项目管理工程设备试运行阶段、竣工、移交与使用阶段、竣工后评估/项目结束报告阶段的工作内容也大致相同。

其次,在行业项目管理的过程中,每一个阶段根据项目管理工作重点的不同,又都可按照广义项目管理的过程划分成5个标准阶段。以建设工程项目管理为例,如图2-8所示。

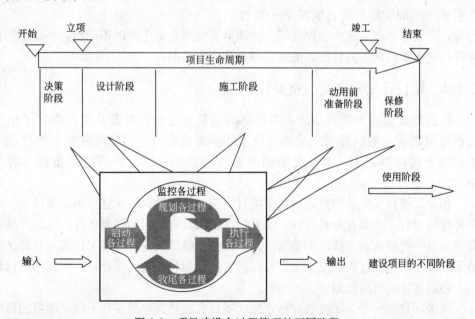

图2-8 项目建设全过程管理的不同阶段

在建设工程项目的决策、设计、施工、动用前准备等各个阶段中，项目管理过程都可以分为启动、计划、执行、控制和结束5个阶段。同时，由于行业项目管理的过程是由其逻辑关系决定的，上一个阶段的结束是下一个阶段启动的基础，即上一个阶段项目管理过程的输出就是下一个阶段项目管理过程的输入。

2.3 项目管理的特点

综上所述，项目管理的核心是目标控制，而企业管理的批量生产也需要目标控制，两者都需要目标控制，其区别何在？项目管理目标控制的基本方法是先安排计划，在实施过程中进行计划值与实际值的比较，发现偏差后采取纠偏措施；而企业管理的批量生产也需要安排生产计划，再按计划要求实施生产；两者也都需要计划，其区别又何在？归根结底，既然项目管理和企业管理存在许多相似的方法和手段，为什么还有必要推行项目管理？或者说，与企业管理相比，项目管理的本质特点到底是什么？

为了加深对项目管理的必要性的理解，有必要先分析项目管理与企业管理的区别。项目管理的实施与企业管理的批量生产的主要特点如图2-9所示。

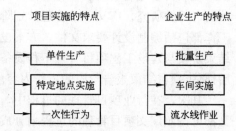

图2-9　项目实施与企业生产的主要特点

两者的主要特点主要体现在三个方面：项目实施是单件生产，而企业生产是批量生产；项目是在特定地点实施，而企业生产主要在车间实施；项目实施是一次性的行为，而企业生产是流水线作业。上述项目实施与企业生产的不同特点决定了项目管理与企业管理的不同特征，决定了项目管理本质的特点。

2.3.1 项目计划的多变与重要性

制造型企业生产的特点之一是产品的批量化生产，批量化生产决定了生产过程可以拥有成熟的计划、成熟的技术和丰富的经验，因而产品在生产过程中受到的干扰相对较少，产品之间的差异相对要小一些，产品的品质较不容易变化。

相反，项目实施的特点之一在于项目实施的单件性、一次性。由于项目是一个单件性的过程，项目自身具有特定的目标，也都具有特定的限制条件，任何产品或服务总以一些显著的方式区别于其他相类似的产品或服务；造成了任何项目目标的确定和项目实施的过程都没有完全可以借鉴的计划和经验。因此，为了实现项目目标，必须重视项目的计划。

由于项目是一个一次性的过程，造成项目实施过程容易受到干扰，项目的目标会随着项目的推进不断发生变化和调整。以建设工程项目为例，建设项目投资目标的不断变化的过程如图2-10所示。

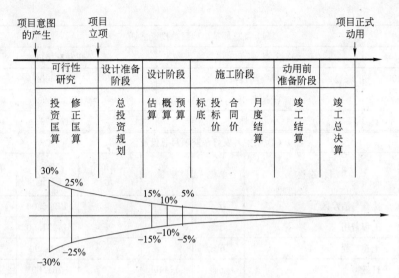

图 2-10 工程项目多次计价过程

项目建设全过程开展的主要工作包括项目可行性研究、设计要求文件编制、方案设计、初步设计、施工图设计、施工招投标、合同谈判等。随着项目可行性研究、方案设计、初步设计、施工图设计等工作的深入，相应每个阶段项目投资目标的精确度、参考依据、参考定额不同，因此伴随上述工作，需要不断重新确定项目的投资目标。例如，在项目可行性研究阶段明确的项目投资目标，称之为匡算；依据方案设计明确的项目投资目标，称之为估算；依据初步设计明确的项目投资目标，称之为概算；依据施工图设计明确的项目投资目标，称之为预算；在施工招投标工作中明确的项目投资目标，称之为标底等。整个建设工程项目投资目标的不断深化和明确过程，统称为建设工程的多次计价。

正因为项目本身会不断变化，才更需要项目控制；正因为项目本身会不断变化，才更需要项目计划，而且要多次计划、逐步细化、调整计划、修订计划，这正是引入项目管理概念的原因之一。引申到项目管理的哲学思想即：变是绝对的，不变是相对的；平衡是暂时的，不平衡是永恒的。

项目计划的深度很重要，但是相同的项目目标，可能会有不同深度的项目计划，如表 2-2 所示。

不同深度的项目投资计划对比　　　　　　　　表 2-2

(1) 某总部基地项目总投资估算		
序　号	投　资　项　目	开发直接成本
A10000	总办公区投资	675946300
A20000	公共服务区投资	71633830
A30000	生活服务区投资(不含公寓)	100426900
A40000	酒店式公寓投资	57334750
A50000	园区管理投资	3411134

续表

(1) 某总部基地项目总投资估算

序 号	投 资 项 目	开发直接成本
A60000	室外空间投资	69125000
A70000	土地费用	270000000
	小 计	1247877914

(2) 某中外友好医院项目总投资估算

序号	项目名称	单位	数量	单价（元）	合计（万元）	单位造价（元/m²）
一	检查与治疗区	万元			17946.00	10290
1	工程费用	万元			14231.50	8160
1.1	土建工程	万元			8318.90	4770
1.1.1	打桩	m²	17440	150	261.60	
1.1.2	基坑围护	m²	17440	220	383.70	
1.1.3	地下结构	m²	17440	400	697.60	
1.1.4	地上结构	m²	17440	800	1395.20	
1.1.5	建筑	m²	17440	400	697.60	
1.1.6	外立面装修	m²	17440	800	1395.20	
1.1.7	精装修	m²	17440	2000	3488.00	
1.2	设备及安装工程	万元			4981.60	2856
1.2.1	变配电	m²	17440	250	436.00	
1.2.2	动力及照明	m²	17440	300	523.20	
1.2.3	柴油机发电	m²	17440	100	174.40	
1.2.4	给水排水及冷却水系统	m²	17440	200	348.80	
1.2.5	消防喷淋及CO_2灭火	m²	17440	120	209.30	
1.2.6	空调通风	m²	17440	800	1395.20	
1.2.7	锅炉房及动力	m²	17440	80	139.50	
1.2.8	电梯	台	6	60万元	360.00	
1.2.9	智能化	m²	17440	800	1395.20	
1.3	零星工程费	%	5	13300万元	665.00	381
1.4	总包管理费	%	2	13300万元	266.00	153
2	工程性费用	万元			2083.10	1195
2.1	建设单位管理费	%	5	14231万元	711.60	
2.2	人防建设费	m²	17440	50	87.20	
2.3	勘察费	万元			10.00	
2.4	设计费	%	3	14231万元	426.90	
2.5	监理费	%	1	14231万元	142.30	

续表

(2) 某中外友好医院项目总投资估算

序号	项目名称	单位	数量	单价（元）	合计（万元）	单位造价（元/m²）
2.6	电贴	kVA	2500	450	112.50	
2.7	水增容费	t	300	825	24.80	
2.8	城市建设综合配套费	m²	17440	200	348.80	
2.9	招投标管理费	‰	0.2	14231万元	28.50	
2.10	工程保险费	万元			34.00	
2.11	竣工图编制费	‰	0.15	14231万元	21.30	
2.12	审计费	‰	0.1	14231万元	14.20	
2.13	联合试运转费	‰	1	4982万元	49.80	
2.14	其他零星收费项目	‰	0.5	14231万元	71.20	
3	预备费	万元			1631.40	935
3.1	价格上涨预备金	‰	3	16314万元	489.40	
3.2	不可预见费	‰	7	16314万元	1142.00	
二	护理区	万元			24134.60	10618
1	工程费用	万元			19167.00	8433
1.1	土建工程	万元			11296.20	4970
1.1.1	打桩	m²	22730	150	341.00	
1.1.2	基坑围护	m²	22730	220	500.00	
1.1.3	地下结构	m²	22730	400	909.20	
1.1.4	地上结构	m²	22730	800	1818.40	
1.1.5	建筑	m²	22730	400	909.20	
1.1.6	外立面	m²	22730	800	1818.40	
1.1.7	精装修	m²	22730	2200	5000.00	
1.2	设备及安装工程	万元			6617.00	2911
1.2.1	变配电	m²	22730	300	681.90	
1.2.2	动力及照明	m²	22730	300	681.90	
1.2.3	给水排水及冷却水系统	m²	22730	250	568.20	
1.2.4	消防喷淋及CO_2灭火	m²	22730	120	272.80	
1.2.5	空调通风	m²	22730	800	1818.40	
1.2.6	锅炉房及动力	m²	22730	80	181.80	
1.2.7	电梯	台	8	60万元	480.00	
1.2.8	智能化	m²	22730	850	1932.00	
1.3	零星工程费	‰	5	17913万元	895.60	394
1.4	总包管理费	‰	2	17913万元	358.20	158

续表

(2) 某中外友好医院项目总投资估算

序号	项目名称	单位	数量	单价（元）	合计（万元）	单位造价（元/m²）
2	工程性费用	万元			2773.60	1220
2.1	建设单位管理费	%	5	19167	958.40	
2.2	人防建设费	m²	22730	50	113.70	
2.3	勘察费	万元			13.00	
2.4	设计费	%	3	19167	575.00	
2.5	监理费	%	1	19167	191.70	
2.6	电贴	kVA	3200	450	144.00	
2.7	水增容费	t	350	825	28.90	
2.8	城市建设综合配套费	m²	22730	200	454.60	
2.9	招投标管理费	%	0.2	19167	38.30	
2.10	工程保险费	万元			46.00	
2.11	竣工图编制费	%	0.15	19167	28.80	
2.12	审计费	%	0.1	19167	19.20	
2.13	联合试运转费	%	1	6617	66.20	
2.14	其他零星收费项目	%	0.5	19167	95.80	
3	预备费	万元			2194.00	965
3.1	价格上涨预备金	%	3	21940	658.20	
3.2	不可预见费	%	7	21940	1535.80	

虽然某总部基地项目和某中外友好医院项目的对象和范围不同，但是对于同样针对项目投资的计划，项目计划应当具有符合工程项目实际的详细的投资分解结构，以有利于项目实施的控制和调整。从上述表格可以看出，某总部基地项目总投资估算结构与内容较简单；而某中外友好医院项目总投资估算的投资分解结构详细并符合项目分解结构的实际，有利于项目业主在实施过程中对项目投资进行动态跟踪和控制，也利于对项目投资目标的调整和完善。不够详细、不符合实际的项目计划，不能很好的支撑项目实施。

2.3.2 组织协调的关键性

制造型企业生产的特点之一是生产地点固定，生产过程多在一个相对封闭的组织内进行。而项目实施的特点之一在于项目往往发生在特定地点，在相对开放的环境下进行，需要多个组织的共同参与。因此，企业管理常常是一个组织内的管理，而项目管理是多个组织共同工作的跨组织管理。

项目实施往往不是一个企业或部门完成的，以房地产项目为例，房地产企业的产品是建筑物,但它并不直接从事生产活动,而是委托专业公司承担,如图2-11所示。

房地产公司本身不从事设计,而委托设计单位承担;本身不从事施工,而委托施工单位承担;本身不从事设备安装,而委托设备安装单位承担。当生产活动可以外包的时候,生产活动就成为跨组织的活动,由于专业技术可以由外包的专业组织提供,因此,跨组织活动的工作中心不再是技术,而是组织和协调。房地产公司与这些单位相互之间也不是简单的上下级之间的关系,因此不能简单地像制造业一样,用公司管车间、车间管班组的内部指令关系来实现。

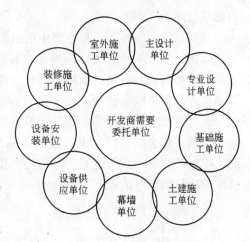

图2-11 基于合同关系的房地产项目跨组织团队

由于项目管理环境中各组织的目标、利益和工作性质并不相同,所以组织之间容易出现利益的抵触,目标的不一致,影响项目目标体系的最终实现;因此需要项目主持方、项目经理团队通过合同、组织等手段明确组织间的权利、义务,规范组织间的行为,协调组织间的不平衡。根据组织之间是否存在合同关系,项目投资方的组织协调工作分为基于合同关系的跨组织管理与基于指令、协调关系的跨组织管理。本教材将在第3章阐述指令关系,第7章阐述合同关系,第8章阐述信息交流与协调。

基于合同关系的跨组织管理是指项目主持方与存在合同关系的组织之间的组织管理工作。以建设工程项目为例,项目主持方需要委托多家单位共同工作,需要与多家单位签订合同。在合同环境下,许多具体专业工作可以通过契约的方式转交合同方承担,对于项目主持方而言,其项目核心能力不再是专业工作能力,而体现为合同管理与组织、协调能力。合同管理的内容涵盖从合同模式的选择、合同条款和计价方式的拟订、招投标管理、合同谈判到合同履行过程管理的全过程。因此项目投资方需要强有力的招标、采购和合同管理班子。

基于指令、协调关系的跨组织管理是指项目主持方与非合同关系的组织之间的组织管理工作。与传统企业管理不同,项目管理是一个开放式系统,在合同关系的项目组织系统之外,还存在许多外部组织或团体,如图2-12所示。

房地产项目外部非合同关系的组织包括政府上级主管部门、政府建设行政主管部门、有关审批部门、市政配套部门等。这些组织虽然与项目主持方不存在合同关系,不能通过合同手段规范彼此的权利、义务,但是同样对项目目标的实现起着重要作用,因此要求项目主持方具有很强的组织、协调能

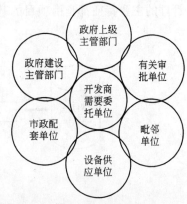

图2-12 基于非合同关系的房地产项目跨组织团队

力处理与此类组织的关系。

与项目计划一样，项目管理中的组织与协调对项目目标的实现也有着重要的意义。以建设工程项目进度目标为例，其影响因素包括如图 2-13 所示的内容。建设工程影响项目进度目标的因素不仅有存在合同关系的建设参与各方，设计单位、施工单位、设备供应单位等；也有不存在合同关系，但是需要组织、协调的市政部门、政府审批部门、毗邻单位等。影响项目进度目标的因素不仅有技术的原因、基地的原因、资金的原因，也有气候的原因、政治的原因和组织、协调的原因。因此，项目管理者的组织能力、协调能力和管理能力决定其对项目的控制能力，并直接影响项目的最终成败。

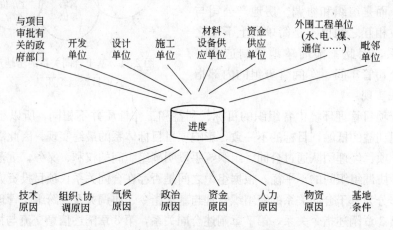

图 2-13　建设工程项目进度目标的影响因素

由于项目一次性的基本特征，导致项目实施的过程不确定；而项目的不确定性，决定了项目需要计划，而且需要多次计划。由于项目一次性的基本特征，导致了项目实施过程容易受到多方的干扰；而项目的干扰因素多，决定了项目需要控制，需要组织和协调。由于项目一次性的基本特征，导致项目实施的过程容易多次变化，风险因素多；而项目环境的多变性，决定了项目需要风险管理。因此，项目管理的主要特征都是由项目的基本特征决定的，如图 2-14 所示。

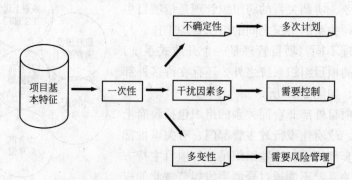

图 2-14　项目的基本特征与项目管理的主要特征

2.4 项目管理的体系

2.4.1 广义项目管理体系

(1) 国际项目管理协会(International Project Management Association, IPMA)

国际项目管理协会于 1965 年创建于瑞士,是国际上成立最早的项目管理专业组织。其目的在于促进国际间项目管理的交流,为国际项目领域的项目经理之间提供一个交流各自经验的论坛。

国际项目管理协会于 1967 年在奥地利维也纳召开了第 1 届 IPMA 全球大会,截至 2007 年已分别在世界各地举行了 20 次全球大会,主题涉及到项目管理的各个方面,如"网络计划在项目计划中的应用"、"项目实施与管理"、"按项目进行管理"、"无边界的项目管理"、"全面的项目管理"等。2006 年,第 20 届国际项目管理协会全球大会(20th IPMA World Congress)在中国上海举办,同济大学承办了该会议的 2006 国际项目管理青年发展论坛(IPMA International Young Crew Workshop 2006)。其主题是:学习、沟通、创新、贡献(Learning、Communication、Innovation、Dedication)。

国际项目管理专业资质认证(International Project Management Professional,IPMP)是国际项目管理协会在全球推行的四级项目管理专业资质认证体系的总称。国际项目管理专业资质认证是对项目管理人员知识、经验和能力水平的综合评估证明。能力证明是国际项目管理专业资质认证考核的最大特点。根据国际项目管理专业资质认证等级获得各级国际项目管理专业资质认证的人员,将被认可分别具有负责大型国际项目、大型复杂项目、一般复杂项目或具有从事项目管理专业工作的能力。

国际项目管理专业资质认证的基准是国际项目管理专业资质标准(IPMA Competence Baseline,ICB)。由于各国项目管理发展情况不同,国际项目管理协会允许加入国际项目管理协会的各国项目管理专业组织结合本国特点,参照 ICB 制定在本国认证国际项目管理专业资质的国家标准(National Competence Baseline,NCB)。

(2) 美国项目管理学会(Project Management Institute, PMI)

美国项目管理学会成立于 1969 年,是目前国际上最大的由项目管理领域研究人员、学者、顾问和经理组成的专业组织。

美国项目管理学会在 1976 年提出制定项目管理标准的设想,于 1987 年推出项目管理知识体系指南(Project Management Body of Knowledge),简称 PMBOK。这是项目管理领域的一个里程碑。该知识体系将项目管理归纳为集成管理、范围管理、时间管理、费用管理、质量管理、人力资源管理、沟通管理、风险管理和采购管理九大知识领域,如图 2-15 所示。PMBOK 分别在 1996 年和 2000 年、2004 年进行三次修订,使得该体系更加成熟和完整。

图 2-15 PMI 项目管理九大知识领域

项目管理资格认证考试(Project Management Professional，PMP)是美国项目管理学会在全球推行的项目管理专业资质认证，与国际项目管理协会的国际项目管理专业资质认证在国际上都具有很高的认知度和权威性。

2.4.2 行业项目管理体系

以建设行业项目管理为例，国际上权威的建设行业项目管理组织主要有英国皇家特许建造师学会与英国皇家特许测量师学会。

(1) 英国皇家特许建造师学会(Chartered Institute of Building，CIOB)

英国皇家特许建造师学会是一个主要由从事建筑管理的专业人员组织起来的社会团体，是一个涉及到建设全过程管理、非盈利性的专业学会。英国皇家特许建造师学会成立于 1834 年，1980 年被授予英国皇家特许学会。目前在全世界 90 多个国家中拥有 40000 多名会员。

英国皇家特许建造师学会作为学术团体在两个方面起着积极的作用：一是参与政府有关部门组织的行业标准制定；二是会员资格认可以及培训。

英国皇家特许建造师学会帮助和引导会员们在执业中坚持继续职业发展(Continuing Professional Development，CPD)，保持执业技能与实践的同步发展，不断提高个人专业素质，并通过有关期刊和各种会议进行传播，组织科研，引导会员参与国内外有关建设管理的教育与实践。CIOB 还专门设有信息中心为会员提供建筑业最新资料查询服务。

英国皇家特许建造师学会的资格在国际上具有较高声望，在亚洲，英国皇家特许建造师学会在中国大陆及香港地区、马来西亚等地均设有办事处，以更好地在当地发展壮大 CIOB 会员队伍、扩大国际影响，保持会员间的国际性交流。

英国皇家特许建造师学会是最早进入中国建筑业的外国专业技术资格的组织之一，CIOB 中国办公室于 2001 年在北京成立。CIOB 与政府有关部门、企业、社会团体以及教育机构等保持着良好的合作关系，积极致力于通过教育来提高建筑业的标准以及建筑业专业经理人的水平,推动中国建筑管理教育、专业资格与国际的接轨。

(2) 英国皇家特许测量师学会(Royal Institution of Chartered Surveyor,RICS)

英国皇家特许测量师学会是世界最大的房地产、建筑、测量和环境领域的综合性、非盈利性质的专业团体之一,为全球广泛认可的拥有"物业专才"之称的国际权威专业性学会。英国皇家特许测量师学会成立于1868年,1881年学会被准予皇家注册,目前在全球120多个国家拥有13万多会员。

该学会以为公众提供最高质量的专业服务为宗旨,在商用房地产、规划与房地产开发、管理咨询、房地产估价理论、技术方法、估价标准等方面均处于世界领先地位。每年发表超过500多份研究及公共政策评论报告;向职业测量师印发指导,其中部分属于强制性指导;向会员提供涵盖房地产、建设管理、项目管理、资产评估、规划与开发、设施管理、土地测量、建筑测量、管理咨询等17个专业领域和相关行业的最新发展趋势。在全球范围内,英国皇家特许测量师学会还拥有50多个地方性协会及联合团体的大力支持;在包括美国哈佛大学、英国剑桥大学等在内的50多所世界一流大学,已拥有400多个RICS认可的相关大学学位专业课程。

RICS的社会和公众责任包括:
1) 维护行业教育和培训的高水平;
2) 通过专业的服务和高标准的职业道德规范来保障消费者的利益;
3) 为各级政府,以及国际组织和地区组织提供专业建议;
4) 发布市场资讯和相关研究报告。

为适应全球范围内对特许测量师的需求,RICS积极推进其全球化发展战略。已经成立了欧洲特许测量师学会、美国特许测量师协会,在加拿大、澳大利亚等大部分前英联邦国家设立有RICS地区分会。RICS亚太区总部设在香港,在北京和上海分别设立办事机构,截至2007年,中国RICS会员共计300多名。

为适应中国加入WTO、与国际接轨的步伐,2006年11月1日,由上海市建设工程咨询行业协会(SCCA)、同济大学(TONGJI UNIVERSITY)和RICS特许测量师学会(RICS)联合创办SCCA-TONGJI-RICS学习中心(SCCA-TONGJI-RICS Learning Center)。学习中心整合并充分利用RICS与行业协会及同济大学的资源优势,通过提供相关课程培训和服务,促进中国项目管理、工料测量和建造、评估、建筑测量、土地、物业管理等相关行业领域内专业人员的水平提升和专业持续发展。以高起点、高层次,国际化与本地化互动,适用性与服务性互补的原则,共同搭建具有国际一流水准和影响力的,集学术研究、咨询和国际化专业人才培养为一体的平台。

2.5 项目经理的概念

2.5.1 项目经理的定义

美国项目管理学会在项目管理知识体系指南PMBOK中对广义项目管理的项

目经理定义是完成项目目标的负责人。

中国建筑业协会 27 号文在建设工程项目经理职业标准中指出，项目经理是企业法定代表人在建设工程项目上的授权委托代理人。

结合上述项目管理概念的描述，本教材关于项目经理（Project Manager）的定义是，**从事项目管理的专业人士**。

如图 2-16 所示，以建筑企业的组织为例，组织内拥有众多职能部门，包括经营科、计划科、人事科等，以及各项目团队，包括甲项目团队、乙项目团队等。由于职能部门和项目部工作的性质不同，组织的职能部门往往在组织内部运作，不能直接给组织获取利润；而项目部的工作直接反应市场及顾客的需求，是组织的利润源泉。因此，为了保证项目目标的实现和组织的利润，需要就项目成立专门的班子对项目目标进行控制，其负责的人或机构即称为项目经理。因此，项目经理是项目运作、保证项目目标实现的负责人。

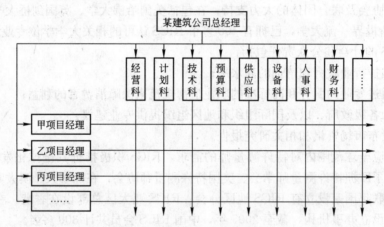

图 2-16　某建筑企业的组织结构

管理的本质特征是构造与集成。因此，项目经理作为项目班子的管理者，不仅是项目运作的负责人，技术负责人，更重要的是项目的总集成者。项目管理的能力体现为计划、控制和协调，其核心是项目管理者的控制能力。因此，作为项目负责人和项目管理者的项目经理，其控制能力是项目成败的关键。

项目经理是项目的具体负责人，负责项目的组织、计划及实施过程，以保证项目目标的成功实现，是项目小组的灵魂。在一个项目中，项目经理所充当的角色是多样的，包括整合者、决策者、团队领导、沟通交流人以及氛围营造者。

项目经理是项目团队的领导者，他们所肩负的责任就是领导团队准时、优质地完成全部工作，在不超出预算的情况下实现项目目标。项目经理的工作即是对项目进行计划、组织和控制，从而为项目团队完成项目目标提供领导决策。同时他们应当激励项目团队，以赢得顾客的信任。

作为项目的指挥者，项目经理要担任的职责是对项目的计划、组织和控制。首先，项目经理要明确项目目标，并就目标与客户取得一致意见。接下来，项目经理应与自己的团队对项目目标进行交流，并让团队参与制定实现目标的计划，这样，才能确保全体达成共识,并对计划更切实地执行。

一般而言,项目经理应当具备以下几个特点:

(1) 项目经理应该是个通才,不一定是某一领域的专家,但应具备丰富的经验与广阔的知识背景;

(2) 在承担的责任方面,项目经理是一个促成者,决定任务、期限及所需资源,而不决定具体操作方法;

(3) 在解决问题方面,应具备系统、综合的能力。

2.5.2 项目经理的素质与能力

项目经理是项目的管理者,是项目的核心人物,也是项目成功的关键。在项目管理过程中,项目经理和项目团队会遇到各种问题,例如,如何组织项目的实施?如何确定项目的标准?如何在全过程正确决策?如何应对各种复杂干扰与变化?如何协调项目参与各方?如何确保实现项目预定目标等。因此,为了带领项目团队顺利实现项目目标,作为项目总组织者、总集成者的项目经理,其需要的素质和能力是多方面的,如图 2-17 所示。

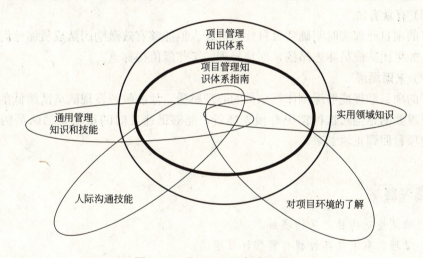

图 2-17 项目经理的素质和能力

项目经理需要掌握的素质、能力包括通用的管理知识和技能,如人力资源管理、战略管理、财务管理;实用领域知识,如行业的专业知识和技能;人际沟通技巧,良好的组织、协调能力;以及对项目环境的了解等。具体而言,一个优秀的项目经理应当具备以下素质:

(1) 紧盯目标

好的项目经理应当使团队成员协同一致,紧盯目标。他可以凭自己在特定行业的经验,凭着对于项目目标的准确理解,也可以凭借一时的灵感。项目经理是否做到这点可从阶段目标完成情况做出判断。

(2) 从容驾驭

好的项目经理应能娴熟地控制局势,使团队行动目标明确,同时认真对待拖沓现象。他能使团队绕开礁石，即使出现问题也能迅速修正。是否做到这点要看项目经理是否有很好的预防性对策及出现问题后处理是否得当。

(3) 临危不惧

好的项目经理应能乐观地面对长期压力，并能够有效鼓舞士气。是否作到这点可从团队成员状态上看出，如果他们感受到的压力太大以至于影响了工作，项目经理的表现就不是十分理想。

(4) 团结协同

好的项目经理能够使团队成员团结一致、发挥自己的能力共同致力于实现团队目标。他会照顾到个别成员的特殊情况，但无论如何一定会使整个队伍灵活高效。是否做到这点要看队员的状态及感受，如果每个队员都感到团队正紧密协同向目标前进，那就表示项目经理的工作富有成效。

(5) 目光远大

好的项目经理非常清楚并密切关注整个项目的全局。他会特别注意一些重要的细节以防出现问题，同时又不会迷失在细节中而失去对全局的把握。项目经理是否做到这点要看他是否在项目进程中每一阶段都能准确判断出工作的优先顺序。

(6) 有章有法

好的项目经理实时明确项目目标与进度。他能够有效激励团队成员使他们保持斗志。如果团队成员斗志昂扬，项目经理的工作就值得称道。

(7) 未雨绸缪

好的项目经理能够深刻体察队员的心理感受。他能敏锐发现队员情绪低落的迹象，更重要的是他对这种情况有预先准备，能够迅速及时的重新调动队员的积极性，使项目回到正轨上来。

复习思考题

1. 请阐述对项目定义的理解。
2. 管理的有限循环过程有哪些环节组成？
3. 请阐述项目管理的含义。
4. 项目管理包括哪些工作内容？
5. 请以建设工程项目为例，分析项目生命周期的内容及项目生命周期项目主持方项目管理系统的含义。
6. 广义项目管理的阶段由哪几个环节构成？请分析广义项目管理阶段与行业项目管理阶段的区别和联系。
7. 请从项目实施与企业批量化生产的特点出发，分析项目管理的特点。
8. 项目经理应当具有的素质和能力包括哪些方面？

第3章 项目管理的组织

项目实施的特点之一是开放的组织、跨组织的管理,一个项目往往由许多参与单位承担不同的工作和任务,而不是由一家单位独立完成。对于建设工程项目而言,参与单位包括业主(投资单位、开发单位)、金融机构、保险公司、项目管理单位、监理单位、勘察设计单位、施工单位、材料设备供应单位等。各个参与单位的工作性质、工作任务和利益不尽相同。**项目各参与方相互之间主要存在三大关系,即:合同关系、指令关系和协调关系**,如图 3-1 所示。

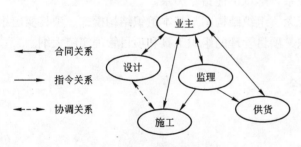

图 3-1 项目各参与方关系图

(1) 合同关系

投资单位或开发单位与设计单位、监理单位、施工单位、供货单位之间的工作关系属于合同关系,即业主分别与这些单位签订合同,合同双方按照合同约定承担各自的义务。在项目管理理论中,合同关系一般用合同结构图表示,在图中一般用双向实线箭头表示合同关系。

(2) 指令关系

监理单位与施工单位、供货单位之间没有合同关系,但也存在着密切的工作关系。按照我国《建设工程监理规范》规定,在项目实施过程中,监理单位受业主委托,代表业主的利益,对施工过程实施监理;当项目施工出现质量问题时,监理单位有权对施工单位下达整改令或停工令;当项目实施期间供货出现问题时,监理单位有权对供货单位下达指令。因此,监理单位虽然与施工单位、供货单位之间没有合同关系,但却存在着指令关系。在项目管理理论中,指令关系一般用组织结构图表示,在图中一般用单向实线箭头表示指令关系。

(3) 协调关系

设计单位与施工单位之间没有合同关系,没有指令关系,但也存在密切的工作关系。双方虽然没有签订合同,但是设计必须要考虑到施工环境和施工技术等情况,才能具有可施工性;施工必须依据设计文件进行施工,要接受设计的指导和规定。在施工前,设计单位必须向施工单位进行设计交底;在施工过程中,设计单位要答复施工单位提出的技术问题,双方要协商设计变更事宜等。设计和施工双方必须保持充分协调和密切沟通,通常做法是设计单位选派设计代表常驻施工现场,以确保与施工单位的经常联系。因此,设计单位与施工单位之间虽然没有合同关系,也不存在指令关系,却存在协调关系。在项目管理理论中,协调关系一般用信息流程图表示,在图中一般用双向虚线箭头表示协调关系。

本教材将用三章分别讲述这三大关系,第7章合同管理讲述合同关系,第8章信息交流与沟通讲述信息协调关系,本章讲述指令关系。

本章内容包括组织的基本概念、组织结构图与基本组织结构模式、项目实施组织结构、项目管理班子内部组织、项目管理的组织工具和项目管理实施大纲。

3.1 组织的基本概念

3.1.1 组织的重要性

项目管理首先带来的是企业管理的组织变革,当传统、固定的组织结构阻碍企业的进一步发展,企业需要将公司运作重复性活动的职能性结构转变为能够更灵活、更能激发创造性的、更具有弹性的组织结构。

传统的建筑公司组织结构如图3-2所示,在总经理下设经营科、计划科、技术科、预算科、供应科、设备科、人事科、财务科等。后来公司发现这些职能部门不能够及时解决具体项目上发生的问题,不能够及时反馈委托方的要求,而且往往会出现因为责任分配不清而导致互相推诿的问题。比如说公司的一个项目出现了超支情况,那么超支的责任由哪一个部门来承担就很难界定,技术科、预算科、供应科、设备科、财务科等都有可能参与到了这个项目。针对这种情况,公司在纵向职能部门划分的基础上,增设了横向的项目部门,如图3-3所示。按项目不同划分为甲项目、乙项目、丙项目等,由横向项目部门负责该项目的全面实施,并对项目的质量、投资、进度等目标负责,纵向职能部门提供技术等方面的职能支撑。在新型组织结构下,公司有专门的组织面向用户的需求,有专门的组织对项目的目标实现负责,有利于及时响应并落实用户需求,有利于控制项目实施,这充分证明组织对于项目实施和企业经营具有非常重要的作用。

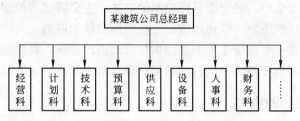

图 3-2　传统的建筑公司组织结构

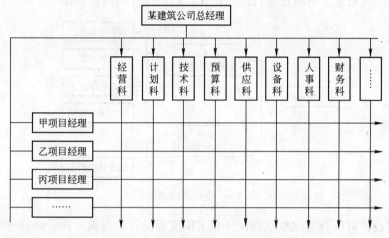

图 3-3　矩阵式的建筑公司组织结构

一个项目的系统目标能否实现，往往取决于三大因素：组织因素、人的因素、方法与工具因素，如图 3-4 所示。

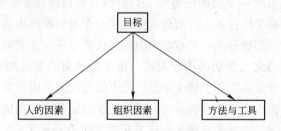

图 3-4　影响一个系统目标实现的主要因素

(1) 组织因素，包括管理的组织和生产的组织；
(2) 人的因素，包括管理人员和生产人员的数量和质量；
(3) 方法与工具，包括管理的方法与工具以及生产的方法与工具。

在以上三大因素中，哪一个是影响目标能否实现的决定性因素呢？按照组织论的基本理论，**系统的目标决定了系统的组织，而组织是目标能否实现的决定性因素**，这是组织论的一个重要结论。如果把一个建设工程项目视作为一个系统，其目标决定了项目管理的组织，而项目管理的组织是项目管理的目标能否实现的决定性因素。

在本教材第6章中，将介绍目标控制的方法，主要讲述为控制项目目标采取的主要措施，包括组织措施、管理措施、经济措施和技术措施，其中组织措施是最重要的措施。如果对一个建设工程项目的项目管理进行诊断，首先应分析其组织方面存在的问题；如果要实施一个项目的项目管理，首先应进行该项目的组织设计。

3.1.2 组织设计的内容

组织设计是指组织结构设计以及系统内部的工作流程设计。要实施项目管理，首要面临的问题就是对项目进行组织设计，组织设计的内容如图3-5所示。

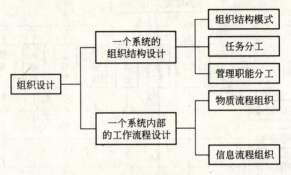

图 3-5 组织设计的内容

组织设计可以分为组织结构设计和工作流程设计，组织结构设计属于相对静态的组织设计，内容包括组织结构模式、任务分工、管理职能分工等；工作流程设计属于相对动态的组织设计，内容包括物质流程组织（包括人流、物流、资金流等）、信息流程组织等。

组织设计的重点之一是明确任务分工，根据项目目标体系，对项目结构逐层分解形成该项目的所有工作任务，组织分工反映了一个组织系统中各子系统或各元素的工作任务分工和管理职能分工，只有明确组织的任务分工，才有可能实现项目目标。

组织设计的重点之二是明确指令关系，指令关系指的是组织不同工作部门之间的上下级关系。指令关系中的上级工作部门或上级管理人员可以对下级工作部门或下级工作人员下达工作指令。指令关系可以通过组织结构模式体现出来，组织结构模式反映的是一个组织系统中各子系统之间或各元素之间或各元素（各工作部门或各管理人员）之间的指令关系。组织结构模式和组织分工都是一种相对静态的组织关系。

工作流程组织反映的是一个组织系统中各项工作之间的先后开展顺序关系，是一种相对动态的关系。图3-5中的物质流程组织对于建设工程项目而言，指的是项目实施任务的工作流程组织，如设计的工作流程可以是方案设计、初步设计、施工图设计。

进行组织设计时需要遵循以下几个原则：
(1) 目标至上原则；
(2) 管理幅度原则；
(3) 统一指挥原则；
(4) 权责对等原则；

(5) 因事设职与因人设职相结合原则；
(6) 反馈原则；
(7) 动态原则（弹性原则）；
(8) 集权与分权相结合原则（适当的授权原则）；
(9) 执行与监督权分离的原则。

对建设工程项目而言，组织设计的内容包括项目实施组织结构设计和项目管理班子内部组织结构设计两个方面。

3.2 组织结构图与基本组织结构模式

组织结构是组织运行的基础，合适的组织结构是组织高效运行的先决条件。组织结构设计的内容包括设置职能部门、明确工作岗位分工以及工作部门之间的指令关系。建立合理的组织结构，可以确保各个部门能够高效率工作，促使各种资源得到较充分利用，以便有效实现管理系统的目标。

为了发挥管理组织的整体效能，促使管理组织的科学运转，增强管理组织的活力，确保管理目标的实现，组织结构的建立，必须遵循以下原则：

(1) 必须反映目标和计划；
(2) 必须根据工作需要设计组织结构；
(3) 必须保证决策指挥的统一；
(4) 必须创造人尽其才的环境；
(5) 必须有利于全过程及全局的控制。

组织结构可以用组织结构图来描述，组织结构图是组织结构设计的成果，组织结构图是一个重要的组织工具，反映一个组织系统中各组成部门（组成元素）之间的组织关系。如图 3-6 所示为某证券大厦项目的组织结构图。

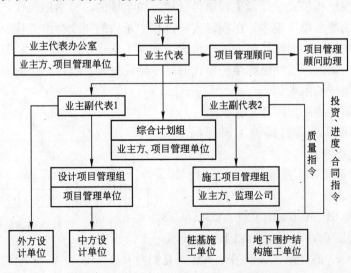

图 3-6　某证券大厦项目组织结构图

在图中，矩形框表示各个工作单位或部门，指令关系用单向箭线表示，从图中可以看到：

（1）设计单位分为两家：外方设计单位和中方设计单位，设计外方只接受业主副代表1的唯一指令，而设计中方则只接受设计项目管理组的指令；

（2）综合计划组则直接接受业主代表的指示，按照其指令办事，对其他单位则没有指令关系；

（3）施工项目管理组接受业主副代表2的唯一指令，对其他单位则没有指令关系；而桩基施工单位和地下围护结构施工单位接受业主副代表2的质量指令，投资、进度、合同方面则只接受业主代表的指令；

（4）项目管理顾问组只接受业主代表的指令，对其他单位则没有指令关系。

从以上组织结构图中可以看出，组织结构图应该清晰地反映出系统各单位相互之间的指令关系，而不是其他关系。从指令关系出发，一个系统最基本的组织结构模式有以下三种：

（1）线性组织结构；

（2）职能型组织结构；

（3）矩阵型组织结构。

这三种常用的组织结构模式既可以在企业管理中运用，也可在项目管理中运用。

3.2.1 线性组织结构

线性组织结构来自于严谨的军事组织系统。在线性组织结构中，每一个工作部门只能对其直接的下属部门下达工作指令，不能越级指挥，每一个工作部门也只有一个直接的上级部门，因此，**线性组织结构的特点是每一个工作部门只有一个指令源**，避免了由于矛盾的指令而影响组织系统的运行。

线性组织结构模式是建设工程项目管理组织系统的一种常用模式，因为一个建设工程项目的参与单位很多，在项目实施过程中矛盾的指令会给工程项目目标的实现造成很大的影响，而线性组织结构模式可确保工作指令的唯一性。但在一个较大的组织系统中，由于线性组织结构模式的指令路径过长，有可能会造成组织系统在一定程度上运行的困难。

线性组织结构图如图3-7所示：

（1）A可以对其直接的下属部门B1、B2、B3下达指令；

（2）B2可以对其直接的下属部门C21、C22、C23下达指令；

（3）虽然B1和B3比C21、C22、C23高一个组织层次，但是B1和B3并不是C21、C22、C23的直接上级部门，不允许它们对C21、C22、C23下达指令；

（4）在该组织结构中，每一个工作部门的指令源是唯一的。

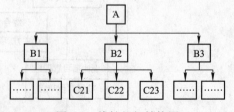

图3-7 线性组织结构图

3.2.2 职能型组织结构

在人类历史发展过程中，当手工业作坊发展到一定的规模时，一个企业内需要设置对人、财、物和产、供、销管理的职能部门，这样就产生了初级的职能型组织结构，职能型组织结构是一种传统的组织结构模式。在职能型组织结构中，每一个职能部门可根据它的管理职能对其直接和非直接的下属工作部门下达工作指令。每一个工作部门可能得到其直接和非直接的上级工作部门下达的多个工作指令，它可能会有多个矛盾的指令源。因此，**职能型组织结构的特点是每一个工作部门有多个指令源**，指令源可能彼此矛盾。一个工作部门的多个矛盾的指令源可能会影响企业管理机制的运行。

职能型组织结构图如图3-8所示。

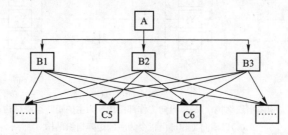

图3-8 职能型组织结构

在图3-8所示的职能组织结构中，A、B1、B2、B3、C5和C6都是工作部门，A可以对B1、B2、B3下达指令；B1、B2、B3都可以在其管理的职能范围内对C5和C6下达指令；因此，C5和C6有多个指令源，其中有些指令可能是矛盾的。

(1) 职能型组织结构的优点

1) 专业化程度较高，给各成员提供职业和技能上交流进步的工作环境；
2) 技术专家可同时被不同的项目所使用；
3) 职能部门可作为保持项目技术连续性的基础；
4) 在人员的使用上具有较大的连续性；
5) 职能部门可为本部门专业人员提供正常晋升途径。

(2) 职能型组织结构的缺点

1) 职能部门有其日常工作，项目及客户的利益往往得不到优先考虑，客户并不是活动和关心的焦点；
2) 职能部门工作方式常常面向本部门活动，而项目工作方式必须面向问题；
3) 经常会出现没有一个人承担项目全部责任的现象；
4) 对客户要求的响应比较迟缓和艰难，因为在项目和客户之间存在多个管理层次；
5) 项目常常得不到很好的对待；
6) 调配给项目的人员，其积极性往往不是很高；
7) 技术复杂的项目通常需要多个职能部门的共同合作，跨部门之间的交流沟通较困难。

3.2.3 矩阵组织结构

矩阵组织结构是一种现代企业较为常用的组织结构模式。在矩阵组织结构中，最高指挥者（部门）（图 3-9 中的 A）下设纵向（图 3-9 的 X_i）和横向（图 3-9 的 Y_i）两种不同类型的工作部门。从图中可以看出，纵向 X1、X2、X3 和横向 Y1、Y2、Y3 是平级的。

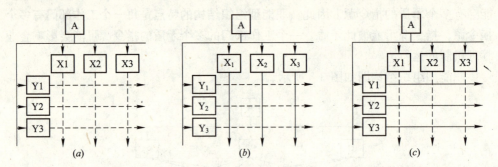

图 3-9 矩阵组织结构
（a）矩阵组织结构；（b）以纵向工作部门指令为主的矩阵组织结构；
（c）以横向工作部门指令为主的矩阵组织结构

在矩阵组织结构中，每一项纵向和横向交汇的工作，指令来自于纵向和横向两个工作部门，因此，**矩阵组织结构的特点是每一个工作部门有两个指令源**，在实施之前要进行约定是以纵向为主还是以横向为主。当纵向和横向工作部门的指令发生矛盾时，由该组织系统的最高指挥者（部门），即图 3-9(a) 的 A 进行协调或决策。

在矩阵组织结构中为避免纵向和横向工作部门指令矛盾对工作的影响，可以采用以纵向工作部门指令为主（图 3-9b）或以横向工作部门指令为主（图 3-9c）的矩阵组织结构模式，前者可以称为弱矩阵组织结构，后者可以称为强矩阵组织结构，这样可减轻该组织系统的最高指挥者（部门），即图 3-9(b) 和图 3-9(c) 中 A 的协调工作量。

一般企业如采用矩阵组织结构模式，其纵向工作部门可以是计划管理、技术管理、合同管理、财务管理和人事管理部门等，横向工作部门可以是根据不同项目设立的项目部，如图 3-10 所示。

一个大型建设项目如采用矩阵组织结构模式，其纵向工作部门可以是投资控制、进度控制、质量控制、合同管理、信息管理、人事管理、财务管理和物资管理等部门，横向工作部门可以是各子项目的项目管理部，如图 3-11 所示。矩阵组织结构适宜用于大的组织系统，在上海地铁和广州地铁一号线建设时都采用了矩阵组织结构模式。

(1) 矩阵组织结构的优点

1) 项目是工作的焦点；
2) 项目可以分享各部门的技术人才储备；

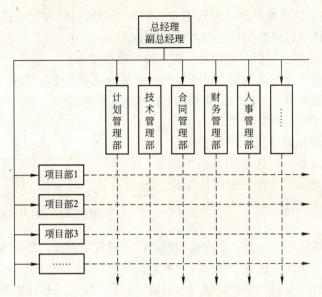

图 3-10 一般企业矩阵组织结构模式的示例

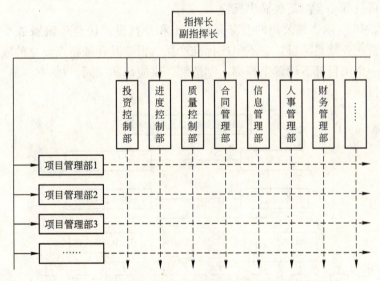

图 3-11 一个大型建设项目采用矩阵组织结构模式的示例

3) 项目组成员与项目具有很强的联系,但对职能部门也有一种"家"的感觉;

4) 对客户和公司组织内部的要求都能快速作出反应;

5) 部分成员来自行政部门,能在公司规章制度执行过程中保持与公司一致性;

6) 可以平衡资源以保证各个项目都能完成各自的进度、费用及质量要求。

(2) 矩阵组织结构的缺点

1) 命令源的非唯一性;

2) 资源在不同项目中的分配较困难，容易引起项目经理之间的争斗，项目目标而非公司整体目标成为项目经理考虑的核心；

3) 对项目经理与职能经理的协调提出非常高的要求。

从一个系统指令关系出发，最基本的组织结构就是上述的三种，在实际工作当中，每一个系统都有它特定的组织结构，这些组织结构是在三种组织结构的基础上演化而来。由于传统的职能型组织结构不能适应项目运作的特点，因此在某些项目实际操作过程中，在职能型组织结构的基础上演化出了另外一种组织结构模式，即项目型组织结构，如图 3-12 所示。

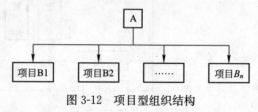

图 3-12 项目型组织结构

在项目型组织里，企业完全没有职能部门，只有项目部，每个项目就如同一个微型公司那样运作。完成每个项目目标所需的所有资源完全分配给这个项目，专门为这个项目服务。专职的项目经理对项目团队拥有完全的项目权力和行政权力。由于每个项目团队严格致力于一个项目，所以项目型组织的设置完全是为了迅速、有效地对项目目标和客户需要做出反应。

如图 3-13 所示，某公司的业务是向城市和乡村提供快速运输服务项目。这个公司的经营业务就是项目，它不生产标准产品。根据其业务特点设立的项目型组织结构，每一个项目部下设置工程部、制造部、供应部和顾问，每一个项目团队致力于一个项目。

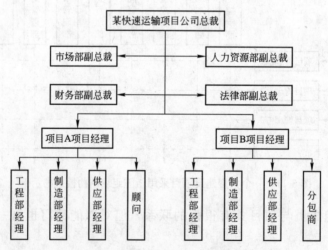

图 3-13 某公司项目型组织结构图

(1) 项目型组织结构的优点

1) 项目经理对项目全权负责，需向公司高层管理报告；
2) 项目组所有成员直接对项目经理负责；
3) 项目从职能部门分离，沟通途径变得简洁；
4) 易于保留一部分在某些技术领域具有很好才能的专家作为固定成员；

5）项目目标单一，项目成员能够明确理解并集中精力于目标，团队精神能充分发挥；

6）权力集中使决策速度加快，能对客户需求和高层管理意图作出快速响应；

7）命令源的唯一性。

(2) 项目型组织结构的缺点

1）当有多个项目时，会造成人员、设施、技术及设备等的重复配置；

2）项目经理往往会将关键资源预先储备，造成浪费；

3）易造成在公司规章制度上的不一致性；

4）不利于项目与外界的沟通；

5）对项目成员来说，缺乏一种事业的连续性和保障。

由于项目型组织结构是偏向横向项目的极端组织结构，更多项目在实际实施过程中普遍采用矩阵型组织结构，实际上矩阵型组织结构是介于职能型组织结构和项目型组织结构之间的一种组织结构，因此其实际应用范围较广。

不同的项目组织结构模式对项目实施的影响不相同，表 3-1 列出了主要的组织结构模式及其对项目实施的影响。

项目组织结构模式及其对项目的影响　　　　表 3-1

组织类型 项目特点	职能型组织	矩阵型组织			项目型组织
		弱矩阵型	平衡矩阵	强矩阵型	
项目经理的权威	很少或没有	有限	小到中等	中等到大	大到几乎全权
项目全时人员	几乎没有	0%～25%	15%～60%	50%～95%	85%～100%
项目经理	部分时间	部分时间	全时	全时	全时
项目经理的头衔	PM 协调员/项目主管	PM 协调员/项目主管	项目经理/项目主任	项目经理/计划经理	项目经理/计划经理
项目管理行政人员	部分时间	部分时间	部分时间	全时	全时

对于一般项目，确定组织结构的方法为：首先确定项目总体目标，然后将目标分解成实现该目标所需要完成的各项任务，再根据各项不同的任务，选定合适的组织结构形式。对于建设工程项目而言，应根据建设工程项目的规模和复杂程度等各种因素，在分析现有的组织结构模式的基础上，设置与具体项目相适应的组织层次。针对具体项目，项目实施组织结构模式的确定，与以下三个因素有关：

(1) 项目建设单位管理能力及管理方式

如果项目建设单位管理能力强，人员构成合理，可能以建设单位自身的项目管理为主，将少量的工作由专业项目管理公司完成，或完全由自身完成。此时，建设单位组织结构较为庞大。反之，由于建设单位自身管理能力较弱，将大量的工作由专业项目管理公司去完成，则建设单位组织结构较简单。

(2) 项目规模和项目组织结构内容

如果项目规模较小，项目组织结构也不复杂，那么，项目实施采用较为简单的线形组织结构，即可达到目的。反之，如果规模较大，项目组织复杂，建设单位组织上也应采取相应的对策加以保证，如采用矩阵型组织结构。

(3) 项目实施进度规划

现实工作中，由于建设工程项目的特点，既可以同时进行、全面展开，也可以根据投资规划而确定分期建设的进度规划，因此，项目建设单位组织结构也应与之相适应。如果项目同时实施，则需要组织结构强有力的保证，因而组织结构扩大；如果分期开发，则相当于将大的建设项目划分为几个小的项目组团，逐个进行，因而组织结构可以减少。

从以上的分析可以看出，根据项目的实际特点不同，组织结构会有一定的变化，所以不同的项目其采用的组织结构模式也不尽相同。建设工程项目组织结构模式的确定要根据主客观条件来综合考虑，不能一概而论。

3.3 项目实施组织结构

为了顺利实施一个项目，业主方的首要任务是确定项目实施的组织结构，项目实施的组织结构应反映业主方与项目参与各个单位之间的指令关系，要反映业主方为实现本项目所建立的内部组织结构，而业主方的内部组织结构与业主方选择的项目管理模式有关，应当根据项目的实际特征正确选择项目管理模式。

3.3.1 业主方项目管理模式

以建设工程项目管理而言，业主方项目管理的模式归纳起来主要有三种，如图3-14所示。

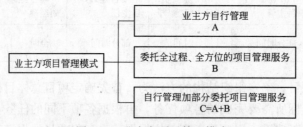

图 3-14 业主方项目管理模式

(1) 业主方依靠自有的人力资源自行管理（简称 A 模式）；

(2) 业主方委托一个或多个工程管理咨询（顾问）公司进行全过程、全方位的项目管理（简称 B 模式）；

(3) 业主方委托一个或多个工程管理咨询（顾问）公司进行项目管理，但业主方的人员也参与管理（简称 C 模式）。

FIDIC 的有关合同文本（FIDIC IGRA 80 PM）规定，如采用上述的 C 模式，则业主方的管理人员将在业主方委托的工程管理咨询公司的项目经理领导下工作。

在多数发达国家中，凡政府投资的项目（或有政府投资成分的项目）都由政府主管部门直接进行工程项目管理，其目的是保护纳税人的利益。如果政府主管部门管理工程项目的能力非常强，采用的基本上是 A 模式。有些发达国家，由于政府投资的项目的数量太大，政府也委托半官方的事业单位（如日本的高速公路集团）或非盈利性的组织进行政府投资项目的管理。非政府投资的项目则较多采用 B 模式或 C 模式。

3.3.2 业主方管理的组织结构

一个建设工程项目的实施除了业主之外，还有许多单位参加，如设计单位、施工单位、供货单位和工程管理咨询单位以及有关的政府行政管理部门等，项目组织结构图应注意表达业主方以及项目的各参与单位之间的组织关系。

业主方、设计方、施工方、供货方和工程管理咨询方的项目管理的组织结构都可用各自的项目组织结构图予以描述。

图 3-15 所示为某卷烟厂项目组织结构图的一个示例，业主内部是线性组织结构，而对于项目实施方而言，则是职能型组织结构，该组织结构的运行规则如下。

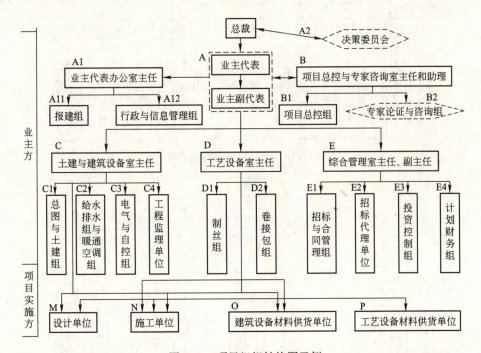

图 3-15 项目组织结构图示例

（1）在业主代表和业主副代表下设三个直接下属管理部门，即土建和建筑设备工程管理（C）、工艺设备工程管理（D）和综合管理部门（E）。这三个管理部门只接受业主代表和业主副代表下达的指令。

（2）在 C 下设 C1、C2、C3 和 C4 四个工作部门，C1、C2、C3 和 C4 只接受 C 的指令，对下没有任何指令权。在 D 下设 D1 和 D2 两个工作部门，D1 和 D2 只接受 D 的指令，对下也没有任何指令权。E 下的情况与 C 和 D 相同。

(3) 施工单位将接受土建和建筑设备工程管理部门、工艺设备工程管理部门和工程监理单位的工作指令,设计单位将接受土建和建筑设备工程管理部门和工艺设备工程管理部门的指令。

如图 3-16 所示的项目管理组织结构,由于几位副总经理和总工程师都可以对计划财务部和综合管理部等下指令,因此有可能出现矛盾的指令。而在图 3-17 所示的项目管理组织结构中,两位副总经理有明确的直接下属工作部门,可避免出现矛盾的指令。而且将企业管理和项目管理的组织结构分开,在项目管理组织机构中采用矩阵组织结构,使指令关系进一步明确。

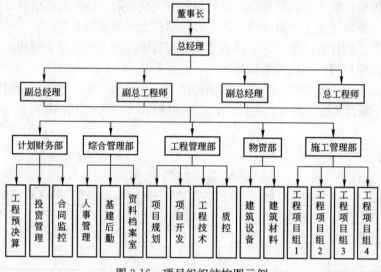

图 3-16　项目组织结构图示例

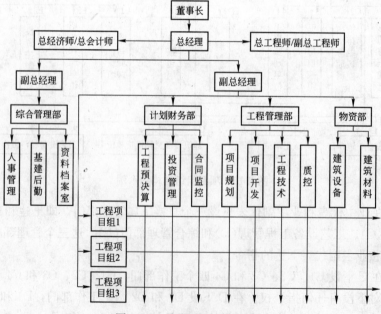

图 3-17　项目组织结构图示例

在图3-17所示的项目管理组织结构的计划财务部、综合管理部、工程管理部、物资管理部和施工管理部下还设有许多管理工作部门，因此属于职能型组织结构。图3-18所示的右边部分属矩阵组织结构，其指令源有两个。

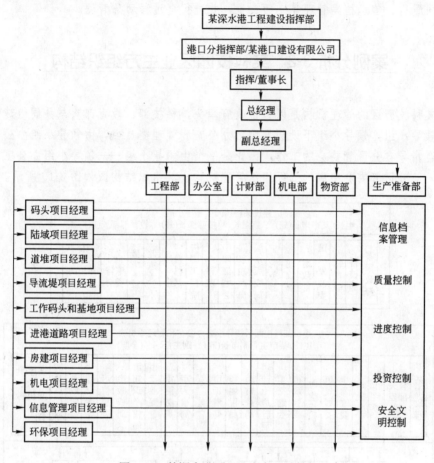

图3-18 某深水港项目业主方组织结构

案例分析3-1 某深水港项目业主方组织结构

某深水港区业主方组织结构如图3-18所示。

该深水港项目组织结构图有以下特点：

（1）其组织结构为强矩阵式，职能部门为一室五部，即办公室、工程部、计划财务部、机电设备部、物资部、生产准备部；并根据项目特点划分十个子项目部，职能部门提供技术和管理支撑；

（2）对合同和招投标实行综合管理和归口管理相结合的工作原则。合同管理指定计财部为综合管理部门，负责合同项目的计划和资金筹措，参与合同谈判，进行合同的综合管理和全过程管理；其他部室作为合同管理的归口管理部门，负责相关

合同的签订、实施、变更。而招投标管理指定计财部为主管部门,其他部室的职责按照合同归口管理的职责分工实施;

(3) 分指挥部实行项目经理负责制,即项目经理对工程质量、投资、进度控制和合同履行、信息档案管理等全面负责,并进行全过程动态管理。

案例分析 3-2 某科技园区业主方组织结构

某科技园区的管理机构是以该市政府牵头,科技部、教育部参与共同组建科技园区领导小组,领导小组下设领导小组办公室和管理委员会,由领导小组办公室和管委会指导各分区管委会的工作,因此是一个由领导小组——领导小组办公室和管委会——分区管委会组成的三级组织管理机构。其组织结构图如图 3-19 所示。

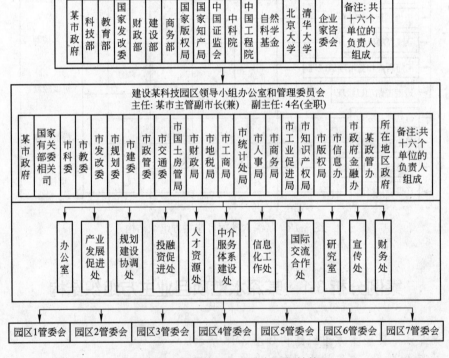

图 3-19 某科技园区业主方组织结构

该科技园区管委会组织管理的主要特点归纳起来有:

(1) 第一级组织结构领导小组有教育部参加,并且有中国科学院、中国工程院、国家自然科学基金委员会、北京大学、清华大学参与,其目的是通过科研机构、大专院校的参与,加强科技研发的力量,突出科技开发区的高科技研发功能。

(2) 第二级组织结构将领导小组办公室和管理委员会合二为一,下设 11 个职能处室,包括:产业发展促进处、规划建设协调处、投融资促进处、人才资源处、中介服务体系建设处、信息化工作处、国际交流合作处、宣传处、财务处、研究室、办公室。其中各职能处室都有明确的任务分工。

(3) 第三级组织结构分区管委会下设七个园区管委会,将整个科技园区的建设任务分园区进行统筹安排,有利于统一规划和部署。

业主方项目管理最核心的问题是其组织结构,在进行项目管理组织结构图设计时,需要考虑多方面的因素,如图3-20所示。

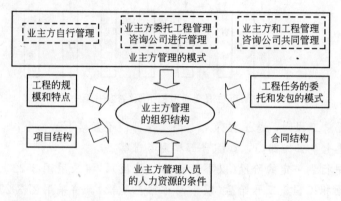

图3-20 影响业主方项目管理组织结构图设计的因素

从图中可以看出,工程的规模和特点、项目结构、工程任务的委托和发包模式、合同结构以及业主方管理人员的人力资源条件等都将对业主方项目管理组织结构设计产生影响。

3.3.3 业主方管理组织结构的动态调整

项目管理的一个重要哲学思想是:在项目实施的过程中,变是绝对的,不变是相对的,平衡是暂时的,不平衡是永恒的。项目实施的不同阶段,即设计准备阶段、设计阶段、施工阶段和动用前准备阶段,其工程管理的任务特点、管理的任务量、管理人员参与的数量和专业不尽相同,因此业主方项目管理组织结构在项目实施的不同阶段应做必要的动态调整。

案例分析3-3 某市轨道交通项目组织结构动态调整

某市在筹建轨道交通指挥部时,首要的问题是确定其组织结构图,在项目刚开始时其组织结构图如图3-21所示,主要明确了以下机构设置和关系:

(1) 该市轨道交通工程领导小组、该市轨道交通有限公司和该市轨道交通工程建设指挥部的关系(该市轨道交通有限公司和该市轨道交通工程建设指挥部联合办公);

(2) 设置技术审查咨询委员会和专家顾问组;

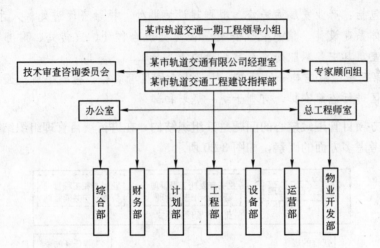

图 3-21 某市轨道交通工程组织结构图(第一阶段)

(3) 设置总工程师,总工程师对七个工作部门不直接下达指令;
(4) 设置七个工作部门,如综合部和财务部等。

当工程进行到一定的阶段(以下简称第二阶段),将采用图 3-22 所示的组织结构图。当大面积工程施工开始后(以下简称第三阶段),将采用图 3-23 所示的组织结构图。

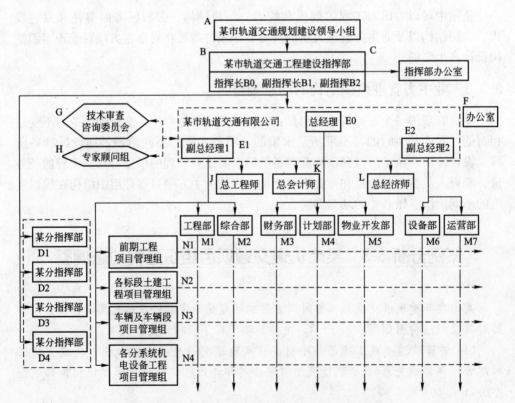

图 3-22 某市轨道交通工程组织结构图(第二阶段)

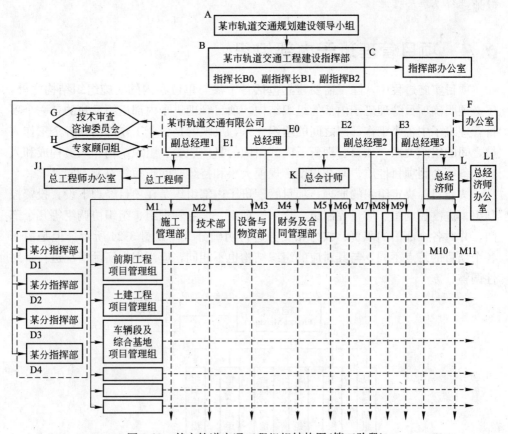

图3-23 某市轨道交通工程组织结构图(第三阶段)

第二阶段组织结构图的特点如下:

(1) 按第一阶段组织结构图运行后,发现该市轨道交通有限公司和该市轨道交通工程建设指挥部作为一个管理层次联合办公不妥,为强化工程指挥部的领导,该市轨道交通工程领导小组、该市轨道交通工程建设指挥部和该市轨道交通有限公司作为三个管理层次;

(2) 采用矩阵组织结构,纵向为七个工作部门,横向为四个工作部门;

(3) 总经理和副总经理分别直接管理下属的工作部门,以避免矛盾的指令;

(4) 设置总工程师、总会计师和总经济师;

(5) 在该市轨道交通工程建设指挥部下设四个地域性的分指挥部,以协调轨道交通工程与所在地区的关系。

第三阶段组织结构图的特点如下:

(1) 根据工作的需要,该市轨道交通有限公司增设一位副总经理,他主要分管运营部和物业开发部;

(2) 由于工作量的增加,设置总工程师和总经济师办公室;

(3) 纵向由七个工作部门增加为十一个,横向由四个工作部门增加为六个。

由以上分析可知,项目管理的组织结构是动态的,应当根据工程进展的需要及时地进行必要的调整。

3.4 项目管理班子内部组织

项目实施过程中，除了需要建立包括各个参与单位在内的实施组织结构之外，还必须明确项目管理班子内部的组织结构。项目管理班子内部组织反映的是一个项目管理班子中各个工作部门之间的组织关系，反映的是各个工作部门和各个工作人员之间的组织关系。项目管理班子内部组织的具体职责、组织结构、人员构成和人数配备等会因项目性质、复杂程度、规模大小和持续时间长短等有所不同。

按照目标决定组织的原理，项目管理班子内部组织是在项目经理下设置投资控制组、进度控制组、质量控制组、合同管理组、信息管理组、组织协调组等几个部门，并对各个部门的职责、权力和义务进行明确分工，如图3-24所示。但是由于各个项目的特点不同，与其对应的组织结构也不相同，应当根据实际情况进行针对性调整。

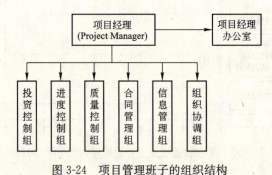

图 3-24　项目管理班子的组织结构

案例分析 3-4　某软件园综合大楼项目管理班子组织结构

某软件园综合大楼项目管理班子内部组织结构如图3-25所示。

项目管理班子组织结构有以下特点：

（1）在现场设项目经理和项目副经理各1人，结构、暖通空调、给水排水、强电等专业工程师和投资控制、合同管理人员共9人，信息管理人员1人；

（2）在总部设顾问班子和信息处理中心。顾问班子由四人组成，必要时可以由顾问班子成员协助解决有关组织、技术、经济、管理、合同等方面的重大问题。信息处理中心负责用DP-1进行投资控制，用P3进行进度控制，用DP-2进行合同管理等；

（3）在总部项目管理单位有相应的联系人负责与现场的设计管理组、施工管理组、合同管理与投资控制组进行工作联系，其中设计管理组联系人、施工管理组联系人、合同与投资控制组联系人、项目总体进度方面的联系人各一名。

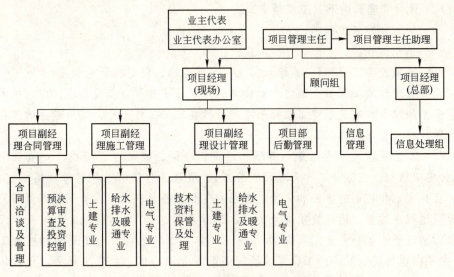

图 3-25 某软件园项目管理班子内部组织结构

案例分析 3-5 某卷烟厂项目管理班子组织结构

某卷烟厂一期工程项目包括联合工房制丝部分、动力中心、连廊、污水处理站、厂区停车库、厂区道路及综合地沟等,其项目管理顾问和咨询班子的组织结构如图 3-26 所示。

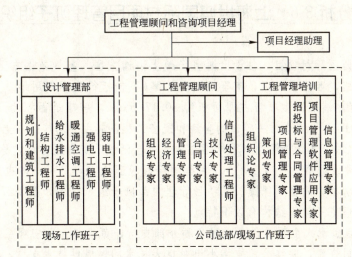

图 3-26 工程管理班子的组织结构

项目管理顾问和咨询班子组织结构有以下特点:

(1) 工程管理顾问和咨询项目经理由具有大型建设项目管理、设计和施工管理经验,有很强的组织协调能力和沟通能力的专业人士担任。

(2) 设计管理部由下列工程师组成：
——规划和建筑工程师；
——结构工程师；
——建筑设备工程师(包括给水排水、暖通空调、强电、弱电专业)。

设计管理部的工作重点偏重于对该卷烟厂项目土建和建筑设备设计中的技术问题管理。除规划和建筑专业工程师采用阶段性在现场工作以外，其他专业的工程师提供现场设计管理工作。

(3) 工程管理顾问由组织、管理、经济、合同、技术专家组成，对项目组织(包括组织结构、任务分工和管理职能分工)、管理工作流程、项目管理实施方案、三大目标规划和控制的方法和手段、工程发包和设备材料采购、合同管理策略等项目建设过程中的重大问题提供决策支持。工作采用总部/现场两地工作方式，工程管理顾问班子有部分专业工程师(如投资规划和控制工程师、进度规划和控制工程师)主要在现场提供服务。工程管理顾问还配备专职的信息处理工程师，负责信息管理制度的建立，利用成熟的项目管理软件(如 P3、DP-1/CC 和 DP-1/CA 等)进行进度、投资和合同数据的处理以及日常信息处理等工作。

(4) 工程管理培训(Training in-house)由组织论专家、策划专家、项目管理专家、招投标和合同管理专家、项目管理软件应用专家和信息管理专家等组成。工程管理培训根据项目管理单位主持或参与大型建设项目工程管理的经验，同时充分结合该卷烟厂项目的特点和项目进展实际情况以及考虑业主方工程管理的重点和难点，设置个性化的培训专题，培训主要采用研讨方式。

案例分析 3-6　上海世博国际村项目管理班子组织结构

上海世博国际村项目，位于世博会场地上海浦东区，基地范围东至浦东南路、世博国际村路，西至白莲泾，南至规划沂林路(不包括行政中心用地及规划保留用地)，北至规划浦明路。项目占地面积约 30.17 万 m^2，总建筑面积约 54.5 万 m^2，作为上海 2010 年世博会唯一建造的生活和配套工程，其主要功能是在上海世博会期间为参展国工作人员和参展旅客提供住宿和其他生活娱乐配套服务。它是上海世博会场馆和设施建设的第一个项目，是上海世博会建设正式启动的标志，也是上海 2010 年世博会成功举办的重要保障。其项目管理内部班子组织结构如图 3-27 所示。

项目管理班子组织结构有以下特点：

(1) 项目负责人主要提供点式服务和外部支持，负责与业主宏观层面的工作协调，调配公司资源，联络公司支持小组对重大技术问题提供技术支撑，保证项目顺利实施；

(2) 项目经理下设三个副经理，一个分管技术，担任设计协调和技术管理部、配套支持部负责人，一个分管施工，负责施工管理部，一个分管合同造价，担任造价与合同管理部、发包与采购支持部负责人；

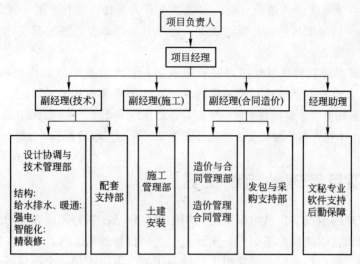

图 3-27　项目管理班子组织结构图

（3）项目经理下设一名经理助理，主要工作是协助项目经理进行项目管理部内部日常管理工作和对外协调工作；

（4）设计协调与技术管理部设专业工程师 6 名，由具有丰富类似项目经验的工程师担任。主要负责施工准备阶段设计协调工作，施工阶段与施工管理部共同负责处理设计变更等与设计有关的问题以及提供施工技术支撑；

（5）配套支持部 2 人，主要工作是协助业主办理施工阶段需要办理的各类工程手续以及与政府部门的工作协调；

（6）施工管理部 7 人，负责组织协调总包单位、工程监理单位做好项目的质量控制、进度控制以及安全文明管理等工作；

（7）造价与合同管理部 3 人，负责组织协调投资监理、审计审价单位共同做好工程投资控制和合同管理工作；

（8）发包与采购支持部负责协助业主进行招投标与采购管理；

（9）经理助理领导 3 个人工作，3 个人分别负责文秘、专业软件支持和项目部后勤保障工作。

项目管理支持小组组织结构（见图3-28）有以下特点：

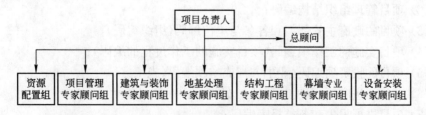

图 3-28　项目管理支持小组组织结构图

（1）项目管理支持小组的主要作用是为项目管理服务调配资源，提供人力、物力和财政上的支持，为项目的顺利进行保驾护航；

(2) 项目管理支持小组的负责人由项目负责人兼任,这样有利于现场班子和项目管理支持小组的工作协调,项目负责人由项目管理单位总经理担任,可以最大限度的调配公司资源;

(3) 项目总顾问由项目管理单位董事长担任,负责整个顾问组的联络、沟通、协调,调配各专业专家解决项目出现的重大经济、管理和技术问题;

(4) 专家顾问组下设项目管理、建筑与装饰、地基处理、结构工程、设备安装、幕墙、弱电八个小组,各小组成员由相关资深专家组成,基本涵盖了工程建设各个专业。

3.5 项目管理的组织工具

项目管理的组织工具是组织论的应用手段,包括一系列图或表等形式,用于表示各种组织和管理关系。组织工具实际上也是项目管理的工具,应该在项目管理中得到很好的应用。在国际上,组织工具的应用甚至可以衡量一个项目的项目管理水平的高低,应该引起高度重视。

常用的项目管理组织工具主要有以下几种:①项目分解结构图;②项目管理组织结构图;③合同结构图;④信息流程图;⑤任务分工表;⑥管理职能分工表;⑦工作流程图;⑧工作逻辑关系图;⑨投资分解结构图;⑩质量分解结构图;⑪合同分解结构图;⑫信息分解结构图;⑬项目信息编码;⑭项目组织方案;⑮项目组织规划;⑯项目组织手册。

项目分解是项目管理的第一步,项目分解结构图是项目分解的工具。不同项目分解的方法将直接影响到项目投资、进度、质量目标的实现。项目分解以后,就要对项目分解进行编码。项目的分解与编码贯穿项目实施的全过程。

项目的组织结构建立以后,就要对组织结构进行编码;项目的工作任务分解以后,就要对工作项进行编码;投资控制、进度控制和质量控制的第一步是进行投资分解、进度(工作分解)和质量分解,分解体系建立以后,就要分别进行投资分解编码、进度(工作)分解编码和质量分解编码;合同管理的第一步是进行合同分解与编码;信息管理的第一步是进行报告、函件和档案的编码。因此,项目管理工作中将涉及到一系列的分解与编码,如:

(1) 项目的结构编码;

(2) 项目管理组织结构编码;

(3) 项目的政府主管部门和各参与单位编码(组织编码);

(4) 项目实施的工作项编码(项目实施的工作过程的编码);

(5) 项目的投资项编码(业主方)/成本项编码(施工方);

(6) 项目的进度项(进度计划的工作项)编码;

(7) 项目进展报告和各类报表编码;

(8) 合同编码;

(9) 函件编码;

(10) 工程档案编码。

以上这些编码是根据不同的用途而编制的,如投资项编码(业主方)/成本项编码(施工方)服务于投资控制工作/成本控制工作,进度项编码服务于进度控制工作。应该注意的是,项目分解结构图不同于项目管理组织结构图,前者用于项目分解,后者用于部门分工和指令关系;合同结构图不同于合同分解结构图,前者用于分析合同关系,后者用于合同分类;信息流程图不同于信息分解结构图,前者用于分析信息交流关系,后者用于信息分类;工作流程图不同于工作逻辑关系图,前者用于工作开展顺序的描述,后者用于网络计划技术。

在项目管理的组织工具里,项目分解结构图、组织结构图、合同结构图和信息流程图是组织论中四个重要的组织工具,四种组织工具的比较如表 3-2 所示。

项目分解结构图、组织结构图、合同结构图和信息流程图比较　　表 3-2

	表达的含义	图中矩形框含义	矩形框连接的表达	示意图
项目分解结构图	对一个项目的结构进行逐层分解,以反映组成该项目的所有工作任务(该项目的组成部分)	一个项目的组成部分	直线	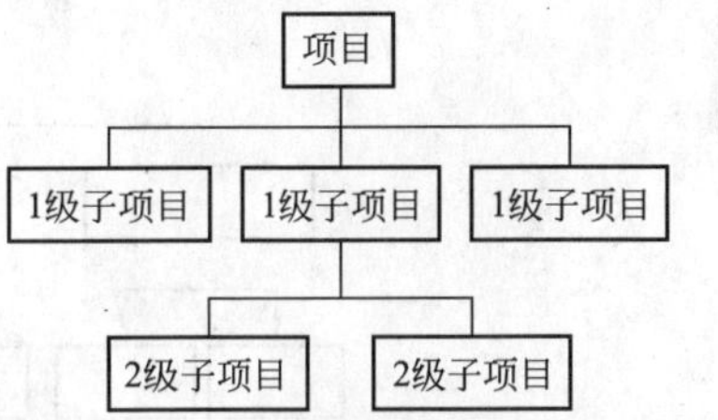
组织结构图	反映一个组织系统中各组成部门(组成元素)之间的组织关系(指令关系)	一个组织系统中的组成部分	单向箭线	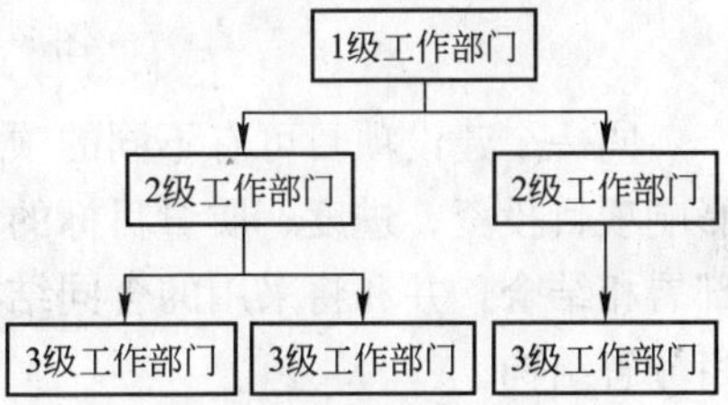
合同结构图	反映一个建设项目参与单位之间的合同关系	一个建设项目的参与单位	双向箭线	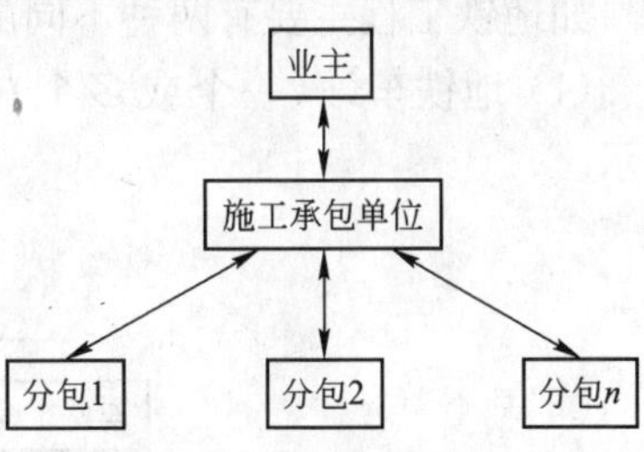
信息流程图	反映一个建设项目参与单位之间的信息流转关系	一个建设项目的参与单位	双向虚线箭线	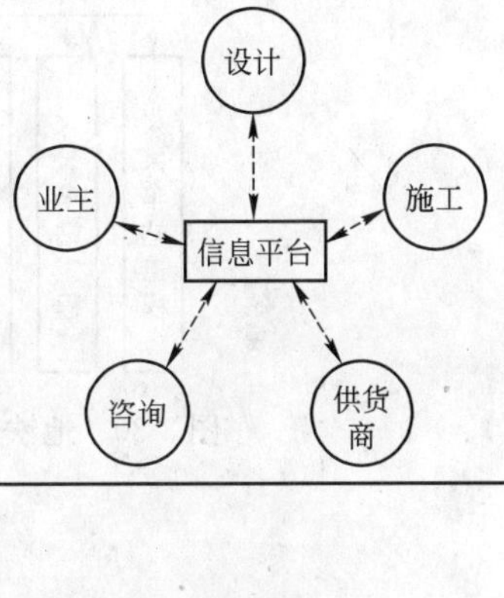

组织结构图在本章已有论述,合同结构图和信息流程图将分别在本教材第6章和第8章讲述,其他组织工具将在相关章节中讲述,本节重点讲述与组织有关的工具。

3.5.1 项目分解结构图

项目分解结构表明了项目由哪些子项目组成,子项目又由哪些内容组成。项目分解结构是项目管理工作的第一步,是有效进行项目管理的基础和前提。项目分解结构的好坏,将直接关系到项目管理组织结构的建立、关系到项目合同结构的建立,并进一步影响到项目的管理模式和承发包模式。

反映项目分解结构的工具是项目分解结构图,项目分解结构图是一个重要的组织工具,它通过树状图的方式对一个项目的结构进行逐层分解,如图3-29所示,以反映组成该项目的所有工作任务,即表明该项目有哪些子项目组成。

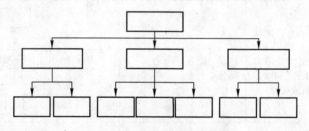

图3-29 项目分解结构图

同一个建设项目可有不同的项目分解结构方法,而不同的项目分解结构将直接影响项目投资、进度、质量目标的实现,因此项目结构的分解应和整个工程实施的部署相结合,并和将采用的合同结构相结合。下面结合不同的项目,分析不同的项目分解结构。

如地铁工程主要有两种不同的合同分解方式,其对应的项目分解结构也不同。

(1) 地铁车站(一个或多个)和区间隧道(一段或多段)分别发包,如图3-30所示。

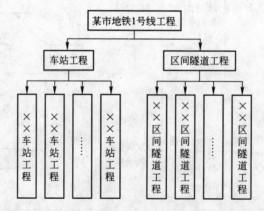

图3-30 地铁车站和区间隧道分别发包的项目结构

(2) 一个地铁车站和一段区间隧道，或几个地铁车站和几段区间隧道作为一个标段发包，如图 3-31 所示。

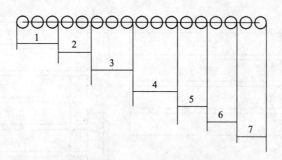

图 3-31　地铁车站和区间隧道组合发包的项目结构

由于图 3-30 所示的项目结构在施工时交界面较多，对工程的组织与管理可能不利，因此国际上较多的地铁工程项目结构采用图 3-31 的方式，其项目分解结构方案如图 3-32 所示。

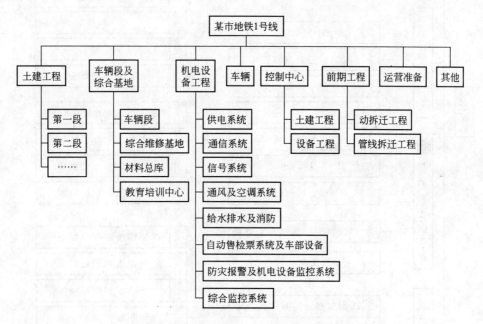

图 3-32　某市地铁一号线工程的项目结构方案

某软件园项目分解结构图如图 3-33 所示，它是一个群体项目，按照项目功能进行项目分解，共分为五大功能区，内容包括：

(1) 软件开发、生产功能区；
(2) 硬件开发、生产功能区；
(3) 公共服务功能区；
(4) 园区管理功能区；
(5) 生活功能区。

图 3-33 某软件园项目的项目分解结构图

不同功能区按照其内在功能可进一步进行项目分解,例如软件开发、生产功能区包括软件研发生产大楼和独立式软件研发生产基地。软件研发生产大楼根据其生产功能不同又可细分为软件研发、软件生产、软件测评以及软件园大厦。其他功能区也可根据功能细化进一步分解。

项目结构的分解方式还影响到工作部门的设置、招投标和合同结构、工作流程和任务分工等。以某市大型国际机场为例,为进行总进度目标论证应首先进行项目分解结构,然后根据项目分解结构的结果(图 3-34),编制总进度纲要(图 3-35)。

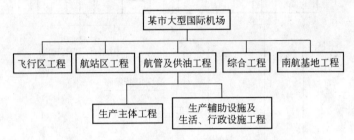

图 3-34 某市大型国际机场项目分解结构图

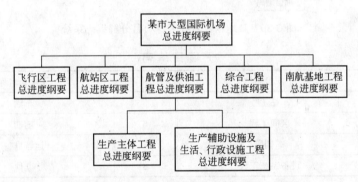

图 3-35 某市大型国际机场项目总进度纲要图

以上所列举的一般是适用于群体工程的项目分解结构,单体工程如有必要(如投资、进度和质量控制的需要)也应进行项目分解结构。如一栋高层办公大楼可分解为:地下工程、裙房结构工程、高层主体结构工程、建筑装饰工程、幕墙工程、建筑设备工程(不包括弱电工程)、弱电工程、室外总体工程等。

综上所述,项目分解结构并没有统一的模式,应结合项目的特点并参考以下原则进行:

(1) 考虑项目进展的总体部署;
(2) 考虑项目的组成;
(3) 有利于项目实施任务(设计、施工和物资采购)的发包和进行,并结合合同结构;
(4) 有利于项目目标的控制;
(5) 结合项目管理的组织结构等。

对一个项目完成分解结构之后,需要对项目分解结构的各层次的每一个组成部分进行编码。它和用于投资控制、进度控制、质量控制、合同管理和信息管理的编码既有区别,也有联系。项目分解结构图及其编码是编制上述其他编码的基础。图3-36所示是某地铁一号线工程项目分解编码系统,其编码系统由五级编码组成,分别为子项目编码、单位工程编码、分部工程编码、分项工程编码、扩展编码。以子项目编码、单位工程编码、分部工程编码为例,其具体编码内容如表3-3、表3-4和表3-5所示。

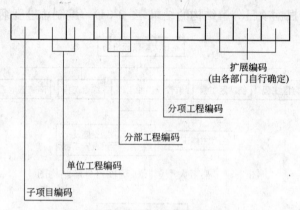

图 3-36 某地铁一号线工程项目分解编码系统

子项目编码　　　　　　　　　　表 3-3

编码	子项目名称	编码	子项目名称
1	车站工程	5	车辆
2	区间工程	6	前期
3	车辆段	7	运营准备
4	设备系统工程	8	其他

单位工程编码　　　　　　　　　　表 3-4

编码	单位工程名称	编码	单位工程名称
101	漕宝路站	105	常熟路站
102	上体馆站	106	陕西南路站
103	徐家汇站及折返线	……	……
104	衡山路站		

分部工程编码　　　　　　　　　　表 3-5

编码	分部工程名称	编码	分部工程名称
10401	地下连续墙	10406	通风井
10402	基坑开挖	10407	建筑装修
10403	端头井	10408	地面办公用房
10404	内部结构	10409	其他
10405	出入口通道	……	……

3.5.2 工作任务分工

在组织结构确定完成后，应对各单位部门或个体的主要职责进行分工。项目工作任务分工就是对项目组织结构的说明和补充，将组织结构中各单位部门或个体的职责进行细化扩展，它也是项目管理组织的重要内容。项目工作任务分工是建立在工作分解结构（WBS）的基础上的，工作分解结构是以可交付成果为导向对项目要素进行的分组，它归纳和定义了项目的整个工作范围，每下降一层代表对项目工作的更详细定义。项目管理任务分工体现组织结构中各单位部门或个体的职责任务范围，从而为各单位部门或个体指出工作的方向，将多方向的参与力量整合到同一个有利于项目开展的合力方向。

每一个项目都应编制项目工作任务分工表，这是一个项目的组织设计文件的一部分。在编制项目工作任务分工表前，应结合项目的特点，对项目实施的各阶段的投资控制、进度控制、质量控制、合同管理、信息管理和组织与协调等工作任务进行详细分解。某项目制定的项目管理工作任务分解表目录如表3-6所示，表3-7为其中设计阶段项目管理的工作任务分解。

项目管理工作任务分解表目录 表3-6

序号	各阶段项目管理的任务	序号	各阶段项目管理的任务
1	决策阶段项目管理的任务	4	施工阶段项目管理的任务
2	设计准备阶段项目管理的任务	5	动用前准备阶段项目管理的任务
3	设计阶段项目管理的任务	6	保修阶段项目管理的任务

设计阶段项目管理工作任务分解表 表3-7

3.1	设计阶段的投资控制	
	3101	在可行性研究的基础上，进一步进行项目总投资目标的分析、论证
	3102	根据方案设计，审核项目总投资估算，供委托方确定投资目标参考，并基于优化方案协助委托方对估算作出调整
	3103	进一步编制项目总投资切块、分解规划，并在设计过程中控制其执行；在设计过程中若有必要，及时提出调整总投资切块、分解规划的建议
	3104	审核项目总投资概算，在设计深化过程中严格控制在总概算所确定的投资计划值中，对设计概算作出评价报告和建议
	3105	根据工程概算和工程进度表，编制设计阶段资金使用计划，并控制其执行，必要时，对上述计划提出调整建议
	3106	从设计、施工、材料和设备等多方面作必要的市场调查分析和技术经济比较论证，并提出咨询报告，如发现设计可能突破投资目标，则协助设计人员提出解决办法，供委托方参考
	3107	审核施工图预算，调整总投资计划

续表

3.1	设计阶段的投资控制	
	3108	采用价值工程方法,在充分满足项目功能的条件下考虑进一步挖掘节约投资的潜力
	3109	进行投资计划值和实际值的动态跟踪比较,并提交各种投资控制报表和报告
	3110	控制设计变更,注意检查变更设计的结构性、经济性、建筑造型和使用功能是否满足委托方的要求
3.2	设计阶段的进度控制	
	3201	参与编制项目总进度计划,有关施工进度与施工监理单位协商讨论
	3202	审核设计方提出的详细的设计进度计划和出图计划,并控制其执行,避免发生因设计单位推迟进度而造成施工单位要求索赔
	3203	协助起草主要甲供材料和设备的采购计划,审核甲供进口材料设备清单
	3204	协助委托方确定施工分包合同结构及招投标方式
	3205	督促委托方对设计文件尽快作出决策和审定
	3206	在项目实施过程中进行进度计划值和实际值的比较,并提交各种进度控制报表和报告(月报、季报、年报)
	3207	协调室内外装修设计、专业设备设计与主设计的关系,使专业设计进度能满足施工进度的要求
3.3	设计阶段的质量控制	
	3301	协助委托方进一步确定项目质量的要求和标准,满足市设计质监部门质量评定标准要求,并作为质量控制目标值,参与分析和评估建筑物使用功能、面积分配、建筑设计标准等,根据委托方的要求,编制详细的设计要求文件,作为方案设计优化任务书的一部分
	3302	研究图纸、技术说明和计算书等设计文件,发现问题,及时向设计单位提出;对设计变更进行技术经济合理性分析,并按照规定的程序办理设计变更手续,凡对投资及进度带来影响的变更,需会同委托方核签
	3303	审核各设计阶段的图纸、技术说明和计算书等设计文件是否符合国家有关设计规范、有关设计质量要求和标准,并根据需要提出修改意见,争取设计质量获得市有关部门审查通过
	3304	在设计进展过程中,协助审核设计是否符合委托方对设计质量的特殊要求,并根据需要提出修改意见
	3305	若有必要,组织有关专家对结构方案进行分析、论证,以确定施工的可行性、结构的可靠性,进一步降低建造成本
	3306	协助智能化设计和供货单位进行大楼智能化总体设计方案的技术经济分析
	3307	对常规设备系统的技术经济进行分析,并提出改进意见
	3308	审核有关水、电、气等系统设计与有关市政工程规范、地块市政条件是否相符合,争取获得市有关部门审查通过

续表

3.3	设计阶段的质量控制	
	3309	审核施工图设计是否有足够的深度，是否满足可施工性的要求，以确保施工进度计划的顺利进行
	3310	对项目所采用的主要设备、材料充分了解其用途，并作出市场调查分析；对设备、材料的选用提出咨询报告，在满足功能要求的条件下，尽可能降低工程成本
	3311	会同有关部门对设计文件进行审核，必要时组织会议或专家论证
3.4	设计阶段的合同管理	
	3401	协助委托方确定设计合同结构
	3402	协助委托方选择标准合同文本，起草设计合同及特殊条款
	3403	从投资控制、进度控制和质量控制的角度分析设计合同条款，分析合同执行过程中可能出现的风险及如何进行风险转移
	3404	参与设计合同谈判
	3405	进行设计合同执行期间的跟踪管理，包括合同执行情况检查，以及合同的修改、签订补充协议等事宜
	3406	分析可能发生索赔的原因，制定防范性对策，减少委托索赔事件的发生，协助委托方处理有关设计合同的索赔事宜，并处理合同纠纷事宜
	3407	向委托方递交有关合同管理的报表和报告
3.5	设计阶段的信息管理	
	3501	对设计阶段的信息进行分解，建立设计阶段工程信息编码体系
	3502	建立设计阶段信息管理制度，并控制其执行
	3503	进行设计阶段各类工程信息的收集、分类存档和整理
	3504	运用计算机进行项目的信息管理，随时向委托方提供项目管理各种报表和报告
	3505	协助委托方建立有关会议制度，整理会议记录
	3506	督促设计单位整理工程技术经济资料、档案
	3507	协助委托方进行图纸和设计文件的分发、管理
	3508	填写项目管理工作记录，每月向委托方递交设计阶段项目管理工作月报
	3509	将所有设计文档(包括图纸、技术说明、来往函件、会议纪要、政府批件等)装订成册，在项目结束后递交委托方
3.6	设计阶段组织与协调的任务	
	3601	协助委托方协调与设计单位之间的关系，及时处理有关问题，使设计工作顺利进行
	3602	协助委托方处理设计与各市政部门和主管部门的联系，摸清有关设计参数和要求
	3603	协助委托方做好方案及初步审批的准备工作，协助处理和解决方案和初步审批的有关问题
	3604	协助委托方协调设计与招投标之间的关系

续表

3.6	设计阶段组织与协调的任务
3605	协助委托方协调设计与施工之间的关系
3606	协助设计方进行主体设计与专业细部设计、中外合作设计以及设计各专业工种之间的协调

在项目工作任务分解的基础上,定义项目经理部和投资控制、进度控制、质量控制、合同管理、信息管理和组织与协调等主管工作部门或主管人员的工作任务,从而编制工作任务分工表,如表3-8所示。在工作任务分工表中应明确各项工作任务由哪个工作部门(或个人)负责,由哪些工作部门(或个人)配合或参与。在项目的进展过程中,可视必要对工作任务分工表进行调整。

工作任务分工表　　　　　　　　　　　　　　　表3-8

工作任务 \ 工作部门	项目经理部	投资控制部	进度控制部	质量控制部	合同管理部	信息管理部

在某卷烟厂建设项目中,项目总控组作为业主的主要顾问,利用专业的理论和丰富的经验为业主提供全方位的咨询,深入业主班子中协助业主对项目进行全过程、全方位的项目控制,并为项目的另一目标——为业主培养项目管理人员提供帮助。为实现这些宗旨,规定工作任务分工表如表3-9所示。

某卷烟厂项目工作任务分工表　　　　　　　　　表3-9

编号	工作部门名称	主 要 任 务	备注
A	业主代表	接受厂长的指令	
		对A1,B,C,D,E,L,M,N,O下达指令	
		主持和负责整个项目建设的实施,对项目建设的投资目标、进度目标、质量目标以及建设的安全负总的责任	
A	业主副代表	接受业主代表的指令	
		在业主代表授权范围内对A1,B,C,D,E,L,M,N,O下达指令	
		协助业主代表主持和负责整个项目建设的实施	
		在业主代表授权范围内主持和负责有关的工作	

续表

编号	工作部门名称	主要任务	备注
		在业主代表确定的范围内负相应的责任	如建设安全
		主持项目建设实施的日常运行	
A1	业主代表办公室主任	接受业主代表和副代表的指令	
		对A11,A12,A13下达指令	
		协助业主代表和副代表处理日常行政事务	
		负责项目报建	
		协助业主代表和副代表执行与政府建设主管部门的联系任务	
		对财务组、行政组和信息组的工作任务承担总的责任	
A11	财务组	接受业主代表和业主副代表以及业主代表办公室主任的指令	
		负责项目资金筹措与资金运用	
		参与项目投资控制与资金控制	
		日常财务和会计工作	
A12	行政组	接受业主代表办公室主任的指令	
		负责处理有关的行政和文秘事务	
		负责办理项目建设的业主方各工作部门的后勤事务	
A13	信息组	接受业主代表办公室主任的指令	
		负责收集、保管和整理项目建设的工程文档	
		按业主代表和副代表的要求收集和整理项目建设的有关信息	
A2	决策委员会	接受厂长的指令	
		不对任何部门下达指令	
		对项目建设过程中的重大问题作决策咨询	
B	项目建设总控与专家咨询部主任	接受A的指令	
		作为工程管理服务班子的对外发言人	
		全面领导项目建设总控组开展工作	
		负责与业主代表和业主副代表的沟通和协调	
		协助业主策划和组织必要的专家咨询会议	

续表

编号	工作部门名称	主要任务	备注
B1	项目建设总控组	接受B的指令	
		项目实施组织策划	
		设计组织策划与控制	
		工程发包、设备材料采购组织策划与控制	
		投资、进度和质量目标规划和控制	
		项目管理信息系统(PMIS)应用策划	
		合同管理策划与控制	

3.5.3 管理职能分工

管理职能分工与工作任务分工一样也是组织结构的补充和说明，体现在对于一项工作任务，组织中各任务承担者管理职能上的分工。

正如前文所述，管理是由多个环节组成的有限的循环过程，对于一般的管理过程，其管理工作即管理职能都可分为计划(Planning)、决策(Decision)、执行(Implement)、检查(Check)这四种基本职能。管理职能分工表就是记录对于一项工作任务，组织中各任务承担者由谁来承担这四种职能。它以工作任务为中心，规定任务相关部门对于此任务承担何种管理职能。

每一个建设项目都应编制管理职能分工表，这是一个项目的组织设计文件的一部分。任务分工表比较清楚地表明了什么任务由谁来做，然后再对每一项工作要根据管理的五个循环过程再分工，这就是管理职能分工表，这与国内的岗位责任制有些类似。

管理职能分工表是用表的形式反映项目管理班子内部项目经理、各工作部门和各工作岗位对各项工作任务的项目管理职能分工，用拉丁字母表示管理职能，其中P代表计划职能，D代表决策职能，I代表执行职能，C代表检查职能，如表3-10所示。

管理职能分工表　　　　　　表3-10

工作任务＼工作部门	项目经理部	投资控制部	进度控制部	质量控制部	合同管理部	信息管理部

每一个方块用拉丁字母表示管理的职能

案例分析 3-7　某卷烟厂项目管理职能分工表

某卷烟厂项目管理职能分工在建设阶段大致分为决策阶段、施工前准备阶段和施工阶段三个部分，在每个阶段都会有些重点任务，而这一任务在不同的部门中有不同的管理职能分配。如在施工前准备阶段中编号为 20 的一项任务——组织土建招标，就需要由建筑组策划，并作为主要实施者召集设计单位、工艺组和综合组配合实施，再上报给业主代表，由业主代表作出决策；而总控组作为专家受业主委托对该工作进行相应的检查，见表 3-11。

某卷烟厂项目管理职能分工表　　　　表 3-11

工作任务分类			任务承担者的管理职能分工						
主项	项次	子项名称	……	A业主代表	D工艺组	E建筑组	I综合组	B1总控组	M设计单位	……
决策阶段		项目立项书编制		D, C			P, I			
		编制项目组织策划		D, C			P			
		……					I			
施工前准备阶段		……								
	20	组织土建招标		D	I	P, I	I	C	I	
	21	组织土建工程合同谈判		D, C		I	P, I	I		
	22	工程报批手续办理		D, C			I			
		……								
施工阶段		组织协调土建施工		D		P, I		C		
		组织工艺设备安装		D, C	P, I	I				
		……								

备注：P——计划；D——决策；I——执行；C——检查。

案例分析 3-8　上海世博村项目管理职能分工表

上海世博村项目，为了明确建设领导小组及部门人员的相关管理职能，制定了如表 3-12 所示的管理职能分工表。

为了区分业主方和代表业主利益的项目管理方、工程建设监理方等的管理职能，也可以用管理职能分工表表示，如表 3-13 所示，其中 P 代表计划职能，D 代表决策职能，E 代表执行职能，C 代表检查职能。

表 3-12 世博村第一阶段职能分工表方案 a(FA-PI(PS/b/A)/a/A)

序号	工作任务	建设领导小组	指挥长/副指挥长	各区分指挥	指挥部办公室	总经理	副总经理1	副总经理2	办公室	技术审查咨询委员会	专家顾问组	总工程师	总经济师	总会计师	工程部	综合部	财务部	计划部	物业开发部	设备部	运营部	前期工程项目管理组	各标段土建工程项目管理组	车辆及车辆段项目管理组	各分系统机电设备工程项目管理组
1	建立组织机构	DC	I		PI																				
2	人事安排	F	DC			DI			P																
3	人事管理					DC			PI																
4	行政管理					DC			PI																
5	党务工作					DC			PI																
6	外事工作					DC			PI																
7	资金保障	CF	D			P							H	PI			I	PI							
8	财务管理					DC								I	PI			PI							
9	审计					DC																			
10	物业开发					DC	DC1	DC2										PI	PI						
11	科研管理	F				DC					P				H	PI									
12	档案管理					DC									H	H		H		H					
13	重大技术审查决策	F	F			DC					P	P	I			H			H		H				

续表

序号	工作任务	建设领导小组	指挥长、副指挥长	各区分指挥	指挥部办公室	总经理	副总经理1	副总经理2	副总经理3	办公室	技术审查咨询委员会	专家顾问组	总工程师	总经济师	总会计师	三师办公室	工程部	设备与物资部	财务部	计划部	综合部	运营部	物业开发部	前期工程项目管理组	各标段土建工程项目管理组	车辆及车辆段项目管理组	机电设备工程项目管理组	车辆项目管理组	控制中心项目管理组
1	建立组织机构	DC	I		PI																								
2	人事安排	F	DC			DI				P																			
3	人事管理					DC				PI																			
4	行政管理					DC				PI																			
5	党务工作					DC				PI																			
6	外事工作					DC				PI																			
7	资金保障	CF	D			P									I				PI										
8	财务管理					DC									PI				PI										
9	审计					DC									I	H	H		I	H									
10	物业开发	F				DC	DC																PI						
11	科研开发										P	P	P				H	H		PI	PI								
12	档案管理												I			H	H	H			PI								
13	重大技术审查决策	F	F			DC					P	P	I				H		I		H								
14	技术标准管理						DC					P	F					I											

某项目管理职能分工表　　　　　　　　表 3-13

序号	任务		业主方	项目管理方	工程监理方
	设计阶段				
1	审批	获得政府有关部门的各项审批	E		
2		确定投资、进度、质量目标	DC	PC	PE
3	发包与合同管理	确定设计发包模式	DC	PE	
4		选择总包设计单位	DE	P	
5		选择分包设计单位	DC	PEC	PC
6		确定施工发包模式	D	PE	PE
7	进度	设计进度目标规划	DC	PE	
8		设计进度目标控制	DC	PEC	
9	投资	投资目标分解	DC	PE	
10		设计阶段投资控制	DC	PE	
11	质量	设计质量控制	DC	PE	
12		设计认可与批准	DE	PC	
	招标阶段				
13	发包	招标、评标	DC	PE	PE
14		选择施工总包单位	DE	PE	PE
15		选择施工分包单位	D	PE	PEC
16		合同签订	DE	P	P
17	进度	施工进度目标规划	DC	PC	PE
18		项目采购进度规划	DC	PC	PE
19		项目采购进度控制	DC	PEC	PEC
20	投资	招标阶段投资控制	DC	PEC	
21	质量	制定材料设备质量标准	D	PC	PEC

3.5.4 工作流程图

项目管理涉及众多工作，其中必然产生数量庞大的工作流程，工作流程图是将工作任务分解后，用图表表达这些工作在时间上和空间上的先后开展顺序。工作流程组织一般包括：

（1）管理工作流程组织，如投资控制、进度控制、合同管理、付款和设计变更等流程；

（2）信息处理工作流程组织，如与生成月度进度报告有关的数据处理工作流程；

（3）物质流程组织，如钢结构深化设计工作流程，弱电工程物资采购工作流程,外立面施工工作流程等。

以建设工程项目为例,其主要的工作流程组织包括以下内容:
(1) 设计准备工作的流程;
(2) 设计工作的流程;
(3) 施工招标工作的流程;
(4) 物资采购工作的流程;
(5) 施工作业的流程;
(6) 各项管理工作(投资控制、进度控制、质量控制、合同管理和信息管理等)的流程;
(7) 与工程管理有关的信息处理的流程。

这也就是工作流程组织的任务,即定义各个工作的流程。

工作流程应视需要逐层细化,如投资控制工作流程可细化为初步设计阶段投资控制工作流程、施工图阶段投资控制工作流程和施工阶段投资控制工作流程等。

不同的项目参与方,工作流程组织的任务不同。业主方和项目各参与方,如工程管理咨询单位、设计单位、施工单位和供货单位等都有各自的工作流程组织的任务。

案例分析3-9 某市轨道交通建设项目工作流程组织

某市轨道交通建设项目设计了如下的多个工作流程组织:
(1) 投资控制工作流程清单
1) 投资控制整体流程;
2) 投资计划、分析、控制流程;
3) 工程合同进度款付款流程;
4) 变更投资控制流程;
5) 建筑安装工程结算流程。
(2) 进度控制工作流程清单
1) 里程碑节点、总进度规划编制与审批流程;
2) 项目实施计划编制与审批流程;
3) 月度计划编制与审批流程;
4) 周计划编制与审批流程;
5) 项目计划的实施、检查与分析控制流程;
6) 月度计划的实施、检查与分析控制流程;
7) 周计划的实施、检查与分析控制流程。
(3) 质量控制工作流程清单
1) 施工质量控制流程;

2) 变更处理流程；

3) 施工工艺流程；

4) 竣工验收流程。

(4) 合同与招投标管理工作流程清单

1) 标段划分和审定流程；

2) 招标公告的拟定、审批和发布流程；

3) 资格审查、考察及入围确定流程；

4) 招标书编制审定流程；

5) 招标答疑流程；

6) 评标流程；

7) 特殊条款谈判流程；

8) 合同签订流程。

(5) 信息管理工作流程

1) 文档信息管理总流程；

2) 外单位往来文件处理流程；

3) 设计文件提交、分发流程；

4) 变更文件提交处理流程；

5) 工程投资信息收集及处理流程。

工作流程图是用图的形式反映一个组织系统中各项工作之间的先后开展顺序关系，它可用以描述工作流程组织。工作流程图是一个重要的组织工具，如图 3-37 所示。工作流程图用矩形框表示工作(图 3-37a)，箭线表示工作之间的先

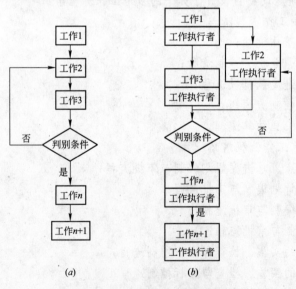

图 3-37 工作流程图示例
(a)用矩形框表示工作的工作流程图；
(b)用两个矩形框分别表示工作和工作的执行者的工作流程图

后开展顺序，菱形框表示判别条件。也可用两个矩形框分别表示工作和工作的执行者(图 3-37b)。

下面以几个建设工程项目的工作流程图为例，进一步解释工作流程图的含义和图的表达方式。

设计变更在工程实施过程中时有发生，设计变更可能由业主方提出，也可能由施工方或设计方提出。一般设计变更的处理涉及监理工程师、总监理工程师、设计单位、施工单位和业主方。图 3-38 所示是某工程设计变更的工作流程图，反映了上述的工作顺序关系。

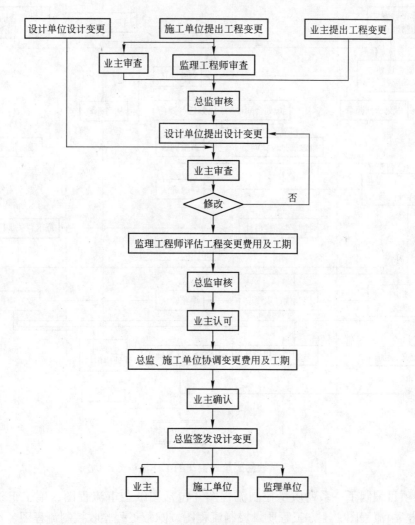

图 3-38 设计变更工作流程图示例

某软件园的策划工作由策划方承担，规划工作由规划设计方承担，开发方对策划和规划的阶段性成果将表达其意见，政府对规划的阶段性成果要履行审批职能。策划方、规划设计方、开发方和政府有关部门的工作按一定的顺序进行，相互之间也有一定的交叉。用工作流程图可清晰地表达有关的先后开展顺序关系。图3-39将图面纵向地划分为四块，可以非常清楚地识别哪些工作由哪方承担。

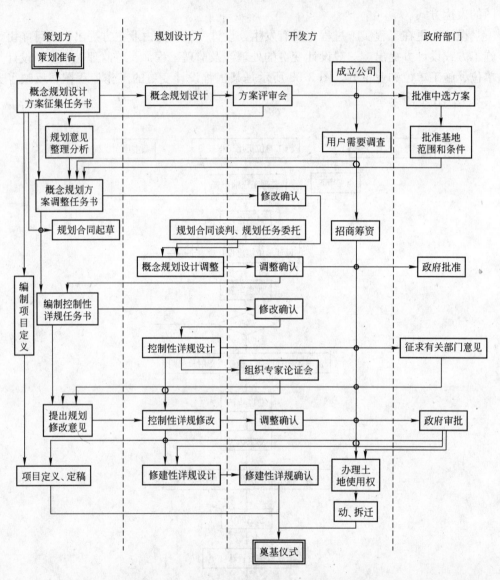

图3-39 某软件园策划工作的工作流程图示例

某项目编制了一系列质量控制流程图，包括图纸会审流程图、施工组织设计（施工方案）流程图、土方工程质量控制流程图、隐蔽工程验收控制流程图、钢筋混凝土工程质量控制流程图、钢筋工程质量控制流程图、钢结构工程制作质量控制流程、钢结构工程安装质量控制流程、装饰工程质量控制流程图，如图3-40到图3-48所示。

项目管理的组织

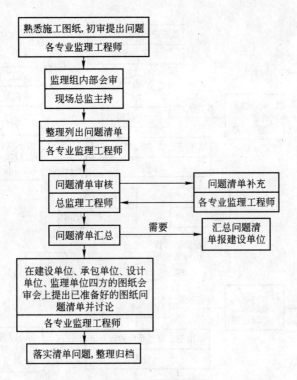

图 3-40 图纸会审流程图

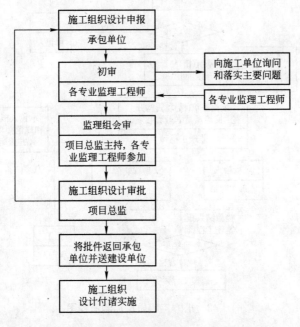

图 3-41 施工组织设计(施工方案)流程图

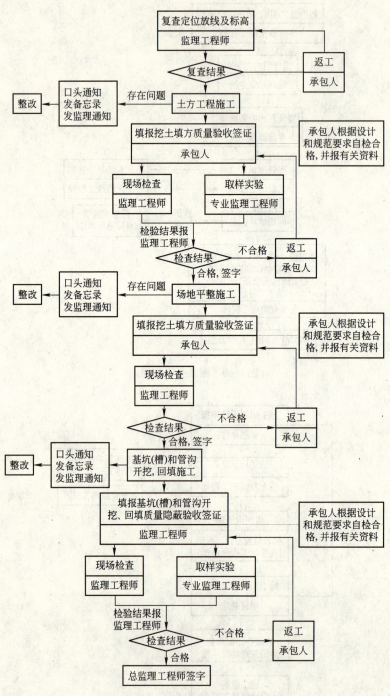

图 3-42 土方工程质量控制流程图

第3章 项目管理的组织

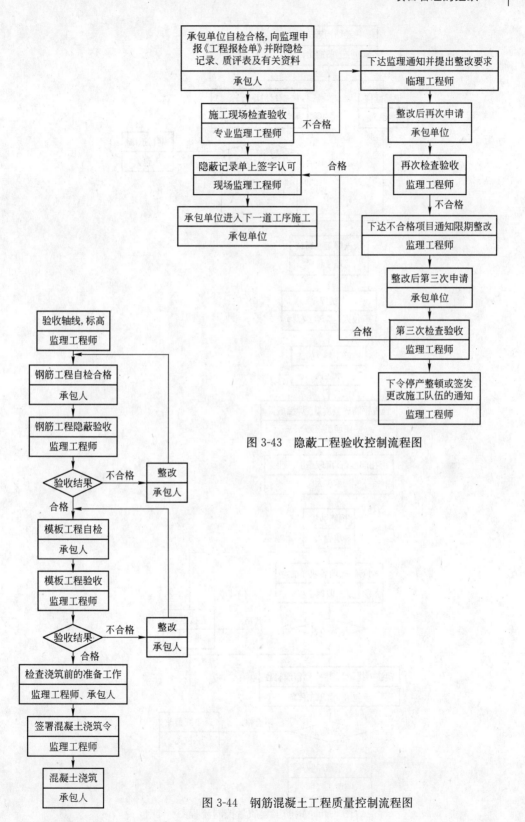

图 3-43 隐蔽工程验收控制流程图

图 3-44 钢筋混凝土工程质量控制流程图

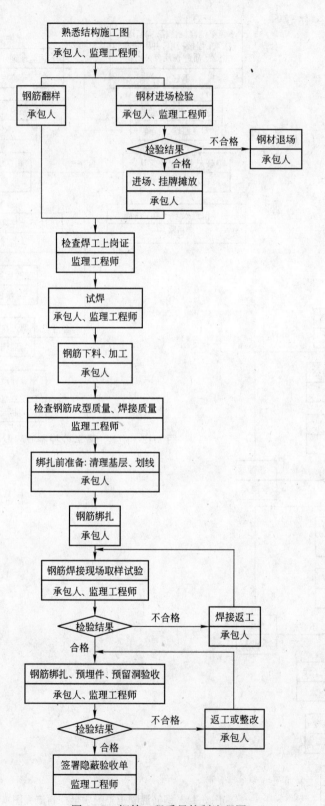

图 3-45 钢筋工程质量控制流程图

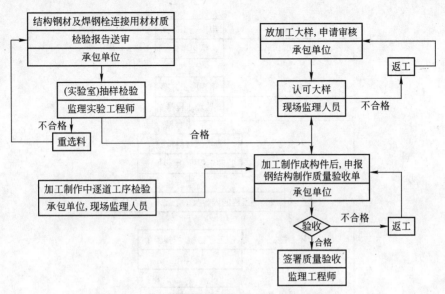

图 3-46 钢结构工程制作质量控制流程

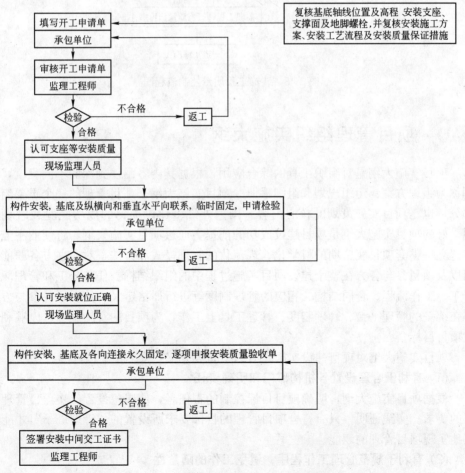

图 3-47 钢结构工程安装质量控制流程

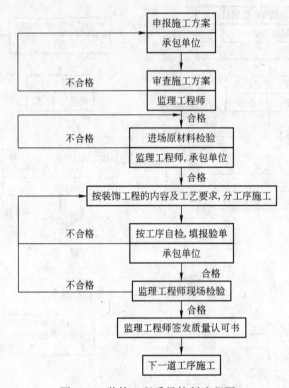

图 3-48 装饰工程质量控制流程图

3.6 项目管理组织实施大纲

项目实施大纲是对组织工具的综合应用，根据其内容由浅到深的不同程度，分别称为组织方案、组织规划和组织手册。项目实施大纲是项目管理的一个重要组成部分，也是项目实施策划的核心内容。国内外许多建设项目的成功经验或教训证明，好的项目实施大纲是项目建设成功的前提。通过项目实施大纲，将使业主方逐步建立一整套项目实施期的科学化、规范化的管理模式和方法，对业主方各职能部门以及项目参与各方在整个建设项目实施过程中的组织结构、任务分工和管理职能分工、工作流程、合同结构、相应的管理制度等进行严格定义，使项目各参与方能够在统一的管理平台、管理制度、管理工具上工作，为项目的实施服务，以顺利实现项目目标。

项目实施大纲对项目建设实施具有以下重要意义：

(1) 有利于合理设置各机构部门和明确责任

根据项目实施大纲，明确项目目标控制的责任者，使岗位设置反映项目管理任务的要求。实践证明，只有符合项目管理的目标要求所设置的"管理班子"才能真正地实现项目管理的职能。

(2) 有利于规范管理工作程序，避免工作的随意性

组织管理工作需要一定的合理工作程序，通过项目实施大纲的编制，项目管理工作应明确参与方组织机构、各项工作的先后次序以及工作时间，以避免管理工作中的随意性。

(3) 有利于提高管理的有效性，避免管理资源的不足或浪费

为提高管理的有效性，要求项目管理的组织有一定的层次，项目管理的部门和人员的管理幅度不能过宽，同时又要综合考虑管理跨度。如果管理幅度过宽，管理者的工作量太大，而难以深入，容易造成管理者无法有效管理，如果管理跨度过大，管理层次太多，也会降低管理效率。同时，项目管理的组织中的部门和人员设置应能灵活适应项目实施各阶段的不同的工作任务对它的要求，否则容易造成管理资源的不足或浪费。

(4) 评价项目管理组织优劣的基本判据

项目管理组织设计的目的，就是要使项目管理工作有效率和有效果，以实现项目管理的目标，这也是评价项目管理组织优劣的基本判据。所谓有效率，是指项目管理的资源成本最小化；所谓有效果，指通过项目管理最优地实现了项目目标。显然，项目管理的效率和效果是相互联系的，既要有利于实现项目目标，又要尽可能有效率。有效的项目管理，在很大程度上就是依赖于项目管理的组织设计。

案例分析 3-10　某房地产住宅项目实施大纲

某房地产住宅项目由某建设项目管理有限公司承担该项目的项目管理工作，其中，项目实施大纲是项目管理工作中的重要内容。项目管理单位根据项目的实际情况，编制了该项目实施大纲，包括组织篇、规划篇和控制篇。其目录如表 3-14 所示。

某房地产住宅项目实施大纲目录　　　　表 3-14

序号	标题	序号	标题
	组 织 篇	3.1.2.2	项目管理方任务
1	项目概况	3.1.2.3	工程施工监理方任务
1.1	项目基本数据	3.1.3	管理职能分工
1.2	项目管理总目标	3.2	项目管理班子的组织
1.3	项目实施有关单位分类及编码	3.2.1	项目管理班子组织结构
2	项目组织结构	3.2.2	任务分工
2.1	项目组织结构图	3.2.2.1	项目管理主任任务
2.2	项目组织结构和编码对照	3.2.2.2	项目管理总顾问任务
3	管理的组织	3.2.2.3	项目管理副主任任务
3.1	管理的组织结构和分工	3.2.2.4	设计管理组任务
3.1.1	项目实施组织结构	3.2.2.5	施工管理组任务
3.1.2	任务分工	3.2.2.6	设备材料采购组任务
3.1.2.1	业主方任务	3.2.2.7	合同和投资管理组任务

续表

序号	标题	序号	标题
	组 织 篇	7.2	进度控制
3.2.3	管理职能分工	7.2.1	进度分解结构和编码体系
	规 划 篇	7.2.2	进度计划审核
4	投资目标规划	7.2.3	进度数据比较
4.1	编制依据	7.2.4	进度控制软件的应用
4.2	编制方法	7.3	质量控制
4.3	建设项目标准定义	7.3.1	设计质量控制
4.3.1	土建工程	7.3.2	招投标质量控制
4.3.2	安装工程	7.3.3	设备、材料采购质量控制
4.3.3	小区会所	7.3.4	施工质量控制
4.3.4	车库	8	合同管理
4.3.5	室外工程	8.1	合同分解结构和编码体系
4.3.6	管理费用	8.2	招投标及合同文本管理和控制
4.4	投资规划估算	8.3	合同执行跟踪管理
4.5	分析与建议	8.4	合同管理软件的应用
4.5.1	单位成本分析	9	项目建设过程的组织与协调
4.5.2	降低成本分析	9.1	设计过程的组织与协调
4.5.3	地下停车场及会所经营分析	9.2	招投标过程的组织与协调
5	进度目标规划	9.3	施工过程的组织与协调
5.1	总进度目标的论证	9.4	动用准备过程的组织与协调
5.2	项目实施阶段总进度目标规划的编制	9.5	不同过程界面的组织与协调
5.3	项目实施阶段总进度目标规划的调整	10	项目管理报告
5.4	总进度规划	10.1	项目管理月度报告
6	质量目标规划	10.2	项目管理年度报告
6.1	设计质量规划	10.3	项目管理专题报告
6.2	设备、材料采购质量规划	10.4	项目管理总结报告
6.3	施工质量规划	11	信息管理
	控 制 篇	11.1	信息分类及编码
7	质量目标控制	11.1.1	信息分类结构图
7.1	投资控制	11.1.2	信息分类和编码对照表
7.1.1	投资分解结构和编码体系	11.2	信息处理工作制度
7.1.2	不同阶段投资数据比较	11.2.1	信息采集制度
7.1.3	概算、预算审核	11.2.2	会议制度
7.1.4	资金规划和控制	11.2.3	信息处理制度
7.1.5	投资控制软件的应用	11.3	标准文档格式

续表

序号	标 题	序号	标 题
控 制 篇		11.3.3	日志格式
11.3.1	函件格式	11.4	信息处理工作流程
11.3.2	会议纪要格式		

案例分析 3-11　2010 年上海世博会项目组织策划

2010 年上海世博会规划区规划控制范围为浦西中山南路—外马路、南浦大桥—浦东南浦大桥—浦东南路—耀华路—打浦桥隧道浦东出口—克虏伯北边界—耀华支路—倪家浜—黄浦江岸线—卢浦大桥、鲁班路围合的区域，用地面积约 $6.68km^2$，其中浦东约 $4.72km^2$，浦西约 $1.96km^2$。

上海世博局委托项目管理单位承担世博建设总体项目管理，项目管理单位通过对世博项目实际特点的认真分析，并与业主方多次沟通交流，编制出 2010 年上海世博会项目实施大纲，实施大纲共分为十个部分，其目录如表 3-15 所示。

2010 年上海世博会项目实施大纲目录　　　表 3-15

序号	标 题	序号	标 题
1	项目分解结构及编码方案	4.4	设计管理工作流程
1.1	项目分解结构图	4.5	设计沟通管理方式
1.2	场馆项目分解结构图	4.6	设计管理文档格式
1.3	项目基本参数表	5	投资控制与合同管理
1.4	规划设计图	5.1	投资控制与合同管理总框架
1.5	设计参数表	5.2	投资分解结构及控制目标
2	上海世博会工程建设的组织	5.3	投资控制与合同管理的集成管理
2.1	上海世博会工程建设的组织结构	5.4	制订相关的管理制度和流程
2.2	指挥部办公室任务、管理职责分工	5.5	投资控制与合同管理信息集成化系统
2.3	总体项目管理班子任务、管理职责分工	6	设备材料采购
3	总进度纲要与控制	6.1	世博会建设项目材料设备管理
3.1	世博会工程建设计划体系	6.2	材料设备采购模式确定
3.2	世博会工程建设总进度纲要编制原则	6.3	材料设备管理原则
3.3	世博会工程建设总进度纲要	6.4	材料设备管理方式
4	规划设计管理	6.5	甲供材料设备管理
4.1	设计管理组织框架图	6.6	甲供材料设备招标管理
4.2	设计管理工作一览表	6.7	甲供乙办材料设备采购管理
4.3	设计管理工作分工	6.8	VIK 材料设备管理

续表

序号	标题	序号	标题
7	安全、质量管理	9.2	文档编码规则
7.1	安全管理	9.3	信息组织
7.2	质量管理	9.4	项目文档管理表格
8	参展协调	9.5	项目管理会议制度
8.1	参展协调工作的组织体系	9.6	世博会工程建设管理信息平台
8.2	参展协调工作的任务分工	10	项目文化建设
8.3	参展方展馆建设管理工作要求	10.1	项目文化建设总体思路
9	信息与沟通管理	10.2	廉政建设
9.1	信息分类	10.3	劳动竞赛

复习思考题

1. 简述组织设计的主要内容。
2. 什么是线性组织结构？线性组织结构有哪些优缺点？
3. 什么是职能型组织结构？职能型组织结构有哪些优缺点？
4. 什么是矩阵组织结构？矩阵组织结构有哪些优缺点？
5. 什么是项目型组织结构？项目型组织结构有哪些优缺点？
6. 简述项目分解结构图、组织结构图、合同结构图和信息流程图的区别。
7. 请分析工作任务分工和管理职能分工的作用和意义。
8. 工作流程图的绘制有哪些规定？请绘制一张设计变更工作流程图。
9. 什么是项目实施大纲？其主要内容是什么？

第 4 章 项目前期策划

项目前期策划是项目管理重要的组成部分。众多项目的实践证明，科学、严谨的项目前期策划是项目管理决策和实施增值的基础。根据策划目的、时间的不同，项目前期策划分为项目决策策划与项目实施策划。项目决策策划在项目决策阶段进行，为项目的决策服务，主要研究项目做什么、为什么要做的问题，又称为项目决策评估；项目实施策划在项目实施阶段的前期进行，为项目的实施服务，主要研究项目如何实施，又称为项目实施评估。其中产业策划、功能策划和经济策划是项目决策策划的重点，组织策划、合同策划和信息策划是项目实施策划的重点。本章内容包括项目前期策划的概念、项目环境调查与分析以及项目决策策划和项目实施策划的概念、内容与工作方法。

4.1 项目前期策划的概念

4.1.1 项目前期策划的必要性

我国项目一般遵循图 4-1 的基本程序。

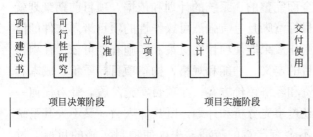

图 4-1 项目基本程序

项目立项之前称为项目决策阶段，其主要工作包括项目建议书和可行性研究报告的编制；立项之后称为项目实施阶段，其第一项工作为设计要求文件的编写。项目前期的时间范畴涵盖从项目意图产生开始的项目决策阶段全过程至设计要求文件提出为止的项目实施阶段。在项目前期，国家规定的基本程序包含项目建议书、可行性研究报告两项工作。

"项目建议书是中方投资者向审批机关上报的文件，主要是从宏观上论述项目设立的必要性和可能性，是立项的依据。其内容包括：对拟建项目的目的、投资方式、生产条件与规模、中方投资金额及投入方式、资金来源、市场前景和经济效益等方面做出的初步测算和建议。项目建议书经审批机关批准后，才能进行以编制可行研究报告为中心的各项工作。"❶ 即按规定，项目建议书要回答"为什么要做，做什么，预计投资多少，多长时间回收投资，投资效益如何"等关乎项目前期决策的重要问题。但是就目前实际情况来看，项目建议书往往寥寥数页，没有或没有足够的深度对以上问题进行研究。

"可行性研究的任务是根据国民经济长期规划和地区规划、行业规划的要求，对建设项目在技术、工程和经济上是否合理和可行，进行全面分析、论证，作多方案比较，提出评价，为编制和审批设计要求文件提供可靠的依据。"❷ 可行性研究编制完成后，将按隶属关系由各主管部、各省、市、自治区、国家行政主管部门预审或审批，经批准的可行性研究报告是确定项目立项、编制设计文件的依据。因此，可行性研究是项目前期工作的重要内容，是项目基本程序的组成部分。然而在项目实践中，以可行性研究作为审批依据存在不少问题。首先，由于可行性研究往往是为了立项和报批而做，导致可行性研究变成可批性研究，其真实性、可靠性和科学性值得怀疑；其次，由于前期环境调查和分析不足，可行性研究往往拘泥于经济分析和技术分析，其分析的广度和深度有限，导致可行性研究在项目定位、实施战略等决策上存在不足。

项目前期是项目主持方构建项目意图，明确项目目标的重要阶段；是制定项目管理实施方案，明确项目管理工作任务、权责和流程的重要时期。由于我国项目基本程序规定的项目建议书、可行性研究存在上述不足，所以项目主持方在完成项目建议书、可行性研究的同时，更需要在项目前期回答为什么、做什么以及怎么做等问题，为项目的决策和实施提供全面完整的、系统的计划和依据。项目前期策划就是把项目意图转换成定义明确、目标清晰且具有强烈可操作性的项目策划文件的活动过程。其意义在于前期策划的工作成果能使项目的决策和实施有据可依；在项目决策阶段，针对项目意图明确项目的定义、功能和规格，构建项目的质量、成本和进度目标，提出项目的估算、融资和经济评价方案；在项目实施阶段，针对任何一个阶段、任何一个方面的工作都经过事先分析和计划，既具体入微，又不失其系统性，不会有无谓的重复浪费，也不会有严重的疏漏缺失，使项目实施的目标、过程、组织、方法、手段等都更具系统性和可行性，避免项目实施的随意和盲目。

以建设工程项目为例，目前我国的大部分建设工程项目并没有进行严格、全面

---

❶ 《关于编制、审批境外投资项目的项目建议书和可行性研究报告的规定》，原国家计委(国发［1991］13号文)

❷ 《建设项目进行可行性研究的试行管理办法》，原国家计委(计资［1983］116号文)

的项目策划，国家对项目前期策划的内容和工作程序没有明确的规定，项目前期策划的工作时间和内容与国家的基本建设程序不完全对应，大多是根据项目投资方的需要分项、分阶段对项目的某个方面进行策划，策划工作缺乏系统性。同时由于在项目前期，作为项目重要参与方的设计单位和施工单位还没有介入，项目前期的工作只能由项目主持方承担。因此，非常有必要对项目前期策划进行系统的理论研究和实践总结。

4.1.2 项目前期策划的定义

项目前期策划是指**在项目前期，通过收集资料和调查研究，在充分占有信息的基础上，针对项目的决策和实施，进行组织、管理、经济和技术等方面的科学分析和论证**。这能保障项目主持方工作有正确的方向和明确的目的，也能促使项目设计工作有明确的方向并充分体现项目主持方的项目意图。项目前期策划根本目的是为项目决策和实施增值。增值可以反映在项目使用功能和质量的提高、实施成本和经营成本的降低、社会效益和经济效益的增长、实施周期缩短、实施过程的组织和协调强化以及人们生活和工作的环境保护、环境美化等诸多方面。

根据策划目的、时间和内容的不同，项目前期策划分为项目决策策划和项目实施策划。其中，项目决策策划和项目实施策划工作的首要任务都是项目的环境调查与分析。

(1) 环境调查与分析

项目环境调查与分析是项目前期策划的基础，以建设工程项目环境调查为例，其任务既包括对项目所处的建设环境、建筑环境、当地的自然环境、项目的市场环境、政策环境以及宏观经济环境等的客观调查，也包括对项目拟发展产业及其载体的概念、特征、现状与发展趋势、促进或制约其发展的优势或缺点的深入分析。

(2) 项目决策策划

项目决策策划最主要的任务是定义开发或者建设什么，其效益和意义如何。具体包括项目功能、规模和标准的明确，项目总投资和投资收益的估算，以及项目的总进度规划的制定。

根据具体项目的不同情况，决策策划的形式可能有所不同，有的形成一份完整的策划文件，有的可能形成一系列策划文件。一般而言，项目决策策划的工作包括：

1) 项目产业策划，根据项目环境的分析，结合项目投资方的项目意图，对项目拟承载产业的方向、产业发展目标、产业功能和标准的确定和论证；

2) 项目功能策划，包括项目目的、宗旨和指导思想的明确，项目规模、组成、功能和标准的确定等；

3) 项目经济策划，包括分析开发或建设成本和效益，制订融资方案和资金需求量计划等；

4) 项目技术策划，包括技术方案分析和论证、关键技术分析和论证、技术标准和规范的应用和制定等。

其中，项目产业策划、项目功能策划和项目经济策划是项目决策策划的主要内容。

(3) 项目实施策划任务

项目实施策划最重要的任务是定义如何组织项目的实施。由于策划所处的时期不同，项目实施策划任务的重点和工作重心以及策划的深入程度与项目决策阶段的策划任务有所不同。一般而言，项目实施策划的工作包括：

1) 项目组织结构策划，包括项目的组织结构分析、任务分工以及管理职能分工、实施阶段的工作流程和项目的编码体系分析等；

2) 项目合同结构策划，确定方案设计竞赛的组织，确定项目管理委托的合同结构，确定设计合同结构方案、施工合同结构方案和物资采购合同结构方案，确定各种合同类型和文本的采用；

3) 项目信息流程策划，明确项目信息的分类与编码、项目信息流程图、制定项目信息流程制度和会议制度等；

4) 项目实施技术策划，针对实施阶段的技术方案和关键技术进行深化分析和论证，明确技术标准和规范的应用与制定。

其中，项目组织结构策划、项目合同结构策划和项目信息流程策划是项目实施策划的主要内容。

项目前期策划是项目管理的一个重要的组成部分。国内外许多项目的成败经验与教训证明，项目前期的策划是项目成功的前提。在项目前期进行系统策划，就是要提前为项目实施形成良好的工作基础、创造完善的条件，使项目实施在定位上完整清晰，在技术上趋于合理，在资金和经济方面周密安排，在组织管理方面灵活计划并有一定的弹性，从而保证项目具有充分的可行性，能适应现代化的项目管理的要求。

4.1.3 项目前期策划的方法

项目前期策划的基础是充分占有信息和资料，信息和资料既包括项目有关环境和条件的调查，也包括类同项目经验与教训的分析。项目前期策划的任务是针对项目决策和实施，进行组织、管理、经济和技术等多方面的分析和论证，因此需要对多方面的人才、知识进行组织和集成。归纳起来，项目前期策划的方法具有以下几个特点。

(1) 重视项目自身环境和条件的调查

任何项目、组织都是在一定环境中从事活动，环境的特点及变化必然会影响项目发展的方向和内容。可以说，项目所面临的环境是项目生存发展的土壤，它既为项目活动提供必要的条件，同时也对项目活动起着制约的作用，因此，必须对项目环境和条件进行全面的、深入的调查和分析。只有在充分的环境调查与分析基础上进行分析，才有可能获得一个实事求是、优秀的策划方案，避免夸夸其谈、形式主义的空谈。这是项目策划最主要的方法。

(2) 重视类同项目的经验和教训的分析

项目策划是对拟实施项目的一种早期预测，因此，类同项目的经验和教训就显得尤为重要。对国内、国外类同项目的经验和教训的全面、深入的分析，是环境调查和分析的重要方面，也是整个项目策划工作的重要部分，应贯穿项目策划的全过程。

(3) 坚持开放型的工作原则

项目前期策划需要整合多方面专家的知识，以建设工程项目为例，项目前期策划需要的知识包括组织知识、管理知识、经济知识、技术知识、设计经验、施工经验、项目管理经验和项目策划经验等。项目前期策划可以委托专业咨询单位进行，从事策划的专业咨询单位往往也是开放型组织，政府部门、教学科研单位、设计单位、供货单位和施工单位等往往都拥有某一方面的专家，策划组织者的任务是根据需要把这些专家组织和集成起来，见图4-2。

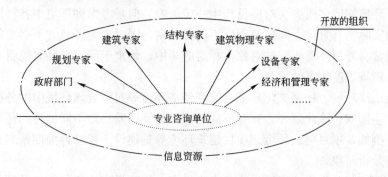

图4-2 项目前期策划的组织

(4) 策划是一个知识管理的过程

策划不仅是专家知识的组织和集成过程，而且是信息组织和集成的过程。策划的实质就是对知识的集成，这实质上就是一种知识管理的过程，即通过知识的获取、知识的编写、组合和整理，通过深入细致的分析和思考形成新的知识。

(5) 策划是一个创新求增值的过程

策划是"无中生有"的过程，是一种创造过程。项目策划是根据现实情况和以往经验，对事物变化趋势做出判断，对所采取的方法、途径和程序等进行周密而系统的构思和设计，是一种超前性的高智力活动。创新的目的是为了增值，通过创新带来经济效益。

(6) 策划是一个动态过程

策划工作往往是在项目前期，但是策划成果不是一成不变的，策划工作也不是一次性的。一方面，项目策划所做的分析往往还是粗略的估计，随着项目的开展，项目策划的内容根据项目需要和实际情况将不断丰富和深入；另一方面，项目早期策划工作的假设条件往往随着项目进展不断变化，必须对原来的假设不断验证；所以策划结果需要根据环境和条件不断发生的变化，不断进行论证和调整，逐步提高准确性。

4.2 环境调查与分析

项目前期策划是在充分占有信息和资料的前提下所进行的一种创造性劳动，因此充分占有信息是策划的先决条件，否则策划就成为了无本之木、无源之水。从这一基本思想出发，环境调查与分析是项目前期策划工作的第一步，也是最为基础的一环。如果不进行充分的环境调查，所策划的结果可能与实际需求背道而驰，甚至得出错误的结论，并直接影响项目的实施。因此，策划的第一步必须对影响项目前期策划工作的各方面环境进行调查，并进行认真分析，找出影响项目建设与发展的主要因素，为后续策划工作提供较好的基础。

4.2.1 环境调查与分析的对象

外部环境均或多或少会对项目产生一定影响，但是考虑到环境中各种因素对项目的影响实际上有直接、间接及程度不同的差别，同时也为了节省不必要的人力和成本，通常将外部环境研究的对象作相对的集中，侧重于研究那些对项目有较为直接影响且影响程度较高的因素。

政治法律环境、社会文化环境、宏观经济环境等对所处该环境中的各种类型项目都会产生影响。除此以外，针对不同的项目类型还需要对不同的特殊环境对象进行调查。例如，项目建设环境、项目建筑环境等是建设工程项目前期策划重要的环境调查与分析对象。

环境调查与分析应该以项目为基本出发点，将项目实施所可能涉及到的所有环境因素做系统性地思考，以其中对项目策划和项目实施影响较大的关键因素作为主要的考虑对象，进行全面、深入的调查与分析。

以建设工程项目为例，环境调查与分析的对象包括：

(1) 政策、法律环境；
(2) 产业市场环境；
(3) 宏观经济环境；
(4) 社会、文化环境；
(5) 项目建设环境；
(6) 项目建筑环境；
(7) 其他相关问题。

政策、法律环境泛指社会制度、政府的方针、政策，以及国家制定的与项目相关的法律、法规等。产业市场环境包括项目所处行业的市场供求情况、价格水平以及竞争对象基本情况等。宏观经济环境主要指国民收入、国民生产总值以及发展趋势，以及通过这些指标反映的国民经济发展水平和发展速度等。社会、文化环境包括项目所在地区人口数量以及增长趋势、居民受教育程度和文化水平以及风俗习惯、价值观念等。项目建设环境泛指项目实施必需的能源、基础设施、交通条件等。项目建筑环境包括项目所在地区城市规划以及项目主持者要求的项目建筑色调、建筑风格、建筑材质等。

4.2.2 环境调查与分析的方法

项目前期策划的过程就是知识管理与创新的过程，因此在策划过程中，知识的积累至关重要，而知识的来源不仅包括自身的知识积累，也包括他人的经验总结，所以在策划过程中要充分利用环境调查与分析的方法与手段，吸收有利于项目策划和实施的经验或知识。

环境调查与分析的方法包括以下几个方面：
(1) 现场实地考察；
(2) 相关部门走访；
(3) 有关人员访谈；
(4) 文献调查与研究；
(5) 问卷调查。

现场实地考察是环境调查的一个重要方法与途径，因为文字资料上往往省却细节信息，或者在访问时，对方可能处于自己主观判断而遗漏重要信息，所以需要通过实地考察增加项目的感性认识，了解有关项目的具体信息，掌握项目环境的最新情况。对于新建建设工程项目，实地调查需要了解以下内容：市政基础设施情况、项目基地现状、项目基地对外交通情况、周边建筑风格等，对于改造项目则更需要实地考察，尽可能的了解影响项目策划工作的每一个细节。在实地调查时，可借助拍照、录像等手段辅助工作。

相关部门走访是项目背景资料的主要来源。从这些部门获取的资料具有相当的权威性和及时性，有时甚至是尚未正式发布的草案，对了解宏观背景的发展趋势具有极大的帮助作用。通过这种方式收集资料时应注意两点准备事项：一是要提前进行联系，告知对方调研的意图、目的、日程安排以及所需要的资料等；二是制定调查表格。

在进行相关部门走访时，大部分受访部门事先并不了解项目的背景以及调研的意图，往往不能在较短的时间内掌握访问人的真正目的，以及提供所需资料。因此需要提前通知受访部门，告知对方调研的意图、目的、日程安排以及所需要的资料等，一般通过电话、传真、电子邮件等联系方式。需要说明的是，因为大多数策划项目属于商业性项目，相关部门并没有义务接待访问或提供资料，因此需要通过灵活的渠道达到既定目的。对于政府投资项目的策划，可通过政府文件的方式进行处理。

除了事先联系外，环境调查还应做好充分的准备，其中最重要的是制定调查表格，表格的形式可以有多种，但内容基本包括调查的目的、内容、受访人、调查参与人、调查的问题、资料需求等，其中调查的问题和资料需求尽量明确，使受访人能清楚地理解并提供准确的信息，调查完毕后应由调查人完成调查报告，根据受访人的意见和建议分析对项目策划的影响。

对项目部门调研完毕后，应进行整理，策划小组开一次碰头会，分别介绍调研情况，最终由策划小组整理出若干个重要问题，并进行排序，形成调研报告以及对策划的影响分析，作为后续策划的基础以及参考性文件。

另外一个较为重要的调研对象是对相关人员（群）的访谈，访谈的目的是了解项目相关人员（群）和项目的关系以及对项目的意见或建议。此类调研对象往往和相关部门的调研相结合。一般包括以下几类人员：

(1) 项目投资方

对项目投资方相关人员的访谈内容主要集中在项目的背景、进展状况、项目发起的目的、希望达到的目标、基本设想以及目前存在的困难等。访谈的形式可以有很多种，可以采用集中介绍的方式，也可以采用单独访谈的方式，可以是正式的形式，也可以是非正式的形式。

(2) 最终用户

项目策划的重要原则之一就是"最终用户需求导向"原则，因此应充分重视对最终用户的访谈或调查。对最终用户的访谈会影响到项目策划的具体内容，以建设工程项目为例，包括功能的布局、标准的确定、建筑面积的确定、结构形式的选择等。在最终用户已经明确的情况下，可采用访谈形式，但如果最终用户尚不明确，如尚未招商的园区，则对可能的最终用户进行分析，以典型同类用户的需求为依据，总结概括出项目最终用户的需求。

项目投资方、项目主持方和最终用户三者概念有所区别。以建设工程项目为例，项目投资方是项目业主方，是项目决策和实施阶段的所有者；项目主持方是在项目建设全过程中承担业主方项目管理任务的组织，可能是业主方，也可能是业主方委托的专业项目管理团队；最终用户是项目使用阶段的所有者，如果在使用阶段项目投资方仍旧所有建设工程项目，项目投资方就是最终用户。

(3) 有关领导

对有关领导的访谈主要是掌握项目开发的宏观背景和总体指导思想，从宏观的专业研究和管理的角度了解他们个人的意见，整理成为宏观层次的系统性的思想，并以此作为确定项目发展大方向的参考性依据。

(4) 有关方面专家和专业人士

如前所述，策划是一个专业性极强的工作，需要各方面的专业知识，这就决定了策划组织必须是一个开放性的组织。对于某些专业性或知识性极强的内容，专家或专业人士拥有更多的知识和经验，因此对他们的访谈有利于项目策划。他们的知识、建议或意见，可作为策划的重要参考依据。

(5) 其他相关人员

以建设工程项目为例，项目涉及到很多方面，也影响到很多人群。如一个科技商务区的建设相关人群包括普通从业人员、经营者、管理人员、普通消费者、潜在的从业及经营人员等，因此需要对他们进行访谈，了解其对项目的关注程度和相关建议，从社会和市场的需求、期望等角度了解具体的基础条件和制约因素，进而整理成为具体的、较为完整的环境描述。其他相关人员范围的确定依据项目的特征而定。

对相关人员的访问除了要进行必要的准备以外，还应注意记录访谈要点，访谈结束后应进行回顾、总结与分析，除此之外，还应注意访谈技巧，包括赞同、重复、澄清、扩展、改变话题、解释与总结等。

策划是一种创造性的劳动，在这一过程中，汲取的知识越多，对策划越有利，而文献是各种知识的凝聚与升华，因此要充分重视对文献的收集和研究。目前，随着文献的数字化程度越来越高，文献的调查越来越方便。文献的主要来源包括：

(1) 充分利用网上资源；
(2) 档案馆、图书馆资料查询；
(3) 出版物（书籍、期刊、报纸等）；
(4) 非出版物（论文、文件、内部档案等）。

问卷对于有明确用户对象的项目策划有显著作用，如学校、商业街、住宅、办公楼以及某些建筑单体的策划等，对最终用户的问卷有助于策划成果的合理与完善。此外，问卷也可以针对已经策划的某一部分，如项目定位、功能布局、面积分配等，征求相关人员的意见，进一步完善策划成果。问卷的问题有很多种类型，包括分支性问题、名词性问题、顺序性提问、间隔式提问、简短回答式提问以及不做最终结论的提问等。

问卷要注意逻辑次序安排，一般的主要次序包括：

(1) 提起答题者的兴趣；
(2) 明确答题者的类型；
(3) 程序按照从一般到特殊进行；
(4) 允许进行解释或者加以阐述；
(5) 当答题完毕后，告诉答题者如何处理问卷。

环境调查有多种途径和方法，这些途径和方法在项目策划时一般都会用到，但考虑到资料的积累和重复利用问题，应注意知识管理的应用，使信息发挥更大的价值，并为后期的重复利用提供方便，因此资料管理是环境调查的一项重要工作。

4.2.3 环境调查的工作成果分析

环境调查的最终目的是为项目策划服务，因此环境调查的分析至关重要。环境调查的工作成果分析是大量资料与信息提炼的过程。没有经过整理与分析的资料不仅对策划没有帮助，反倒会成为大量的信息垃圾，大大降低信息的价值，因此应充分关注环境调查资料的整理与分析。环境调查的主要工作成果包括环境调查分析报告及其附件。

环境调查分析报告没有固定的格式，根据策划的需要进行设定，但一般包括资料的简要论述、对比、由此得出的结论以及对策划的启示，此外还包括主要参考资料清单以及资料来源目录，重要的参考文献也可分类装订成册，作为附件，以便查阅。

案例分析 4-1　某总部基地环境调查

(1) 环境调查的任务

通过项目拟发展产业的特征分析，结合项目所在地区环境调查，选择项目发展的主导产业。

(2) 环境调查的思路

某总部园区策划的环境调查主要包含以下内容：

1) F1 相关产业背景；
2) 国内外总部基地对比；
3) 当地历史背景和文化溯源；
4) 当地经济、科技环境。

(3) 环境调查的内容

1) F1 相关产业背景

项目所在地区毗邻中国上海国际赛车场，因此策划团队首先就 F1 概念与项目拟发展产业的关系进行了研究。前期环境调查就世界上所有二十条 F1 赛道及其相关产业进行了资料的收集和分析(略)。

各国 F1 赛道包括：澳大利亚墨尔本阿尔伯特公园赛道，巴林麦纳麦赛道，巴西英特拉格斯赛道，比利时斯帕赛道，德国霍根海姆赛道，德国纽伯格林赛道，法国马尼库尔赛道，加拿大蒙特利尔赛道，马拉西亚雪邦赛道，美国印第安纳波利斯赛道，土耳其伊斯坦布尔赛道，西班牙加泰罗尼亚赛道，匈牙利布达佩斯赛道，意大利蒙扎赛道，英国银石赛道，日本铃鹿赛道，日本富士山赛道，西班牙拉瓦伦西亚赛道，摩纳哥蒙特卡洛赛道，中国上海国际赛车场。

通过对各国 F1 赛道周边产业的调查研究，没有发现具备显著共同特征的 F1 相关及其衍生产业。即目前国际上各 F1 举办地区并没有发展形成可供借鉴的、由 F1 概念支持的共性特色产业。如果仅仅依靠 F1 概念，对于该地区产业策划缺少参考依据和经验数据。

同时，目前数据表明，汽车产业占项目当地工业总产值的比重已超过 35%。汽车相关及衍生产业种类已比较齐全，若仍旧主打汽车业独强定位，对于项目所在地区扶持新产业的出发点来说缺少新意和新的利润增长点。因此，策划团队对于最初以 F1 及汽车产业概念作为拟发展产业主导方向的设想持保留意见。

2) 国内外总部基地对比

在大量调研的基础上，从背景、概况、产业定位、项目区位、项目内容组成、政策等方面对国内外几个总部基地或总部园区进行了比较分析，汇总情况如表 4-1 所示。

国内现有总部园区汇总表

表 4-1

背景	规划指标	目标客户	开发模式	基地区位	项目内容
丰台园二期总部基地 优势产业：生物医药、电子信息、先进制造业与新材料产业 规模：国际级高新区 现有入驻企业2700余家，技工贸收入500万元以上企业442家	总占地面积65hm²，总建筑面积130万m²，容积率约1.59，平均绿化率50%左右，总投资约45亿元人民币，建设周期3~5年	跨国企业的地区总部、高新技术企业总部、外地进入北京的管理总部及其他结算已入驻企业及其他附加值企业	政府和企业合资开发，一级土地开发采用银行贷款，统一规划、统一建设	东临京开、京津塘高速公路，南苑机场，毗邻国际汽车城，西有京石、京良等重要公路干线 北有北京西站、丰台站，距轻轨500m	总部办公楼700栋，总部会所、酒店、总部小公寓、总部广场、总部资产运营管理中心、银行、超市、邮局
虹桥国际花园 优势产业：信息业、现代物流业、服装饰业及其他高新技术产业 规模：长宁三大经济组团之一，截至2003年5月，产业已累计达1328家	总占地140万m²，总建筑面积130万m²，容积率不超过1，绿化率30%，总投资50亿人民币，建筑高于24m	成熟型、大型企业总部目前产地税60万元人民币以上、产业无污染	政府和企业合资开发、租售土地、办公楼企业自建，土地使用年限50年	位于外环线内侧，地处"虹桥"国际机场、沪宁、沪杭、沪嘉高速公路和318国道的连接处，毗邻地铁二号线	商务酒店、河滨公园、商业、邮局、银行、商业一条街
松江科技园 优势产业：高科技及IT产业 规模：吸引了IT高科技电子和正泰电器等一批知名企业	占地27万m²，建筑面积6.7亿人民币，建设周期5年	国内有发展潜力的中小型企业、国外企业（有意借助上海的平台）	海沁园春投资管理有限公司投资开发、统一开发、统一建设	东邻松江大学城、北临余山度假区、距沪松高速1.5km，距同三高速（通沪宁高速）1.5km，距沪杭机九号线松江新城3km，距轻铁路松江站5km，浦东虹桥机场15km，距机场40km	设计、研发办公楼、公共配套设施、产品展示厅、专家公寓、酒店式公寓
BDA国际企业大道 北京经济技术开发区 优势产业：电子信息、光机电一体化、生物医药、新材料新能源、软件制造 规模：国家级经济技术开发区，有500强企业38家，跨国企业80多家	项目总占地12万m²，建筑面积约11万m²，绿化率41%，容积率0.77，计划分为三期开发，于2005年终全部竣工	电子信息、光机电一体化与新医药、新材料与新能源、软件制造的基础五大产业链的上下游相关企业		距京津塘高速公路1km，距首都国际机场25km，距铁路货运总站7km，距公路货运主板枢纽5km	低层办公楼、休闲餐吧、咖啡吧、员工食堂、小型超市、健身中心、共享北京经济技术开发区完善商务配套
张江集电港二期 张江集电港 优势产业：集成电路产业	占地35.72hm²，总建筑面积20多万m²，容积率0.59，建筑密度21%，绿地率39%，规划为低密度、低层独立式商务办公楼，单体为3~4层			南依龙科路、西靠申江路，北面的龙东大道是连接内环线和浦东国际机场的交通要道，申江路段有独立的地铁站	5个组团，共80套商务别墅，世纪之星歌舞观光楼，北电电港内的商务中心、会展中心、商务酒店式公寓

综合以上类似园区的经验,对于总部基地项目的建设有以下启示:
- 总部经济及其载体——总部基地已成为城市可持续发展大环境中的新的利润增长点,并得到了政府相关法规、经济政策的扶持;
- 良好的经济、交通环境,特别是优秀的文化、科技背景是总部基地生存和发展的有利条件;
- 项目选址一般在交通便利、环境优美、地价较低的城郊;
- 项目应贯彻商务花园的理念,建设低密度、低容积率、高绿化率的低层办公楼群,周围环绕优美的园林;
- 办公楼独栋出售或租售土地给企业自建,彰显企业的个性,打造企业的家;
- 软件平台和硬件设施并重,搭建完整的金融、信息、中介、商务、会展服务体系,促进信息传递和资源共享,真正实现总部集聚效应;
- 目标定位企业总部,结合已有产业集聚的优势吸收相关产业的行政、研发、销售总部等;
- 开发模式以政府引导为主,但政府作为宏观调控单位退居背后而依靠公司集团化运作,政府与企业良好配合进行开发。

3) 当地历史背景和文化溯源(略)

① 古城风貌
- 风貌特色综述;
- 老城空间格局;
- 古城风貌保护区;
- 名胜古迹。

② 历史文化风貌

4) 当地经济、科技环境

① 经济发展环境

20世纪90年代以来,当地经济持续快速增长,至2004年为止,连续14年保持两位数的增长幅度,详见表4-2。

某总部基地所在地区近年主要经济指标一览表   表4-2

	2001	2002	2003	2004
第一产业年增加值(亿元)	3.7	3.7	3.5	2.8
同比上年增长	3.0%	1.1%	—	-23.3%
第二产业年增加值(亿元)	128.6	143.7	185.8	233.8
同比上年增长	14.5%	15.3%	25.5%	20.8%
第三产业年增加值(亿元)	58.7	68.6	82.3	104.2
同比上年增长	12.6%	15.4%	19%	23.4%
全区年增加值(亿元)	191.0	216.0	271.6	340.8
同比上年增长	13.7%	15.1%	22.9%	21.0%

② 相关产业发展现状（略）
- 汽车产业发展现状；
- 纺织服装业发展现状；
- 第三产业发展现状。

③ 科技产业情况（略）
- 科研单位；
- 大专院校。

④ 民营科技企业情况（略）

⑤ 科技园区情况（略）

通过对F1相关产业背景、国内外总部基地情况、当地历史、文化环境和当地经济、科技环境的调查，策划团队提出了以总部基地作为项目产业发展方向的建议，并为进一步工作打下了基础。

案例分析 4-2 某中外友好医院环境调查

(1) 环境调查的任务

通过当地市场供求情况及价格分析，为确定某中外友好医院的项目功能、项目规模、医院标准奠定基础。

(2) 环境调查的思路

策划团队从环境调查的基本内容出发，结合医院项目自身专业化的特点，从三个方面对该医院项目进行了环境调查与分析，具体包括：

1) 供应情况调查及预测；
2) 需求情况调查及预测；
3) 价格现状与预测。

(3) 环境调查的内容

1) 供应情况调查及预测

① 总体数据

根据上海市统计资料，截至2002年底，上海市共有医院192所（其中综合医院121所），共有床位数61784张，医生25744名，护士29805名。各类卫生机构、床位及人员分布情况如表4-3所示。

各类卫生机构、床位及人员数(2002)　　　　表4-3

机构类别	机构数	床位数	人员数	卫生技术人员	医生	护士
总计	2422	84502	133386	101563	43797	37115
医疗机构合计	2342	83459	126642	97566	41728	36882
医院	192	61784	91055	69048	25744	29805

续表

机构类别	机构数	床位数	人员数	卫生技术人员	医生	护士
综合医院	121	41787	69012	53010	20180	22814
中医医院	18	3588	6246	4828	1940	1730
中西医结合医院	4	1405	2574	1963	756	773
专科医院	49	15004	13223	9247	2868	4488
疗养院	3	462	276	108	30	47
护理院	11	1650	585	355	132	130
社区卫生服务中心	101	6909	12694	9829	5145	2654
乡镇卫生院	128	11199	10225	8309	4521	2165
门诊部、所	66	65	1121	864	495	190
诊所、卫生所、医务室、护理站	1785		5332	5332	3884	595
妇幼保健院(所、站)	22	1208	3103	2389	1017	1012
专科疾病防治院(所、站)	22	182	1395	989	536	255
急救中心(站)	11		744	285	224	29
其他医疗机构	1		112	58		
疾病预防控制中心	23		2837	1933	1145	81
卫生监督所	21		1552	1087	686	10
医学科学研究机构	12		944	449	108	2
其他卫生机构	24	1043	1411	528	130	140

在全市医疗机构总床位数83459中,各分区、县医疗机构的基本情况如表4-4所示。其中特别值得关注的是,嘉定的总床位数为2172张,医疗技术人员总数为2877人,按每千人3.5张床位计算,嘉定尚缺500张左右床位。

各区、县医疗机构基本情况(2002)　　　　　表4-4

地区	床位数(张)	医疗技术人员数(人)	其中	
			医生	护士
总计	83459	101563	43792	37115
浦东新区	7056	8710	4187	3086
黄浦区	5102	7937	3293	3026
卢湾区	3377	5784	2312	2073
徐汇区	10357	12678	4529	4983
长宁区	3491	4900	2025	1660
静安区	4255	6721	2566	2623
普陀区	4051	5142	2276	1838
闸北区	4652	4919	2301	1720
虹口区	6426	7859	3316	3062
杨浦区	5454	7156	3094	2777
宝山区	3882	4752	2243	1732

续表

地 区	床位数（张）	医疗技术人员数（人）	其　　中	
			医　生	护　士
闵行区	4446	4387	2119	1512
嘉定区	2172	2877	1473	968
金山区	2677	3177	1409	1071
松江区	3303	2747	1181	1023
青浦区	1740	2498	1124	888
南汇区	3971	3241	1497	1034
奉贤区	4008	3051	1365	1069
崇明县	3039	3027	1482	970

② 三等甲级医院数据

目前，上海市共拥有三级综合性医院18所，其中三级甲等综合性医院16所、三级乙等综合性医院2所；此外还有三级甲等专科医院12所。如图4-3所示。

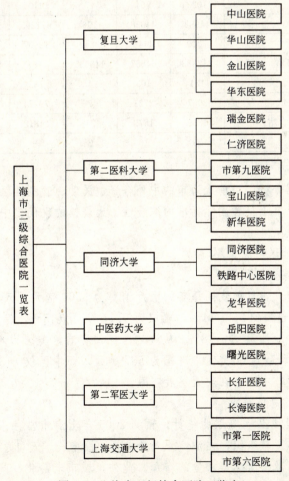

图4-3　上海市三级综合医院一览表

③ 中外合资、民营、营利性医院数据

近几年来我国卫生部门积极推进办医形式多元化，目前全国的民营医院已达到1792家，中外合资合作医院超过160家。全国医疗机构床位数见表4-5所示。

2002年全国医疗机构床位数表　　　　　表4-5

	机构（个）			床位（张）		
	合计	非营利性	营利性	合计	非营利性	营利性
总　计	297388	141946	151611	3113165	2953135	85159
医院	17844	15712	1792	2221753	2109411	78051
综合医院	12716	11451	1009	1683796	1609817	46934
中医医院	2492	2274	176	246747	236438	7047
专科医院	2237	1641	556	262141	235904	22341
疗养院	365	287	5	68600	50270	400
社区卫生服务中心（站）	8211	7201	735	12031	11782	249
卫生院	46014	45022	213	685400	666340	2997
街道卫生院	1022	964	17	14105	13245	238
乡镇卫生院	44992	44058	196	671295	653095	2759
门诊部	7019	4448	2247	12907	9514	3123
诊所、卫生所、医务室、护理站	212888	64857	146585	—	—	—
急救中心（站）	121	103	4	732	595	25
妇幼保健院（所、站）	3067	2721	7	79774	76075	67
专科疾病防治院（所、站）	1839	1579	21	31812	29146	91
临床检验中心	20	16	2	—	—	—

注：本表不含村卫生室。

根据上述数据分析，目前上海市的中外合资、民营、营利性医院的规模还相当小，标准也不高，真正符合国际标准的综合性、大规模的现代化中外合资的营利性医院目前还没有。

④ 项目周边地区供应预测（略）

2）需求情况调查及预测

据有关部门统计，目前我国每年的医疗消费为3500亿元，只相当于国民生产总值的4%。美国这一比例为14%，瑞典为9%，英国为5%，韩国、日本、中国香港等亚洲国家和地区为6%~8%。从人均医疗消费看，美国为4090美元，德国为2339美元，日本为1741美元，韩国为587美元，而中国仅为31美元。可见在医疗卫生保健市场，中国存在较大发展空间。

① 上海市医疗总体需求

根据上海市区域卫生规划的统计，预测2005年上海市常住人口1650万。同时，随着加入世界贸易组织，在沪境外人员也将大幅增长。人口总量逐步增加，外来人口不断增长，带来医疗需求量的增加。此外，城市老龄化、高龄化趋势加快。老龄人口比重的不断上升，将使老年医疗和护理的需求日益增加。见表4-6。

医疗机构诊疗人次和入院人数(2002)　　　　　　　表 4-6

机构类别	诊疗人数(万人次)	门急诊(万人次)	入院人数(万人)	每百诊次的入院人数
总　计	8783.29	8617.31	135.76	1.55
卫生部门	8382.38	8219.85	128.19	1.53
医院	5059.31	4995.53	92.59	1.83
综合医院	3693.42	3649.26	70.95	1.92
中医医院	743.35	738.29	7.20	0.97
传染病院	15.95	14.85	0.92	5.77
精神病院	56.36	56.13	1.01	1.79
结核病院	20.66	18.37	1.25	6.05
妇幼保健院	171.98	164.71	5.24	3.05
儿童医院	167.17	163.51	3.12	1.87
肿瘤医院	32.05	32.05	0.96	3.00
其他专科医院	158.37	158.36	1.94	1.22
护理院	15.26	15.26	0.32	2.10
其他医疗机构	149.96	146.13		
社区卫生中心	2419.09	2328.39	5.73	0.24
乡镇卫生院	738.76	734.54	29.55	4.00
工业及其他部门	400.91	397.46	7.57	1.89

② 嘉定地区医疗卫生需求(略)

③ 外籍人口、高收入人群、海归人群就医需求

● 外籍人口

据上海有关部门发布的最新统计数字,2002年在上海生活的境外人士,总数超过30万,来自119个国家和地区。上海市人事局国际处分析,这些来沪工作的外国人大略分为两类:一类是外国专家,另一类是技术人员和其他工作人员。根据上海市统计局资料,2002年在上海工作、居住的港澳台、境外常住人员如表4-7所示。

在沪工作、居住的港澳台、境外常住人员(2000—2002)　　　表 4-7

年　份	2000	2001	2002
总　计	60020	50586	61610
按国别(地区)分			
中国香港	4121	4121	4124
中国台湾	10522	11050	11055
日本	12270	10838	13861
韩国	3294	3811	5703
马来西亚	1278	1066	1536
新加坡	2808	1603	2390
德国	1511	1631	2054

续表

英国	2357	934	1285
加拿大	1361	1400	1843
美国	6354	5150	6766
澳大利亚	6420	1722	2136
按类别分			
商人	10517	6608	8248
外资企业工作人员	41136	33069	40076
寄养儿童	3566	3394	4087
留学生、实习生	3455	4113	4913

2002年上海入境境外旅游者达到272.53万人次，平均每天来沪旅游的人数达到7466人，平均逗留时间为3.61天。从主要年份上海入境境外旅游者人数表（表4-8）显示，入境境外旅游者呈逐年递增的趋势，而且增长十分迅速。上海作为境外入境主要通道，在未来几年内必将发挥更显著的作用，这也将极大地拉动上海市外籍人士的就医需求。

主要年份上海入境境外旅游者人数　　　　表4-8

指标	1978	1980	1990	1995	2000	2001	2002
入境境外旅游者人数（万人次）	24.02	31.18	89.30	136.79	181.40	204.26	272.53
外国人	17.07	21.05	46.06	107.55	139.14	146.97	210.66
日本	5.73	7.73	22.60	52.06	53.76	56.11	82.26
新加坡	0.34	0.52	1.02	3.84	5.29	5.37	7.86
德国	0.73	0.72	1.60	3.94	7.11	7.34	10.23
法国	0.70	0.75	1.19	3.42	5.39	5.54	7.19
英国	0.44	0.59	1.11	2.45	1.69	2.05	1.77
意大利	0.39	0.35	0.99	1.71	1.88	1.83	2.47
加拿大	0.34	0.43	0.81	1.55	2.25	2.44	3.94
美国	3.87	5.27	4.67	9.12	13.78	14.59	21.82
澳大利亚	0.42	0.46	0.53	1.41	3.23	3.25	4.37
港澳同胞	6.29	9.55	10.33	15.51	17.62	20.62	23.03
台湾同胞			31.03	11.19	19.88	31.99	33.56
华侨	0.66	0.58	1.88	2.54	4.76	4.68	5.28
平均每天来沪旅游人数（人次/天）	658	854	2447	3748	4970	5596	7466
来沪旅游者平均逗留天数（天/人）	3.87	3.96	2.83	3.81	3.92	3.87	3.61
国际旅游(外汇)收入（亿美元）	0.56	0.86	2.31	9.44	16.13	18.08	22.75

- 高收入人群(略)
- 海归人口(略)

3) 价格现状与预测

① 非营利性医院收费标准(三级甲等)(略)

② 价格预测

由于非营利性医院的价格国家统一调配,在未来几年,非营利性医院的收费将稳定在现有的水平或有小幅度的上扬;但针对特需服务和外宾服务的价格,医院有一定的自主权力,所以未来几年上海医疗市场高层次服务的价格将根据物价水平的上涨而增长。

参照德国标准,结合中国国情和物价局、卫生局制定的价格体系,由于某中外友好医院将提供德国标准的优质高效的服务,聘用一定数量的德国医生和护士,使用德国的医疗器械,采用德国的管理模式,因此收费也计划参照德国标准。某中外友好医院将争取进入德国的医疗保障体系,因此与一般国内医院相比,价格将保持在较高的水平。

根据 EPR 提供的资料数据,结合德国医疗收费水平、上海市场的可接受能力、未来几年的物价上涨等因素,某中外友好医院拟定的价格情况如下:

- 医院收入由外科手术费、门诊小手术费、分娩费、内科护理费、门诊治疗费等组成。其中外科手术又按照手术大小分为三档:住院天数大于10天的为大手术;住院天数为7天左右的为中手术;住院天数为4天左右的为小手术。
- 外科大手术 7000 欧元/例,外科中手术 4500 欧元/例,外科小手术 2250 欧元/例;门诊小手术(不需住院)400 欧元/例。这里外科手术费是综合费用,指病人入院至出院的所有费用,包含挂号费、检验费、材料费、住院费等。
- 内科护理(住院,不一定手术)400 欧元/天,内科护理费用按天计,也包括病人当天的所有费用,是挂号费、检验费、材料费、住院费等综合费用的天平均费用。
- 分娩 3000 欧元/例,3000 欧元是产妇入院至出院的所有费用,包含挂号费、检验费、材料费、住院费等。
- 门诊治疗费用 80 欧元/人次,包括挂号费、治疗费、检验费、材料费等全部费用。

通过某中外友好医院环境调查的分析,可以得出如下结论:

随着中国加入 WTO 及对外开放的不断深入,上海市申办 2010 年世博会的成功,上海市以及周边地区利用外资将不断增加,在上海的德国人士、欧洲国家人士,及至所有外籍人士的数量将不断增长,就医需求也将不断增长。同时近几年中国经济的迅速增长,高收入人群以及海归人群的数量也将增加,这部分人群的就医需求也将成为某中外友好医院的重要补充。

同时,目前不论是在上海还是中国其他城市,缺少中外合资综合性的非营利性医院,针对在华外籍人士和有医疗高需求人士的医疗供给不足。因此,建立综合性、国际标准的某中外友好医院拥有良好的市场前景。

此外,由于医院建成初期无论在知名度方面,还是技术水平方面都难以保证医院能达到100%的业务量。因此,根据经验和其他因素,建成后第一年的业务量预计达到设计能力的50%,以后随着知名度和技术水平的逐渐提升,第二年预计达到设计能力的80%,第三年开始业务量达到100%的设计能力。

4.3 项目决策策划

项目决策策划是指在项目决策阶段,项目主持方或其委托的项目管理单位针对项目主持方的初始项目意图,通过对项目环境调查和分析,确立和论证项目目标及产业发展方向,进行项目定义,在明确项目功能、规模和标准的基础上,估算项目投资,进行投入产出分析,构建融资方案等的一系列工作。

项目决策策划是在项目意图产生之后,项目立项之前。客观、缜密的项目决策策划可以为项目的决策提供依据,也是项目实施策划的前提。

4.3.1 项目产业策划

项目产业策划是立足产业行业环境与项目所在地的实际,通过对今后项目拟发展产业的市场需求和区域社会、经济发展趋势分析,分析各种资源和能力对备选产业发展的重要性以及本地区的拥有程度,从而选择确定项目主导产业的方向,并进一步构建产业发展规划和实施战略的过程。

项目产业策划的步骤本身是一个逻辑过程,包括如下几个环节。

(1) 项目拟发展产业概念研究

归纳项目拟发展产业及其载体的概念、特征,影响该产业发展的促进或制约因素,作为项目产业策划的基础。

(2) 项目产业市场环境发展现状研究

通过对项目拟发展产业的宏观市场环境分析和项目所在地产业发展现状的研究,判断拟发展产业目前在我国的总体发展情况及本地区产业在市场中所处的水平,并针对性地制定竞争措施。

(3) 项目产业市场需求的分析

市场需求是产业发展的原动力,项目产业辐射区域有效市场容量的分析是制定项目产业发展目标的基础。其具体工作包括项目产业辐射区域市场容量测算、项目产业发展需求分析等。

(4) 城市社会、经济发展趋势的研究

与产业相关的城市社会、经济发展趋势是产业长远发展的重要推动或制约力量。产业策划作为战略层面的方向性研究,必须对影响拟发展产业的城市社会、经济发展趋势进行分析,就城市社会、经济发展趋势对产业发展可能带来的机遇或挑战进行判断,并进一步就城市社会、经济发展趋势可能导致的产业发展优势或劣势研究相应的促进措施或预防、风险转移措施。

(5) 项目所在地拟发展产业优、劣势分析

在前期项目所在地环境调查的基础上,研究项目所在地对拟发展产业可能带来的机遇与挑战。重点归纳制约项目所在地拟发展产业发展的不利因素,制定针对性的完善措施,为产业发展规划提供基础。

(6) 项目产业发展规划

在上述产业概念、市场需求及定位以及项目所在地环境分析的基础上,项目产业策划最终可以确定项目产业的发展规划,并进一步构建具体的实施战略和辅助措施。项目产业发展规划是指项目产业发展的目标体系,它是基于对城市社会、经济发展趋势和国内外产业市场发展态势的综合分析制定的。产业实施战略和辅助措施则是具体落实产业发展规划的方法和途径。

案例分析 4-3　某科技商务区产业策划

(1) 产业策划的任务

依托项目所在地经济、社会环境和区域发展规划,结合产业市场环境与所在地客观情况,确定项目主导产业的方向和产业载体,明确项目产业市场需求,制定在项目所在地发展产业的促进或完善措施,并构建产业发展规划和实施战略。

(2) 产业策划的思路

1) 项目拟发展产业概念研究;
2) 项目产业市场环境发展现状研究;
3) 项目产业市场需求分析;
4) 城市社会、经济发展趋势研究;
5) 项目所在地拟发展产业优、劣势分析;
6) 产业策划结论,项目产业发展规划。

(3) 产业策划的内容

1) 项目拟发展产业概念研究

通过国内外理论和产业实践,归纳信息产业、信息服务业、高科技商务区等相关概念、特征,以及促进或制约产业发展的诸多因素(略)。

2) 项目产业发展现状研究

① 项目产业宏观市场现状

近 10 年来,中国信息产业以年均高于全国 GDP 三倍的速度增长,中国已成为世界十大信息产业国之一。在珠江三角洲、长江三角洲、环渤海湾地区、部分中西部地区,已经初步形成了国家电子信息产业基地。我国三大电子信息产业基地区域布局与产业特征如表 4-9 所示。

我国三大电子信息产业基地区域布局与产业特征　　　　　表 4-9

区域	主要省、直辖市	重点城市	重点行业及产品
珠江三角洲	广东省、福建省	广州、深圳、东莞、中山、顺德、珠海、福州、厦门	家用电器、视听产品、计算机及外部设备、微电子、软件
长江三角洲	上海、江苏、浙江	上海、杭州、南京、苏州、无锡、常州、昆山	集成电路制造、封装；通信、计算机装配；电子元器件类产品、视听产品
环渤海湾地区	北京、天津、河北、辽宁、山东	北京、天津、石家庄、沈阳、大连、青岛	通信、计算机、集成电路设计、微电子、软件、家用电子电器类产品等

策划团队对我国三大电子信息产业基地并重点就周边省市信息业的区域布局与产业特征进行了研究。其中包括：山东省的青岛、烟台和威海等地的电子信息产业发展概况，江苏省、河南省、上海市、天津市、北京市、安徽省、山西省以及珠江三角洲等的电子信息产业的区域特征，南京市、徐州市、郑州市和太原市的电子信息产业的集聚现状与发展前景等（略）。

② 项目所在地产业现状研究

策划小组分别对某科技商务区所在省份、城市、区域与贸易和信息相关的一系列产业的发展现状进行了调查和分析。重点研究了其信息产业的内部结构，并明确产业竞争战略。

某科技商务区面积约 10km²。根据 2003 年的调查，某科技商务区高新技术产业技工贸型企业总数约 2449 家，占地面积 590000m²，从业人员 35493 人，其中本科以上学历 6029 人，占全部从业人员的 19%，2002 年技工贸总收入 168.1 亿元，税收 10.68 亿元。以计算机及办公设备研发、销售及售后服务为主的电子信息企业 2118 家（为总数的 86.5%），技工贸收入 134.02 亿元（为科技商务区的 79%）。营业面积地均产出 28492 元/(年·m²)，即使按照调查面积计算，地均产出也达到了 9087 元/(年·m²)，人均产出 473332 元/(年·人)。在某科技商务区，著名电子信息企业和生物制药企业已经成为区域内新兴产业。2002 年，1664 家民营科技企业技工贸收入共计 109.25 亿元（占全部企业收入的 65%），民营科技企业成为某科技商务区经济发展的支柱。某科技商务区信息产业内部具体结构如图 4-4 所示。

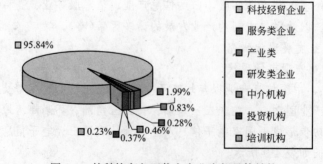

图 4-4　某科技商务区信息产业内部具体结构

在对我国主要城市信息产业横向比较和项目所在地信息产业市场环境现状分析的基础上,制定了某科技商务区信息产业竞争战略:对于北京、上海等大都市的影响,基本与之形成互动。而京津软件产业未来可能更大程度上积压项目所在城市的成长空间。省内青岛、烟台和威海的信息产品制造业会与项目所在城市形成竞争态势。江苏及南京的信息产业将直接制约项目所在城市信息产业的辐射。河南省和郑州市的信息产业发展目前无法与项目所在城市相竞争。

3) 项目产业市场需求的分析

① 某科技商务区有效辐射区域以及市场容量测算

② 产业发展策划的现实基础:需求分析

采用"城市引力模型"测算某科技商务区市场的辐射范围。除部分产品或技术可以辐射全国市场外,如图4-5以某科技商务区为中心,以200~300km为半径的辐射区域是某科技商务区的有效辐射区域。

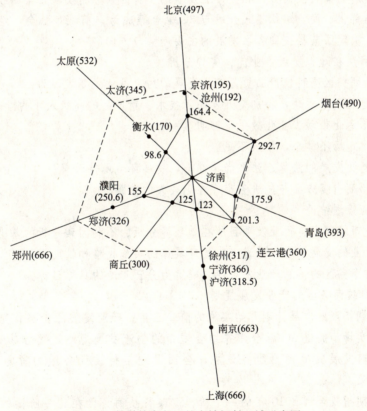

图4-5 某科技商务区的有效辐射区域示意图

根据有效辐射区域的范围,计算市场总容量和增长速度。经测算,某科技商务区辐射区域内的信息产业需求约在2300亿元/年,这个数字的增幅约为每年30%左右,并且在中长期(10年)内会维持这个速度。

策划小组还对某科技商务区的区位特征、产业基础与比较优势进行了深入分析。研究发现:现阶段,产业高度化和电子商务发展、电子政务建设、社会消费、国防建设与国际市场五个层次的现实需求,是某科技商务区信息产业发展的客观基础。其现实市场需求情况如表4-10所示。

某科技商务区信息产业发展的现实市场需求　　　　表 4-10

序号	客观存在的现实需求	近、中期可以考虑发展的项目
1	辐射区域内产业高度化和电子商务发展的需求	面向企业电子商务的信息服务业发展,平板显示器
2	区域内各级政府电子政务建设的需求	从事电子政务的信息服务业、政务网络、公共信息平台
3	区域内信息产品消费需求	数字电视机顶盒、小硬盘、GPS、网络游戏、U盘
4	国防现代化对信息技术与产品的需求	军用电脑、军事数字化装备、军事后勤管理系统
5	国际市场需求	中间件的研发、软件外包等

4) 产业相关的城市发展趋势分析

基于对影响某科技商务区相关产业发展的多种因素分析发现,某科技商务区面临的产业集群化、商业组织模式升级与3C融合等成为当前城市社会、经济发展的三大趋势,决定了某科技商务区发展的主要趋势与方向(略)。

5) 项目所在地拟发展产业优、劣势分析

某科技商务区高科技产品贸易市场发展的约束条件主要表现为:

① 信息化人才短缺,特别是开发高新技术、新产品的高级人才的匮乏。
② 用信息化带动工业化效果不够明显。
③ 资本市场不健全,投入不足。
④ 信息化发展的法律、法规尚不健全,发展环境亟待改善。
⑤ 在招商引资方面与先进省市存在比较大的差距。

6) 产业策划结论

在上述市场需求、行业及项目所在地环境分析、不利因素分析的基础上,确定项目信息产业的发展规划,并进一步构建具体的实施战略和辅助措施。

某科技商务区的信息产业发展规划确定为分三步走的具体目标。

① 某科技商务区的产业发展规划

- 近期指产业发展计划开始实施的前二三年。产业发展的步骤首先是要引进大卖场,促进3C融合,并结合城市的物流发展规划,整合物流服务等。同时发展其他商业服务设施,全面促进某科技商务区内贸易及商业的繁荣。
- 中期指截至到2010年的一个阶段。某科技商务区在这一阶段的产业发展重点是促进以信息服务业为龙头的IT产业链的整体发展,形成一个支柱行业。同时,在区域内商务活动日趋活跃的背景条件下发展商务服务,使区域内的商务服务功能趋于成熟。
- 远期指截至到2020年的一个长远发展阶段。在某科技商务区的商业和商务活动都趋于繁荣、信息服务业稳定、健康发展的条件下,逐渐发展高科技信息服务和产品贸易,使之成为某科技商务区的另一个重要经济力量。

同时在经济活动逐渐发达的条件下,以市场需求为推动力量发展金融、法律、管理、税务等现代信息服务业,力求在区域内形成完整的现代信息服务业体系。

② 某科技商务区产业发展的对策建议

策划小组经过广泛的分析和论证,通过对国内外其他电子信息产业的对比研究,针对某科技商务区的产业发展提出了错位经营战略和分步走战略。

● 错位经营战略

某科技商务区的错位经营战略主要体现为三个层次的内容:在有效辐射圈内进行全方位市场开发,并根据这一区域的发展水平和需求结构来安排有效的供给;在区域内部与青岛、烟台、威海等沿海城市形成市场上的错位互补关系;在城市内与高新技术开发区、东部产业带形成产业上的错位互补关系,在此基础上发挥某科技商务区在区域高科技产品贸易市场的龙头地位作用,带动区域经济的发展。

● 分步走战略

每一个阶段与不同的主导产业相匹配,最终实现以高科技产品贸易为龙头,以高科技产品制造与金融相结合的、有综合创新能力的高科技产品商务中心这个长期建设的大目标,见图4-6。

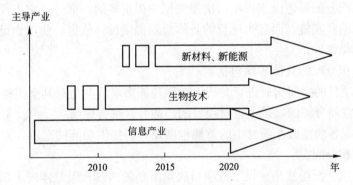

图4-6 某科技商务区发展阶段与主导产业匹配示意图

4.3.2 项目功能策划

功能策划是指在总体构思和项目总体定位的基础上,在不违背对项目性质、项目规模以及开发战略等定位的前提下,结合潜在最终用户的需求分析,将项目功能、项目内容、项目规模和项目标准等进行细化,以满足项目投资者或项目使用者的要求。以建设工程项目为例,项目功能策划的主要内容包括以下4个方面。

(1) 项目用户需求分析;
(2) 项目功能定位;
(3) 项目面积分配;
(4) 项目定位。

项目用户需求分析,对潜在的最终用户的活动类型进行分解,归纳出每一类最终用户的主导需求,这是项目功能策划的第一步。

项目功能定位又分为项目总体功能定位和项目具体功能分析。项目总体功能定位是指项目基于整个宏观经济、区域经济、地域总体规划和项目产业一般特征而做出的与项目定义相一致的宏观功能定位,而不是指具体到项目某个局部、某幢建筑的具体功能的界定,是对项目具体功能定位具有指导意义的总体定位。项目总体功能定位应充分重视借鉴类同项目的经验和教训;项目总体功能定位的方法应建立在类同项目功能分析的基础上结合项目自身特点确定。

项目具体功能分析,指为了满足项目运营活动的需要,满足项目相关人群的需要,对项目拟将具有的功能、设施和服务等进行的界定,主要包括明确项目的性质、项目的组成、项目的规模和质量标准等。项目具体功能分析是对项目总体功能定位的进一步分析。项目的功能分析应进行详细的分析和讨论,在讨论时应邀请项目投资方和项目最终使用者参与,关键时刻还可邀请有关专家、专业人士参与,使项目各部分子功能详细、明确,满足项目运营的需要并具有可操作性。

项目的具体功能分析应从项目建成后运营使用的活动主体——使用人群的需求和企业的需求出发,分析项目为满足他们的活动所应提供的各种设施和服务,从人群的功能需求和企业的功能需求两个方面对项目进行功能策划。项目功能分析的工具是项目结构图。

项目面积分配是建设工程项目决策策划中很重要的一部分,它不仅是对项目功能定位的总结和实施,而且为项目的具体规划提供设计依据,使规划设计方案更具合理性和可操作性。

项目面积分配的具体步骤包括:

(1) 对项目的空间构成进行分析,按照功能需求的类型对其空间构成分类;

(2) 在空间分类的基础上,对项目的功能分区进行设想;

(3) 根据各功能区在项目中的重要程度及其所提供功能的范围,对各功能区进行详细的面积分配。

项目面积分配虽然是建设工程项目决策策划的内容,但是体现了项目策划的理念对于项目定位思考的深度,值得各行业项目策划借鉴。

在最终用户需求分析、功能分析与面积分配的基础上,可以最终构建项目的定位。项目定位是指明确项目的性质、项目的功能、项目的规模、项目的标准以及预计项目在社会、经济发展中的地位、作用和影响力。项目定位是一种创造性的探索过程,其实质在于挖掘可能捕捉到的市场机会。项目定位的好坏,直接影响到整个项目策划的成败。

案例分析 4-4　上海 2010 世博会人群需求分析

(1) 最终用户的类型

2010 年上海世博会将有六大类主要人群,这些人群有不同的需求,这些需求将对世博会的运行和管理带来巨大影响。

1) 参观人群；
2) 参展人群；
3) 园区管理和服务人员；
4) 后备保障人群；
5) 决策指挥控制人群；
6) 新闻媒体人群。

(2) 最终用户的需求分析

1) 参观人群

参观人群的需求包括远程了解世博信息、网上预约购票、交通工具和交通路线选择、酒店入住、现场购票、排队服务、寄存服务、参观引导、园区交通服务、气象服务、咨询服务、紧急帮助、饮食服务和特色服务等。

不去世博会现场的园区外参观人群，他们需要通过电视、报纸、广播和互联网等了解上海市城市建设的相关信息、世博会的相关信息以及未来科技发展的相关信息等。

2) 参展人群

参展人群的需求包括展位布局与展位信息、物流与仓储服务、销售管理、参观人群预警与管理、信息通信与信息服务、应急通信保障、后勤供应和能源供应等。

3) 园区管理和服务人群

园区管理和服务人群的需求包括各种信息的掌握、信息通信与信息服务、应急支持、掌握各类设施和供应系统的运行信息、项目建设信息等。

4) 后备保障人群

后备保障人群的需求包括实时掌握世博会的各项动态，做好预案和应急准备。

5) 决策指挥控制人群

决策指挥控制人群的需求包括掌控世博会各项活动、各类设施和各个系统的运行信息，要能快速地启动应急措施或应急设施，要能及时地调度各种后备资源。

6) 新闻媒体人群

新闻媒体人群的需求包括需要提供便利、可靠、快速的通信服务和信息服务，如为记者提供话音接入和数据接入，保证全球的新闻媒体能够方便地采访世博会场和高速同步地发布文稿、图片、视频等信息。

(3) 用户需求分析结论

从历届世博会的实践经验来看，要满足这些人群的需求，需要依靠尖端科技和信息化手段，也需要组织措施和管理措施，但更需要综合集成措施，即通过组织的集成和管理的集成来实现设施的集成、技术的集成和信息的集成。

案例分析 4-5　某软件园项目功能策划

(1) 项目功能策划的任务

明确某软件园的项目定位，确定项目的功能、标准和规模，为项目立项和设计要求文件的提出做准备。

(2) 项目功能策划的思路

1) 人群功能需求分析；

2) 项目功能定位；

3) 项目面积分配。

(3) 项目功能策划的内容

1) 人群功能需求分析

软件园的人群分为内部人员、外来人员、园区管理人员以及其他人员，如表4-11所示，软件园区人群的需求分为工作需求、生活需求以及其他需求。

人群需求分析表　　　　　　　　　　表4-11

人群种类		工作需求							生活需求		
		办公	会议	其他					居住	餐饮	娱乐健身
				印刷、装订、出版等	洽淡交流等	培训、测试、报告等	展览展示等	公共支持(通信网络、图书资料)	硬件生产			
内部人员	1. IT理论研究人员	√√	√√			√		√√√		√	√√	√√
	2. 软件研制、开发人员	√√√	√√	√√√	√√	√√	√	√√		√	√√√	√√
	3. 商品软件代理人员	√√	√		√	√√		√√			√√	√√
	4. 硬件生产人员											
外来人员	1. 洽淡业务人员		√√				√					
	2. 参加培训人员					√√√		√		√√	√	
	3. 参展人员						√√	√√√				
	4. 外部短期工作专家	√	√		√			√				√
园区管理	1. 园区业务管理人员	√√	√					√√			√√	√
	2. 园区物业管理	√						√√			√	

注：√√√表示需求量较大；√√表示需求量一般；√表示需求量较少。

各种类型的人群对软件园的具体需求包括：

- 工作需求，包括办公、会议、生产、展销、展示、培训等；
- 生活需求，包括居住、餐饮、购物、娱乐健身、文化以及卫生、医疗等；
- 其他需求，包括交流、学习、教育需求等。

2) 项目功能定位

软件园项目功能定位首先是对类同项目的功能进行分析，归纳软件园项目的主要功能、次要功能、共有功能和特别功能，以及上述功能设置或不设置的原因，为结合项目自身特点确定本软件园的功能提供基础。如表4-12所示，对目前国内软件园区主要功能进行了横向比较。

国内各大软件园区功能比较表 表 4-12

		东北大学软件园	天津华苑软件园	西安软件园(一期)	西部软件园	杭州软件园	大连软件园(一期)	创智软件园	福州软件园	金卢软件园	北京软件基地	北大青鸟软件园	上地软件园	昆明高新软件园	广州软件园	上海浦东软件园	深圳赛博尔软件产业园
总占地面积(万m²)		53.3	33.3	2.8	26.7	53.3	164	1	66.6	56.9		1.5	180		200	15	36
总建筑面积(万m²)				4.2	13		5	2				1.8	50	6.7		3	50
容积率				1.5	0.49		0.03	2.0				1.2	0.28			0.2	1.4
绿化率					31%												
建筑密度									50%以上	50%以上	50%以上						
软件研发功能区	占地面积(万m²) %	√	√	√	√	√	√	√	√	√	√	√			√	√	√
	建筑面积(万m²) %																
软件加工生产	占地面积(万m²) %	√	√	√	√	√	√	√	√	√					√	√	√
	建筑面积(万m²) %																
软件测试	占地面积(万m²) %	√	√	√		√	√	√	√		√					√	√
	建筑面积(万m²) %																
硬件生产功能分区	占地面积(万m²) %	√		√							√						
	建筑面积(万m²) %																
公共印刷出品	占地面积(万m²) %			√							√						
	建筑面积(万m²) %																
软件展销功能区	占地面积(万m²) %		√	√		√	√	√	√	√	√				√	√	√
	建筑面积(万m²) %																
会展中心	占地面积(万m²) %	√	√	√	√		√			√							√
	建筑面积(万m²) %																
培训中心	占地面积(万m²) %	√	√	√	√	√	√	√	√					√	√	√	√
	建筑面积(万m²) %																

续表

			东北大学软件园	天津华苑软件园	西安软件园(一期)	西部软件园	杭州软件园	大连软件园(一期)	创智软件园	福州软件园	金庐软件园	北京软件基地	北大青鸟软件园	上地软件园	昆明高新软件园	广州软件园	上海浦东软件园	深圳赛博尔软件产业园
园区管理功能区	园区管理	占地面积(万m²)	√	√		√	√	√	√		√				√		√	√
		建筑面积(万m²)									√							
		%																
	图书资料中心	占地面积(万m²)					√	√								√		√
		建筑面积(万m²)																
		%																
	网络通信	占地面积(万m²)		√			√								√		√	
		建筑面积(万m²)																
		%																
生活功能分区	普通公寓	占地面积(万m²)	√															
		建筑面积(万m²)																
		%																
	高级公寓	占地面积(万m²)			√						√							
		建筑面积(万m²)																
		%																
	宾馆	占地面积(万m²)	√		√	√		√			√							
		建筑面积(万m²)																
		%																
	休闲娱乐区	占地面积(万m²)	√					√			√	√						
		建筑面积(万m²)																
		%																
公共空间	室外空间	占地面积(万m²)	√												√		√	√
		建筑面积(万m²)																
		%																
	公共设施	占地面积(万m²)	√						√	√					√	√	√	
		建筑面积(万m²)								√								
		%																

如表4-12所示，软件园的功能需求大致分为IT企业的功能需求和非IT企业的功能需求。

- IT企业的功能需求分析

软件的研发和生产是IT企业的主要活动，软件园建设的目的就是为其提供一个相对集中的、物质环境良好的、创新氛围较浓的场所，以促进IT企业和软件产业的发展。

- 非IT企业的功能需求分析

软件园中除IT企业之外的企业统称为非IT企业，它们包括软件园开发方组建的开发公司(如果投资开发方为企业)、园区的物业管理公司(通常开发建设和物业管理分离)、各种为软件园提供服务的第三产业的服务公司以及软件学院、医院等。他们对软件园的物质环境建设没有特殊的要求，环境优美、设施先进的办公场所即能满足工作需要。

结合软件园区人群的功能需求和企业的功能需求，即可得到软件园的整体功能需求，包括生产功能、生活功能、园区管理功能、公共服务功能、教育培训功能以及环境功能等六个方面，其功能区也相应有软、硬件研发、生产功能区，公共服务功能区，园区管理功能区，生活功能区，具体功能分析如图4-7所示。

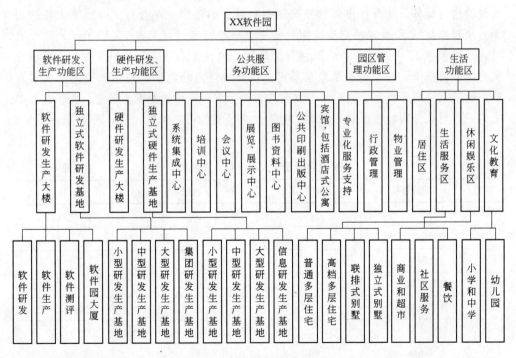

图4-7 某软件园的功能分析

3) 项目面积分配

通过对软件园的具体功能进行归类，其空间构成可以分为三个部分：工作空间、生活空间以及公共空间。其中工作空间包括生产空间、公共服务空间、园区管理空间以及教育培训空间。公共空间包括环境空间和其他空间，图4-8是软件园的基本空间构成分析。

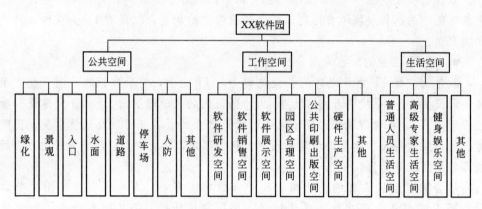

图4-8 软件园的基本空间构成分析

软件园的空间构成基本为这三类，但不同软件园的具体空间构成有所不同。在软件园功能分析的基础上，可以进行各个功能区面积大小的分配。这是定量分析问题，需要结合项目目标对于软件园区的总体规模、发展步骤的构思，并参照类似项目的经验进行估算，从而得出面积分配比例和具体的面积分配数据。以独立式基地为例，项目应包括50幢双拼别墅类型的研发办公楼，每幢面积为 $2 \times 1500 m^2$，除此之外，还应包括15幢 $2 \times 5000 m^2$ 双拼别墅类型、10幢 $15000 m^2$ 和5幢 $30000 m^2$ 的独立式研发办公基地。按照这种思路层层汇总，最后得出功能区建筑面积以及总建筑面积，估算后分别形成面积分配参考方案总表和面积分配详细参考方案表，并在此基础上进一步对软件园功能面积分配进行定量分析，相关图表如表4-13、表4-14、图4-9所示。

某软件园面积分配参考方案总表　　　　　　　　表4-13

序号	项目名称	建筑面积(万 m^2)	%	占地面积(万 m^2)	%
1	软件研发、生产	84	35	66	11
2	硬件研发、生产	48	20	40	6.7
3	公共服务	10	4	3	0.5
4	园区管理	2	1	1	0.2
5	生活娱乐	60	25	75	12.5
6	软件学院	35	14.6	70	11.7
7	公共空间	1	0.4	345	57.4
	合　计	240	100	600	100

某软件园面积分配详细参考方案表　　　　　　表 4-14

功能名称	建筑面积(万 m²)	%	占地面积(万 m²)	%
1. 研发、办公	90	36	70	12
1.1 研发大楼(含出租写字楼)	30		10	
1.2 独立式基地	60		60	
2×1500m²×50	15			
2×5000m²×15	15			
15000m²×10	15			
30000m²×5	15			
2. 生产厂房	32	13	40	7
2.1 小型(2×2000m²×30)	12			
2.2 中型(2×5000m²×8)	8			
2.3 大型(15000m²×2)	3			
2.4 超大型(30000m²×3)	9			
3. 公共服务	5	2	2	
3.1 专业化服务支撑	0.4			
3.2 测试中心	0.2			
3.3 图书资料中心	0.3			
3.4 公共印刷出版中心	0.1			
3.5 宾馆(含会议及培训中心)	2			
3.6 酒店式公寓	2			
4. 生活	80	33	69	12
4.1 居住	70		59	
新建	41		21	
雅居园	13.88		14.36	
黄河花园	15.09		23.74	
4.2 生活服务	2		5	
4.3 休闲娱乐	6		2	
4.4 文化教育	2		3	
5. 园区管理	5	2	1	
6. 软件学院	35	14	80	13
7. 公共空间	1		338	56
合　计	248	100	600	100

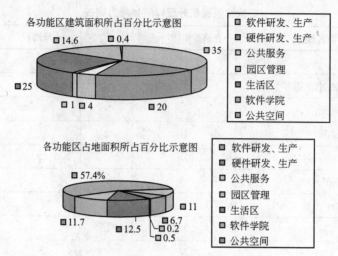

图 4-9 某软件园的功能区面积分析图

4.3.3 项目经济策划

项目经济策划是在项目定义与功能策划基础上，进行整个项目投资估算，并且进行融资方案的设计及其有关的经济评价。

项目经济策划的工作内容包括项目总投资估算、项目融资方案、项目经济评价（见图 4-10），其中投资估算是项目经济策划的首要工作。

图 4-10 项目经济策划的主要内容

就建设项目而言，项目的总投资估算包括了项目的前期费用、项目设计和咨询费用、项目工程造价等，其中工程造价是项目总投资中最主要的组成部分。

项目总投资估算一般分以下五个步骤：

第一步是根据项目组成对工程总投资进行结构分解，即进行投资切块分析并进行编码，确定各项投资与费用的组成，其关键是不能有漏项。

第二步是根据项目规模分析各项投资分解项的工程数量，由于此时尚无设计图纸，因此要求估算师具有丰富的经验，并对工程内容做出许多假设。

第三步是根据项目标准估算各项投资分解项的单价，此时尚不能套用概预算定额，要求估算师拥有大量的经验数据及丰富的估算经验。

第四步是根据数量和单价计算投资合价。有了每一项投资分解分项的投资合价以后，即可进行逐层汇总。每一个父项投资合价都是子项各投资合价汇总之和，最终得出项目投资总估算，并形成估算汇总表和明细表。

第五步是对估算所作的各项假设和计算方法进行说明，编制投资估算说明书。

从以上分析可以看出，项目总投资估算要求估算师具有丰富的实践经验，了解大量同类或类似项目的经验数据，掌握投资估算的计算方法，因此，投资估算是一项专业性较强的工作。

项目总投资估算主要是用来论证投资规划的可行性以及为项目财务分析和财务评价提供基础，进而论证项目建设的可行性。一旦项目实施，项目投资估算也是投资控制的重要依据。

总投资估算在项目前期往往要进行多次的调整、优化，并进行论证，最终确定总投资规划文件。

项目融资方案策划主要包括融资组织与融资方式的策划、项目开发融资模式的策划等。

(1) 融资组织与融资方式策划

融资组织与融资方式策划主要包括确定项目融资的主体以及融资的具体方式。不同项目的融资主体应有所不同，需要根据实际情况进行最佳组合和选择。如某园区整体融资方式主要有以下几种，如图4-11所示。

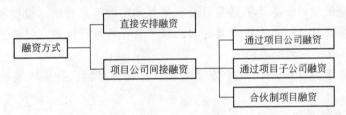

图 4-11 某园区整体融资模式图

(2) 项目开发融资模式策划

项目融资主体确定以后，需要对项目开发时具体的融资模式进行策划。如某总部园区单个项目的开发融资模式主要有以下几种，如图4-12所示。

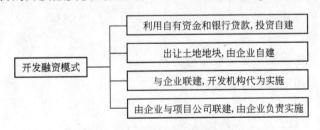

图 4-12 单个项目开发融资模式

项目的经济可行性评价系统包括项目国民经济评价、财务评价和社会评价三个部分，它们分别从三个不同的角度对项目的经济可行性进行了分析。国民经济评价和社会评价从国家、社会宏观角度出发考察项目的可行性，而财务评价则是从项目本身出发，考察其在经济上的可行性。虽然这三个方面最终的目的都是判断项目是否可行，但是它们各有不同的侧重点，在实际进行项目可行性研究时，由于客观条件的限制，并不是所有的项目都进行国民经济评价和社会评价，只有那些对国家和社会影响重大的项目才在企业财务评价的基础上进行国民经济评价或者社会评价。

所谓财务评价是根据国家现行的财税制度和价格体系,分析、计算项目直接发生的财务效益和费用,编制财务报表,计算评价指标,考察项目的获利能力和清偿能力等,据以判断项目的可行性。财务评价主要包括以下内容:

(1) 财务评价基础数据与参数选取;
(2) 收支预测;
(3) 投资盈利能力及主要财务指标分析;
(4) 财务清偿能力分析;
(5) 敏感性分析;
(6) 最终得出财务评价结论及财务评价报告等。

案例分析 4-6 某总部基地经济策划

(1) 项目经济策划的任务

项目经济策划的任务是依据项目功能策划确定的项目功能、规模和标准,明确项目的总体投资目标、投融资方案并对总投资目标的可行性进行经济分析。

(2) 项目经济策划的思路

项目经济策划拟从如下11个方面对项目总投资目标、投资方案的经济可行性进行分析。

1) 估算建筑面积;
2) 投资分解结构;
3) 估算汇总及明细表;
4) 融资组织与融资方式策划;
5) 项目开发融资模式策划;
6) 财务评价基础数据与参数选取;
7) 收支预测;
8) 投资盈利能力及主要财务指标分析;
9) 财务清偿能力分析;
10) 敏感性分析;
11) 财务评价结论及财务评价报告。

(3) 项目经济策划的内容

1) 估算建筑面积

工程总投资估算按照总部园区的功能分解,划分为总部办公区、公共服务区、生活服务区、园区管理和室外空间五部分。考虑到估算标准不同,酒店式公寓从生活服务中划分出来,单独归为一类。室外空间分为两部分,一部分为室外空间其他设施,包括市政设施和体育小公园,以建筑面积计算;另一部分为非建筑用地,包括道路广场和绿化景观,以用地面积计算。总建筑面积共计 290000m^2,其中一期建筑面积为 116000m^2。具体建筑面积分配如表 4-15、表 4-16 所示。

项目前期策划

估算建筑面积表 表 4-15

功能名称	总建筑面积(m²)	占总建筑面积百分比(%)	一期建筑面积(m²)
总部办公区	245000	84.5	80000
公共服务	10000	3.4	7000
生活服务区(不含公寓)	18000	6.2	12000
酒店式公寓	12000	4.2	12000
园区管理	1000	0.3	1000
室外空间其他设施	4000	1.4	4000
合计	290000	100.0	116000

非建筑用地面积表 表 4-16

名称	用地面积(m²)	占总用地面积百分比(%)	一期用地面积(m²)
道路广场	45000	60	27000
绿化景观	180000	60	108000

2) 投资分解结构

本项目投资分解结构总体上分为：土地费用、总部办公区投资、公共服务区投资、生活服务区(不含公寓)投资、酒店式公寓投资、园区管理区投资以及室外空间投资，共七个部分。除土地费用和室外空间投资外，其他五个部分投资由前期工程费、公建配套增容费、建安成本、工程不可预见费组成。室外空间投资包括道路广场投资、绿化景观投资和其他设施投资等三个部分。投资分解结构的编码体系如图4-13，编码赋值说明如表4-17，一期投资分解结构见图4-14。

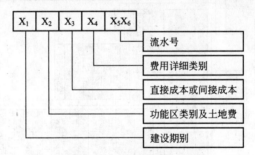

图 4-13 投资分解结构

投资分解结构赋值说明 表 4-17

	X_1	X_2	X_3	X_4	X_5X_6
赋值含义	A：科技总部基地项目 B：一期工程	1：总部办公区 2：公共服务区 3：生活服务区（不含公寓） 4：酒店式公寓 5：园区管理 6：室外空间 7：土地费用	1：开发直接成本 2：开发间接成本	1：前期工程费 2：公建配套增容建设费 3：建安成本 4：工程不可预见费	流水号

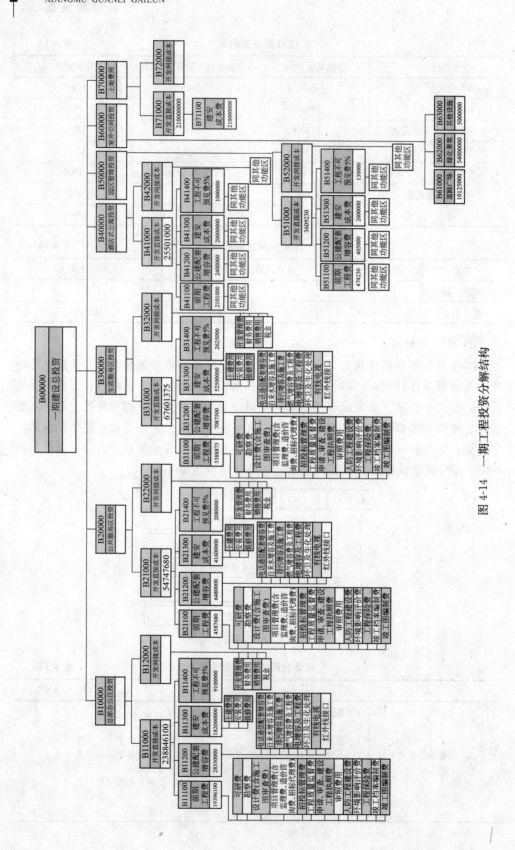

图 4-14 一期工程投资分解结构

3) 估算汇总及明细表

表4-18为总部园区投资估算总表,该表是由更为详细的投资估算表汇总而来。表4-19为总部办公区的估算明细表(部分)。

总部园区投资估算表　　　　　　　　　表4-18

序号	项目	开发直接成本				土地费用	小计
		前期工程费	公建配套费	建安工程费	不可预见费		
A10000	总部办公区投资	60730600	89100000	572000000	28600000		750430600
A20000	公共服务区投资	5798830	8505000	54600000	2730000		71633830
A30000	生活服务区投资(不含公寓)	7996900	10530000	78000000	3900000		100426900
A40000	酒店式公寓投资	4684750	5400000	45000000	2250000		57334750
A50000	园区管理投资	276134	405000	2600000	130000		3411134
A60000	室外空间投资			69125000			69125000
A70000	土地费用					270000000	270000000
	小计	79487214	113940000	821325000	37610000	270000000	1322362214

总部园区总部办公区投资估算明细表(部分)　　　　　　　　　表4-19

序号	项目名称	费用合计(元)	估算费率	估算基数 m² 或元	合价(元)	单方造价(元/m²)
A11000	开发直接成本	750430600		220000		3411
A11100	前期工程费小计	60730600				276
A11101	可研费		0.001	572000000	572000	
A11102	勘察费		3	220000	660000	
A11103	设计费(含施工图审查费)		0.03	572000000	17160000	
A11104	项目管理费(含监理费、造价咨询费、招标代理费)		0.03	572000000	17160000	
A11105	招投标管理费				400000	
A11106	工程质量监督费		0.0015	572000000	858000	
A11107	申请、审查建设工程执照费		0.005	572000000	2860000	
A11108	审照费用		0.05	2860000	143000	
A11109	人防工程建设费		60	220000	13200000	
A11110	环境影响评价费		2	220000	440000	
A11111	工程保险费		0.01	572000000	5720000	
A11112	竣工档案编制费		0.0008	572000000	457600	
A11113	竣工图编制费		5	220000	1100000	
A11200	公建配套增容建设费	89100000				405

4）融资组织与融资方式策划（略）

5）项目开发融资模式策划

项目开发融资模式策划首先就四种融资模式的优缺点进行横向比较，如表4-20所示。再根据项目的实际情况对其中的融资模式进行选择。

四种融资模式的优缺点比较表　　　　　　表4-20

类型	方式1	方式2	方式3	方式4
优点	开发机构拥有产权、运营权，同时对于项目实施过程能较强地予以控制，开发机构具有较大的灵活性，可以根据自身资金条件调控租售比	开发机构可以减少资金压力，缩减开发规模和项目实施建设管理幅度，在特定条件下，还可获得部分短期收益	开发机构可以减少资金压力，缩减开发规模，在特定条件下，还可获得部分短期收益，且无需考虑项目建设后的运营问题	开发机构风险较小，而且在实施过程中，承担的风险较小
缺点	资金需求巨大，开发机构承担财务费用及风险较高	在园区建设初期，几乎很难产生任何收益，使用局限性很大	实际操作中，寻求合作企业及协议签订实施较为复杂。开发机构最好拥有自己的项目管理团队	寻求合作伙伴较为困难，同时，为了降低风险，必须严格挑选合作伙伴

综合比较和分析以上4种开发模式的优缺点以及实际的可操作性，方式1、方式2和方式3都可以考虑作为园区内项目开发融资方式，但需根据整体融资结构来确定采用哪种方式和使用范围。

方式1主要用于公共服务区、生活服务区、园区管理区、室外空间以及总部办公区内部分办公设施的建设。

方式2和方式3主要用于总部办公区内部分办公设施的建设，这主要是为了满足企业不同需求，增强项目招租商的灵活性和竞争力。

财务评价范围按照某总部园区科技企业总部基地的功能和建筑策划，提出两个方案：两个方案中整个园区A地块总建筑面积都约为294000m^2，初步预计总投资（包括土地出让金）约为12.4亿元人民币。对两个方案进行全面的财务评价，测算其财务收支平衡情况并进行不确定性分析、盈亏平衡分析等。

6）财务评价基础数据与参数选取（略）

7）项目收支预测（略）

8）投资盈利能力及主要财务指标分析

根据前面所述基础数据的分析，计算两个方案的主要财务指标，包括全部投资税前投资收益率、全部投资税后收益率、税前资本金收益率、税后资本金收益率和全部投资税前回收期以及全部投资税后回收期，其结果见表4-21。

9）财务清偿能力分析（略）

10）敏感性分析

主要财务指标比较 表 4-21

财务评价指标	方案一	方案二
全部投资内部收益率(税前)	7.63%	7.89%
全部投资内部收益率(税后)	6.02%	6.07%
资本金收益率(税前)	7.49%	7.87%
资本金收益率(税后)	4.63%	5.00%
投资回收期(税前)	10.93年	10.95年
投资回收期(税后)	12.40年	12.65年

敏感性分析预测主要因素发生变化时，对项目财务评价指标的影响，分析其敏感程度。影响本项目财务评价指标的主要因素有：办公楼售价、办公楼租金和土建投资。如表 4-22、表 4-23 所示分别对两个方案的办公楼售价、办公楼租金和建设投资进行分析。

方案一的内部收益率(税后)敏感性分析 表 4-22

变化幅度	−50%	−40%	−30%	−20%	−10%	0%	10%	20%	30%	40%	50%
总部办公区办公楼售价变化引起内部收益率变化	—	—	—	—	7.21%	8.07%	8.98%	9.96%	11.02%	12.14%	13.35%
总部办公区办公楼租金变化引起的内部收益率变化	5.86%	5.97%	6.07%	6.18%	6.29%	6.39%	6.50%	6.60%	6.71%	6.81%	6.92%
建设投资变化引起的内部收益率变化	10.65%	9.63%	8.70%	7.86%	7.10%	6.39%	5.74%	5.14%	4.57%	4.05%	3.55%

方案二的内部收益率(税后)敏感性分析 表 4-23

变化幅度	−50%	−40%	−30%	−20%	−10%	0%	10%	20%	30%	40%	50%
总部办公区办公楼售价变化引起投资回收期变化	—	—	—	—	13.24	12.24	11.33	10.58	9.88	9.17	8.48
总部办公区办公楼租金变化引起的投资回收期变化	12.95	12.80	12.66	12.51	12.38	12.24	12.12	11.99	11.87	11.75	11.64
建设投资变化引起的投资回收期变化	8.76	9.49	10.21	10.89	11.57	12.24	12.94	13.60	14.24	14.89	15.30

从表中可见，方案一中的内部收益率和投资回收期受办公楼销售价格影响较大，必须予以关注，这主要是由于园区主要收入来源于办公楼销售。同时建设投资也必须予以相当关注，予以良好的控制。方案二中，建设投资对于两个财务指标影响更为显著，超过了销售价格影响，所以采用第二种方案，对于项目投资必须予以更严格的控制。

11）财务评价结论

通过财务测算，该项目两个方案全部投资的税后内部收益率分别为6.02%、6.07%，分别在10.93年、10.95年内收回全部投资；项目税后资本金收益率分别为4.63%、5.00%，资本金分别在14.43年、13.80年内收回。方案二和方案一各项财务指标均基本满足业主要求，项目可行。

4.4 项目实施策划

项目实施策划是在项目立项之后，为了把项目决策付诸实施而形成的具有可行性、可操作性和指导性的实施方案。项目实施策划又可称为项目实施方案或项目管理规划。

项目实施策划涉及整个实施阶段的工作，它属于业主方项目管理的工作范畴。如果采用建设项目总承包的模式，建设项目总承包方也应编制项目实施规划，但它不能代替业主方的项目实施策划工作。项目的其他参与单位，如设计单位、施工单位和供货单位等，为进行其自身项目管理都需要编制项目管理规划，但它只涉及项目实施的一个方面，并体现一个方面的利益，如设计方项目管理规划、施工方项目管理规划和供货方项目管理规划等。

项目实施策划内容涉及的范围和深度，在理论上和工程实践中并没有统一的规定，应视项目的特点而定，一般包括项目目标的分析和再论证、项目组织策划、项目管理制度与项目目标控制策划等。

项目实施策划一般宜先讨论和确定项目管理组织的内容，待组织方面基本确定后，再着手编制项目管理制度。项目实施的组织策划是项目实施策划的核心。本教材着重阐述以项目组织策划、项目管理制度为重点的项目管理实施策划。

4.4.1 项目实施的目标分析和再论证

在项目实施策划的开始，应根据项目实施的内外部客观条件重新对项目决策策划中提出的项目性质和项目目标进行分析和调整，进一步明确项目实施的目标规划，以满足项目自身的经济效益定位和社会效益定位。

项目目标的分析和再论证是项目实施策划的第一步。以建设工程项目为例，设计方、施工方或供货方的项目管理目标是项目周期中某个阶段的目标或是某个单体项目的目标，只有项目主持方项目管理的目标是针对整个项目、针对项目实施全过程的。所以在项目实施目标控制策划中，只有从项目主持方的角度，才能统筹全局，把握整个项目管理的目标和方向。

项目目标的分析和再论证包括编制三大目标规划：
（1）投资目标规划，在项目决策策划中的总投资估算基础上编制；
（2）进度目标规划，在项目决策策划中的总进度纲要基础上编制；
（3）质量目标规划，在项目决策策划中的项目定义、功能分析与面积分配等基础上编制。

4.4.2 项目组织策划

项目的目标决定了项目的组织，组织是目标能否实现的决定性因素。国际和国内许多大型建设项目的经验和教训表明，只有在理顺项目参与各方之间、业主方和代表业主利益的工程管理咨询方之间、业主方自身工程管理班子各职能部门之间的组织结构、任务分工和管理职能分工的基础上，整个工程管理系统才能高效运转，项目目标才有可能被最优化实现。

项目实施的组织策划是指为确保项目目标的实现，在项目开始实施之前以及项目实施前期，针对项目的实施阶段，逐步建立一整套项目实施期的科学化、规范化的管理模式和方法，即对项目参与各方、业主方和代表业主利益的项目管理方在整个建设项目实施过程中的组织结构、任务分工和管理职能分工、工作流程等进行严格定义，为项目的实施服务，使之顺利实现项目目标。

组织策划是在项目决策策划中的项目组织与管理总体方案基础上编制的，是组织与管理总体方案的进一步深化。组织策划是项目实施策划的核心内容，项目实施的组织策划是项目实施的"立法"文件，是项目参与各方开展工作必须遵守的指导性文件。组织策划主要包括以下内容：

（1）组织结构策划

如前所述，项目管理的组织结构可分为三种基本模式，即线型组织模式、职能型组织模式和矩阵型组织模式。项目管理组织结构策划就是以这三种基本模式为基础，根据项目实际环境情况分析，应用其中一种基本组织形式或多种基本组织形式组合设计而成。

对于一般项目，确定组织结构的方法为：首先确定项目总体目标，然后将目标分解成为实现该目标所需要完成的各项任务，再根据各项不同的任务，选定合适的组织结构形式。对于项目建设组织来说，应根据项目建设的规模和复杂程度等各种因素，在分析现有的组织结构形式的基础上，设置与具体项目相适应的组织层次。

（2）任务分工策划

在组织结构策划完成后，应对各单位部门或个体的主要职责进行分工。项目管理任务分工是对项目组织结构的说明和补充，将组织结构中各单位部门或个体的职责进行细化扩展，它也是项目管理组织策划的重要内容。项目管理任务分工体现组织结构中各单位部门或个体的职责任务范围，从而为各单位部门或个体指出工作的方向，将多方向的参与力量整合到同一个有利于项目开展的合力方向。

(3) 管理职能分工策划

管理职能分工与任务分工一样也是组织结构的补充和说明，体现在对于一项工作任务，组织中各任务承担者管理职能上的分工，与任务分工一起统称为组织分工，是组织结构策划的又一项重要内容。

对于一般的管理过程，其管理工作即管理职能都可分为策划（Planning）、决策（Decision）、执行（Implement）、检查（Check）这四种基本职能。管理职能分工表就是记录对于一项工作任务，组织中各任务承担者之间这四种职能分配的形象工具。它以工作任务为中心，规定任务相关部门对于此任务承担何种管理职能。

组织结构图、任务分工表、管理职能分工表是组织结构策划的三个形象工具。其中组织结构图从总体上规定了组织结构框架，体现了部门划分；任务分工表和管理职能分工表作为组织结构图的说明补充，详细描绘了各部门成员的组织分工。这三个基本工具从三个不同角度规定了组织结构的策划内容。

(4) 工作流程策划

项目管理涉及众多工作，其中就必然产生数量庞大的工作流程，依据建设项目管理的任务，项目管理工作流程可分为投资控制、进度控制、质量控制、合同与招投标管理工作流程等，每一流程组又可随工程实际情况细化成众多子流程。

投资控制工作流程包括：
1) 投资控制整体流程；
2) 投资计划、分析、控制流程；
3) 工程合同进度款付款流程；
4) 变更投资控制流程；
5) 建筑安装工程结算流程等。

进度控制工作流程包括：
1) 里程碑节点、总进度规划编制与审批流程；
2) 项目实施计划编制与审批流程；
3) 月度计划编制与审批流程；
4) 周计划编制与审批流程；
5) 项目计划的实施、检查与分析控制流程；
6) 月度计划的实施、检查与分析控制流程；
7) 周计划的实施、检查与分析控制流程等。

质量控制工作流程包括：
1) 施工质量控制流程；
2) 变更处理流程；
3) 施工工艺流程；
4) 竣工验收流程等。

合同与招投标管理工作流程包括：

1) 标段划分和审定流程；
2) 招标公告的拟定、审批和发布流程；
3) 资格审查、考察及入围确定流程；
4) 招标书编制审定流程；
5) 招标答疑流程；
6) 评标流程；
7) 特殊条款谈判流程；
8) 合同签订流程等。

4.4.3 项目目标控制策划(项目管理制度)

以建设工程项目为例，项目目标控制策划是指在明确了项目管理的组织的前提下，根据项目实施的不同阶段和项目管理的不同任务，明确项目主持方的项目管理工作内容以及项目各参与方共同遵守的项目管理制度。项目主持方的项目管理工作内容主要包括：

(1) 项目主持方前期管理；
(2) 项目主持方设计管理；
(3) 项目主持方招投标与采购管理；
(4) 项目主持方施工管理；
(5) 竣工验收及试运营准备管理。

项目主持方前期管理主要是指项目前期各种手续的办理。项目主持方设计管理的工作内容包括设计单位的选定、组织设计方案的优化、对设计进度进行跟踪管理、设计图纸的审查、严格控制设计变更，工程项目投资、进度和质量目标控制等。招投标与采购管理主要是根据《中华人民共和国招标投标法》、《工程建设项目施工招标投标办法》、《工程建设项目招标范围和规模标准规定》和国家及地方对招投标管理的其他有关规定，聘请具有招标代理资质的咨询单位进行招标工作，并制定项目招投标、采购和合同跟踪管理的工作细则。项目主持方施工阶段的工作主要包括项目的进度、质量和投资控制，以及安全文明施工管理。竣工验收及试运营准备管理工作内容包括工程验收和使用验收以及制定运营阶段的工作规划。

项目主持方的项目管理工作内容是针对项目主持方的工作制度，为了更好地实现项目目标，统一项目各参与方的职责、权利和义务，项目实施策划还需根据项目的具体情况制定有针对性的项目管理制度，一般包括：《项目工程廉政建设制度》、《项目工程现场安全文明施工管理制度》、《项目工程进度管理办法》、《项目工程质量管理办法》、《项目工程检测管理办法》、《项目工程精装修管理办法》、《项目工程专业分包和主要材料设备管理办法》、《项目工程技术核定单和经济签证单管理办法》、《项目工程用款(月进度款)申请管理办法》、《项目工程审价、工程结算的管理办法》、《项目文明施工管理办法》、《项目立功竞赛管理办法》等。

案例分析 4-7　上海世博村项目实施策划

上海世博村项目主要功能是在上海2010年世博会期间为参展国工作人员和参展旅客提供住宿和其他生活娱乐配套服务。其项目实施策划成果包含以下几个方面的内容：

(1) 项目实施阶段基本数据(略)

(2) 项目实施的目标分析和再论证

1) 进度目标策划：项目总进度目标是2007年2月8日正式开工，2009年下半年投入试运营。

为了实现项目进度目标，项目管理单位编制了各地块总体计划进度图和项目里程碑事件进度目标、项目建设过程的关键节点进度目标，用以指导项目进度目标的顺利实现(略)。

2) 质量目标策划：

- A地块VIP生活楼的整体工程和分部工程均达到一次验收合格率100%并获得上海市优质结构奖，确保白玉兰奖，争创鲁班奖。
- B地块一标段的整体工程和分部工程均达到一次验收合格率100%，确保该标段内至少5幢单体建筑获上海市优质结构奖，确保至少1幢单体建筑获白玉兰奖；二标段的整体工程和分部工程均达到一次验收合格率100%，并确保该标段内至少2幢单体建筑获上海市优质结构奖，确保至少1幢单体建筑获白玉兰奖。
- D地块的整体工程和分部工程均达到一次验收合格率100%，3幢单体确保上海市优质结构奖，1幢单体确保白玉兰奖。
- E地块的整体工程和分部工程均达到一次验收合格率100%并获得上海市优质结构奖，争创"白玉兰"奖。
- 其他地块的整体工程和分部工程达到一次验收合格率100%。

3) 投资目标策划：按勤俭办博的要求，将投资控制在批准的概算数和项目主持方确定的投资额度范围内。

4) EHS(环境、健康、安全文明)目标策划：确保无重大伤亡事故，整体工程争创市级文明工地。

(3) 项目组织策划

1) 组织结构策划

上海世博村主要项目参与方包括业主方、项目管理方、勘察设计方、设计咨询方、酒店咨询方、招标代理方、投资监理方、施工监理方、施工总承包方、专业分包方、设备材料供应方等，上海世博村项目管理组织结构如图4-15所示。

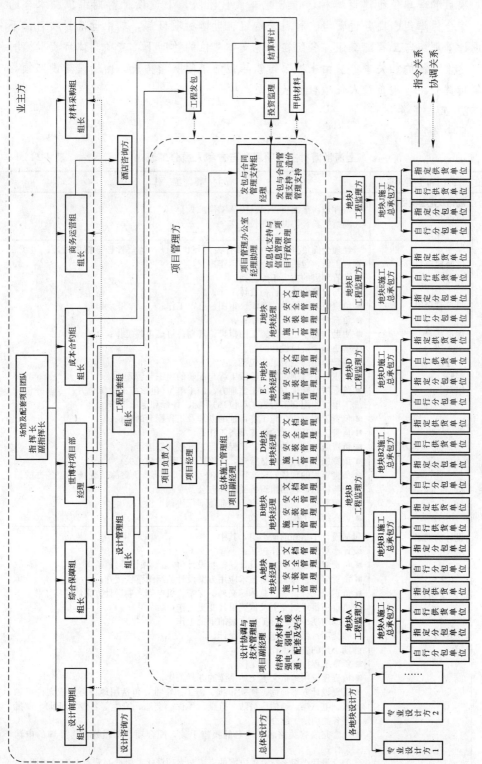

图 4-15 上海世博村项目管理组织结构

项目管理单位组建世博村场馆与配套项目团队，下设设计前期组、成本合约组、综合保障组、商务运营组、材料采购组、世博村项目部，其中世博村项目部下设设计管理组与工程配套组。各组在其他支撑单位的协助下，专项具体负责世博村工程建设方面的相关事务。由土控公司领导担任该团队指挥长，由场馆建设部领导任副指挥长，各组负责人任项目团队成员。

2）工作任务分工

见表4-24。

上海世博村主要项目参与方和人员分工表　　　　　　表4-24

单位	部门和主要人员	主 要 工 作
业主方	**场馆及配套项目团队** 指挥长 副指挥长	指挥长：全面负责项目团队工作。 副指挥长：协助指挥长工作
	世博村项目部 经理 设计管理组： 组长 组员 工程配套组： 组长 组员	经理全面负责世博村项目有关筹建、建设、运营管理等相关决策、组织、管理工作，包括各小组间的工作协调。 设计管理组的主要工作包括： ■ 参与方案设计、扩初设计工作； ■ 负责施工图设计的组织、审图、会审工作； ■ 负责专项设计深化工作； ■ 协助前期小组进行施工图报批、规划许可证申领工作； ■ 解决施工阶段设计问题。 工程配套组的主要工作包括： ■ 负责各工程项目施工阶段工程与配套的组织与管理； ■ 负责项目管理方、施工监理方、施工单位（包括施工总承包方、专业分包施工单位、配套工程施工单位）的招标、评标和定标工作； ■ 负责工程报监、施工许可证的办理及工程配套的申请； ■ 负责工程开工前的施工准备工作； ■ 负责施工阶段的管理，确保工程进度按计划进行； ■ 负责施工阶段的质量管理，严格把好工程的质量关； ■ 负责工程的现场安全文明生产的监督和协调；负责施工现场参建各方的组织与协调，包括组织各类现场办公及专题会议。 ■ 负责质检、安检等政府相关职能部门协调工作。 ■ 负责组织工程竣工验收
	设计前期组 组长	包括设计小组和前期小组，其中 设计小组的主要工作包括： ■ 负责组织项目的方案设计、扩初设计（包括专项设计）； ■ 负责节能、保温、新技术应用方案设计的组织落实工作； ■ 负责绿化、景观、总体、交通、保安、机电等专项设计方案的落实工作； ■ 负责项目规划变更及重要设计变更工作； ■ 协助前期小组进行扩初方案的审批工作； ■ 移交项目部进行施工图的设计。 前期小组的主要工作包括： ■ 负责工程报建、报批工作； ■ 负责建设用地批文等土地手续的办理工作； ■ 负责设计方案征询、扩初审批、施工图审批，包括用地许可、规划许可和水、电、煤、通信、消防、抗震、环保、交通、卫生等各专业征询、审批等各类前期手续办理； ■ 负责完成有关路名、地名的报审手续，配合项目部做好门、弄牌的申请工作； 配合设计小组进行有关方案的完善和专项深化，协助召开有关沟通协调会、调研会、评审会等会议

续表

单位	部门和主要人员	主 要 工 作
业主方	成本合约组 组长	■ 负责成本预算、资金使用计划的编制工作； ■ 负责投资监理的选择和成本控制； ■ 负责合同管理和付款审核、资金支付等
业主方	材料采购组 组长	■ 负责编制甲供材料设备的采购计划； ■ 负责甲供材料设备的采购及其协调管理工作； ■ 负责甲定乙供材料设备合格供应商遴选等信息收集工作； ■ 会同项目部组织甲供材料设备的安装、调试、验收等管理工作
业主方	综合保障组 组长	■ 负责日常行政、公文、会议、活动筹办、组织工作； ■ 负责督办工程建设计划落实； ■ 负责协调各项目部之间的工作
业主方	商务运行组 组长	■ 负责项目投资过程中的投资策划工作； ■ 负责商务运作和资产运营管理的企划工作； ■ 负责酒店管理工作等运营商与项目设计团队的沟通协调工作； ■ 根据项目团队建设进度进行的招商工作； ■ 根据业态布局和商业定位进行运营商的遴选工作； ■ 根据项目团队的建设需要提供相关专业支撑工作； ■ 配合项目团队建设提供及时的相关专业咨询工作； ■ 负责各项商务运营所需的各类证照批文的办理工作
项目管理方	项目负责人	全面负责项目管理方完成和履行项目管理总承包合同中约定的有关项目管理方应尽的义务和职责
项目管理方	项目经理	■ 负责按项目管理合同要求安排项目管理班子工作的顺利开展； ■ 负责项目管理班子成员和各单位、部门的工作界面对接； ■ 负责项目管理方与业主有关部门及项目有关单位的工作组织、管理和协调； ■ 负责项目管理工作计划的制定和实施； ■ 负责现场项目管理班子工作的管理； ■ 负责完成或安排完成业主委托项目管理方的工作
项目管理方	设计协调与技术管理组 项目副经理兼负责人 成员：（结　构） （给水排水） （强　电） （弱　电） （暖　通） （配　套） （安　全）	■ 协助业主方世博村项目部完成项目各设计阶段工作的协调和审核工作； ■ 在项目经理的领导下，接受业主方的委托和各有关单位进行工作协调和沟通； ■ 参与项目方案设计、初步设计和施工图设计的各专业评审工作，并提供咨询和审核意见； ■ 组织各阶段的设计交底会议，并提交合理化建议； ■ 按工程施工进度，协调设计图纸交底进度和设计变更； ■ 负责现场施工和设计、采购的相关协调和支持工作
项目管理方	施工管理组 项目副经理兼总负责人 地块经理： （A地块） （B地块） （D地块） （E、F地块） （J地块）	总负责人： ■ 负责世博村现场施工的管理、组织与协调； ■ 负责施工管理部工作计划、安排和实施； ■ 负责各地块经理工作的协调和考核。 各地块经理： ■ 负责各地块的施工质量、进度、安全文明和市政配套的管理和协调； ■ 参加各地块的工程例会，了解施工情况，组织和检查各地块施工进展，定期向本项目部和世博村项目小组汇报； ■ 组织各地块的项目管理方召开会议； ■ 完成施工管理部负责人和业主委托的其他地块现场管理工作

续表

单位	部门和主要人员	主 要 工 作
项目管理方	**项目管理办公室** 负责人 成员	■ 协助项目经理完成各种日常工作； ■ 为项目管理方人员提供信息化支持； ■ 建立项目文档信息管理制度，对项目文档信息管理编码和管理，并和土控公司管理对接汇总各地块周、月计划和各种报告的编制； ■ 为项目管理方人员提供办公和生活支持
	发包与合同管理支持组 负责人 成员	■ 协助世博村项目部工程配套组进行项目各种发包和合同管理； ■ 负责完成世博村项目部工程配套组委托的发包和管理支持的各项工作； ■ 对项目各主要设备的选择和采购，提供咨询和支持； ■ 协助世博村项目部工程配套组审核项目各种投资管理指标，提出合理化建议； ■ 根据世博村项目部工程配套组的委托，与投资监理和设计方沟通协调，为项目投资概、预算和结算各阶段造价工作提供支持
项目管理方	上海某智能化项目管理公司	■ 负责世博村弱电智能化工程的项目管理
总体设计方	某设计公司	■ 负责项目的总体设计方案； ■ 负责各地块施工图设计方的整体协调工作
各地块设计方	某设计公司（A地块） 某设计公司（B地块） 某设计公司（D地块） 某设计公司（E地块） 某设计公司（J地块）	■ 负责各地块的方案、扩初和施工图设计工作； ■ 负责各地块的各项专业设计协调，并协助招投标和甲供材料采购工作； ■ 负责设计交底和现场施工的设计支持工作
设计咨询方	上海某建筑工程咨询有限公司（PFT）（幕墙） 上海某设计院（弱电及智能化） 香港某咨询有限公司（机电） 香港某工程有限公司（厨房）	■ 协助设计前期组共同做好设计阶段工作； ■ 参加方案设计、扩初设计、施工图设计的审图、会审、评审工作，并提出合理化建议； ■ 协助设计前期组做好设计管理工作，包括设计阶段的"三控、两管、一协调"工作； ■ 协助进行优化方案设计，提出节省投资合理化意见； ■ 参加施工图技术交底，协助审批施工阶段出现的设计变更和协助设计问题的解决； ■ 对其咨询专业的施工质量提出改进意见； ■ 完成设计前期组委托的各项工作
酒店咨询方	香港某酒店有限公司某酒店集团	■ 负责编制酒店建设建议书，提出酒店设计标准和具体要求； ■ 参与设计阶段方案设计，扩初设计的审图、会审、评审，向设计方提出酒店设计过程中应注意的问题； ■ 编制世博村酒店运营管理建议书，向运营与管理组提出合理化建议； ■ 协助运营与管理组选择酒店管理单位； ■ 做好开业统筹咨询服务，协助商务运营组审核酒店管理公司的采购合理性，控制酒店群和公寓群的开业进度； ■ 对酒店装修样板房及施工质量检查提出改进意见； ■ 完成商务运营组委托的各项工作
结算审计方		审核项目竣工决算

续表

单位	部门和主要人员	主 要 工 作
招标代理方	土建招标代理方：上海某投资监理有限公司 甲供设备招标代理方：上海某招标有限公司（电梯） 上海某机电设备招标有限公司（锅炉、冷水机组、柴油发电机）	根据合同负责组织世博村项目各地块的所有招标工作。具体包括： ■ 编制各招标书、评标标准； ■ 组织各标的的开标、评标和最后发出中标通知等工作和会议； ■ 完成世博村项目部委托的各项工作
投资监理方	某监理公司（A地块） 某监理公司（B地块） 某监理公司（D地块） 某监理公司（E地块） 某监理公司（J地块）	■ 负责工程建设全过程成本控制工作； ■ 协助成本合约组编制项目的投资匡算、投资估算、概算和预算，经批准后，控制执行并定期编报投资控制的执行报告； ■ 负责对工程建设过程中发生的各类费用进行付款审核； ■ 协助成本合约组做好工程投资控制工作，履行询价、报价、核价过程中有关工作； ■ 负责编制项目资金使用计划； ■ 完成成本合约组委托的各项工作
施工监理方	A地块总监 B地块总监 D地块总监 E地块总监 J地块总监	■ 在项目管理方的统一组织和管理下，按《建设工程监理规范》和《监理合同》规定进行施工阶段的工程监理； ■ 对施工过程的进度、质量、投资、现场安全文明进行监督和管理； ■ 主持现场工作例会和相关专题会议； ■ 审核施工单位提交的资料，定期向业主通报施工情况，上报监理月报； ■ 收集、整理、审核和移交施工资料； ■ 参加项目竣工验收前，对竣工验收资料及实物全面检查，签署工程竣工报验单，提出质量评估报告； ■ 签署工程监理工作总结
施工总承包方	各地块负责人 A地块项目经理 B_1地块项目经理 B_2地块项目经理 D地块项目经理 E地块项目经理 J地块项目经理	■ 在项目管理方的统一组织和管理下开展工程施工； ■ 负责编制所中标标段的施工组织设计，并交施工监理方审核，根据意见调整； ■ 负责按规范和图纸进行自身负责部分工程的施工； ■ 负责组织对经业主批准可分包的工程的招标工作； ■ 负责妥善保管和使用甲供材料设备； ■ 负责采购、保管和使用甲定乙供材料设备和乙供材料设备； ■ 负责制定各季、月、周度工作计划并按计划施工； ■ 负责对各种工程变更及时提交工程变更申请交业主和项目管理方、施工监理和投资监理审核； ■ 负责编制各阶段的工程结算资料并提交业主和投资监理审核； ■ 负责所承包标段的各分包单位的施工管理和协调； ■ 负责所承包标段的现场安全文明施工管理工作； ■ 负责收集、整理、移交施工资料； ■ 按所签订的合同履行其他总承包(管理)单位义务； ■ 完成世博村项目部委托的其他工作

3）管理职能分工（略）

4）工作流程策划（略）

(4) 项目目标控制策划

1) 项目主持方项目前期管理

项目主持方项目前期管理主要工作内容如表 4-25 所示。

项目前期主要工作内容　　　　　　　　表 4-25

序号	工作内容	负责部门
1	项目建议书(立项)报批	设计前期组
2	项目报建	设计前期组
3	可行性研究报告编制及批复	设计前期组
4	方案设计报批	设计前期组
5	办理建设用地规划许可证	设计前期组
6	扩初设计批复	设计前期组
7	申请建设用地批准书	设计前期组
8	建设项目配套建设申请	设计前期组
9	施工图设计审查	设计前期组
10	办理工程规划许可证	设计前期组
11	办理工程施工许可证	工程配套组

2) 项目主持方设计管理

① 设计单位的选择和合同管理

设计单位的选定可以采取设计招标及设计方案竞赛等方式。设计招标的目的和作用主要是为了优选，保证工程设计质量，降低设计费用，缩短设计周期。而设计方案竞赛的主要目的是用来获得理想的设计方案，同时也有助于选择理想的设计单位，从而为以后的工程设计打下良好的基础。当设计单位选定以后，建设单位和设计单位就设计费用及委托设计合同中的一些细节进行谈判、磋商，双方取得一致意见后，就签订建设工程设计合同。并在设计合同的实施阶段进行合同管理。

② 设计进度的管理

- 设计进度控制的主要任务是出图控制，也就是通过采取一些有效措施使工程设计者如期完成方案设计、初步(基础)设计、施工图设计等各阶段的设计工作，并提交相应的设计图纸和说明。
- 设计管理人员应和合同管理人员一道按照合同要求对设计单位的工作进度进行严格的控制。
- 在设计合同中明确表示出以项目设计阶段的可交付成果(里程碑)作为支付设计费用的必要要求，以对设计单位的工作进度进行严格的控制。
- 审核设计方提出的详细的设计进度计划和出图计划，并控制其执行，避免发生因设计单位推迟进度而造成施工单位要求索赔。
- 协调室内外装修设计、其他专业设备设计与主设计的关系，使专业设计进度能满足施工进度的要求。

③ 设计阶段的质量管理

- 确定项目质量的要求和标准,编制详细的设计要求文件,作为方案设计优化任务书的一部分。
- 设计单位完成各阶段的可交付成果(设计成果)后,设计管理单位应组织相关单位对可交付成果进行审查,发现问题,及时向设计单位提出。
- 审核各设计阶段的图纸、技术说明和计算书等设计文件是否符合国家有关设计规范、有关设计质量要求和标准,并根据需要提出修改意见,确保设计质量获得市有关部门审查通过。
- 为确保设计质量,聘请社会上知名的专业顾问单位作为世博村工程设计的咨询单位,使设计质量满足使用功能要求。

④ 设计阶段对投资的管理与控制
- 在可行性研究的基础上,进行项目总投资目标的分析、论证。
- 编制项目总投资切块、分解规划,并在设计过程中控制其执行;应严格按批准的初步设计开展施工图设计和进行限额设计;在设计过程中若有必要,及时调整总投资切块、分解规划的建议。
- 根据方案设计、扩初设计和施工图设计,审核项目总估算、总概算、施工图预算,并基于优化方案对估算、概算和预算做出调整。
- 进行投资计划值和实际值的动态跟踪比较,并提交各种投资控制报表和报告。
- 对设计变更进行技术经济比较,严格控制设计变更。对非发生不可的变更,则设计变更发生越早越好。变更发生得越早,则损失越小,反之就越大。

3) 招投标与采购管理

① 对项目的标段进行合理的划分,各个标段根据总进度计划及时对监理、总承包、分包等单位进行招标。发布招标信息,编制招标文件和合同文件,进行资格预审,处理招标阶段的各种事务,组织评标,编写评标报告,选择合适的承包商。

② 根据项目总体计划和总进度计划,确定物资采购方式、物资采购清单和物资采购所需时间,制定具体的采购计划和流程。对采购市场的厂家价格信息进行了解,进行采购合同谈判,并在采购过程中对合同执行情况进行动态跟踪管理,及时处理出现的合同纠纷。

③ 支付各阶段的采购款。

4) 项目主持方施工管理

① 进度控制:审核承包商的施工方案和施工进度计划,督促监理单位对施工进度进行严格控制管理。让施工单位定期递交施工进度报告,和计划进度做比较,如果项目进度迟缓,及时采取相应措施,以实现对项目进度进行动态控制。

② 质量控制:审核承包商质量保证体系,在施工过程中通过监理单位严格执行项目的质量目标和相应的保证文件。定期进行工程质量检查,对出现的问题及时召开会议研究、讨论并进行处理。加强对隐蔽工程的验收。

③ 投资控制:做好施工图预算审核,将投资进行切块分解控制,对施工过程

中出现的设计变更和工程量变更进行审核，及时做出决策和处理。处理费用索赔要求、审查、支付进度款。

④ 安全文明施工管理：制定并实施安全文明施工管理手册，制订相关管理制度和办法，做好安全文明施工的宣传工作。定期检查安全文明施工情况，对于违反规定的做法，要制定相应的教育和处罚措施，并落实实施。

5）竣工验收及试运营准备管理

竣工验收分为工程验收和使用验收两部分。工程验收主要针对工程的施工质量，使用验收主要是酒店咨询和酒店管理单位对酒店工程的使用功能是否满足业主预定的要求进行验收。参与方包括业主有关部门、政府有关部门、监理单位、项目管理单位和相关的支撑单位，承包商首先提交验收申请，然后由世博村项目部组织有关单位验收，验收全部合格后进行资产移交手续，如果验收中出现质量问题，则要求承包商进行整改，直到符合竣工验收标准。

试运营准备管理，主要编制相关的运营制度、规程，并进行运营组织结构设计、岗位工作手册等文件的编写，进行管理工作人员的招募、培训等工作，进行试运营，及时发现问题并解决。

6）项目管理制度（共12项，略）

复习思考题

1. 请阐述项目前期策划工作的必要性。
2. 项目前期策划的含义是什么，有哪些工作方法？
3. 环境调查与分析的工作方法有哪些？
4. 请阐述项目决策策划与项目实施策划的含义。

第5章 设计过程的项目管理

正如前面章节所述，项目是指为完成某一特定的产品或服务所做的一次性努力，包括建设工程项目、IT项目等。正是由于项目的单件性、一次性等显著特征，为了能够使项目顺利实施，就有必要在实施之前对项目进行针对性设计，也就是项目往往具有设计阶段。

对于建设工程项目而言，设计过程是项目实施阶段的重要环节。1983年，原国家计委在《关于印发〈基本建设设计工作管理暂行办法〉、〈基本建设勘察工作管理暂行办法〉的通知》中明确指出："基本建设设计工作是工程建设的关键环节，在建设工程项目确定以前，为项目决策提供科学依据；在建设工程项目确定以后，为工程建设提供设计文件。做好设计工作，对工程项目建设过程中节约投资和建成投产后取得好的经济效益，起着决定性的作用。"

无数大型建设工程项目的实践证明，设计工作的好坏直接影响着设计质量的高低，影响着整个建设工程项目的投资、进度和质量，并对建设工程项目能否成功实施起到决定性的作用。此外，设计的内容能否得以充分的体现，关系到项目最终交付使用后的运营效果。因此，必须对设计阶段的项目管理工作予以高度的重视。

项目设计绝不仅仅是设计单位的个体创造，还与委托方的参与和管理密切相关。委托方的设计管理对保障设计工作的质量和进度会起到关键的作用。建设工程项目业主是建设工程项目全过程的最高决策者，也是项目功能需求的提出者，往往还是最终用户和使用者。业主在设计的过程中应该主动地、积极地配合设计单位的工作，在设计前明确设计要求，在设计过程中及时确认有关的设计文件和需要业主解决的其他问题。

设计往往不能简单地划为项目实施的一个单纯阶段，建设工程项目的设计过程贯穿于项目建设的全过程，从选址、可行性研究、决策立项，到设计准备、方案设计、初步设计、施工图设计、招投标以及施工，一直延伸到项目的竣工验收、投产使用，都与设计有关。设计单位提供的服务贯穿于项目实施全过程，相应地，业主方对设计的管理和协调也应贯穿于项目建设的全过程。

设计管理的核心是通过建立一套沟通、交流与协作的系统化管理制度，帮助业主和设计方去解决设计阶段中设计单位与业主（建设单位）、政府有关建设主管部门、承包商以及其他项目参与方的组织、沟通和协作问题，实现建设工程项目建设的艺术、经济、技术和社会效益的平衡。

本章内容包括设计过程项目管理概述、设计过程项目管理的重要性、设计任务委托及设计合同结构、设计要求文件、设计委托合同和设计协调。

5.1 设计过程项目管理概述

5.1.1 设计过程的特点

要进行设计过程的项目管理工作，首先必须对设计过程的特点有所了解。与施工过程相比，设计过程具有三个方面的特点：创造性、专业性、参与性。

(1) 创造性

设计过程是一个创造过程，它是一个"无中生有"、从粗到细、从轮廓到清晰的过程。应当注意的是，在项目设计中，设计的原始构思就是一种创造，应最大限度地发挥建筑师的创造性思维。但在整个设计过程中，并非所有的设计工作都是无中生有的，每个阶段的设计都应当是在上一阶段的设计成果及相关文件依据下而进行的，后一阶段设计的重点应该是把设计的前一阶段构思在优化的基础上进行细化，并将好的创意贯彻到底。

(2) 专业性

设计过程是一项高度专业化的工作，必须委托有相应资质的专业人士来承担，而且专业分工很细，它是由各工程专业设计工种协作配合的一项工作。设计的专业性表现在以下两个方面：

1) 我国对设计市场实行从业单位资质、个人执业资格准入管理制度，只有取得设计资质的单位和取得执业资格的个人才允许进行设计工作。1999年建设部第65号令《建设工程勘察设计市场管理规定》第一章第三条规定："国家对设计市场实行从业单位资质、个人执业资格准入管理制度。"2001年建设部第93号令《建设工程勘察设计企业资质管理规定》第一章第三条规定："建设工程勘察、设计企业……取得建设工程勘察、设计资质证书后，方可在资质等级许可的范围内从事建设工程勘察、设计活动。"当前我国建筑行业的专业注册制度正在逐步完善，目前已基本实行注册结构工程师、注册建筑师、注册咨询工程师、注册监理工程师和注册建造师制度等，一套基本完整的系统的专业注册管理制度已基本建立。

2) 建设工程项目的设计工作是一项非常复杂的系统工程，绝不是某一个人可以完成的。它需要一个分工合理、专业完备且协调良好的团队，各个专业之间互相协调，经过大量的计算、绘图等工作才能完成的。通常，项目设计工作需要有一个设计总负责人，在设计总负责人的带领下，建筑、结构、暖通空调、给水排水、电气、智能化、概预算等多个专业协同工作，各司其职，共同完成设计任务。

(3) 参与性

如前所述，设计工作必须委托专业人士承担，但这并不意味着业主方委托了设计就万事大吉，只管等着拿设计成果。大量工程实践证明，设计过程是由业主、设计单位、咨询单位和施工单位以及材料设备供货商等众多项目参与方共同参与的一个过程，其中，业主方的参与是非常重要的。《园冶》有云："第园筑之主，犹须什九，而用匠什一。"其实不止造花园如此，对于所有建设工程项目，业主方的作用都是至关重要的，尤其是在项目设计阶段。业主是建设工程项目全过程的最高决策者，也是项目功能需求的提出者，往往还是最终用户和使用者，设计阶段业主方参与设计阶段的项目管理对今后建设工程项目的实施及投入使用起着重要的作用。

业主在设计阶段参与活动主要包括两方面内容：

1) 业主要明确提出各阶段设计的功能要求；

2) 业主要及时确认有关的设计文件和需要业主解决的其他问题，承担及时决策的责任。

在国际上，普遍遵循"谁设计、谁负责"的基本原则，业主应尊重设计单位，但同时应加强对设计过程的参与、协调与控制。

5.1.2 设计过程的阶段划分

为了做好设计过程的项目管理，有必要理解设计过程的时间范畴，即阶段划分。对于建设工程项目的设计过程，可以从狭义和广义两个层次进行理解。狭义上的"设计过程"是指从组织设计竞赛或委托方案（或设计概念）设计开始，到施工图设计结束为止的设计过程，可以划分为方案设计、初步设计和施工图设计三个主要阶段，如图5-1中的分法1。另外，还有其他的一些分法，比如将设计过程划分为

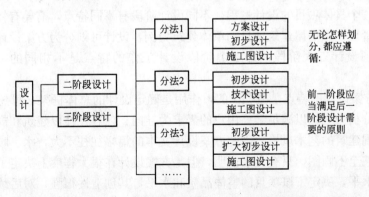

图 5-1　建设工程项目狭义设计过程划分

初步设计、技术设计、施工图设计,或者初步设计、扩大初步设计、施工图设计,如图5-1中分法2、分法3所示。但无论怎样划分,都应遵循这样一条原则,即前一阶段应当满足后一阶段设计的需要,每一个阶段的设计成果输出都将成为下一阶段设计工作的输入,这个循环过程贯穿设计过程的各个阶段,使项目目标逐步得以明确和清晰。

广义设计过程是指从建设工程项目管理角度出发,建设工程项目的设计工作往往贯穿于工程建设的全过程,与此同时,与之相应的业主方对设计的管理和协调也贯穿于这个过程的始终。在实际工程中,由于采用的工程承发包模式及项目管理模式不同,设计过程和施工过程的划分并非泾渭分明,在整个施工过程中图纸存在大量的修改和细化,因此,在设计过程的项目管理中,必须考虑与招投标、材料设备采购和施工等工作的配合和搭接等问题,设计过程必须与施工过程统一考虑。在采购和施工过程中设计人员要参与解决大量的技术问题,在施工过程中有大量的设计修改和变更,大量的细化设计。作为项目管理者,应当从广义角度上来理解设计过程,广义上的设计过程贯穿于项目实施的始终,如图5-2所示。

图5-2 项目管理中广义的设计过程

此外,对于城市开发或成片土地开发项目还应该有城市设计或规划设计阶段,规划设计又可分为规划方案设计、控制性详细规划设计和修建性详细规划设计等。

对于一些复杂的大型建设工程项目,比如工业性厂房、生产性设施园区等,在大的设计阶段划分中,根据项目的具体情况,还可以增加或细分出总体设计、总体设计优化、方案设计优化、初步设计优化、专业细部设计等细化的设计阶段。图5-3所示为某市卷烟厂项目设计阶段的划分。

针对一个具体项目的设计过程,不同设计阶段有不同特点,需要有针对性地参与协调和管理,以房屋建筑项目的单体建筑为例,设计可划分为方案设计、初步设计和施工图设计三大阶段,这三个阶段设计工作的特点是不相同的,如图5-4所示。

(1) 方案设计的特点是概念性的,作用是确定设计的总体框架;思想方法上应该以功能分析为主,以满足最终用户的需求为导向;内容往往以建筑和规划专业为主,要体现建筑的艺术风格。因此方案设计文本的篇幅往往不大,水、暖、电、设备等专业甚至不画图,只有文字说明,但是方案设计在很大程度上决定了该项目的整体设计水平,决定了该项目的整体品质和水平,其创造性很强,对后续设计起指导作用,因此其价值不容忽视。

(2) 初步设计的特点是技术计算,为了实现建筑师的构想,结构、给水排水、

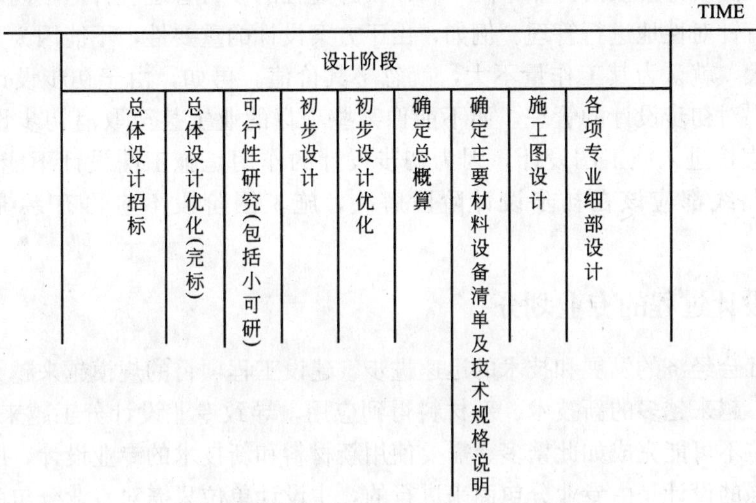

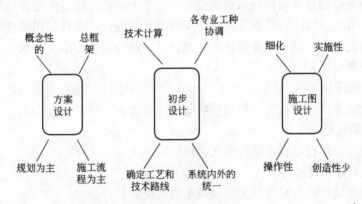

图 5-3　某市卷烟厂项目设计阶段划分

图 5-4　某房屋单体建筑设计阶段划分

暖通、强弱电等各专业工种都要进行技术计算，并做出较详细的设计；其难点之一是各专业工种要进行技术协调，解决建筑与结构、建筑与设备、结构与设备等之间的矛盾，这一阶段成果标志应该是各专业技术路线得到确定，并实现系统内外的统一。按照我国现行法规的规定，初步设计阶段的深度应能满足施工招标和材料设备采购的需要，满足编制总投资概算的需要，并往往作为造价控制的主要依据。因此，初步设计应该是设计的关键阶段，要多论证，业主应重视和参与，不能等到后续施工图设计出来后再有较大变更，造成被动。

（3）施工图设计的特点是操作性的，一般为细部详图和节点大样图，注重可实施性和可施工性，因此这一阶段图纸数量往往较多，工作量较大，但创造性相对少一些。施工图设计的重点往往是要处理设计与施工的协调，设计要有足够的深度，往往不断补充出图，或根据施工需要修改图纸，因此通常时间拖得很长，要配合施工全过程，要能及时解决现场问题。

因为不同设计阶段的特点不同,所以设计过程的项目管理应针对不同设计阶段的特点,有针对性地进行管理。例如,由于方案设计的重要性,不能因为其设计文本篇幅不大,就认为其工作量不大,就忽略其价值。再如,由于初步设计的重要性,应加强对初步设计的管理,而不能像某些项目的业主甚至取消初步设计,从方案设计直接进入施工图设计,因为初步设计的作用是施工图设计不能替代的,重大技术路线都应该在初步设计阶段解决,施工图阶段不应再有系统性的大变动。

5.1.3 设计过程的专业划分

随着社会经济的发展和技术的迅速进步,建设工程项目的规模越来越大,标准越来越高,越来越多的新技术、新材料得到应用,导致专业设计分工越来越细化。主设计单位不可能完成如此繁多、需要使用新材料和新技术的专业设计,所以很多专业性更强的设计是由专业分包商来进行的,主设计单位只需对专业分包商的设计成果进行确认是否符合总体设计要求即可。例如,现在很多大型公共建筑的幕墙工程通常是由专业的幕墙分包商承担从设计到施工的所有工作,主设计单位的任务是提出边界、节点、结构等要求,并对专业设计单位的设计文件和图纸进行确认。一般民用建筑设计包括以下专业设计:建筑设计、结构设计、给水排水设计、电气设计、暖通空调设计。

(1) 建筑设计

建筑设计是指对建筑物及周边环境的总体设计。

(2) 结构设计

结构设计是指对建筑物结构形式的设计。

(3) 给水排水设计

给水排水设计是指对建设工程项目水力系统的设计。

(4) 电气设计

电气设计是指对建设工程项目电气系统的设计。

(5) 暖通空调设计

暖通空调设计是指对建设工程项目采暖、通风、空气调节系统的设计。

工业建筑设计除了以上涉及的专业设计之外,通常对某些特定工艺有特殊要求,这时就需要对工业建筑项目进行工艺设计。工业建筑的使用用途不同,其相应的工艺设计要求也不同。比如石化项目所对应的工艺设计要求是生产装置、石化产品生产工艺的特殊设计;水电工程项目则对水力发电设备、发电技术等有特殊的工艺要求。

以某银行大厦建设工程项目为例,业主方委托项目管理单位编制专业设计目录,成果如表5-1所示。

某银行大厦专业设计目录　　　　　表 5-1

序号	专业设计名称	专业设计单位	确认单位	审批单位
1	**建筑、结构部分**			
1.1	室外装饰：幕墙（玻璃、铝材、石材），铝合金门窗，顶棚，大厦勒角花岗石细部设计	幕墙承包商（或由其委托专业设计单位）	中外设计联合体	市建管办
1.2	零星钢结构细部深化设计：大厦入口挑棚，屋顶天线塔，裙房球形屋盖，南北楼之间钢架及支撑等	（钢结构）承包商	中外设计联合体	
1.3	人防地下室	华东院		市人防办
1.4	金库门	供应商		公安局技防办
1.5	拱廊地下室及中国银行连接天桥			
1.6	厨房工艺	物业公司		市防疫站
2	**室外总体部分**			
2.1	大厦泛光照明	专业公司	中方设计单位	某管理处
2.2	小区道路	某开发公司		
2.3	红线外市政管线：给水、雨水、污水、供电、电话	各专业公司（市政、电力、电话）	中方设计单位、陆开发	
2.4	绿化设计	市园林局	中方设计单位	
2.5	大厦标志	专业公司	中外设计联合体	
3	**机电及电梯部分**			
3.1	污水处理中心工艺机电设计	设备供应、安装、承包单位	中方设计单位	市环保局
3.2	燃气管线（室内外）燃气表房设计	市燃气公司	中方设计单位	
3.3	冷却吊顶	专业公司（德国）	中外设计联合体	
3.4	电梯及自动扶梯设计	电梯供应商	中方设计单位	市劳动局
3.5	擦窗机	供应商	中方设计单位	
4	**弱电智能化部分**			
4.1	通信机房、程控交换机系统	电话局	中方设计单位	邮电管理局
4.2	综合布线系统	专业公司	中方设计单位	市技术监督局
4.3	消防报警系统	专业公司	中方设计单位	市消防局
4.4	水喷淋控制系统	专业公司	中方设计单位	市消防局
4.5	清水泡沫消防控制系统（CO_2）	专业公司	中方设计单位	市消防局

续表

序号	专业设计名称	专业设计单位	确认单位	审批单位
4.6	闭路电视监控及电子巡更系统	专业公司	中方设计单位	公安局技防办
4.7	防盗报警系统	专业公司	中方设计单位	公安局技防办
4.8	卫星及公用天线系统	专业公司	中方设计单位	市音像管理处
4.9	背景广播音响系统	专业公司	中方设计单位	
4.10	多媒体会议系统(同声翻译及投影音响设备)	专业公司	中方设计单位	
4.11	车库计费管理系统	专业公司	中方设计单位	
4.12	办公自动化网络管理中心(OA)-包括软件设计	专业公司	中方设计单位	
4.13	北塔三楼银行计算机管理中心	由银行委托专业设计	中方设计单位	
4.14	南塔三楼专用计算机管理中心	另行委托专业设计	中方设计单位	
4.15	楼宇自动化管理系统(BA)-包括软件设计、中央监控站及分站设计	专业公司	中方设计单位	
	范围包括(1) 变配电控制系统			
	(2) 照明控制系统			
	(3) 锅炉控制系统			
	(4) 空调水控制系统			
	(5) 空调机站控制系统			
	(6) 给水排水控制系统			
	(7) 游泳池控制系统			
	(8) 电梯监控系统(由电梯供应商提供)			

某卷烟厂项目除了建筑、结构、设备等专业设计之外，还需要选择细部设计单位对某些专业进行细化设计，以下是该项目的专业细部设计目录，如表 5-2 所示。

某卷烟厂项目专业细部设计目录　　　　表 5-2

	设计内容	设计单位	确认单位	审批单位
1	物流系统	物流公司	主体设计单位	
2	香、糖料厨房(防爆)	供应商	··	市消防局
3	箱装烟丝外运系统	··	··	交通局
4	干冰膨胀烟丝设备	··	··	
5	室外装饰设计	幕墙承包商	··	市建管办
6	室内装修设计	装饰公司	··	

续表

	设计内容	设计单位	确认单位	审批单位
7	人防地下室加固改造	主体设计单位	··	市人防办
8	钢结构细部设计	钢结构承包商	主体设计单体	
9	室外绿化设计	园林公司	··	园林局
10	泛光照明	专业公司	··	
11	污水处理中心	设备供应单位	主体设计单位	市环保局
12	燃气管理线及表房	燃气公司		
13	电梯	电梯供应商	··	市劳动局
14	擦窗机	供应商		
15	通信机房、程控机	电话局		市邮电管理局
16	统合布线系统	专业公司		市技术监督局
17	消防报警、水喷淋	··	··	市消防局
18	闭路电视监控防盗	··	··	公安局技术办

5.1.4 设计过程的项目管理类型

设计过程的项目管理按照管理主体主要可分为设计单位项目管理与业主方项目管理。本教材从项目实施的全过程视角来阐述项目管理，因此主要站在设计委托方的立场上，讨论业主方设计过程的项目管理。设计过程业主方项目管理的类型主要有以下三种形式：

(1) 业主自行项目管理模式；

(2) 委托项目管理模式；

(3) 混合项目管理模式。

其中委托项目管理模式又分为完全委托式和部分委托式两种，如图5-5所示。具体项目究竟采用哪种管理模式，由业主自身管理力量及所建项目的具体情况来确定。

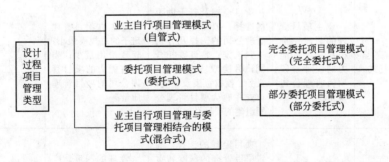

图5-5 设计过程的项目管理的类型

(1) 业主自行项目管理模式

设计过程的业主自行项目管理模式是指业主自己组织项目管理人员组成项目管理团队。这种形式的项目管理组织工作比较容易，但要求业主自身有较强项目管理力量，适用于拥有足够丰富经验的项目管理人员的业主，我国以前大部分项目的设计过程项目管理都采用这种形式。

(2) 委托项目管理模式

设计过程的委托项目管理分为两种形式，即完全委托式和部分委托式，这两种委托方式又有很多不同。完全委托式是业主把设计过程的项目管理完全委托给专业的项目管理公司，代替业主进行设计过程的项目管理。在这种形式中，业主方的自身项目管理团队可以规模很小，依靠专业项目管理公司进行设计管理，发挥其专业技能和实践经验的优势，提高设计过程的项目管理的质量。部分委托式是指业主自行完成部分设计过程的项目管理，把其中对专业化要求比较高的部分委托给专业项目管理公司来完成，在这种方式中，业主与项目管理公司的协调工作量比较大。委托式项目管理适用于业主方缺少经验丰富的设计项目管理人员，仅靠自己的力量难以完成设设计过程的项目管理任务的情况。

(3) 混合项目管理模式

设计过程的混合项目管理，是指由业主方的部分项目管理人员与项目管理公司的经验丰富项目管理人员，共同组成混合的设计过程的项目管理团队。聘请专业项目管理人员可以弥补业主方项目管理人员在技术和管理经验上的不足，这种形式的项目管理适用于业主自身拥有一定数量的项目管理人员和设计管理经验，但缺乏大型项目的设计管理经验，不足以独立完成设计过程的项目管理工作。与部分委托式项目管理相比，混合式项目管理团队内部协调工作量会大大减少。

上述四种业主方的设计过程项目管理类型的明细情况如表5-3所示。

设计过程项目管理类型 表5-3

类型		含义	工作重点	优缺点	适用范围
业主自行项目管理		业主自派人员组成项目管理班子	项目经理的选择；确定项目管理的深度和重点；确定经理部的规模结构	组织工作比较容易；管理深度、广度及管理班子的规模都较大	拥有足够及经验丰富的管理人员，如改造扩建工程等
委托项目管理	完全委托式	业主项目管理的职能完全委托一家有能力的设计阶段项目管理公司来完成	项目经理及若干助手的选择；拟委托的项目管理公司的选择及分别谈判选定；签订委托合同，明确双方的责任、义务、授权范围及程度；审查并确认项目管理公司组建的项目经理部	业主方项目管理班子的总规模最小，管理费用最少；委托有能力的项目管理公司的项目管理质量高	国家重点建设工程项目、专业化要求程度高的项目等
委托项目管理	部分委托式	业主项目管理的部分委托给一家有能力来完成的公司	项目经理的选择；确定项目管理的深度和重点；确定项目管理的组织结构；选择项目管理公司；签订委托合同，审查并确认其经理部组织结构	管理的深度、广度比较大；业主项目管理班子规模较大，费用较大；协调工作大	适用于业主缺乏部分经验丰富的专业人员

续表

类 型	含 义	工作重点	优 缺 点	适 用 范 围
混合项目管理	业主自派一部分项目管理人员，再从项目管理公司聘请一部分人员，组成一个混合的业主项目管理班子	项目经理的选择；项目组织形式的选择；选择项目管理单位，谈判，签订委托合同，明确双方的责任、义务；审查并确定委托项目管理人员；组织结构及职能分工的确定	委托项目管理人员能弥补业主在管理中的不足部分；业主项目管理的费用相对较小；相互沟通的工作增加	业主拥有一定数量的经验丰富的工程人员，但缺乏大中型建设工程项目的项目管理经验，专业化程度要求较高的建设工程项目等

随着我国建筑市场专业化的深入发展，并逐步与国际接轨，通过完全或部分委托专业项目管理公司来进行设计过程的项目管理将成为一种趋势。此外，对于国内大型公共建设工程项目的设计管理，采用混合式将更为适用。混合式是大型建设工程项目的最佳业主项目管理模式，十分适合发展中国家的情况，也是当前在发展中国家大型建设工程项目设计管理中较为通用的模式。

5.2 设计过程项目管理的重要性

5.2.1 设计过程项目管理对质量控制的重要性

2001年建设部颁发了《关于进一步加强勘察设计质量管理的紧急通知》，该通知指出："近年来，随着国家法律法规的建立和完善，参与建设工程的各方主体，对勘察设计质量有了足够重视，勘察设计质量也有了明显提高。但……部分勘察设计单位或建设单位由于对建设工程质量重视不够，不按建设程序办事，不执行国家法律法规和工程建设强制性标准；有些地方的建设管理部门，对工程建设执法不严或监管不力，使工程建设质量事故时有发生，给国家和人民生命财产造成重大损失。"这说明在当前设计质量管理中存在着相当严重的问题，也充分说明设计过程质量控制的重要性。

设计过程是影响建设工程项目实施效果的关键阶段，一个项目的设计质量不仅直接决定了项目最终所能达到的质量标准，而且决定了项目实施的进度水平和费用水平。目前影响设计过程质量的因素是多方面的，主要包括以下几个原因，如图5-6所示。

(1) 设计人员年龄结构偏低；
(2) 手头设计任务较多；
(3) 内部管理没有理顺；
(4) 各专业工种沟通不够；
(5) 不重视文字说明工作。

另一方面，节能环保在建设行业的推广应用也得到越来越多的重视。2005年建设部相继颁发了《公共建筑节能设计标准》、《关于新建居住建筑严格执行节能设

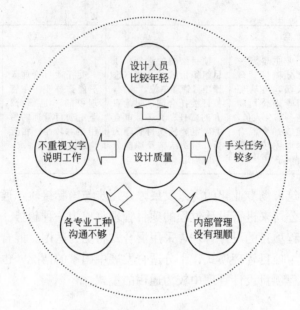

图 5-6　影响设计质量的因素

计标准的通知》、《关于发展节能省地型住宅和公共建筑的指导意见》等一系列法规，文中指出："建筑节能设计标准是建设节能建筑的基本技术依据，是实现建筑节能目标的基本要求……必须严格执行……但是，也有一些地方和单位，包括建设、设计、施工等单位不执行或擅自降低节能设计标准，新建建筑执行建筑节能设计标准的比例不高，不同程度存在浪费建筑能源的问题。"因此，设计过程项目管理对质量的控制体现在发展节能建筑、建设绿色生态建筑、坚持生态可持续发展、节约能源、保护环境等方面。

5.2.2　设计过程项目管理对进度控制的重要性

设计过程是建设工程项目中的一个重要阶段，设计进度能否按时完成，将对后续的招投标及施工产生重要影响。一般影响设计进度的因素主要来自于政府部门、业主方、设计院以及一些不可预见性因素，如图 5-7 所示。

(1) 政府部门

政府部门可能影响进度控制的因素包括政府部门审批时间长，政府部门责任分配不清等情况。

(2) 业主方

业主方可能影响进度控制的因素包括业主决策滞后，业主对设计确认不及时，业主的要求有变化或提不出要求等情况。

(3) 设计院

设计院可能影响进度控制的因素包括设计院任务饱满，各专业工种相互牵制，设计与设备选型及技术谈判有矛盾等情况。

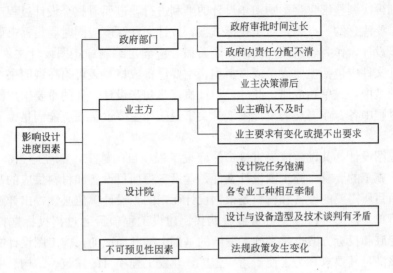

图 5-7　影响设计进度的因素

(4) 不可预见性因素

不可预见性因素包括法规政策发生变化等情况。

设计过程是影响建设工程项目工期的一个关键阶段,其重要性主要表现在两个方面:设计对施工的配合以及设计深度对进度的影响。

1) 设计对施工的配合

设计文件是施工的前提,工程设计最终要提供满足施工需要的图纸,只有控制好设计进度,及时供应施工图纸,才能保证接下来的施工工作顺利开展以及施工进度的顺利实现。

设计文件是建设工程项目施工的依据,对项目实施具有指导性作用,因此必须保证它的可施工性。比如大中型建设工程项目的设计工作往往需要体现"新材料、新产品、新设备、新工艺"的应用,这就需要考虑当地的建筑环境和施工单位的综合实力。比如设计单位在建筑设计过程中对某专业工程拟采用一项最新技术,但是这项新技术与当地的建筑风格不匹配,或者当前的施工单位没有或很少拥有实施这项新技术的能力,这就说明建筑设计拟采用的这项新技术可施工性较低,在项目开展的过程中容易导致施工困难等问题,甚至影响项目的正常实施。

2) 设计深度对进度的影响

2003年建设部颁发了《建筑工程设计文件编制深度规定》,文中指出:"为加强对建筑工程设计文件编制工作的管理,保证各阶段设计文件的质量和完整性,特制定本规定……各阶段设计文件编制深度应按以下相应原则进行……当设计委托合同对设计文件编制深度另有要求时,设计文件编制深度应同时满足本规定和设计委托合同的要求……本规定对设计文件编制深度的要求具有通用性。对于具体的工程项目设计,执行本规定时应根据项目的内容和设计范围对本规定的条文进行合理的取舍。"

方案设计是建筑设计过程的第一个阶段,其深度应满足编制初步设计文件的需要，否则再次调整细化会影响初步设计的顺利进行，进而对整个设计过程产生不利影响。需要注意的一点是，对于投标方案，设计文件深度应同时满足标书要求。

初步设计，作为建筑设计的第二个阶段，应满足编制施工图设计文件的需要。初步设计文件应包括主要设备或材料表，主要设备或材料表可附在说明书中，或附在设计图纸中，或单独成册。此外，设计概算是初步设计文件的重要组成部分。初步设计过程中各专业提交的设计图纸、文字说明和主要设备表应能满足编制设计概算的需要。

施工图设计，其设计成果直接指导建设工程项目的施工，深度应当满足采购、招投标、施工的要求。施工图设计文件是建设工程项目设备和材料供应的基础，建设工程项目所需要的设备和材料是根据设计而来的，设计单位必须提出详细而准确的设备清单，以便进行加工订货或者购买。建设工程项目通过招投标选择施工单位，其标底和投标方案也是在施工图纸的基础上编制而成的，施工图设计文件的深度也应该满足其要求。为了便于指导施工，建设工程项目的建筑、结构、电气、给水排水、采暖通风与空调、热能动力等各专业设计都要在施工图设计文件中得到详尽清晰的体现，施工单位可凭此编制施工组织设计以及施工预算等。

5.2.3 设计过程项目管理对投资控制的重要性

建筑设计阶段是影响建设工程项目成功与否的重要环节，设计质量的高低，设备材料的选用，设计标准的选择，功能的充分体现，结构与艺术的合理等，都对项目投资产生直接影响，因此设计过程项目管理对投资控制显得尤为重要。国外有数据统计如图 5-8 所示。

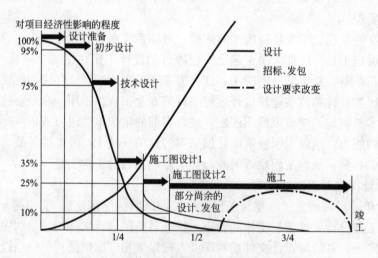

图 5-8　国外相关数据统计出的投资潜力图

从图中可以看出，建设工程项目各阶段对投资的影响程度分别是：初步设计阶段为 95％左右，技术设计阶段为 75％左右，施工图设计阶段为 25％～35％，施工阶段的影响仅为 25％左右。由此可见，对工程项目投资影响最大的阶段是技术设计结束前的工作阶段，施工开始以前的整个设计阶段对项目投资的影响程度约为75%，而施工阶段对投资的影响程度较小。无数大型建设工程项目实践证明，加强设计过程的项目管理将为业主节约项目投资，带来极大的经济效益。

案例分析 5-1　某国际会展中心设计过程投资控制

某国际会展中心是所在城市的标志性建筑，总建筑面积 11 万 m^2，总投资 8 亿元人民币，其效果图见图 5-9。项目管理采用项目总控模式。

图 5-9　某国际会展中心效果图

本项目屋盖采用的是大跨度空间钢结构，屋厅屋盖部分分为展厅屋盖钢结构和屋厅屋面工程两部分。计划用钢量超过 10000t，项目管理公司应用价值工程理论对两部分设计分别进行二次优化，展厅屋盖钢结构节约用钢量约 3400t，共节约投资超过 3500 万元。轻钢屋面工程节约用钢量约 2400t，加上其他节约项目，共节约投资约 2900 万元。整个项目仅展厅屋盖部分通过应用价值工程进行设计优化，节约投资额超过 6400 万元，取得了良好的经济效益，见表 5-4。

某国际会展中心钢结构设计价值工程研究的成果　　　　表 5-4

序号	项目名称	单位	方案设计 合计	初步设计 合计	初步设计 其中进口	施工图设计 合计	施工图设计 其中进口	增减量 7-5	增减量 8-6	增减量 7-4
1	2	3	4	5	6	7	8	9	10	11
1	展厅									
1.1	展厅钢结构	t	6600	3611	2690	3272	870	-339	-1820	-3328
	用钢量指标	kg/m^2	220	124		112		-12		-108
1.2	屋面压型板	t	2691	1346		269		-1077		-2422

续表

序号	项目名称	单位	方案设计 合计	初步设计 合计	初步设计 其中进口	施工图设计 合计	施工图设计 其中进口	增减量 7-5	增减量 8-6	增减量 7-4
1.3	檩条及拉条	t	192	192		192		0		0
1.4	天沟	t	78	78		78		0		0
1.5	展厅钢结构合计	t	9561	5227	2690	3811	870	−1416	−1820	−5750
2	拱顶									
2.1	拱顶管结构	t	763	675.21	657.44	689	7	13.79	−650	−74
2.2	梯子、平台	t	13	13		13		0		0
2.3	天沟	t	22	22		22		0		0
2.4	拱顶管结构合计	t	798	710.21	657.44	724	7	13.79	−650	−74
	总计	t	10359	5937.21	3347.44	4535	877	−1402	−2470	−5824

附注：7-5 指每一项目在施工图设计过程的费用较初步设计过程的节约金额。
　　　8-6 指每一进口项目在施工图设计过程的费用较初步设计过程的节约金额。
　　　7-4 指每一项目在施工图设计过程的费用较方案设计过程的节约金额。

案例分析 5-2　某软件园综合大楼设计过程投资控制

某软件园位于所在城市的高科技园区内，结构形式为一直径约 400m 的环状建筑，总建筑面积约 15 万 m^2，见图 5-10。

图 5-10　某软件园综合大楼效果图

本项目原主体结构设计中的楼板方案为现浇空心板，项目管理单位通过严谨的计算提出了八种替代方案，在设计方案选择中对八个方案进行了分析，运用价值工程原理对各方案从技术和经济两个方面进行综合比较，择优采用了单纵向密肋板及横向的预应力梁作为楼板方案,使项目最终实现了工程安全、投资减少的目标,为业主方节省投资约1500万元,效益显著,获得业主方的认可,见表5-5和表5-6。

某软件园综合大楼楼板设计候选方案　　　　　　　　　　表5-5

方案	板名称	板厚(mm)	板下梁间距或区格(mm)	板下梁断面宽×高(mm×mm)	纵向边梁断面(mm)	横向开间梁断面(mm)
F1	现浇空心板	400			400×1200	
F2	SP板	300			400×850	400×850 预应力
F3	双密肋板(一)	100	1200×1200	(125+284)/2×500	400×850	450×850
F4	双密肋板(二)	100	1200×1200	(185+344)/2×500	400×850	450×850
F5	单纵向密肋板	100	1500	250×600	400×850	400×850 预应力
F6	单径向密肋板	100	1200	250×750	400×1200	250×750
F7	井字梁板(一)	100	2000×2000	250×700	400×1200	400×850 预应力
F8	井字梁板(二)	100	2000×2400	250×700	400×1200	400×850 预应力

某软件园综合大楼楼板方案经济比较　　　　　　　　　　表5-6

方案	单价(元/m²)				板及板下梁	
	合　计	板及板下梁	框架梁	预应力	钢筋(kg/m²)	混凝土(m³/m²)
F1	477.57	374.3	103.27		30.8	0.224
F2	462.22	325.22	109.73	27.78	板+6.3	板+0.08
F3	397.12	283.07	114.05		23.97	0.223
F4	444.52	330.47	114.05		28.4	0.256
F5	344.09	206.58	109.73	27.78	16.35	0.166
F6	391.35	267.9	123.45		22.55	0.212
F7	430.58	262.95	139.85	27.78	22.08	0.209
F8	400.05	232.42	139.85	27.78	19.23	0.187

如果按照楼板面积110000m²计算,原方案梁板造价为477.57×110000=5253.27万元,所选方案梁板造价344.09×110000=3784.99万元,两方案相比较5253.27-3784.99=1468.28万元,节省占总投资比例1468.28/31353=4.7%。

5.3　设计任务委托及设计委托合同结构

设计过程项目管理的重要手段是合同管理,设计过程合同管理的成败不但决定着设计过程项目目标能否实现,而且是影响整个项目全寿命周期项目目标的关键因素之一。但是除了合同条款内容、合同签订之后的跟踪管理之外,设计任务的委托方式往往被忽略。设计任务的委托是设计过程项目管理的第一项工作,既影响到设计质量同时也影响工程造价,而且还会影响到建设工期。因此,设计任务委托方式的选择是否得当,在很大程度上决定着项目工作的成败和项目目标实现的好坏。

5.3.1 设计招标与设计竞赛

(1) 设计招标

建设工程项目的设计任务委托主要有两种途径：设计招标和设计竞赛。

2003年国家发改委颁发了《工程建设项目勘察设计招标投标办法》，文中指出"工程建设项目符合《工程建设项目招标范围和规模标准规定》（原国家计委令第3号）规定的范围和标准的，必须依据本办法进行招标……任何单位和个人不得将依法必须进行招标的项目化整为零或者以其他任何方式规避招标。"

设计招标是指在一个建设工程项目实施过程中，业主委托招投标代理机构发布项目设计任务的招标文件，愿意承接该项目设计任务的设计单位领取招标文件，并进行设计投标，在约定的日期由招投标代理机构主持开标，并由评标委员会成员使用事先制定的评标方法进行评标，选择评分最高的投标单位作为中标单位，并将项目的设计任务委托给中标单位。

但是在国际上，设计任务的委托往往不采用招标，而是采用设计竞赛的方式，因为设计比选的重点不是比较报价，而是比较方案；设计委托合同也不是承包合同，而是技术咨询合同。招标方式适用于承包合同的委托，但不适用于咨询合同。

(2) 设计竞赛

1) 设计竞赛的概念

设计竞赛是指业主委托专业工程咨询公司组织设计竞赛，咨询公司组织设计竞赛评审委员会进行评审，从参赛的众多设计方案中评选出优胜的设计，业主可将设计任务委托给竞赛优胜者，也可以综合几个优胜设计，再行设计委托。在设计过程中，业主可根据需要，再次组织设计竞赛，不断地寻求设计优化的可能。

按照目前我国现行法规的要求，设计任务委托应该采用设计招标的方式。然而按照国际惯例，设计竞赛作为一种手段，与招标相比，它更有利于获得一项好方案，有利于提高设计质量，并有利于促进设计技术的发展，而且设计费占总造价的比例很小，报价不成为比较的重点。

2) 设计竞赛与设计招标的区别

设计竞赛与设计招标的区别主要体现在以下三个方面：

① 设计竞赛只涉及设计内容（设计的技术和经济的先进性），而不涉及设计费用与设计进度，因此设计竞赛的参赛单位不需要对设计费用进行报价；而设计招标不仅仅包括设计内容，即设计方案，也要求投标单位对设计费用和设计进度进行说明。

② 设计竞赛的评选结果仅限于对参选设计作品进行入选排名，而不直接涉及设计任务的委托，并不一定意味优胜者就中标；而设计招标过程中，通过评标选出的评分最高的投标单位就是中标单位，设计任务也将委任于它。

③ 设计竞赛参加者若未中奖，则将得到一定的经济补偿；而设计招标投标者若未中标，则没有经济补偿。

3) 设计竞赛的类型

设计竞赛有多种类型，针对一个具体项目而言，设计竞赛不一定是一次性的，可以组织多轮设计竞赛，如：
① 区域规划设计竞赛；
② 城市建筑规划设计竞赛；
③ 风景规划设计竞赛；
④ 总体方案设计竞赛；
⑤ 建筑单体概念设计竞赛；
⑥ 建筑单体方案设计竞赛；
⑦ 室内空间和设施设计的设计竞赛；
⑧ 构件设计的设计竞赛等。

4）设计竞赛的工作流程

设计竞赛具有一套完整的工作流程。以下以某国际会展中心设计方案竞赛为例，来说明设计方案竞赛阶段的竞赛流程。

案例分析 5-3　某国际会展中心设计竞赛流程

某国际会展中心项目业主委托项目管理单位组织设计竞赛，在该项目设计方案竞赛的过程中，建设单位的工作主要包括以下方面：
① 根据业主方对建筑的功能要求，编制方案竞赛任务书；
② 做出设计方案竞赛的日程安排；
③ 邀请设计单位，列出拟邀请单位名单；
④ 参赛单位领取设计方案竞赛任务书；
⑤ 参赛单位进行方案设计；
⑥ 组织参赛单位现场踏勘和文件答疑；
⑦ 参赛单位继续方案设计；
⑧ 参赛单位报送参赛方案；
⑨ 设计方案介绍；
⑩ 设计方案评审并确定优选方案；
⑪ 发布设计方案评审结果通知书；
⑫ 发放设计方案竞赛酬金。

整个设计方案竞赛的工作流程如图 5-11 所示。

为了取得良好的竞赛效果，获得理想的设计方案，必须充分重视设计方案竞赛的组织工作。设计方案评审是设计方案竞赛组织流程中最重要的环节，对参与评审的人员素质有很高的要求，一般由建筑、规划等领域的知名专家来担任。评审专家的人数应该为奇数，以避免出现两个相同的最多票的情况。设计方案评审的主要内容包括审查各设计方案是否满足方案竞赛的条件、是否符合方案竞赛任务书的要求、是否符合有关设计与施工的条件，还要对设计图纸之间是否有矛盾、数据与指

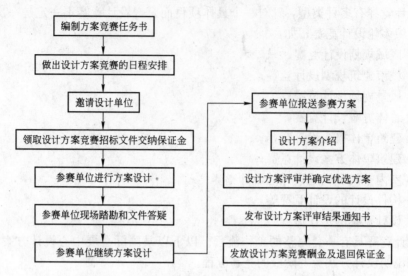

图 5-11　某国际会展中心设计方案竞赛工作流程

标的准确性、一次性投资和生命周期费用是否经济等内容进行评审。

5) 设计竞赛任务书

设计竞赛任务书,是设计竞赛的一个重要组成部分。设计竞赛任务书一般由建设单位相关部门或建设单位委托的专业项目管理公司进行编制,并发放给设计竞赛的参赛设计单位。下面通过具体的项目实例来说明设计竞赛任务书的内容。

案例分析 5-4　某高科技园区设计竞赛文件

某高科技园区拟采用设计竞赛方式选择设计单位,业主委托某建设项目管理公司组织本项目设计竞赛,项目管理公司与业主通过反复沟通协商,充分领会了业主的建设意图,编制出《某高科技园区设计竞赛任务书》。任务书共分为 10 个部分,分别是项目概况、设计要求、方案设计竞赛成果要求、报送竞赛文件的规定、竞赛时间安排、竞赛评审委员会成员组成、竞赛结果说明、其他说明、附件、联系方式等。具体如下:

① 项目概况
- 地理位置
- 各楼座规划情况

共分为 B1、B2、B3、B4、B5、B6、B7、B8、B9、B10、B11、B12 楼座。

② 设计要求
- 原则要求

本项目为某高科技园区的组成部分之一,建成后将为企业提供研发、办公及其相配套的辅助功能。其项目定位总体上为 IT 企业总部,设计的总体原则应体现功能合理、造价经济、生态、节能、健康和安全,并与周边环境相协调,与周边的功能相配套。在建筑手法上既体现时代特征又要与当地实际相结合。

● 功能要求

本项目在功能上应满足入园高科技企业的研发、办公、会议、展示等基本要求，同时还应考虑与之相配套的辅助功能，包括商务服务、休闲健身、餐饮等需求。相关如下：

$a.$ 与提供的规划设计成果中所确定的单体建筑物外轮廓尽量保持一致；

$b.$ 除必要的硬地（包括必要的地上停车场、道路等）外，区域内尽可能多地考虑绿化景观的规划；

$c.$ 考虑充足的停车位（包括地下和地上停车位），以满足入驻企业及外来人员的停车需求；

$d.$ 考虑到所在地的实际情况和项目进度要求，本项目桩基工程采用人工挖孔桩方式；

$e.$ 考虑入驻企业的实际情况，所有建筑物单体不设中央空调，要求方案设计成果充分考虑企业自行安装空调主机对外立面的影响；

$f.$ 考虑到项目投资和建设的特殊性，本项目建筑物每平方米造价（包括土建、建筑设备安装、公共空间精装修、外立面装修以及室内粗装修等）应控制在1700元以内。

③ 方案设计竞赛成果要求

主要包括方案设计文本要求、总平面图、总体鸟瞰图、仰视图、单体效果图、主立面图、底层平面图、标准层平面图等。

④ 报送竞赛文件的规定（略）

⑤ 竞赛时间安排（略）

⑥ 竞赛评审委员会成员组成

竞赛评审会员由政府相关部门领导、国内知名的建筑和规划专家、业主方代表和项目管理咨询公司代表组成，评审以客观、公正为原则。

⑦ 竞赛结果说明

业主将参考本次竞赛评选结果，最终选定中选方案，由中选单位进行方案优化设计，后续初步设计及施工图设计再行协商（中选单位报价仅作为业主方与中选单位商议后续设计委托合同的参考，不作为是否中选的依据）。

未中标单位补偿费，本地为每家50000元人民币（伍万元人民币整），外地为每家200000元人民币（贰拾万元人民币整）。

⑧ 其他说明（略）

⑨ 附件（略）

⑩ 联系方式（略）

5.3.2 设计委托合同结构

2003年国家发改委颁发了《工程建设项目勘察设计招标投标办法》，文中指出："发包方可以将整个建设工程的勘察、设计发包给一个勘察、设计单位；也可以将建设工程的勘察、设计分别发包给几个勘察、设计单位……除建设工程主体部分的勘察、设计外,经发包方书面同意,承包方可以将建设工程其他部分的勘察、设计再分包给其他具有相应资质等级的建设工程勘察、设计单位……建设工程勘察、设计单位不得将所承揽的建设工程勘察、设计转包。"

在以上法规文件中,有以下几个方面内容应当引起注意:

(1) 发包

业主可以将整个项目的设计任务发包给一家设计单位。

(2) 分别发包

业主也可以将项目的设计任务分别发包给几家不同的设计单位。

(3) 分包

设计单位在满足下列条件下可以分包:

1) 除工程主体部分以外;

2) 经业主方书面同意;

3) 分包单位具有相应资质。

(4) 转包

设计单位严禁转包设计任务。

以上四个内容是不同的,因此要注意区别它们之间的差异。

在现代建设工程项目设计过程中,参与一个项目的设计单位往往不止一家。这是由于以下两方面原因所造成的。

1) 现代建设工程项目规模日益增大,功能和技术要求日趋复杂导致设计工作本身的复杂性,一家设计单位很难完全满足业主方的要求,可以按项目内容将设计任务分别发包;

2) 设计任务是可以分阶段完成的,如通常划分的方案设计、初步设计和施工图设计三个设计阶段,这也便于分阶段将设计任务分别发包。

因此,设计任务的委托方式也由过去直接委托一家设计单位转变为多种委托方式,主要有平行委托、设计总包、设计联合体三种方式,如图 5-12 所示。

(1) 平行委托

平行委托,又可称为分别委托,这种方式是业主将设计任务同时分别委托给多个设计单位,各设计单位之间的关系是平行的。其合同结构如图 5-13 所示。

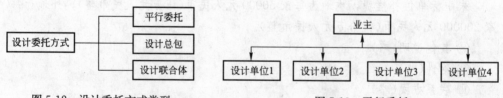

图 5-12 设计委托方式类型　　　　　图 5-13 平行委托

采用平行委托时,设计任务的划分可以有多种方式,如按照项目划分、按照阶段划分、按照专业划分等,其相应的合同结构如图 5-14 中的(a)、(b)、(c)所示。

平行委托有以下几个优点:

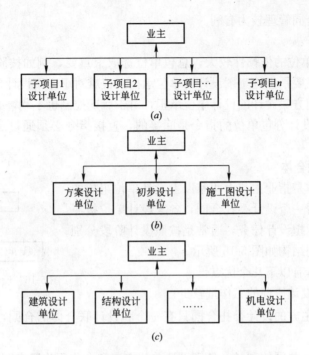

图 5-14 不同划分方式的设计委托合同结构
(a)按照项目划分；(b)按照阶段划分；(c)按照专业划分

1) 适用于大型复杂项目，有利于各个设计单位发挥自己的优势；

2) 甲方可以直接对各个设计单位发出修改或变更的指令，有利于项目质量、投资、进度的目标控制。

其缺点在于：

1) 业主对于各家设计单位的协调工作量很大，合同管理工作也较为复杂；

2) 由于各设计单位分别设计，因此较难进行总体的投资控制，参与单位众多也对整体设计进度控制造成相当大的难度。

(2) 设计总包

设计总包是指业主只与牵头的设计总包单位签约，由设计总包单位与其他设计单位签订分包合同。《工程建设项目勘察设计招标投标办法》第三章第十九条指出："除建设工程主体部分的勘察、设计外，经发包方书面同意，承包方可以将建设工程其他部分的勘察、设计再分包给其他具有相应资质等级的建设工程勘察、设计单位。"因此，建设工程主体部分的设计必须由设计总包单位自主设计，不得分包给其他设计单位。设计总包的合同结构如图5-15所示。

设计总包有以下几个优点：

1) 由于有设计总包单位的参与，业主方设计协调的工作量大大减少；

2) 由于业主方的设计委托合同只有一个和总包单位

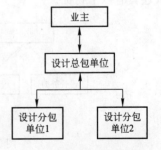

图 5-15 设计总包合同结构

的合同，因此合同管理较为有利。

其缺点在于：

1) 对总包单位的依赖性较大，总包单位选取很重要，例如按阶段划分的设计分包，如果由主要承担施工图设计的单位承担，很难对于方案设计单位进行有效控制，如果由承担方案设计的设计单位承担，对于后期控制也不利，必须慎重考虑；

2) 业主对设计分包单位的指令是间接的，直接指令必须通过总包单位，管理程序比较复杂。

(3) 设计联合体

设计联合体是指业主与由两家以上设计单位组成的设计联合体签署一个设计委托合同，各家设计单位按照合作协议分别承担设计任务，通常是按照设计阶段分别承担的。其合同结构如图5-16所示。

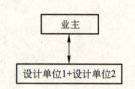

图5-16 设计联合体合同结构

设计联合体有以下几个优点：

1) 业主方设计协调的工作量较少；

2) 由于业主方的设计委托合同只有一个和设计联合体的合同，因此合同管理较为有利；

3) 由于存在共同的利益，各家设计单位交流和合作更为紧密。

其缺点在于各设计单位一般不太愿意组成负有连带责任的设计联合体，风险较大。

5.3.3 中外合作设计

改革开放以来，特别是中国加入WTO，设计领域对外交流的程度越来越大，国外很多优秀的设计单位涌入了中国建筑市场，国外设计单位在我国承担项目设计，带来了西方先进的技术和优秀的文化。但由于国外设计单位对我国的规范、常用构造、材料、施工工艺等不甚了解，其思维习惯、工作方式也与我国的传统设计单位有很大区别，有必要寻找中国当地的设计单位进行合作。中外合作设计正成为设计委托的一种主要趋势。

(1) 中外合作设计委托方式

中外合作设计的委托方式如前所述主要有平行委托、设计总包和设计联合体三种形式，其合同结构如图5-17所示。每种委托方式除之前所述各自的优缺点以外，还具有以下特征。

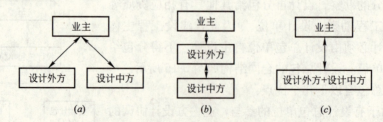

图5-17 中外合作设计委托合同结构模式
(a)平行委托；(b)设计总包；(c)设计联合体

1）平行委托

平行委托是业主签订两份设计委托合同，把设计任务分别委托给外方和中方的设计单位，通常情况是外方设计单位承担方案设计，中方设计单位承担初步设计和施工图设计。这种方式的缺陷是中方和外方之间的设计衔接困难比较多，设计协调工作量大，业主方成了设计总包，当中外双方产生矛盾时，要业主方来协调，外方出的图纸有时会不符合中国现行规范或深度不够，很有可能出现图纸多次返工、设计进度拖延、设计图纸不能满足深化设计等问题。

2）设计总包

设计总包是业主把设计任务委托给中方或外方设计单位的其中一方，这一方再把设计任务的一部分分包给另一方，中外双方合作共同完成设计任务。在我国通常做法是由外方设计单位作为设计总包，中方设计单位作为设计分包，这样不但可以发挥中外双方各自的技术优势，而且设计参与各方的设计协调工作量相对业主平行委托会大大减少。

设计总包的缺点是由于业主方与设计中方没有直接的合同关系，在设计后期，特别是在施工配合阶段，业主方对中方设计单位的要求不能直接贯彻，中方往往需要等待外方的认可，耽误工期。

3）设计联合体

在设计联合体方式下，业主方与中方设计单位、外方设计单位三方共同签约，中方和外方以联合体的形式，在联合体设计委托合同中阐明双方的权利、责任、义务以及工作分工，在这种合同形式下，中方、外方的合作更加紧密，业主方在各个设计阶段要抓的对象更加明确，组织协调工作更加简单，因此设计联合体形式是一种非常好的合同委托方式，当前已越来越多地得到应用。

(2) 中外合作设计联合方式

在中外合作设计联合体模式中，为了获得一个优秀的方案，具体的联合方式又存在三种，即外方做到底、方案买断和合作初步设计，如图 5-18 所示。

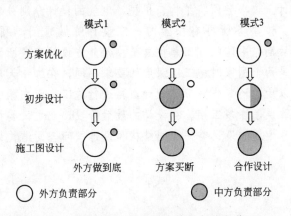

图 5-18 中外合作设计联合体的各阶段分工

1）外方做到底

外方设计单位从方案设计做到初步设计,再到施工图设计,中方只做顾问。这种模式在浦东开发初期被广泛使用,但问题是外方设计单位施工图设计的深度往往不够,或与中国的施工工艺不符,或与施工的协调有困难,在实践中发生了很多问题,因此现行法规已经不允许。

2）方案买断

外方只做方案设计,然后转交中方设计做初步设计和施工图设计。但是由于方案设计是概念性的,不够详细,表达很有限,中方设计对方案理解不够充分,致使原设计意图在后续设计中得不到充分的贯彻,在实践中也产生了很多问题,削减了原方案设计的价值。

3）合作初步设计

鉴于以上两种模式存在的问题,在实践中又出现了第三种模式,即外方做方案,中方做方案的顾问;初步设计分专业工种由中、外方分别承担,互为顾问;施工图设计完全转由中方承担,外方为顾问。合作初步设计介于外方做到底和方案买断两者之间,延长中外设计方的交接时间。经过工程实践的检验,该种方式基本适合我国的国情,也能较好地发挥中外合作设计的长处。

案例分析 5-5　某证券大厦中外合作设计委托合同结构

上海浦东开发初期某证券大厦项目的业主在选择设计委托合同结构时,业主希望项目由国外设计单位设计。为了使设计满足中国规范,设计图纸能满足招标和深化设计的需要,减少设计过程中的设计困难,业主要求有国内设计单位作为外方设计单位的设计顾问。

业主把整个项目的设计任务委托给加拿大某设计事务所,包括方案设计、初步设计和施工图设计。该事务所将结构、机械、电气的设计分别分包给加拿大的三家专业设计事务所。该事务所再委托国内一家设计院做顾问,顾问费为设计费的10%,到了设计后期,中国的施工单位总是抱怨外方设计事务所做的施工图深度不够,后来才发现是两个国家对施工图深度的要求不同,在加拿大,施工单位拿到设计院提供的图纸以后,还要先做节点设计,再进行施工;而中国的施工单位是直接按图施工,因此耽误了许多工期。在设计的最后阶段,业主又委托国内设计院负责细部设计。该证券大厦的设计委托合同结构和设计顾问合同结构如图 5-19、图 5-20 所示。

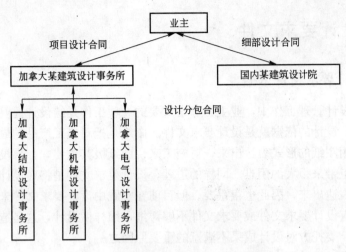

图 5-19　某证券大厦设计委托合同结构

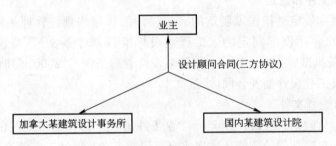

图 5-20　某证券大厦设计顾问合同结构

案例分析 5-6　某大厦中外合作设计

　　上海浦东开发后期某项目业主委托德国某设计事务所与上海某设计院组成设计联合体，联合承担该大厦的项目设计。双方分工为德方负责做方案设计、初步设计的建筑和智能化专业设计，中方负责做初步设计除建筑和智能化专业以外的专业设计，以及全部施工图设计，双方互为对方承担设计部分的顾问。这种模式使中外双方交接过程延长，使方案设计的构思得到了贯彻。整体设计费为 400 万美元，其中外方 300 万美元，中方 100 万美元。后来在实施过程中发现初步设计阶段的合作如果由外方负责，往往耽误工期，应改由中方负责，通过谈判，修改了设计委托合同，中方设计费也相应调整为 150 万美元，外方设计费调整为 250 万美元。

5.4 设计要求文件

5.4.1 设计要求文件依据

在整个设计管理工作中，业主方非常重要的一项工作是给设计提要求。施工的依据是图纸，设计的依据就是设计要求文件。图纸是把对施工产品的最终产品—建筑物的要求用图纸的形式表达出来，对施工来说图纸极其重要，如果没有详细的图纸，会给施工带来很大的困难。同样的道理，设计要求文件是将对设计产品的要求用文字形式表达出来，因此也很重要。但目前在实践中设计要求文件未能引起足够的重视，没有设计要求文件或要求文件不够详细，照样做设计，这是造成大量图纸返工、修改，委托方对设计成果不满意的重要原因之一。

具体来讲，设计要求文件的依据一般包括以下几个方面的内容：

(1) 国家文件和规定

国家文件和规定是指国家制定的有关设计的法律法规、管理条例、通行文件等。比如2002年建设部制定的《工程建设标准强制性条文》(房屋建筑部分)，2000年国务院批准施行的《建设工程勘察设计管理条例》，2000年建设部颁布实施的一系列建设工程设计委托合同(示范文本)等。

(2) 城市规划文件

城市规划从政治、经济、社会、自然条件出发，研究城市发展的综合布置方案，因而属于政府部门的职能，体现政府部门通过参与设计工作的管理以达到控制项目建设的目的。在我国，城市规划工作一般分为城市总体规划和城市详细规划两个规划设计阶段。

对一个具体的建设工程项目而言，城市规划的主要控制参数有建筑物、构筑物的类型或用途、基地总面积、规划控制红线、建筑面积密度(容积率)、建筑覆盖率、建筑物最高高度、主要的人流和车流入口位置、需设置的机动车/非机动车车位数、地面标高等。这些指标形成了项目建设或者说设计的最初约束条件，直接影响着建筑物的造型和结构。

(3) 建筑设计规范

城市规划确定了设计的依据，是政府部门控制的标准之一，而涉及具体的技术细节的控制标准是建筑设计规范。建筑设计规范是由政府或立法机关颁布的对新建建筑物所作的最低限度技术要求的规定，是建筑法规体系的主要组成部分。

建筑设计规范的编制因国家不同而不尽相同。有些国家由政府主管部门组织专家编制，由政府审查批准后公布；而有些国家则由学术团体或民间组织编写出"示范本"，由中央或地方立法机关颁布专门法令，加以全部或部分采用。在我国，建筑设计规范由国务院有关部门或其委托单位编写，并由国务院有关部门批准和颁发。到目前为止，收录在由中国建筑工业出版社出版的《现行建设设计规范大全》中的规范、规程共计64个；《现行建筑结构设计规范》有关结构、抗震、勘察、地基与基础等方面的规范、规程共计36个;《现行建筑材料规范大全》有关建筑材料产品标准共计518个。

建筑设计规范涉及内容广泛,主要包括:建筑物按用途和构造的分类分级;各类建筑物的允许使用负荷,建筑面积、高度和层数的限制;防火和疏散,有关建筑构造的要求;结构、材料、供暖、通风、照明、给水、排水、消防、电梯、通信、动力等的基本要求(这些通常另有专业规范);某些特殊和专门的规定等。

建筑设计规范的监督由城市建设主管部门负责,设置专门人员按规范审查设计文件,对不符合要求的设计责成设计人员修改,否则将不颁发施工许可证。

(4) 市政设施条件

市政设施条件通常是指设计场地周围的公用设施情况,如水、电、交通、运输、通信等供应能力和条件;现场及周围可供使用的临时设施及配套设施情况,如医疗、学校、文娱等条件。

(5) 环境资料

环境条件一般包括气候条件、地质条件、水文条件等。

气候条件包括温度、湿度、日照、雨雪、风向和风速等。气候条件对建筑设计有较大影响,例如,我国南方多是湿热地区,建筑风格多以通透为主,北方干冷地区建筑风格趋向闭塞、严谨;日照与风向通常是确定房屋朝向和间距的主要因素;雨雪量的多少对建筑的屋顶形式与构造也有一定影响。

地质条件是指基地的平缓起伏、地质构成、土壤特性与承载力的大小,对建筑物的平面组合、结构布置与造型都有明显的影响。坡地建筑常结合地形错层建造,复杂的地质条件要求基础采用不同的结构和构造处理等。

水文条件是指地下水位的高低及地下水的性质,直接影响到建筑物的基础和地下室,设计时应采取相应的防水和防腐措施。

(6) 业主的功能要求

业主的功能要求是指业主对于项目的需求以及为了满足这种需求,项目应该具有的功能和使用要素。比如厂房建筑应提出工艺对建筑的要求,住宅建筑应提出生活对建筑的要求等。

功能需求的明确是一个渐进的过程,以科技园区功能需求为例,可以将一个科技园区人员的需求分为工作需求、生活需求以及其他需求。综合以上需求,进行归纳与整合,进一步明确科技园区的整体功能要求,包括生产功能、生活功能、园区管理功能、公共服务功能、教育培训功能、环境功能等。

在进行了功能分析之后,就可以对各功能分区进行使用要素的面积分配,比如每个功能分区包括哪些使用要素,这些使用要素的面积分配是多少等,通常会得出一张使用要素面积分配一览表。

5.4.2 设计要求文件的概念

(1) 设计要求文件的作用

设计要求文件是确定工程项目和编制设计文件的依据,是设计阶段质量控制的重要内容之一。建设工程项目设计要求文件的编制过程实质是一个项目前期策划的过程，是一个对建筑产品的目标、内容、功能、规模和标准进行研究、分析和确定的过程。设计要求文件的作用主要表现在以下两个方面：

1) 设计要求文件是进行工程设计和其他准备工作的依据，是指导设计工作开展的大纲，各专业设计单位进行设计主要是依据经批准的设计要求文件来进行。如果没有设计要求文件，建设工程项目的设计工作就毫无头绪，无从下手。同时，设计要求文件还是项目建设过程中土地征用、工程招标、设备洽谈订货的主要依据。

2) 设计要求文件是对拟建项目在规划、建筑、结构、设备等方面所达到的目标的系统描述，是业主对项目功能要求的集中体现。业主对建设工程项目的组成结构、空间功能、建筑总体要求、建筑设备要求、规模标准等需求都是以设计要求文件的形式体现出来的，如果没有设计要求文件，设计单位设计出来的建设工程项目就会偏离业主的预期，毫无意义可言。

(2) 设计要求文件的重点

业主对建设工程项目的功能要求是设计要求文件的重点，关于功能的描述是设计要求文件的重要组成部分，功能描述的质量在很大程度上决定了方案设计的质量。因此，功能描述必须准确、严谨，又能充分体现业主的意图，需要注意以下几点。

1) 对功能的要求要合理适当，使项目的投资能控制在业主既定的投资范围内。过高的要求必然会增加投资，甚至使方案不可行。

2) 对功能的描述要尽量具体，避免使用模糊语言。模糊语言导致模糊理解，不同的理解导致不同的方案，使方案失去可比性。

3) 对功能的描述应全面，不能遗漏，否则将对以后的设计进度产生影响。

对于一些工业建筑项目，工艺要求往往成为设计要求文件的重点。

案例分析 5-7　某卷烟厂项目设计工艺要求

在某卷烟厂项目中，某建设项目管理公司在编制设计要求文件时遵循工厂设计工艺领先、工艺导向的原则，详细分析了工艺对建筑物的要求：工艺对土建的影响包括对层高、对面积、对柱网、对工作方便、对荷载的影响等，其中荷载还包括静力、动力、振动、不均匀荷载等，见图 5-21，这些都会影响到设计，不描述清楚就无法进行设计；工艺对建筑设备的影响包括用电量、用水量，运行中对温度的要求，运行中对湿度的要求，对检修、维修的要求等，见图 5-22。分析清楚后再编制设计要求文件，能够使设计最大限度地满足功能要求，最大限度地减少图纸修改和返工，最大限度地提高设计质量。

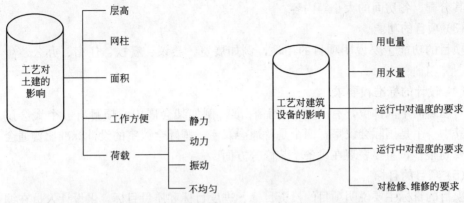

图 5-21 某卷烟厂项目工艺对土建的影响　　图 5-22 某卷烟厂项目工艺对建筑设备的影响

(3) 设计要求文件的类型

建设工程项目的每一个设计阶段都应该有针对其阶段的设计要求文件，根据设计阶段的不同，对设计起指导作用的设计要求文件也不同。以上海某金融大厦项目设计管理为例，其各个阶段的设计要求文件如表 5-7 所示。

某金融大厦各阶段设计要求文件　　　　表 5-7

序 号	名　称	序 号	名　称
1	方案征集文件	5	施工图设计要求文件
2	优化方案设计要求文件	6	弱电系统设计要求文件
3	初步设计要求文件	7	精装修设计要求文件
4	修改初步设计要求文件	8	外立面幕墙设计要求文件
重点：业主对功能的要求			

这些设计要求文件共同构成对金融大厦的设计要求，在不同的设计阶段指导该金融大厦项目设计工作的开展。需要注意的是，所有设计要求文件的内容和深度必须满足建设部颁布的《建设工程设计文件编制深度的规定》（2003 年版）的要求。

5.4.3 设计要求文件的内容

随着建设工程项目设计阶段的不同，设计要求文件的内容和侧重点也有所不同，这里以初步设计要求文件为例，介绍设计要求文件的内容。初步设计要求文件主要包括项目组成结构、项目的规模、项目的功能、设计的标准和要求、项目的目标等内容。

(1) 项目组成结构

项目组成结构图主要说明项目有哪些部分组成，包括哪些单体，并绘制出每一部分的项目组成结构图。

(2) 项目的规模

项目的规模主要说明项目的占地面积、总建筑面积、项目各组成部分的建筑面积及其分配、各房间的大小等内容。

(3) 项目的功能

项目的功能主要说明项目的用途，例如展览、会议、餐饮、住宿、办公、生产等。

(4) 设计的标准和要求

对项目的不同部位，有不同的设计标准，例如某会展中心项目有五个大会议室，其中一个是国际会议室，四个是普通会议室，国际会议室的设计标准比普通会议室要高很多，主要表现在设备、装修等方面。

(5) 项目的目标

项目的目标主要说明项目的投资目标、进度目标和质量目标，供设计人员在编制设计文件时参考。

案例分析 5-8　某金融大厦设计要求文件

某金融大厦项目业主委托项目管理单位承担本项目的设计管理工作，项目管理单位针对不同的设计阶段，编制了方案设计要求文件、初步设计要求文件，其包括的内容如下所示。

(1) 方案设计要求文件

5.1　某金融大厦位于上海市浦东陆家嘴金融贸易区中心区某地块内。

5.2　场地原有条件(略)

5.3　规划技术经济指标

包括容积率、覆盖率、建筑高度、停车场面积、绿化率等。

5.4　市政设施现状

包括雨水排泄系统、污水排水系统、给水系统、供电系统、电话通信、燃气等。

5.5　自然条件

包括气象资料、地质资料等。

5.6　建筑功能组成

包括地下室、群房部分、某银行总行办公部分、高级写字楼部分、多功能厅兼大会议室、设备层、避难层、室外总体等。

5.7　设计要求

5.7.1　建筑设计要求

建筑总体布局及单体设计必须做到功能合理、交通方便，体现出功能与环境的统一(略)。

5.7.2　结构设计要求

结构抗力体系要求技术先进、布局合理、经济、牢固、安全，尽量采用国内优质材料(略)。

5.7.3 机电设计要求

电梯根据实际用量来确定，要求快速、稳定、舒适，满足大厦人流的需要，宜采取分区服务，设监控和群控设施(略)。

5.7.4 建筑装修标准

要求高雅、简朴，用材新颖先进、安全可靠，达到美观、实用、经济，符合防火、防盗、隔声、保温的要求。

5.7.5 停车车辆暂定350辆(其中地面约35辆)，自行车停放数为400辆(略)。

5.8 工程项目估价(建筑安装工程)

包括室外总体、土建工程、机电设备安装、室内装修、家具及设备等。

(2) 初步设计要求文件

1) 前言
2) 项目组织结构

包括群房主楼(一至五层)组织结构图、南楼(六层以上)组织结构图、北楼(六层以上)组织结构图、地下室组织结构图、室外总体组织结构图等。

3) 建筑设计要求

包括总平面设计要求、地下室部分设计要求、主楼和群房±0.000以上平面图要求、建筑立面设计要求、室内各主要用房的面积、各层面(包括地下室)主要房间室内装修用料、室内精装修要求等。

4) 结构设计要求

包括提供设计规范、说明工程地质情况、地基基础及地下室结构设计要求、上部结构设计要求等。

5) 机电设计要求

包括供配电设计、给水排水设计、暖通空调设计、动力部分设计、电梯配置等、弱电智能化系统设计设备选用及布置等。

6) 初步设计总概算要求

5.5 设计委托合同

5.5.1 设计委托合同标准文本

国际上，设计和项目管理、工料测量一样，属于工程咨询的一种，设计委托合同属于咨询合同的范畴。在工业发达国家和地区，例如美国、德国、英国、日本、新加坡、中国香港等，工程咨询合同标准文本一般由行业协会负责制定。

(1) 国际设计委托合同文本

目前国际上比较典型的、有影响的、且应用广泛的设计委托合同文本主要有以下几种：

1) 国际咨询工程师联合会(FIDIC)制订的FIDIC合同"业主/咨询工程师标准

服务协议书"（the Client/Consultant Model Services Agreement，4 Edition 2006）；

2）美国建筑师协会（AIA）制订的 AIA B141 "业主与建筑师的标准协议书"（AIA Document B141，Standard Form of Agreement Between Owner and Architect-1997 Edition）；

3）英国皇家建筑师协会、皇家特许测量师协会、咨询工程师联合会等机构组成的联合委员会（简称 JCT）制订的"设计与施工总承包协议书"（JCT，Design and Build Contract 2005，3Edition）；

4）世界银行制订的"咨询工程师标准服务协议书：固定总价"（Standard Form of Contract，Consultants' Services：Lump Sum Remuneration，the World Bank，Washington D. C. ，June 1995）。

以上合同文本被广泛用于国际上大中型建设工程项目中。其中国内采用较多的是国际咨询工程师联合会（FIDIC）制订的 FIDIC 合同"业主/咨询工程师标准服务协议书"（the Client/Consultant Model Services Agreement，4Edition 2006）。

(2) 国内设计委托合同文本

2001 年国家建设部和国家工商管理局联合颁布了《建设工程设计合同（示范文本）》（建设 [2000] 50 号）。《建设工程设计合同（示范文本）》有两种类型，分别针对民用建设工程和专业建设工程。民用建设工程设计委托合同有 8 部分内容组成，其内容如下：

1) 本合同签订依据；
2) 本合同设计项目的内容：名称、规模、阶段、投资及设计费用表；
3) 发包人应向设计人提交的有关资料及文件；
4) 设计人应向发包人交付的设计资料及文件；
5) 本合同设计收费估算及设计费支付进度表；
6) 双方责任；
7) 违约责任；
8) 其他。

专业建设工程由于复杂性，其设计委托合同有 12 部分内容组成，其内容如下：

1) 本合同签订依据；
2) 设计依据；
3) 合同文件的优先次序；
4) 本合同项目的名称、规模、阶段、投资及设计内容；
5) 发包人向设计人提交的有关资料、文件及时间；
6) 设计人向发包人交付的设计文件、份数、地点及时间；
7) 费用；
8) 支付方式；
9) 双方责任；
10) 保密；
11) 仲裁；

12) 合同生效及其他。

此外，各省、市、自治区自行制定和颁布实施了地方性设计委托合同文本，比如《上海市建设工程设计合同》、《浙江省建设工程设计合同》等。各省、市、自治区可根据当地实际情况选择地方性设计委托合同文本或建设部和国家工商管理局联合颁布的设计委托合同文本。

5.5.2 设计委托合同条款的分析

在起草设计委托合同时，标准条款一般参考选定的标准合同文本即可，但对特殊应用条款的起草要特别谨慎，反复推敲，因为这些条款是对标准条款的细化、补充、修改和说明，存在漏洞的可能性最大，也最容易引起合同争议和索赔。对于中外合作设计委托合同，尤其要对合同语言与遵守的法律、设计费计取及其支付、双方的责任及其期限、设计转包与设计分包、设计方现场代表等条款进行深入研究。

(1) 合同语言与遵守的法律

我国的建设工程项目，无论是本国设计，还是中外合作设计，应当尽可能首选语言为中文，参考法律体系为我国的法律体系。但是由于项目的特殊性，选择的方式也不尽相同。

(2) 设计费计取

设计费的计取通常有两种方式：固定价格和可变价格。固定价格可以按项目投资的百分比计算，或按照建筑面积计算，也可以按照合同双方商定的固定价格；可变价格可以按成本加酬金计算，也可以按单位工作量的报酬乘以设计工作量计算。两种方式各有优缺点，可酌情采用。目前国内大多采用固定价格合同，但当项目投资或总建筑面积有较大变动时，如何对设计费进行调整应在合同中注明。对于业主要求设计单位提供的服务超出设计委托合同规定的范围，则超出部分的酬金需另补偿。

(3) 双方的责任及其期限

设计委托合同中要明确规定双方的责任，业主的责任一般包括向设计单位提供设计资料、设计要求文件等文件，及时确认设计成果等条款。设计单位的责任一般包括在规定时间内完成并提交设计文件和图纸，根据项目进展情况对设计图纸进行修改，负责与合作设计单位的设计协调并对所有设计文件图纸质量负责等条款。

此外，设计委托合同还应该明确规定双方责任的期限，一般是从设计委托合同签订时起，到项目保修期结束时止。

(4) 双方的服务内容分工

设计委托合同中要明确规定双方的服务内容分工，只有明确双方的服务分工，双方才能够在理顺关系的前提下按部就班的负责自己的工作。

(5) 设计转让与设计分包

由于设计委托合同的转让会大大增加业主的风险，业主应在设计委托合同中明确规定该合同不得转让。业主可以同意外方设计单位聘请国外分包以及国内合作设计单位承担机电设备、结构设计、二次装修等工作，但这些单位必须经过业主审查,其资质和设计经验必须满足业主的要求。任何设计分包合同的签订、修改和终止,必须经业主书面确认后才可成立,且这些设计分包合同不允许再行分包。

(6) 设计方现场代表

设计委托合同中可以规定对设计方现场代表的要求。设计方现场代表的主要职责有:组织设计交底、参加有关工程会议、施工现场质量认可、参加隐蔽工程验收及工程竣工验收、处理工程质量事故及其他紧急情况、及时向设计方通报工程现场进展情况等。现场代表可由境外设计单位的人员担任,也可由国内合作设计单位人员担任。

案例分析 5-9 某金融大厦设计委托合同条款分析

某金融大厦设计委托合同针对以上条款都有其相应的说明,如下所示。

(1) 语言和法律

合同语言:中文和英文

主导语言:中文

工作语言:对业主为中文,设计中外方之间的工作语言按合作设计委托合同条文

合同遵循的法律:中国有关法律,例如:
1) 中华人民共和国经济合同法;
2) 中华人民共和国涉外经济合同法;
3) 建设工程勘察设计合同条例;
4) 中华人民共和国经济合同仲裁条例;
5) 中华人民共和国民法等。

(2) 设计酬金

本项目设计总酬金 400 万美元(大写:肆佰万美元),根据"设计委托合同协议书"规定的设计外方和设计中方的服务范围和所承担的责任,设计外方设计酬金为 298 万美元(大写:贰佰玖拾捌万美元),设计中方酬金为 102 万美元(大写:壹佰零贰万美元)。

以上设计酬金为总价包干,在项目设计全过程中,该酬金固定不变。

以上设计酬金包括设计方为实施其服务所发生的一切国际、国内差旅费、膳食、住宿、办公、通信等各种费用,同时包括施工期间服务费、特殊专业顾问费、基坑围护设计费、风动试验及振动台试验等费用。

(3) 设计双方的责任与期限

设计外方对方案设计和初步设计负责。

1) 外方承担的方案设计其深度必须符合中国的规定,其功能必须满足业主的要求,并能通过有关政府部门的审批及业主的认可,对因设计质量原因或设备选用造成的返工或修改,由设计外方无偿完成。在以后的设计阶段、施工配合及保修期

阶段中的重大设计变更涉及到方案设计，由外方负责修改，并承担因修改图纸造成时间拖延的罚款。

2）外方承担的初步设计部分，其深度必须符合中国的规定，整个初步设计质量必须符合中国的有关规定，其功能必须满足业主的要求，并能通过有关部门的审批和业主的认可。对因设计质量原因和设备选用（业主造成的除外）造成的返工或修改，属设计外方承担设计的部分由外方无偿修改，属设计中方承担设计的部分，由外方督促设计中方无偿修改，任何设计变更若涉及到初步设计，由外方负责修改或督促中方修改，并承担由于修改图纸造成时间拖延的罚款。

设计中方对施工图设计负责。

1）中方必须按照本合同有关规定，在方案设计阶段向外方设计单位提供咨询，负责征询规划及市政部门意见，并在外方设计图纸上复核签字，确保方案审批得以通过，否则将向业主支付不大于同期设计酬金的违约金。

2）中方承担的初步设计部分，其质量必须符合政府有关规定，其功能必须满足业主设计的要求，并能通过有关部门的审批。对因设计质量原因造成图纸返工或修改，除负责无偿修改外，还要承担因修改图纸造成的时间拖延的罚款。

设计双方责任于本项目保修期结束时截止。

(4) 服务内容分工

设计外方服务内容分工：

1）方案设计，包括结构方案技术论证、方案设计估算，以及精装修及总体设计部分的方案设计。

2）初步设计中的建筑和弱电部分设计（包括智能化系统设计），精装修设计和室外总体设计。负责初步设计各专业工种的技术协调、进度协调，对整个初步设计质量把关。

3）承担中方设计部分的咨询顾问工作，设计外方将负责向设计中方解释方案设计的原则，并就初步设计提供建议。

设计中方服务内容分工：

1）协助外方办理项目设计许可证等有关手续。

2）对外方方案设计的咨询顾问工作，包括向外方提供必要的设计资料等。

3）施工图设计，包括施工图预算、精装修部分的施工图设计。负责施工图设计的各专业工种的技术协调、进度协调，按合同规定的要求分批提供施工图，以满足业主提前招标及开工的需要，并负责对整个施工图设计质量把关。

(5) 设计转让与分包

1）除支付款的转让外，没有业主的书面同意，设计方不得将本协议书涉及到的利益转让出去。

2）没有对方的书面同意，无论业主或设计方均不得将本协议书规定的义务转让出去。

3）没有业主的书面同意，设计方不得开始实行、更改或终止履行全部或部分服务的任何分包合同。

(6) 设计方现场代表

设计方必须在施工期间派一名公司雇员作为现场代表常驻工地，该人员应能及时解决有关设计方面的所有问题，而不是一般联络员。该人员的更换必须事先征得业主的同意；设计中方承担本项目的施工配合工作，负责解决施工过程中的有关设计方面问题，包括设计变更、修改设计、补充详细图纸、有关签字。

5.6 设计协调

5.6.1 设计协调的内涵和内容

(1) 设计协调的内涵

设计阶段是一个由多个方面、多家单位、多个部门和众多人员共同参与的复杂的特殊生产过程，为了使这个复杂系统中所有参与元素有机结合、顺利运作，就必须进行有效的组织和管理协调。

由于受到传统建设体制的影响，造成了我国建设工程项目设计和施工往往脱节，设计和施工配合不密切。所以，在我国，尤其是一些功能复杂、参与设计方众多和类型新颖的大型工程建设工程项目中，设计协调工作量非常大，不仅涉及各家设计方专业分工和工作内容分工的内部协调，还与整个项目实施的重要工作，如采购和招标等有关。

按照协调内容和对象进行划分，设计协调主要包含以下六个方面的内容，如图 5-23 所示。

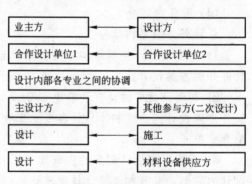

图 5-23 设计协调的内容

1) 业主方和设计方之间的协调；
2) 合作设计单位之间的协调；
3) 设计内部各专业之间的协调；
4) 主设计方与其他参与方之间的协调；
5) 设计方与施工方之间的协调；
6) 设计方与材料设备供应方之间的协调。

1) 业主方和设计方之间的协调

在设计过程中，业主方和设计方的矛盾是一个永恒的话题。这主要是由于两方面的原因造成的：

① 业主方需求的不断变化；

② 业主方对设计规范、强制标准要求等缺乏透彻的了解，对于设计过程中需要业主方决策的问题未能及时予以决策。

因此，业主方和设计方必须进行大量的沟通，将业主方的想法和意见及时提供给设计方，尤其双方的领导之间应当就设计问题及时沟通，并针对其具体建议，进行必要的设计修改。在设计前,业主对功能的要求应尽可能明确,在设计过程中,业主对设计应及时予以确认,及时决策,并尽可能减少设计变更。对于较为复杂或较大的项目,可以选择由第三方专业公司来承担设计管理与协调的工作,以解决上述两方面的矛盾:

① 在设计前,专业公司帮助业主尽可能多地明确功能要求,减少设计变更的可能性;

② 专业公司提供必要技术支持,协助业主决策。对于业主方未能深刻理解的知识和技能问题予以解释和说明,并提供专业的咨询意见,以便业主方的决策。

2) 合作设计单位之间的协调

由于中外合作设计模式在国内项目上应用日益广泛,所以,中外方设计单位协调是一项非常重要的工作。由于双方在技术上、工作方式上以及对项目的理解上存在较大差异,往往会产生各种误会,这种误会日积月累,可能在合作中产生很大的矛盾,再加上双方在语言、文化和制度上差异,甚至可能造成双方合作不下去,因此一定要引起业主方项目管理的重视。双方的任务分工和责任必须在合作设计委托合同中予以明确规定,并且在后期花力气进行双方协调,及时解决和化解双方矛盾。此外,针对设计协调具体情况,还可以设立设计协调组来协调中外设计方分工和合作中的问题。

3) 设计内部各专业之间的协调

工程设计是一项复杂、专业化和系统的特殊生产过程,它需要各种设计工种进行相互协调和配合,比如建筑、结构、设备等,因此,在设计方内部之间必须进行良好的协调。通常做法是以建筑设计为龙头,结构设计和设备设计要在建筑设计的基础上配合进行,如果确认因为建筑设计而导致结构设计或设备设计无法进行,则再考虑调整建筑设计方案。建筑、结构、设备专业设计的流程如图5-24所示。

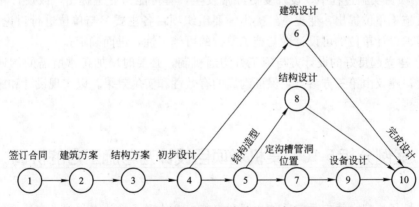

图 5-24 建筑-结构-设备专业设计流程

一般情况下,各专业工种的协调属于设计单位内部的事情,主要是通过设计单位的质量保证体系来实现,但是对于一些技术复杂的大型项目,或工期要求十分紧的项目,业主方也必须参与设计各工种的协调。

4）主设计方与其他参与方之间的协调

现代工程设计专业分工呈现出越来越细化的趋势，同时建筑材料和建造技术发展也日新月异。所有设计工作很难由一家设计单位来完成，需要有其他设计方参与细部设计，这些细部设计还可能涉及到物资供应单位、加工制作单位和施工安装单位等。

由于大量如细部设计单位的其他设计方参与，主设计方与其他设计方之间容易产生沟通方面的矛盾，这一对矛盾会经常造成主设计方与其他参与设计方的问题。这一问题的解决一方面要有赖于主设计方的学习与成长，另一方面需要主设计方具有项目管理能力，能建立起协调解决问题的机制和方法。当主设计方缺乏这方面的经验和能力时，业主方也应当参与其中，或由设计方或业主聘请第三方设计管理公司来协调解决。

5）设计方与施工方之间的协调

设计与施工的协调是项目实施永恒的话题。在设计阶段中，要充分考虑设计的可建造性，以及施工单位的实力和技术特点。在施工过程中，设计单位要负责解决可能出现的各种技术问题，配合施工以确保工期和质量。所以，必须做好双方的协调工作，实现设计和施工的顺利衔接。

在处理双方的协调工作时，要注意以下几方面问题：

① 在设计过程中，督促设计单位按照设计进度出图，确保设计进度按照计划执行，以确保后续的施工单位选择以及工程施工的正常进行；

② 在设计过程中，要充分考虑设计的可建造性以及当地施工方的能力和技术特点，设计方要认真听取施工方的意见。尤其是对于一些关键的实施性强的节点和工艺设计，必要时需要预先确定承包方，尽早参与到专业设计中去，保障设计的可实施性；

③ 项目实施过程中，设计变更经常发生，有可能是业主提出，或设计单位提出，或施工单位提出，变更一经提出，要组织项目各主要参与单位进行讨论协商，综合考虑设计单位的可设计性与施工单位的可施工性，进而确定；

④ 建立起良好的设计方与施工方沟通机制，必要时增加正常所需的沟通机会和频度，建议由第三方参与，保证沟通的有效性和实施效果，以实现设计和施工的顺利衔接。

案例分析 5-10　某机场项目设计方与施工方的协调

某机场二期主楼钢屋架系统的顺利安装充分体现了设计方和施工方协调的重要性。机场航站楼钢结构工程全部采用大跨度钢结构屋架，主楼钢屋架为三跨连续大跨度的空间曲线结构，总长 217.6m，单跨重约 170t，吊装难度非常大，施工非常困难，如图 5-25 所示。设计单位设计钢屋架的时候，充分考虑屋架吊装的可施工性，与屋架吊装单位，即某机械施工有限公司进行了充分的沟通和协调，确保机施公司在现有设备和技术实力的基础上顺利吊装屋架。在项目实施过程中,机施公司根据现场实际情况及工期要求,采用"南北两线作业、构件跨端就位",并针对各跨的结构特点,采用"节间跨端组装、水平平移到位、整体同步提升"作为中跨的技术路线,将"跨内水平运输、跨内综合安装"作为边跨及高架跨的技术路线,最终采用"分阶段卸载"逐步完成钢屋架吊装工程。

图 5-25 某国际机场二期工程

6) 设计方与材料设备供应方之间的协调

在设计阶段,考虑到材料和设备订货周期问题以及部分与包含细部设计的专业设备采购,必须要求设计提供材料设备采购清单,并制定采购计划,根据工程实施的需要,安排设计和材料设备供应方的沟通和协调,以保障工程的顺利实施。在采购之前,设计单位要参与设备材料的询价;在采购过程中,要提出采购清单和技术要求,参与技术谈判;在确定设备选型后,要负责完善设计。因此,设计方与材料设备供应方的协调也是设计阶段项目管理中的一项重要的协调工作。

比如某证券大厦项目中,设计方针对材料设备采购制定了技术规格说明书,以有利于材料设备供应方透彻理解项目所需材料设备的标准要求,保证材料设备采购的顺利进行。图 5-26 所示为该证券大厦项目有关材料设备的技术规格说明书的部分目录。

(2) 设计协调的工作任务

在设计阶段,业主方或其聘请的项目管理公司应通过设计协调,协助和确保设计单位做好以下工作:

1) 编制和及时调整设计进度计划;
2) 督促各工种人员参加相关设计协调会和施工协调会;
3) 及时进行设计修改,满足施工要求;
4) 协助和参与材料、设备采购以及施工招标;
5) 如有必要,出综合管线彩色安装图,确保各专业工种的协调;

Code	Title
DIISION 7—THERMAL AND MOISTURE PROTECTION	
07112	EIA Sheet Membrane Waterproofing
07250	Sprayed Fireproofing
……	
DIISION 8—DOORS AND WINDOWS	
08110	Steel Doors and Frames
08335	Coiling Counter Shutters
……	
DIISION 9—FINISHES	
09215	Portland Cement Plaster
09680	Carpet
……	
DIISION 10—SPECIALTIES	
10050	Miscellaneous Specialties
10800	Washroom Accessories
……	
DIISION 11—EQUIPMENT	
11150	Parking Equipment
11170	Waste Handling Equipment
……	
DIISION 14—CONVEYING SYSTEM	
14200	Elevators General
14240	Parking Shuttle Elevators
……	
DIISION 15—MECHANICAL	
15010	Mechanical General Provisions
15240	Sound and Vibration Control
15420	Domestic Water Booster Pumps
15540	Hvac Pumps
……	
DIISION 16—ELECTRICAL	
16116	Wireways and Auxilliary Gutters
16141	Wiring Devices
16153	Connectors and Supports
16362	Isolating Switches
……	

图 5-26 某证券大厦材料设备技术规格说明书部分目录

6）如有必要，进行现场设计，及时提供施工所需图纸；
7）如有必要，成立工地工作组，及时解决施工中出现的问题。

5.6.2 设计协调的方法

设计协调方法主要包括三种方式：设计协调会议制度、项目管理函件、设计报告制度。

(1) 设计协调会议制度

对于设计协调工作，应建立定期设计协调会议制度。按照设计协调内容的差异，设计协调会议制度主要包括三种类型的设计协调会议：

1) 设计方与业主方设计协调会议；
2) 设计方的现场协调会议；
3) 设计方与材料设备供应方设计协调会议。

设计方与业主方设计协调会议主要用于设计方与业主方的定期交流和沟通，将业主方对于设计方工作的想法和意见提供给设计方；设计方的现场协调会议主要用于施工过程出现的设计问题的解决，及时解决施工过程中出现的技术问题；设计方与材料设备供应方设计协调会议主要解决针对材料设备采购中出现的需要设计方解决和确认的问题。

每个会议的参加人员、会议召开的时间、讨论内容、主持人员以及记录人员都应该在设计过程中事先以书面形式予以明确规定，形成规章制度。要做好会议记录管理和文件流转工作，保证会议上的决议能及时传递给相关各方。通常是由业主代表或是业主方项目管理公司主持该类例会的召开。

(2) 项目管理函件

项目管理函件除了根据项目管理手册要求，对工程日常事务进行记录和确认以外，还可以用于对于工程设计中突发问题的解决，是业主方项目经理的书面指令，是对于设计协调会议制度的重要补充。它可以按照函件发出人或是接收人进行分类，比如对于业主方而言，可以将项目管理函件划分为设计方、承包商、供应商、政府部门、自行发出以及其他六大类。此外，对于项目管理函件的格式、书写内容、收发流程以及管理归档都应当在设计阶段形成书面制度，予以明确规定。

(3) 设计报告制度

设计报告制度在设计阶段主要是指设计方向业主方提交的阶段性的报告，报告提供额度应当由整个设计过程的时间长度和业主方要求等因素确定，通常要求是提供月报，它主要是包括每个月的工作进度报告。设计报告应当主要包括以下内容：

1) 设计所处的阶段；
2) 建筑、结构、水、暖、电等各专业当月设计内容和进展情况；
3) 业主变更对设计的影响；
4) 设计中存在的需要业主方决策的问题；
5) 需提供的其他参数和条件；
6) 招投标文件准备情况；
7) 拟发出图纸清单；
8) 如出现进度延迟情况，还需说明原因及拟采取的加快进度的措施；

9）对下个月设计进度的估计等。

项目管理单位应当定期审阅设计方提交的进度报告，并协助设计方解决设计进度方面存在的问题，并对可能出现的问题提出参考意见或预防措施。

复习思考题

1. 设计过程的特点包括哪些内容？
2. 设计过程的项目管理类型包括哪些内容？
3. 什么是设计招标？什么是设计竞赛？两者之间有什么区别？
4. 设计任务的委托主要有哪些方式？每种方式各有什么特点？
5. 设计协调主要包括哪些方面的内容？具体有哪些协调方式？

第6章 项目目标控制

项目管理的核心是投资目标、进度目标和质量目标的三大目标控制，**目标控制的核心是计划、控制和协调**，即计划值与实际值比较，而计划值与实际值比较的依据是动态控制原理。**项目目标的动态控制是项目管理最基本的方法论**，是控制论的理论和方法在项目管理中的应用，因此，目标控制的最基本原理就是动态控制原理。

项目管理实施目标控制，其方法首先是将项目的投资目标、进度目标、质量目标进行分解，以确定用于目标控制的计划值，然后收集目标实际值，如实际投资、实际施工进度和施工的质量状况等，定期进行项目目标的计划值和实际值的比较，如有偏差，则采取纠偏措施进行纠偏。

在实施项目目标控制的过程中，应当注意到项目三大目标之间的关系是对立统一关系，如图 6-1 所示。例如加快进度可以早日建成投产，提高经济效益，加强质量控制可以减少返工、加快进度、避免浪费等，这说明三大目标之间有统一的一面。但是，另一方面，要加快进度往往需要增加投资，要提高质量往往也需要增加投资，过度的加快进度会影响质量目标的实现等，这都表现了目标之间关系矛盾

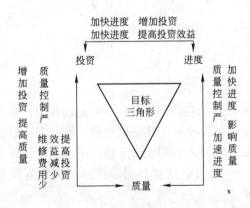

图 6-1 三大目标的对立统一关系

的一面。因此在目标控制过程中要注意处理三大目标之间的对立统一关系,在矛盾中求统一。

本章主要内容包括动态控制原理及应用、项目投资控制、项目进度控制、项目质量控制、风险管理在项目目标中的应用。

6.1 动态控制原理及应用

6.1.1 动态控制基本原理

所谓动态控制,是指根据事物及周边变化情况,实时实地进行控制。比如司机驾驶汽车,司机可以保持方向盘在一个稳定位置,确保汽车在笔直道路上行驶,当遇到路口需要拐弯时,由于周边环境发生变化,司机就需要调整汽车方向盘确保实现拐弯目标,拐弯完成之后,汽车又需要在笔直道路上行驶,司机需要再一次调整方向盘,对汽车行驶方向加以控制,以实现行驶目标。

项目在实施过程中并非能够按照预定计划顺利地执行,因此必须实施控制,这一点与导弹发射原理相一致,如图6-2所示。导弹在发射之前,控制人员根据欲击中的目标就已制定好了导弹计划飞行轨道,导弹发射之后,刚开始一段时间会按照计划轨道飞行,之后就会出现偏离轨道的倾向,比如向更高处或低处飞行。此时导弹控制人员发现导弹飞行有所偏差,就会发出数字信号对导弹飞行进行纠偏,使得它继续按照计划轨道飞行。导弹在整个飞行过程中会不断产生轨道偏差,控制人员就会不断对其纠偏,直至飞行过程结束,击中目标物为止。

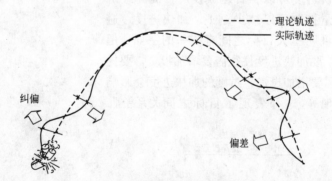

图6-2 导弹控制原理

项目管理领域有一条重要的哲学思想:变是绝对的,不变是相对的;平衡是暂时的,不平衡是永恒的;有干扰是必然的,没有干扰是偶然的。因此在项目实施过程中必须随着情况的变化进行项目目标的动态控制。由于建设工程项目具有一次性的特点,项目产品的完成是渐进的,一旦失去控制就很难挽回,或者造成重大损失,所以对项目的动态控制尤其重要。

项目目标动态控制是一个动态循环过程。项目目标动态控制的工作程序如图6-3所示。

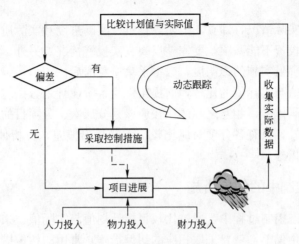

图 6-3 动态控制原理图

项目进展初期，随着人力、物力、财力的投入，项目按照计划有序开展。在这个过程中，有专门人员陆续收集各个阶段的动态实际数据，实际数据经过搜集、整理、加工、分析之后，与计划值进行比较，如果实际值与计划值没有偏差，则按照预先制订的计划继续执行，如果产生偏差，就要分析偏差原因，采取必要的控制措施，以确保项目按照计划正常进行。下一阶段工作开展过程中，按照此工作程序动态循环跟踪。

如图6-3所示，建设项目目标动态控制的工作步骤划分如下：

（1）在项目实施的各阶段正确确定计划值；

（2）准确、完整、及时地收集实际数据；

（3）作计划值与实际值的动态跟踪比较；

（4）当发生偏离时，分析产生偏离的原因，采取纠偏措施；

（5）如有必要（即原定的项目目标不合理，或原定的项目目标无法实现），进行项目目标的调整，目标调整后控制过程再回复到上述的第一步。

项目目标动态控制中的三大要素是目标计划值、目标实际值和纠偏措施。目标计划值是目标控制的依据和目的，目标实际值是进行目标控制的基础，纠偏措施是实现目标的途径。

项目目标的计划值是项目实施之前，以项目目标为导向制定的计划，其特点是项目的计划值不是一次性的，随着项目的进展计划值也需要逐步细化。因此在项目实施各阶段都要编制计划。在项目实施的全过程中，不同阶段所制定的目标计划值也需要比较，因此需要对项目目标进行统一的目标结构分解，以有利于目标计划值之间的对比分析。

目标控制过程中关键一环，是通过目标计划值和实际值的比较分析，以发现偏差，即项目实施过程中项目目标的偏离趋势和大小。这种比较是动态的、多层次的。同时，目标的计划值与实际值是相对的。如投资控制贯穿于项目实施全过程，初步设计概算相对于可行性研究报告中的投资匡算是"实际值"，而相对于施工图预算是"计划值"。

项目进展的实际情况,即真正的实际投资、实际进度和实际质量数据的获取必须准确。如实际投资不能漏项,要完整反映真实投资情况。另外,实际值的获取必须及时,即增强项目实施的透明度,数据采集避免滞后。

要做到计划值与实际值的比较,前提条件是各阶段计划数据与实际值要有统一的分解结构和编码体系,相互之间的比较应该是分层次、分项目的比较,而不单纯是总值之间的比较,只有各分项对应比较,才能找出偏差,分析偏差的原因所在,并及时采取纠偏措施。

6.1.2 动态控制中的纠偏措施

项目目标动态控制过程中,通过比较目标计划值与实际值,来确定有无产生偏差。一旦发现产生偏差,就要采取相应的纠偏措施,常用的纠偏措施可以归纳为组织措施、管理措施、经济措施和技术措施等。

(1) 组织措施

组织措施分析由于组织的原因而影响项目目标实现的问题,并采取相应的措施,如调整项目组织结构、任务分工、管理职能分工、工作流程组织和项目管理班子人员等。

(2) 管理措施(包括合同措施)

管理措施分析由于管理的原因而影响项目目标实现的问题,并采取相应的措施,如调整进度管理的方法和手段,改变施工管理和强化合同管理等。

(3) 经济措施

经济措施分析由于经济的原因而影响项目目标实现的问题,并采取相应的措施,如落实加快工程施工进度所需的资金等。

(4) 技术措施

技术措施分析由于技术(包括设计和施工的技术)的原因而影响项目目标实现的问题,并采取相应的措施,如调整设计、改进施工方法和改变施工机具等。

当项目目标失控时,人们往往首先思考的是采取什么技术措施,而忽略可能或应当采取的组织措施和管理措施。组织论的一个重要结论是:组织是目标能否实现的决定性因素。应充分重视组织措施对项目目标控制的作用。

当目标出现失控,需要采取纠偏措施时,应首先分析能否在组织上采取措施,然后思考管理上有什么措施,接着是经济措施,最后考虑技术措施。

6.2 项目投资控制

投资控制是项目管理的一项重要任务,是项目管理的核心工作之一。建设工程项目投资控制的目标是使项目的实际总投资不超过项目的计划总投资。建设工程项目投资控制贯穿于建设工程项目管理的全过程,即从项目立项决策直至工程竣工验收,在项目进展的全过程中,以动态控制原理为指导,进行计划值和实际值的比较,发现偏离及时采取纠偏措施。

进行项目的投资控制,需要了解项目投资控制的性质,深刻理解和掌握项目投资分解结构和编码体系,了解投资计划值与实际值的比较。为了有效地控制投资,还需要了解项目实施各阶段投资控制的任务。

6.2.1 投资控制的性质

投资控制是项目目标控制的重要组成部分。在项目生命周期全过程中,通过组织措施、技术措施、管理措施、经济措施等多种手段,实现项目投资目标的控制,其总原则是一次投资的节约和项目生命周期的经济性。对投资控制的工作性质要理解以下两点:

(1) 投资控制绝不单纯是财务方面的工作,如表6-1所示。投资控制在工作性质、工作人员、工作时间范畴、工作方法等多方面都与财务核算有着本质区别。

投资控制与财务核算的区别 表6-1

名　　称	投　资　控　制	财　务　核　算
工作性质	项目管理的一部分工作	财务领域
从事工作人员	投资控制工程师	财务人员
工作时间范畴	从项目决策阶段开始,至与项目有关的全部合同终止	在项目实施过程中积累数据,在项目完成后作项目核算
工作方法论	动态控制原理	会计原理
需要的知识	技术、经济、合同	财务
工作目标	为总目标服务,实际总投资小于投资目标值	计算实际总投资,并作实际投资分析

由表6-1可以看出,投资控制从工作性质上讲,属于项目管理的工作范畴,其从事的工作人员是投资控制工程师;投资控制工作从项目决策阶段开始,一直到与与项目有关的全部合同终止,采用的工作方法是动态控制原理,需要技术、经济、合同等多方面的知识;投资控制的目标是为总目标服务,使得实际总投资小于投资目标值。

(2) 投资控制绝不单纯是经济方面的工作,投资控制是一项综合性极强的工作,涉及到技术、经济、管理、法律诸方面的工作,因而对投资控制人员的知识结构有较高的要求,需要复合型的人才。投资控制人员的知识结构应包括以下四个方面:

1) 技术知识

对于建设工程而言,技术知识主要是指建筑、结构、暖通、强电弱电、给水排水等工程技术知识,能看懂并审核有关的设计图纸,能正确分析技术方案的可行性和存在的问题。

2) 经济知识

主要包括项目财务和技术经济两方面的知识,能懂得对不同的技术方案进行技术经济分析和评价,能进行项目生命周期费用分析等。如果一个投资控制人员不能掌握所有这些经济知识，就需要由多个人员来共同完成这方面的任务。

3) 管理知识

能够明确投资控制的组织机构和人员，明确各级投资管理人员的任务和职能分工、权利和责任。能够合理地确定投资目标并对其进行分解，编制投资控制的工作计划，确定合理详尽的工作流程。

4) 法律知识

主要是经济合同法规和建设工程承发包合同方面的知识，合同是投资控制的重要依据之一，如果合同条款不严格，将会给投资控制工作带来很大的困难，有时造成的损失是无法挽回的。因此，投资控制人员要能够正确的拟定合同中有关投资控制的条款，或对有关条款进行审核，并能处理合同执行中的问题，如索赔与反索赔等。

6.2.2 投资分解结构与编码

投资控制方法的核心是投资计划值与投资实际值的比较，投资分解结构和编码是项目投资控制的基础和前提。为进行计划值与实际值的比较，有效的控制项目投资，在从事投资控制工作之前，首先要求对项目的总投资进行分解，将总投资逐层由粗而细地划分成若干块，并进行编码，这样就能够掌握每一项投资费用发生在总投资的哪一部分，以及哪一部分的实际投资超过了计划投资，从而分析超额原因，采取纠偏措施。

为了有效控制项目投资，将项目分层次地进行投资分解而构成的体系称为投资分解结构。投资分解可采取多种方法进行，如按基本建设投资费用组成分解；或按项目结构组成分解；或按年、季、月等时间进程分解；或按项目划分阶段分解等，也可将几种方法综合起来分解。投资分解应当掌握以下几个原则：

(1) 灵活性原则；

(2) 与标准编码相联系或对应；

(3) 有利于投资计划值与投资实际值的采集；

(4) 有利于投资或费用数据的分解和综合；

(5) 与项目管理组织具有一致性；

(6) 有利于项目全过程的投资数据比较分析；

(7) 简明、清晰，易于掌握。

需要对项目投资目标进行投资分解结构有两个方面的原因：在项目的不同阶段，投资分解结构有所不同；投资分解结构不完全等同于项目分解结构或费用分解结构。

(1) 项目不同阶段投资分解结构

如第2章所述，以建设工程项目为例，工程项目存在多次计价过程，如图6-4所示。在可行性研究阶段，对项目投资目标提出匡算；在设计准备阶段，对项目投资目标提出总投资规划；在方案设计阶段，对项目投资目标提出估算；在初步设计阶段，对项目投资目标提出概算；在施工图设计阶段，对项目投资目标提出预算；在工程招标阶段，对项目投资目标提出工程合同价；在工程施工阶段，进行工程结算；在竣工验收阶段，进行工程决算。

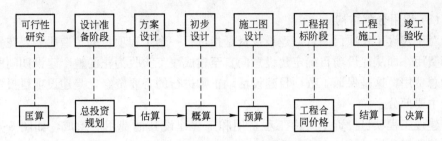

图 6-4　建设工程项目的多次计价

我国现行法规规定的定额制度，初步设计概算根据概算定额编制，施工图预算根据预算定额编制，两种方案标准不完全相同，并不考虑今后如何进行阶段划分、如何签订合同、如何进行投资控制，而且基建费用的具体组成的划分不是绝对的，也不是惟一的，这就可能出现投资分解结构编制单位不同，其投资构成也不同的情况。此外，施工单位在招标时编制的预算进行投资分解的着眼点是对项目施工过程的投资控制，往往与设计单位编制的预算分解结构不相一致。因此，不同阶段的项目投资分解结构标准不同，无法进行统一的比较和动态控制。

(2) 项目分解结构

如第 3 章所述，项目分解结构图是一个重要的组织工具，它通过树状图的方式对一个项目的结构进行逐层分解，表明了项目由哪些子项目组成，子项目又由哪些内容组成。项目分解结构是项目管理工作的第一步，是有效进行项目管理的基础和前提。

图 6-5 所示为某国际机场项目分解结构，对该项目进行结构分解采取了不同的分解方式，如按照管理工作和管理过程进行分解，按照功能进行分解，按照空间或部位进行分解，按照工种工程进行分解等。

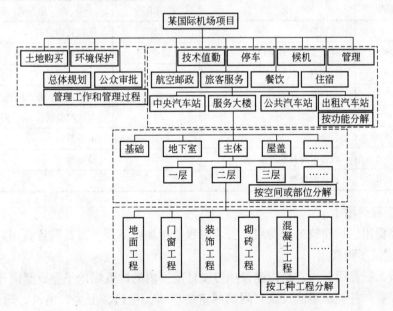

图 6-5　某国际机场项目分解结构

(3) 费用分解结构

对于建设工程项目而言，建设投资是指进行一个工程项目的建造所需要花费的全部费用，即从建设项目确定建设意向直至建成竣工验收为止的整个建设期间所支出的总费用，这是保证工程项目建设活动正常进行的必要资金，是建设项目投资中的最主要部分。

建设工程项目投资主要由工程费用和工程建设其他费用所组成，如图 6-6 所示，其费用分解结构如表 6-2 所示。

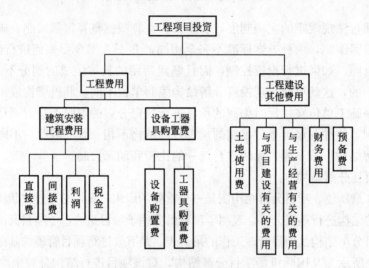

图 6-6 建设项目投资费用的组成

建设项目投资费用表 表 6-2

费用编码	费用名称	费用编码	费用名称
10000	工程费用	12200	工器具购置费
11000	建筑安装工程费用	20000	工程建设其他费用
11100	直接费	21000	土地使用费
11200	间接费	22000	与项目建设有关的费用
11300	利润	23000	与生产经营有关的费用
11400	税金	24000	财务费用
12000	设备工器具购置费	25000	预备费
12100	设备购置费		

1) 工程费用

工程费用包括建筑工程费用、安装工程费用和设备及工器具购置费用。

① 建筑工程费用

建筑工程费用，通常是指建设项目设计范围内的建设场地平整、竖向布置土石方等工程费；各类房屋建筑及其附属的室内供水、供热、卫生、电气、通风空调、弱电等设施及管线安装等工程费；各类设备基础、地沟、水池、水塔、栈桥、管架、挡土墙、绿化等工程费；道路、桥梁、水坝、码头和铁路工程费等。

② 安装工程费用

安装工程费用，通常是指主要生产、辅助生产和公用设施等单项工程中需要安装的工艺、电气、自动控制、运输、供热和制冷等设备或装置安装工程费；各种管道安装及衬里、防腐、保温等工程费；供电、通信和自控等管线安装工程费等。

建筑工程费用与安装工程费用的费用组成相同，两者的合计称为建筑安装工程费用。按我国的现行规定，建筑安装工程费用是由直接费、间接费、利润和税金所组成。如上所述，它包括用于建筑物的建造及有关准备和清理等工程的费用，用于需要安装设备的安置和装配工程的费用等，是以货币表现的建筑安装工程的价值，其特点是必须通过兴工动料和追加活劳动才能实现。

③ 设备及工器具购置费用

设备及工器具购置费用，是指建设项目设计范围内的需要安装和不需要安装的设备、仪器和仪表等，以及必要的备品备件购置费；为保证项目投产初期正常生产所必需的仪器仪表、工卡量具、模具器具和生产家具等的购置费等。生产性建设项目的生产能力，主要是通过设备及工器具购置费用实现的。因此，设备及工器具购置费用占建设项目投资费用比例的提高，标志着技术进步和生产部门有机构成的提高。

2) 工程其他费用

工程其他费用或称工程建设其他费用，是指由建设工程项目投资支付的，为保证工程建设顺利进行和交付使用后能够正常发挥效用而必须开支的费用。按费用支出的性质，工程其他费用一般可分为以下几类：

第一类为土地使用费，包括土地征用费、迁移补偿费和土地使用权出让金等。

第二类是与工程项目建设有关的费用，包括建设单位管理费、勘察设计费、研究试验费、临时设施费、工程监理费、工程保险费、配套工程费、引进技术与进口设备其他费等。

第三类是与项目建成以后生产经营有关的费用，包括联合试运转费、生产准备费、办公和生活家具购置费等。

第四类为预备费，包括基本预备费和造价调整预备费等。

第五类是财务费用，包括建设期贷款利息以及涉及固定资产投资的其他税费等。

(4) 投资分解结构

由于不同阶段的投资分解结构的标准不同，所套用定额不同，费用分解结构没有完全按照项目分解结构划分，因此，为了使项目投资控制的计划值与实际值能够在统一的结构上比较，需要将项目分解结构与费用分解结构通盘综合考虑，并在项目分解结构中综合考虑合同分解结构，在细部划分统一的基础上得出投资分解结构，如图 6-7 所示。

现以建设工程项目投资分解结构为例说明其构成。如图 6-8 所示，总投资根据项目分解结构分成主体工程投资、室外工程投资、辅助工程投资，其中主体工程投

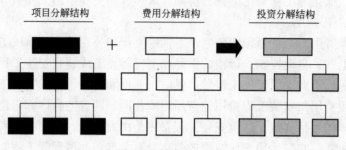

图 6-7 投资分解结构

资根据费用分解结构分成建安工程投资、设备工器具投资、其他投资，建安工程投资包括基础、土方、地下工程、地上工程等，设备工器具投资包括强电、弱电、给水排水、空调、电梯等，其他投资包括征地拆迁费、甲方管理费、设计费、监理费、项目管理费等。

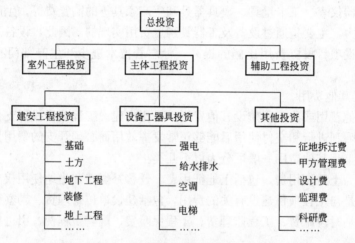

图 6-8 某建设项目的投资分解结构

其中每一项投资分解项目的计划投资数据包括六项内容：投资分解编码、投资分解名称、单位、数量、单价、合价，如表 6-3 所示。

计划投资数据　　　　　　　　　　表 6-3

投资分解编码	投资分解名称	单位	数量	单价	合价

每一个子项的合价等于数量和单价的乘积，该分项所有子项的合价通过汇总得出该分项工程的合价格，以此类推，即构成整个项目投资分解结构的计划投资数据。

不同的时间阶段每一个实际投资数据包括七项内容：日期、投资分解编码、投资分解名称、单位、数量、单价、合价，如表 6-4 所示。其中日期表示获得该数据的时间。

实际投资数据   表 6-4

日期	投资分解编码	投资分解名称	单位	数量	单价	合价

从整个项目生命周期来看，项目投资分解结构或者项目投资计划的编制与比较是一个三维结构，如图 6-9 所示。按照时间维度的不同阶段，分为估算、匡算、概算、预算、标底、合同价，根据统一的投资分解结构构建不同时间节点的投资分解计划，总投资数据由所有的分项汇总得到，分项投资由其所有的子项目投资汇总得出，每一个子项的投资数据都包括投资分解编码、投资分解名称、单位、数量、单价、合价。任意不同时间阶段的投资分解结构，其每一个分项都由相同的子项目组成，每一个子项目都具有自己的编码，相同编码的任意两个投资数据代表相同的投资分解项目。这样就保证了计划值与实际值的比较是在相同的平台上进行。

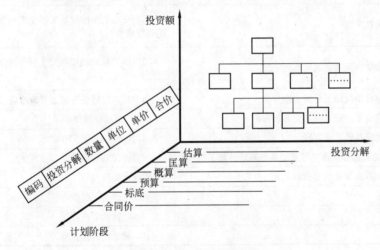

图 6-9 投资计划的编制

对于一个项目而言，投资分解结构做好之后，就需要对投资分解结构进行编码，以下为两个项目投资分解结构编码的案例。

案例分析 6-1 某航道治理二期工程项目投资分解结构

某航道治理二期工程实施过程中，业主方为有效控制项目投资，委托项目管理单位开发投资控制系统，编制了二期工程投资分解结构，如表 6-5 所示。

某航道治理二期工程投资分解结构   表 6-5

1000 二期工程总费用	1200 其他费用
1100 工程费用	1210 土地征用及滩涂使用费
1110 整治建筑物工程	1220 建设单位生产、生活设施

续表

1111 北导堤工程	1230 建设单位经费
1112 北导堤丁坝工程	1240 工程监理费
1113 南导堤工程	1250 工程质量监督费
1114 南导堤丁坝工程	1260 定额编制管理费
1115 大圆筒结构试验段工程	1270 前期工作费
1116 一期丁坝续建工程	1280 工程设计费
1117 大临工程	1290 研究试验费
1120 二期疏浚工程	12A0 勘察费
1121 二期疏浚工程	12B0 扫海费
1122 横沙东滩吹泥区围堰工程	12C0 环保费
1130 疏浚吹泥上滩试验工程	12D0 土地征用
1140 施工期工程区域测量费	12E0 施工安全措施费
1150 助航工程	12F0 二期整治建筑工程交工后至竣工验收期间维修费
1160 水文、泥沙、风浪监测系统	12G0 二期疏浚工程交工后至竣工验收期间维修费
1170 建设单位施工现场检验单位	12H0 "二碰头"回淤量疏浚费
1180 建设单位施工现场交通指挥船	12I0 疏浚物倾倒费
1190 建设基地扩建工程	12J0 水上安全管理费
11A0 建设基地配套工程及原横沙基地维修工程	12K0 工程保险费
11B0 横沙岛海事综合管理基地	1300 预留费用
	1310 基本预备费
	1320 物价上涨费
	1400 建设期贷款利息

案例分析 6-2 某卷烟厂项目投资分解结构

某卷烟厂项目建设内容主要有新建制丝车间(含配方库、贮丝房等)、动力中心、污水处理站,并配备1条制丝线,及制冷、空调、空压等动能设施的建设。为了有效地控制项目投资,业主方投资控制人员和总控方投资控制专家进行了工程项目投资分解,其投资分解结构如表6-6所示。

某卷烟厂项目投资分解结构　　　　　　　　　　　　表6-6

1000 第一部分工程费用	1400 给水排水工程项目
1100 主要生产工程项目	1410 循环水
1110 联合生产工房	1420 自动喷水灭火系统
1111 卷接包车间(含虑棒存贮系统)	1430 污水处理站

续表

1112 联合生产工房土建	1440 厂区给水排水管网
1113 制丝车间	1500 总图运输工程项目
1114 片烟配方高架库	1510 场地平整土方
1115 辅料高架库及物流自动化系统	1520 道路及广场
1116 成品高架库及物流自动化系统	1530 围墙、挡土墙
1120 连廊	1540 高架桥
1130 原主厂房 COMAS 线片烟投料方案	1550 大门及传达室
1140 工艺外管	1560 绿化
1200 辅助生产工程项目	2000 第二部分工程费用
1210 计算机控制管理系统	2100 工程报建费
1220 完善现有技术中心及科研检测设施	2200 前期工作费、勘察费、设计费等
1230 工业垃圾处理中心	2300 工程建设监理费
1300 动力系统工程项目	2400 进口设备材料商检费
1310 动力中心	2500 工程保险费
1311 动力中心土建及变电站	2600 安装调试费
1312 真空站(含空压站)	2700 出国人员费用
1313 制冷站	2800 外国人员来华费用
1314 总变电所	3000 预备费
1320 燃气调压站	4000 建设期借款利息
1330 厂区外线照明、通信设施	

6.2.3 投资计划系统

对于建设工程项目而言，投资计划的编制是一项非常严肃而重要的工作。投资计划编制的基本原则是既要有先进性，又要有实现的可能性，还必须有科学依据。同时，工程项目的建设过程是一个周期长、投资大的复杂过程，投资计划并不是一成不变，在不同的建设阶段随着工程项目建设的不断深入，投资计划也逐步具体和深化。因此，投资计划需按建设阶段分阶段设置，每一阶段的投资计划值也是相对而言的，如图 6-10 所示。

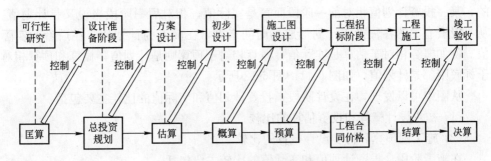

图 6-10 建设项目分阶段设置的投资计划

从图中可以看出，对应于各个阶段的不同工作，其确定的投资计划是不相同的。在建设工程项目可行性研究阶段，通常只是对拟建的工程项目有一概括性的描述和了解，因而只能据此编制一个大致的、比较粗略的投资计划，这就是投资匡算；在设计准备阶段，根据设计要求文件可以编制出总投资规划；进入设计阶段，随着方案设计、初步设计、施工图设计的完成，也依次确定出投资估算、设计概算、施工图预算等投资计划；在工程招标阶段选定承包单位，明确工程合同价格；工程施工结束，编制工程结算；建设工程项目竣工验收后，组织编制工程决算。

其中，设计概算是设计文件的重要组成部分，是在投资估算的控制下由设计单位根据初步设计（或扩大初步设计）图纸、概算定额（或概算指标）、费用定额、建设地区设备及材料预算价格等资料编制的建设项目从筹建到竣工交付使用所需全部费用的文件。设计概算一般可分为单位工程概算、单项工程综合概算和建设项目总概算三级。

施工图预算是由设计单位在施工图设计完成后，根据施工图设计图纸、现行预算定额、费用定额以及地区设备、材料、人工、施工机械台班等预算价格编制和确定的建筑安装工程造价的文件。施工图预算一般可分为单位工程预算、单项工程预算和建设项目总预算三级。

因此，建设项目投资计划的编制应是随着工程项目建设实践的不断深入而分阶段编制。在各建设阶段形成的投资计划相互联系、相互补充又相互制约，前者控制后者，即前一阶段的投资计划控制的结果，就成为后一阶段的投资计划值，每一阶段投资计划控制的结果就成为更加准确的投资的规划文件，其共同构成建设项目投资计划系统。从投资匡算、投资估算、设计概算、施工图预算到工程承包合同价格，计划形成过程中各环节之间相互衔接，前者控制后者，后者补充前者，投资计划系统的形成过程是一个由粗到细、由浅到深和准确度由低到高的不断完善的过程。

6.2.4 投资计划值与实际值的比较

如上所述，在项目实施的各阶段，要不断地进行投资比较，包括可行性研究阶段的匡算、方案设计的估算、初步设计的概算、施工图设计的预算、招标阶段的合同价、施工阶段的实际投资（包括工程结算和工程决算）。投资比较是指投资计划值与实际值的比较，投资的计划值与实际值是两个相对的概念，投资计划亦是相对的，某一投资计划值相对前一阶段而言是实际值，相对后一阶段来说又是计划值。从与投资有关的各种投资计划形成的时间来看，在前者为计划值，在后者为实际值。例如概算相对于估算是实际值，概算相对于预算则是计划值，概算和预算相对于标底则都是计划值，如图6-11、图6-12所示。

从图中可以发现，在设计阶段，投资计划值和实际值的比较主要包括：
（1）初步设计概算和投资估算的比较；
（2）施工图预算和初步设计概算的比较。

在施工阶段，投资计划值和实际值的比较主要包括：

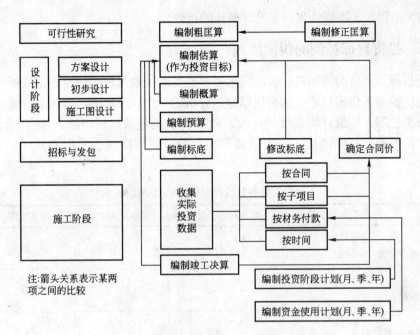

图 6-11 投资计划值与投资实际值的比较(1)

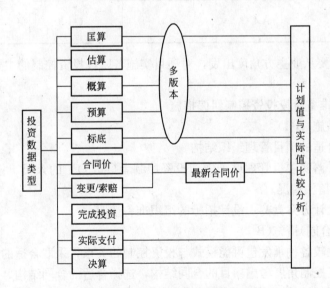

图 6-12 投资计划值与投资实际值的比较(2)

(1) 施工合同价和初步设计概算的比较；
(2) 招标标底和初步设计概算的比较；
(3) 施工合同价和招标标底的比较；
(4) 工程结算价和施工合同价的比较；
(5) 工程结算价和资金使用计划(月/季/年或资金切块)的比较；
(6) 资金使用计划(月/季/年或资金切块)和初步设计概算的比较；

(7) 工程竣工决算价和初步设计概算的比较。

6.2.5 投资目标控制的纠偏措施

当投资计划值与实际值比较出现偏差，需要对偏差出现的原因进行分析，这是项目投资控制工作的核心，然后根据偏差分析的结果，采取适当的纠偏措施，这是项目投资控制工作最具实质性的一步。纠偏的措施包括组织措施、管理（合同）措施、经济措施、技术措施。在项目的不同阶段，纠偏措施也不尽相同，如表6-7所示。

项目实施各阶段投资控制的纠偏措施　　　　　表6-7

	组织措施(A)	管理(合同)措施(B)	经济措施(C)	技术措施(D)
1 设计准备阶段	A-1	B-1	C-1	D-1
2 设计阶段	A-2	B-2	C-2	D-2
3 工程发包与设备材料采购阶段	A-3	B-3	C-3	D-3
4 施工阶段	A-4	B-4	C-4	D-4

以下将主要从业主方角度出发，对项目实施各阶段投资控制的主要纠偏措施进行概要分析。

(1) 设计准备阶段投资控制纠偏措施

1) 组织措施(A-1)

① 选用合适的项目管理组织结构。

② 明确并落实项目管理班子中"投资控制者（部门）"的人员、任务及管理职能分工，检查落实情况。

③ 检查设计方案竞赛、设计招标的组织准备情况。

2) 管理（合同）措施(B-1)

① 分析比较各种承发包可能模式与投资控制的关系，采取合适的承发包模式。

② 从投资控制角度考虑项目的合同结构，选择合适的合同结构。

③ 采用限额设计。

3) 经济措施(C-1)

① 对影响投资目标实现的风险进行分析，并采取风险管理措施。

② 收集与控制投资有关的数据（包括类似项目的数据、市场信息等）。

③ 编制设计准备阶段详细的费用支出计划，并控制其执行。

4) 技术措施(D-1)

① 对可能的主要技术方案进行初步技术经济比较论证。

② 对设计要求文件中的技术问题和技术数据进行技术经济分析或审核。

(2) 设计阶段投资控制纠偏措施

1) 组织措施(A-2)

① 从投资控制角度落实进行设计跟踪的人员、具体任务及管理职能分工,包括:设计挖潜、设计审核;概、预算审核;付款复核(设计费复核);计划值与实际值比较及投资控制报表数据处理等。

② 聘请专家作技术经济比较、设计挖潜。

2) 管理(合同)措施(B-2)

① 参于设计合同谈判。

② 向设计单位说明在给定的投资范围内进行设计的要求。

③ 以合同措施鼓励设计单位在广泛调研和科学论证基础上优化设计。

3) 经济措施(C-2)

① 对设计的进展进行投资跟踪(动态控制)。

② 编制设计阶段详细的费用支出计划,并控制其执行。

③ 定期提供投资控制报表,以反映投资计划值和投资实际值的比较结果、投资计划值和已发生的资金支出值(实际值)的比较结果。

4) 技术措施(D-2)

① 进行技术经济比较,通过比较寻求设计挖潜(节约投资)的可能。

② 必要时组织专家论证,进行科学试验。

(3) 工程发包与设备材料采购阶段投资控制纠偏措施

1) 组织措施(A-3)

落实从投资控制角度参加招标工作、评标工作、合同谈判工作的人员、具体任务及管理职能分工。

2) 管理(合同)措施(B-3)

① 在合同谈判时,把握住合同价计算、合同价调整、付款方式等。

② 分析合同条款的内容,着重分析和投资相关的合同条款。

3) 经济措施(C-3)

审核招标文件中与投资有关的内容,包括工程量清单等。

4) 技术措施(D-3)

对各投标文件中的主要施工技术方案作必要的技术经济比较论证。

(4) 施工阶段投资控制纠偏措施

1) 组织措施(A-4)

在项目管理班子中落实从投资控制角度进行施工跟踪的人员、具体任务(包括工程计量、付款复核、设计挖潜、索赔管理、计划值与实际值比较及投资控制报表数据处理、资金使用计划的编制及执行管理等)及管理职能分工。

2) 管理(合同)措施(B-4)

① 进行索赔管理。

② 视需要,及时进行合同修改和补充工作,着重考虑它对投资控制的影响。

3) 经济措施(C-4)

① 进行工程计量(已完成的实物工程量)复核。
② 复核工程付款账单。
③ 编制施工阶段详细的费用支出计划,并控制其执行。
4) 技术措施(D-4)
① 对设计变更进行技术经济比较。
② 继续寻求通过设计挖潜节约投资的可能。

6.2.6 项目实施各阶段投资控制的任务

投资控制是项目建设过程中质量、进度、投资三大控制的重点之一,贯穿于项目建设的全过程。在工程项目的建设过程中,各阶段均有投资的规划与投资的控制等工作,但不同阶段投资控制的工作内容与侧重点各不相同。

(1) 设计准备阶段投资控制的主要任务

在建设项目的设计准备阶段,投资控制主要任务是按项目的构思和设计要求文件编制项目总投资规划,深化投资估算,进行投资目标的分析、论证和分解,以作为建设项目实施阶段投资控制的重要依据。在此阶段的投资控制工作,是要参与对工程项目的建设环境以及各种技术、经济和社会因素进行调查、分析、研究、计算和论证,参与建设项目的功能定义和投资定义等,如表 6-8 所示。

设计准备阶段投资控制的主要任务 表 6-8

序号	任 务 名 称
1	在可行性研究的基础上,进行项目总投资目标的分析和论证
2	编制项目总投资分解的初步规划
3	分析总投资目标实现的风险,编制投资风险管理的初步方案
4	编写设计要求文件中有关投资控制的内容
5	对设计方案提出投资评价意见
6	根据选定的设计方案审核项目总投资估算
7	辨识设计阶段资金使用计划,并控制其执行
8	编制各种投资控制报表和报告

(2) 设计阶段投资控制的主要任务

设计阶段投资控制的主要任务按照设计阶段划分,如表 6-9 所示。

设计过程各阶段投资控制任务 表 6-9

设计阶段	设计阶段投资控制任务
设计方案 优化阶段	1. 编制设计方案优化要求文件中有关投资控制的内容; 2. 对设计单位方案优化提出投资评价建议; 3. 根据优化设计方案编制项目总投资修正估算; 4. 编制设计方案优化阶段资金使用计划并控制其执行; 5. 比较修正投资估算与投资估算,编制各种投资控制报表和报告

续表

设计阶段	设计阶段投资控制任务
初步设计阶段	1. 编制、审核初步设计要求文件中有关投资控制的内容； 2. 审核项目设计总概算，并控制在总投资计划范围内； 3. 采用价值工程方法，挖掘节约投资的可能性； 4. 编制本阶段资金使用计划并控制其执行； 5. 比较设计概算与修正投资估算，编制各种投资控制报表和报告
施工图设计阶段	1. 根据批准的总投资概算，修正总投资规划，提出施工图设计的投资控制目标； 2. 编制施工图设计阶段资金使用计划并控制其执行，必要时对上述计划提出调整建议； 3. 跟踪审核施工图设计成果，对设计从施工、材料、设备等多方面作必要的市场调查和技术经济论证，并提出咨询报告，如发现设计可能会突破投资目标，则协助设计人员提出解决办法； 4. 审核施工图预算，如有必要调整总投资计划，采用价值工程的方法，在充分考虑满足项目功能的条件下进一步挖掘节约投资的可能性； 5. 比较施工图预算与投资概算，提交各种投资控制报表和报告； 6. 比较各种特殊专业设计的概算和预算，提交投资控制报表和报告； 7. 控制设计变更，注意审核设计变更的结构安全性、经济性等； 8. 编制施工图设计阶段投资控制总结报告； 9. 审核、分析各投标单位的投标报价； 10. 审核和处理设计过程中出现的索赔和与资金有关的事宜； 11. 审核招标文件和合同文件中有关投资控制的条款

设计阶段的投资控制是建设全过程投资控制的重点。一般来说，设计阶段投资控制主要有以下四种方法：

1）工程设计招标和方案优选

设计招标有利于设计方案的选择和竞争。设计单位为使项目中标，努力完善设计方案，使设计方案在符合项目使用者功能要求、规模和标准的前提下，节约项目生命周期的投资费用。另外，也可以把中选方案作为设计方案的基础，并把其他方案的优点加以吸收和综合，使设计更趋于完善。

2）限额设计

在工程项目建设过程中采用投资限额设计，是我国工程建设领域控制投资支出、有效使用建设资金、保证投资一直处于监控中的有力措施。设计单位内部各专业在保证达到使用功能的前提下，按分配的投资限额控制设计，严格控制阶段设计的不合理变更，保证总投资限额不被突破。

限额设计的根本理念是在项目设计全过程中，采用主动控制、事前控制的思想和方法来控制项目投资目标。限额设计从可行性研究报告开始，涉及方案设计、初步设计、施工图设计等阶段，通过投资目标的分解与设计工作的结合，使设计人员在各个设计过程中确立经济的概念，加强造价管理，对相关的投资额度做到心中有数，以保证设计投资控制在总概算内，不致突破投资限额。

限额设计的内涵不仅贯穿于工程设计的全过程，在建设项目的实施过程中，设计单位在加强现场服务的同时，应严格控制设计变更，对影响较大的设计变更应经建设方、设计方共同核定，并主动协助建设方用好预备费，控制好投资。

3）标准设计

优秀设计标准和规范带来的经济效益是众所周知的，一个好的设计必须符合国情，符合设计和施工规范。规范是经验的总结，是设计必须遵循的原则。正确地使用规范有利于降低投资、缩短工期、避免事故发生，对加快建设周期、发挥投资效益起巨大作用。有的设计规范虽不直接降低项目投资，但能降低建筑物生命周期费用；或虽可能使项目投资增加，但保障了生命财产安全，增加了社会效益。从宏观上讲，所有的规范和规定的制定无一不与投资有关，这些设计规范都直接或间接对降低造价起着应有的作用。

推广标准设计有利于较大幅度降低工程造价。标准设计是按共通性条件编制的，是按规定程序批准的，可供大量重复使用，既经济又优质。标准设计是成熟的设计产品，已被设计界广泛采用。其优点是：节约设计成本，大大加快提供图纸的速度，缩短设计周期；构件预制厂生产的标准件，有利于构配件的批量生产，促使成本大幅降低；可以使施工准备和定制预制构件等工作提前，使施工速度大大加快，既有利于保证工程质量，又能降低建筑安装工程费用，为建设工程早日竣工，创造良好的经济效益提供保证。

4）价值工程

价值工程以提高价值为目标，以建设单位要求为重点，以功能分析为核心，以集体智慧为依托，以创造精神为支柱，以系统观点为指针，实现技术分析与经济分析的结合。在工程设计中其主要作用在以下几方面：①既提高工程的功能，又降低工程的造价；②在保证工程功能不变的情况下降低工程的造价；③在造价不变的情况下提高工程功能；④在工程功能略有下降的情况下使工程造价大幅度降低；⑤在工程造价略有上升的情况下使工程功能大幅度提高。

价值工程也可运用设计方案的选择，即通过技术分析和经济分析相结合，建立起一种工程的必要功能和工程造价的良性协调控制机制：通过有组织的设计活动，着重对设计产品进行功能、造价和运营成本的分析，使之以较低的总造价和总运营成本，可靠地实现设计产品的必要功能，从而提高设计产品的价值；通过严密的分析，从功能和投资两个角度综合考虑，根据不同工程的实际情况和类似工程的参考资料，确定功能及造价的单项及综合评价系数，根据评价系数的高低，对方案和设计进行改进和优化，以期获得价值系数最大的设计。

尽管在产品形成的各个阶段都可以应用价值工程提高产品的价值，但在不同的阶段进行价值工程活动，其经济效果的提高幅度却是大不相同的。一旦设计图纸已经完成，产品的价值就基本决定了，因此应用价值工程的重点是在产品的研究和设计阶段。在设计阶段应用价值工程，对建设项目的设计方案进行功能与费用分析和评价，可以起到节约投资、提高建设项目投资收益的效果。工程变更的主要工作包括工程变更的审查和确定工程变更价款计算原则。

(3) 施工阶段投资控制的主要任务

施工阶段投资控制的主要任务如表6-10所示。

施工阶段投资控制的主要任务　　　　　　表 6-10

序号	任务名称
1	在施工阶段，需要编制资金使用计划，合理确定实际投资费用的支出
2	严格控制工程变更，合理确定工程变更价款
3	以施工图预算或工程合同价格为目标，通过工程计量，合理确定工程结算价款，控制工程进度款的支付
4	利用投资控制软件每月进行投资计划值与实际值的比较，并提供各种报表
5	工程付款审核
6	审核其他付款申请单
7	对施工方案进行技术经济比较论证
8	审核及处理各项施工索赔中与资金有关的事宜

其中，控制工程变更是施工阶段投资控制的主要方法之一。在施工过程中，由于受多方面因素影响，如：工程量变化、施工进度的调整、设计条件变化等导致工程变更，工程变更包括设计条件、施工条件的变化引起的工程量、项目、性质、质量标准、结构位置和尺寸、施工顺序和进度等的变更。这些都可能使项目的投资超出原预算，必须严格控制。工程变更的主要工作包括工程变更审查和确定工程变更价款的计算原则。

1) 工程变更的审查

工程变更的审查，主要审查其变更的内容是否可行，工程量和工程价款的计算是否合理。

一般情况下，工程师对工程变更的审查应遵循"技术上可行，工程费用合理，施工工艺简单，不影响工期，不降低工程使用标准"的原则，并根据变更项目的性质或按照变更项目的费用多少划分级别，由相应机构的不同部门进行审批。

对于重大工程变更或属于方案性的变更，应由项目业主组织有工程师参加的专门小组进行评价，并由项目业主进行审批。工程师在审批工程变更时，还应注意与项目业主和承包商进行适当的协调，特别是对有些变更项目可能由于增加费用较多，或者变更后可能对其他方面带来影响，更需要与项目业主进行充分协商，征得项目业主的事先同意后才能予以批准。当变更价款部分在预备费调剂有困难或超过一定比例时，还必须报经投资估算或设计总概算审批部门或单位批准。

2) 工程变更价款计算原则

工程变更价款的确定应在双方协商的时间内，由承包商提出变更价格，报工程师批准后方可调整合同价或顺延工期，造价工程师对承包商所提出的变更价款，应按有关规定进行审核、处理，主要有：

① 合同中已有适用变更工程的价格，按合同已有的价格计算变更合同价款。

② 合同中只有类似于变更情况的价格，可以此作为基础，确定变更合同价款。

③ 合同中没有类似和适用的价格，由施工承包商提出适当的变更价格，经监理工程师审核批准后执行。施工承包商对监理工程师批准的价格如有异议，可提请

政府工程造价管理部门裁定。

(4) 竣工验收及保修阶段投资控制的主要任务

竣工验收及保修阶段投资控制的主要任务如表 6-11 所示。

竣工验收及保修阶段投资控制的主要任务　　　　　表 6-11

序号	任务名称
1	编制本阶段资金使用计划,并控制其执行,必要时调整计划
2	进行投资计划值与实际值的比较,提交各种投资控制报告
3	审核本阶段各类付款
4	审核及处理施工综合索赔事宜
5	参与讨论工程决算中的一些问题
6	编制投资控制总结报告
7	办理验收手续之前,对财产和物资进行清理,编好竣工决算
8	项目投产或投入使用后,要对项目投资效果进行考核与后评价

6.3 项目进度控制

项目进度控制与投资控制的基本原理相同,都是通过计划、控制和协调来实现项目目标。

本节的内容包括项目进度控制的内容与任务、项目总进度目标与论证、项目进度计划体系、项目进度控制的措施、网络计划技术。

6.3.1 项目进度控制的内容与任务

对于建设工程项目而言,代表不同利益方的项目管理(业主方和项目参与各方)都有进度控制的任务,但是,其控制的目标和时间范畴是不相同的。

(1) 项目进度控制的内容

建设工程项目是在动态条件下实施的,因此进度控制也就必须是一个动态的管理过程,它由以下环节组成:

1) 进度目标的分析和论证,以论证进度目标是否合理,目标有无可能实现。如果经过科学的论证,目标不可能实现,则必须调整目标;

2) 在收集资料和调查研究的基础上编制进度计划;

3) 定期跟踪检查所编制的进度计划执行情况,若其执行有偏差,则采取纠偏措施,并视必要调整进度计划。

如只重视进度计划的编制,而不重视进度计划必要的调整,则进度无法得到控制。因此,为了实现进度目标,进度计划应随着项目的进展不断调整。

(2) 项目进度控制的任务

以建设工程项目为例,项目不同参与方进度控制的任务不同。

业主方进度控制的任务是控制整个项目实施阶段的进度，包括控制设计准备阶段的工作进度、设计工作进度、施工进度、物资采购工作进度，以及项目动用前准备阶段的工作进度。

设计方进度控制的任务是依据设计任务委托合同对设计工作进度的要求控制设计工作进度，这是设计方履行合同的义务。另外，设计方应尽可能使设计工作的进度与招标、施工和物资采购等工作进度相协调。在国际上，设计进度计划主要是各设计阶段的设计图纸(包括有关的说明)的出图计划，在出图计划中标明每张图纸的出图日期。

施工方进度控制的任务是依据施工任务委托合同对施工进度的要求控制施工进度，这是施工方履行合同的义务。在进度计划编制方面，施工方应视项目的特点和施工进度控制的需要，编制深度不同的控制性、指导性和实施性的施工进度计划，以及按不同计划周期(年度、季度、月度和旬)的施工计划等。

供货方进度控制的任务是依据供货合同对供货的要求控制供货进度，这是供货方履行合同的义务。供货进度计划应包括供货的所有环节，如采购、加工制造、运输等。

6.3.2 项目总进度目标与论证

(1) 项目总进度目标的内涵

项目的总进度目标指的是整个项目的进度目标，它是在项目决策阶段项目定义时确定的，项目管理的主要任务是在项目的实施阶段对项目的目标进行控制。项目总进度目标的控制是业主方项目管理的任务。在进行项目总进度目标控制前，首先应分析和论证目标实现的可能性。若项目总进度目标不可能实现，则项目管理者应提出调整项目总进度目标的建议，提请项目决策者审议。

以建设工程项目为例，在项目的实施阶段，项目总进度不仅只是施工进度，它包括：

1) 设计前准备阶段的工作进度；
2) 设计工作进度；
3) 招标工作进度；
4) 施工前准备工作进度；
5) 工程施工和设备安装工作进度；
6) 工程物资采购工作进度；
7) 项目动用前的准备工作进度等。

(2) 项目总进度目标的论证

项目总进度目标论证时，应分析和论证上述各项工作的进度，以及上述各项工作交叉进行的关系。

在项目总进度目标论证时，往往还不掌握比较详细的设计资料，也缺乏比较全面的有关工程发包的组织、施工组织和施工技术方面的资料以及其他有关项目实施条件的资料。因此，总进度目标论证并不是单纯的总进度规划的编制工作，它涉及许多工程实施的条件分析和工程实施策划方面的问题。

大型项目总进度目标论证的核心工作是通过编制总进度纲要论证总进度目标实现的可能性。总进度纲要的主要内容包括：

1）项目实施的总体部署；
2）总进度规划；
3）各子系统进度规划；
4）确定里程碑事件的计划进度目标；
5）总进度目标实现的条件和应采取的措施等。

项目总进度目标论证的工作步骤如下：

1）调查研究和收集资料；
2）进行项目结构分析；
3）进行进度计划系统的结构分析；
4）确定项目的工作编码；
5）编制各层（各级）进度计划；
6）协调各层进度计划的关系和编制总进度计划；
7）若所编制的总进度计划不符合项目的进度目标，则设法调整；
8）若经过多次调整，进度目标无法实现，则报告项目决策者。

6.3.3 项目进度计划体系

（1）项目进度计划

对于建设工程项目而言，为了控制工程项目进度，合理安排各项工作，建设单位（业主）、设计单位、施工单位、材料和设备供应单位、项目管理咨询单位等均要编制进度计划。按照不同的标准，对进度计划进行归类，如图6-13所示。

（2）建设项目进度计划系统

对于大型项目而言，由于项目的复杂性和规模巨大，往往单靠一份进度计划无法反映整个项目的进度安排，因此有必要将进度计划划分层次，分为由粗到细的多个计划，这就形成了进度计划系统。

项目进度计划系统是由多个相互关联的进度计划组成的系统，它是项目进度控制的依据。由于各种进度计划编制所需要的必要资料是在项目进展过程中逐步形成的，因此项目进度计划系统的建立和完善也有一个过程，它是逐步形成的，项目进度计划系统如图6-14所示。图6-15是一个建设工程项目进度计划系统的示例，这个计划系统有4个计划层次。

在建设工程项目进度计划系统中，各进度计划或各子系统进度计划编制和调整时必须注意其相互间的联系和协调，如：

1）总进度规划（计划）、项目子系统进度规划（计划）与项目子系统中的单项工程进度计划之间的联系和协调；
2）控制性进度规划（计划）、指导性进度规划（计划）与实施性（操作性）进度计划之间的联系和协调；

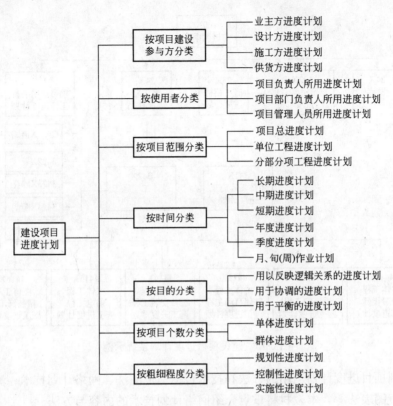

图 6-13　建设项目进度计划种类

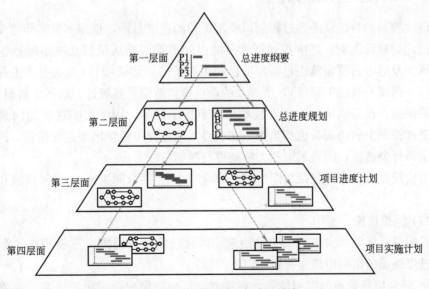

图 6-14　建设项目进度计划系统

3）业主方编制的整个项目实施的进度计划、设计方编制的进度计划、施工和设备安装方编制的进度计划与采购和供货方编制的进度计划之间的联系和协调等。

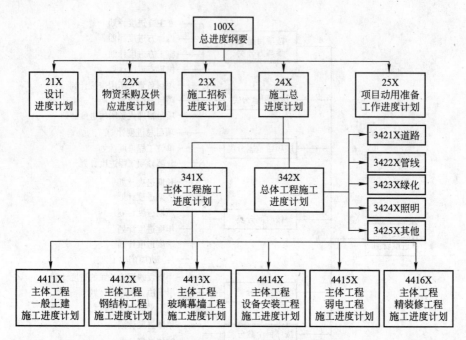

图 6-15 建设项目进度计划系统示例

编制项目进度计划运用的方法和技术包括横道图法、网络计划技术、流水作业图、垂直图表法等,本教材将重点介绍网络计划技术的内容与方法。

6.3.4 项目进度控制的措施

进度控制的目的就是通过控制以实现工程的进度目标,也即项目实际建设周期不超过计划建设周期。进度控制所涉及的时间覆盖范围从项目立项至项目正式动用,所涉及的项目覆盖范围包括与项目动用有关的一切子项目(包括主体工程、附属工程、道路及管线工程等),所涉及的单位覆盖范围包括设计、科研、材料供应、购配件供应、设备供应、施工安装单位及审批单位等,因此影响进度的因素相当多,进度控制中的协调量也相当大。在项目实施过程中经常出现进度偏差,即实际进度偏离计划进度,需要采取相关措施进行控制。

进度控制措施主要包括组织措施、管理措施(包括合同措施)、经济措施和技术措施。

(1) 组织措施

组织是目标能否实现的决定性因素,因此进度纠偏措施应重视相应的组织措施,进度纠偏的组织措施主要包括以下内容:

1) 健全项目管理的组织体系,如需要,可根据情况调整组织体系,避免项目组织中的矛盾,多沟通。

2) 在项目组织结构中应有专门的工作部门和符合进度控制岗位资格的专人负责进度控制工作,根据需要还可以加强进度控制部门的力量。

3) 对于相关技术人员和管理人员，应尽可能加强教育和培训；工作中采用激励机制，例如奖金、小组精神发扬、个人负责制和目标明确等。

4) 进度控制的主要工作环节包括进度目标的分析和论证、编制进度计划、定期跟踪进度计划的执行情况、采取纠偏措施以及调整进度计划，检查这些工作任务和相应的管理职能是否在项目管理组织设计的任务分工表和管理职能分工表中标示并落实。

5) 编制项目进度控制的工作流程，如：确定项目进度计划系统的组成；各类进度计划的编制程序、审批程序和计划调整程序等，并检查这些工作流程是否受到严格落实，是否根据需要进行调整。

6) 进度控制工作包含了大量的组织和协调工作，而会议是组织和协调的重要手段，因此可进行有关进度控制会议的组织设计，明确会议的类型，各类会议的主持人、参加单位和人员，各类会议的召开时间，各类会议文件的整理、分发和确认等。

(2) 管理措施

建设工程项目进度控制纠偏的管理措施涉及管理的思想、管理的方法、管理的手段、承发包模式、合同管理和风险管理等。在理顺组织的前提下，科学和严谨的管理显得十分重要。在建设项目进度控制中，项目参与单位在管理观念方面可能会存在以下会导致进度拖延的问题：

1) 缺乏进度计划系统的观念，分别编制各种独立而互不联系的计划，形成不了计划系统；

2) 缺乏动态控制的观念，只重视计划的编制，而不重视及时地进行计划的动态调整；

3) 缺乏进度计划多方案比较和选优的观念，合理的进度计划应体现资源的合理使用、工作面的合理安排、有利于提高建设质量、有利于文明施工和有利于合理地缩短建设周期。

进度控制的管理措施主要包括以下几个方面：

1) 采用工程网络计划方法进行进度计划的编制和实施控制。如：进度出现偏差可改变网络计划中活动的逻辑关系，如将前后顺序工作改为平行工作，或采用流水施工的方法；将一些工作包合并，特别是关键线路上按先后顺序实施的工作包合并，与实施者一起研究，通过局部地调整实施过程和人力、物力的分配，达到缩短工期的目的。

2) 承发包模式的选择直接关系到工程实施的组织和协调，因此应选择合理的合同结构，以避免过多的合同交界面影响工程的进展。工程物资的采购模式对进度也有直接的影响，对此应作比较分析。

3) 分析影响工程进度的风险，并在分析的基础上采取风险管理措施，以减少进度失控的风险量。常见的影响工程进度的风险，如组织风险、管理风险、合同风险、资源(人力、物力和财力)风险和技术风险等。

4) 利用信息技术(包括相应的软件、局域网、互联网以及数据处理设备)辅助进度控制。虽然信息技术对进度控制而言只是一种管理手段，但它的应用有利于提高进度信息处理的效率、有利于提高进度信息的透明度、有利于促进进度信息的交流和项目各参与方的协同工作。尤其是对一些大型建设项目，或者空间位置比较分散的项目，采用专业进度控制软件有助于进度控制的实施。

(3) 经济措施

建设工程项目进度控制的经济措施主要涉及资金需求计划、资金供应的条件和经济激励措施等。经济措施主要包括以下几项主要内容：

1) 编制与进度计划相适应的资源需求计划（资源进度计划），包括资金需求计划和其他资源（人力和物力资源）需求计划，以反映工程实施的各时段所需要的资源。通过资源需求的分析，可发现所编制的进度计划实现的可能性，若资源条件不具备，则应调整进度计划。资金供应条件包括可能的资金总供应量、资金来源（自有资金和外来资金）以及资金供应的时间。

2) 在工程预算中考虑加快工程进度所需要的资金，其中包括为实现进度目标将要采取的经济激励措施等所需要的费用。

(4) 技术措施

建设工程项目进度控制的技术措施涉及对实现进度目标有利的设计技术和施工技术的选用。

1) 不同的设计理念、设计技术路线、设计方案会对工程进度产生不同的影响，在设计工作的前期，特别是在设计方案评审和选用时，应对设计技术与工程进度的关系作分析比较。在工程进度受阻时，应分析是否存在设计技术的影响因素，为实现进度目标有无设计变更的可能性。

2) 施工方案对工程进度有直接的影响，在选用时，不仅应分析技术的先进性和经济合理性，还应考虑其对进度的影响。在工程进度受阻时，应分析是否存在施工技术的影响因素，为实现进度目标有无改变施工技术、施工方法和施工机械的可能性，如增加资源投入或重新分配资源、改善工器具以提高劳动效率和修改施工方案（如将现浇混凝土改为场外预制、现场安装）等。

6.3.5 网络计划技术

1. 网络计划技术的概念

网络计划技术是现代化科学管理的重要组成部分。它把一个项目作为一个系统，这个系统由若干项作业组成，作业和作业之间存在着相互制约、相互依存的关系。通过网络计划图的形式对作业以及作业间的相互关系加以表示，并在此基础上找出项目的关键作业和关键路径，进一步对项目资源进行合理的安排，达到以最短的时间和最少的资源消耗来实现整个系统的预期目标，以取得良好的经济效益。

1992年，国家技术监督局和国家建设部先后颁布了中华人民共和国国家标准《网络计划技术》（GB/T 13400.1、GB/T 13400.2、GB/T 13400.3—92）三个标准和中华人民共和国行业标准《工程网络计划技术规程》（JGJ/T 121—99），使工程网络计划技术在计划的编制与控制管理的实际应用中有了一个可遵循的、统一的技术标准，保证了计划的科学性，对提高工程项目的管理水平发挥了重大作用。

网络计划技术具有以下几个优点：

（1）利用网络图模型，便于明确表达各项工作的逻辑关系。按照网络计划方法，在制订工程计划时，首先必须理清楚该项目内的全部工作和它们之间的相互关系，然后才能绘制网络图模型。它可以帮助计划编制者理顺那些杂乱无章的、无逻辑关系的想法，形成完整合理的项目总体思路。

（2）通过网络图时间参数计算，便于确定关键工作和关键线路。经过网络图时间参数计算，可以知道各项工作的起止时间，知道整个计划的完成时间，还可以确定关键工作和关键线路，便于抓住主要矛盾，集中资源，确保进度。

（3）便于掌握机动时间，进行资源合理分配。资源在任何工程项目中都是重要的因素。网络计划可以反映各项工作的机动时间，制定出最经济的资源使用方案，避免资源冲突，均衡利用资源，达到降低成本的目的。

（4）运用计算机辅助手段，便于网络计划的调整与控制。在项目计划实施过程中，由于各种影响因素的干扰，目标的计划值与实际值之间往往会产生一定的偏差，运用网络图模型和计算机辅助手段，能够比较方便、灵活、迅速地进行跟踪检查和调整项目施工计划，控制目标偏差。

2. 网络计划技术分类

国际上，网络计划有许多名称，如 CPM、PERT、CPA、MPM 等。网络计划的类型有如下几种不同的划分方法：

（1）网络计划按工作持续时间的特点划分为：

1）肯定型问题的网络计划；

2）非肯定型问题的网络计划。

（2）网络计划按工作和事件在网络图中的表示方法划分为：

1）事件网络——以节点表示事件的网络计划；

2）工作网络——以箭线表示工作的网络计划（我国 JGJ/T 121—99 称为双代号网络计划）；以节点表示工作的网络计划（我国 JGJ/T 121—99 称为单代号网络计划）。

美国较多使用双代号网络计划，欧洲则较多使用单代号搭接网络计划。

（3）网络计划按计划平面的个数划分为：

1）单平面网络计划；

2）多平面网络计划（多阶网络计划、分级网络计划）。

我国《工程网络计划技术规程》（JGJ/T 121—99）推荐的常用的工程网络计划类型包括：

（1）双代号网络计划

双代号网络计划是以箭线及其两端节点的编号表示工作的网络图，并在箭线上标注工作持续时间，以形成双代号网络计划，如图 6-16 所示。

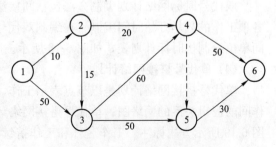

图 6-16 双代号网络计划示例

(2) 单代号网络计划

单代号网络计划是以节点及其编号表示工作,以箭线表示工作之间逻辑关系的网络图,并在节点中加注工作代号、名称和持续时间,以形成单代号网络计划,如图 6-17 所示。

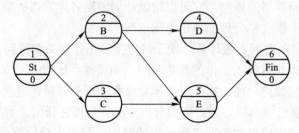

图 6-17　单代号网络计划图

(3) 双代号时标网络计划

双代号时标网络计划是以水平时间坐标为尺度编制的双代号网络计划,其主要特点包括:

1) 时标网络计划兼有网络计划与横道计划的优点,它能够清楚地表明计划的时间进程,使用方便;

2) 时标网络计划能在图上直接显示出各项工作的开始与完成时间,工作的自由时差及关键线路;

3) 在时标网络计划中可以统计每一个单位时间对资源的需要量,以便进行资源优化和调整。

双代号时标网络计划一般规定包括以下几个方面:

1) 双代号时标网络计划必须以水平时间坐标为尺度表示工作时间。时标的时间单位应根据需要在编制网络计划之前确定,可为时、天、周、月或季;

2) 时标网络计划应以实箭线表示工作,以虚箭线表示虚工作,以波形线表示工作的自由时差;

3) 时标网络计划中所有符号在时间坐标上的水平投影位置,都必须与其时间参数相对应,节点中心必须对准相应的时标位置;

4) 时标网络计划中虚工作必须以垂直方向的虚箭线表示,有自由时差时加波形线表示。

双代号时标网络计划编制方法包括间接法和直接法。双代号时标网络计划宜按各项工作的最早开始时间编制。在编制双代号时标网络计划前,应先按已确定的时间单位绘制出时标计划表,如图 6-18 所示。

(4) 单代号搭接网络计划

单代号搭接网络计划是以节点表示工作,箭线及其上面的时距符号表示相邻工作间的逻辑关系的网络图。单代号搭接网络计划中的时间参数基本内容和形式应按图 6-19 所示方式标注。工作名称和工作持续时间标注在节点圆圈内,工作的时间参数(ES, EF, LS, LF, TF, FF)标注在圆圈的上下。而工作之间的时间参数

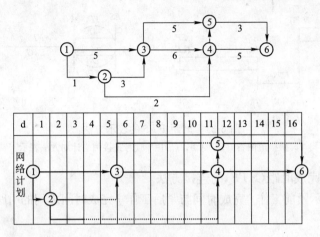

图 6-18 时标网络计划示例

STS，ETF，STF，FTS 和时间间隔 $LAG_{i,j}$ 标注在联系箭线的上下方。

单代号搭接网络计划中工作的搭接顺序关系是用前项工作的开始或完成时间与其紧后工作的开始或完成时间之间的间距来表示，具体包括四种形式（见图6-20）：

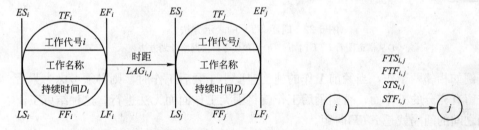

图 6-19　单代号搭接网络计划时间参数标注形式　　图 6-20　单代号搭接网络图箭线的表示方法

$FTS_{i,j}$——工作 i 完成时间与其紧后工作 j 开始时间的时间间距；
$FTF_{i,j}$——工作 i 完成时间与其紧后工作 j 完成时间的时间间距；
$STS_{i,j}$——工作 i 开始时间与其紧后工作 j 开始时间的时间间距；
$STF_{i,j}$——工作 i 开始时间与其紧后工作 j 完成时间的时间间距。

单代号搭接网络计划中搭接关系在工程实践中的具体应用，简述如下：

1）完成到开始时距（$FTS_{i,j}$）的连接方法

图 6-21 表示紧前工作 i 的完成时间与紧后工作 j 的开始时间之间的时距和连接方法。

例如修一条堤坝的护坡时，一定要等土堤自然沉降后才能修护坡，这种等待的时间就是 FTS 时距。

当 $FTS=0$ 时，紧前工作 i 的完成时间等于紧后工作 j 的开始时间，这时紧前工作与紧后工作紧密衔接，当计划所有相邻工作的 $FTS=0$ 时，整个搭接网络计划就成为一般的单代号网络计划。因此，一般的依次顺序关系只是搭接关系的一种特殊表现形式。

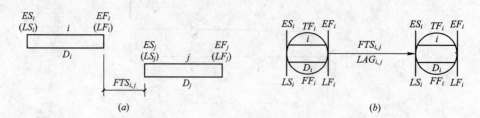

图 6-21　时距 FTS 的表示方法
(a)从横道图看 FTS 时距；(b)用单代号搭接网络计划方法表示

2）完成到完成时距(FTF)的连接方法

图 6-22 表示紧前工作 i 完成时间与紧后工作 j 完成时间之间的时距和连接方法。

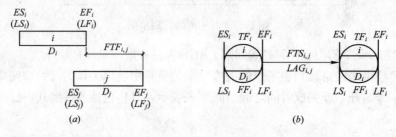

图 6-22　时距 FTF 的表示方法
(a)从横道图看 FTF 时距；(b)用单代号搭接网络计划方法表示

例如相邻两工作，当紧前工作的施工速度小于紧后工作时，则必须考虑为紧后工作留有充分的工作面，否则紧后工作就将因无工作面而无法进行。这种结束工作时间之间的间隔就是 FTF 时距。

3）开始到开始时距($STS_{i,j}$)的连接方法

图 6-23 表示紧前工作 i 的开始时间与紧后工作 j 的开始时间之间的时距和连接方法。

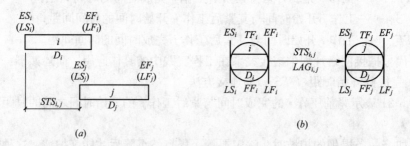

图 6-23　时距 STS 的表示方法
(a)从横道图看 STS 间距；(b)用单代号搭接网络计划方法表示

例如道路工程中的铺设路基和浇筑路面，待路基开始工作一定时间为路面工程创造一定工作条件之后，路面工程即可开始进行，这种开始工作时间之间的间隔就是 STS 时距。

4) 开始到完成时距($STF_{i,j}$)的连接方法

图 6-24 表示紧前工作 i 的开始时间与紧后工作 j 的结束时间之间的时距和连接方法，这种时距以 $STF_{i,j}$ 表示。

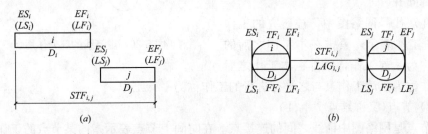

图 6-24　时距 STF 的表示方法
(a)从横道图看 STS 间距；(b)用单代号搭接网络计划方法表示

例如要挖掘带有部分地下水的土壤，地下水位以上的土壤可以在降低地下水位工作完成之前开始，而在地下水位以下的土壤则必须要等降低地下水位之后才能开始。降低地下水位工作的完成与何时挖地下水位以下的土壤有关，至于降低地下水位何时开始，则与挖土没有直接联系。这种开始到结束的限制时间就是 STF 时距。

上述四种基本的网络计划技术中，双代号网络计划和单代号网络计划将用专门的篇幅叙述，其内容包括基本概念、绘图原则以及时间参数的计算等。

3. 双代号网络计划

(1) 基本概念

1) 箭线(工作)

工作是泛指一项需要消耗人力、物力和时间的具体活动过程，也称工序、活动、作业。双代号网络图中，每一条箭线表示一项工作。箭线的箭尾节点 i 表示该工作的开始，箭线的箭头节点 j 表示该工作的完成。工作名称标注在箭线的上方，完成该项工作所需要的持续时间标注在箭线的下方，如图 6-25 所示。由于一项工作需用一条箭线和其箭尾和箭头处两个圆圈中的号码来表示，故称为双代号表示法。

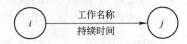

图 6-25　双代号网络图
工作的表示方法

在双代号网络图中，任意一条实箭线都要占用时间、消耗资源(有时只占时间，不消耗资源，如混凝土养护)。在建筑工程项目中，一条箭线表示项目中的一个施工过程，它可以是一道工序、一个分项工程、一个分部工程或一个单位工程，其粗细程度、大小范围的划分根据计划任务的需要来确定。

在双代号网络图中，为了正确地表达图中工作之间的逻辑关系，往往需要应用虚箭线。虚箭线是实际工作中并不存在的一项虚拟工作，故它们既不占用时间，也不消耗资源，一般起着工作之间的联系、区分和断路三个作用。联系作用是指应用虚箭线正确表达工作之间相互依存的关系。区分作用是指双代号网络图中每一项工作都必须用一条箭线和两个代号表示，若两项工作的代号相同时，应使用虚工作加

以区分，如图6-26所示。断路作用是用虚箭线断掉多余联系，即在网络图中把无联系的工作联接上了时，应加上虚工作将其断开。

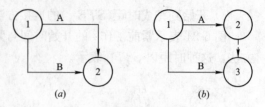

图6-26 虚箭线的区分作用

在双代号网络图中，被研究的工作用 $i\text{-}j$ 工作表示，紧排在本工作之前的工作称为紧前工作，紧排在本工作之后的工作称为紧后工作，与之平行进行的工作称为平行工作。

2）节点（又称结点、事件）

节点是网络图中箭线之间的连接点。在时间上节点表示指向某节点的工作全部完成后该节点后面的工作才能开始的瞬间，它反映前后工作的交接点。网络图中有三个类型的节点：

① 起点节点

即网络图的第一个节点，只有外向箭线，一般表示一项任务或项目的开始。

② 终点节点

即网络图的最后一个节点，只有内向箭线，一般表示一项任务或项目的完成。

③ 中间节点

即网络图中既有内向箭线，又有外向箭线的节点。

双代号网络图中，节点应用圆圈表示，并在圆圈内编号。一项工作应当只有惟一的一条箭线和相应的一对节点，且要求箭尾节点的编号小于其箭头节点的编号，即 $i<j$。网络图节点的编号顺序应从小到大，可不连续，但不允许重复。

3）线路

网络图中从起点节点开始，沿箭头方向顺序通过一系列箭线与节点，最后达到终点节点的通路称为线路。在一个网络图中可能有很多条线路，线路中各项工作持续时间之和就是该线路的长度，即线路所需要的时间。一般网络图有多条线路，可依次用该线路上的节点代号来记述。

在各条线路中，有一条或几条线路的总时间最长，称为关键路线，一般用双线或粗线标注。其他线路长度均小于关键线路，称为非关键线路。

4）逻辑关系

网络图中工作之间相互制约或相互依赖的关系称为逻辑关系，它包括工艺关系和组织关系，在网络中均应表现为工作之间的先后顺序。

① 工艺关系

生产性工作之间由工艺过程决定的、非生产性工作之间由工作程序决定的先后顺序叫工艺关系，工艺关系又称为硬逻辑。

② 组织关系

工作之间由于组织安排需要或资源（人力、材料、机械设备和资金等）调配需要而规定的先后顺序关系叫组织关系，组织关系又称为软逻辑。

网络图必须正确地表达整个工程或任务的工艺流程和各工作开展的先后顺序及

项目目标控制

它们之间相互依赖、相互制约的逻辑关系。因此，绘制网络图时必须遵循一定的基本规则和要求。

(2) 绘图规则

1) 双代号网络图必须正确表达已定的逻辑关系。网络图中常见的各种工作逻辑关系的表示方法如表 6-12 所示；

网络图中常见的各种工作逻辑关系的表示方法　　　　表 6-12

序号	工作之间的逻辑关系	网络图中的表示方法
1	A 完成后进行 B 和 C	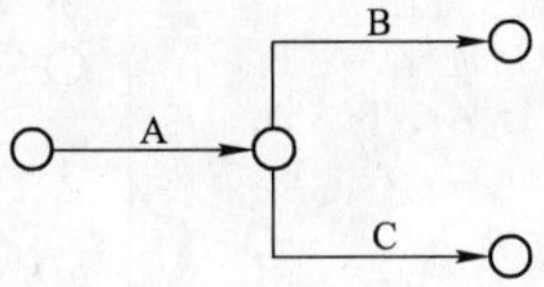
2	A、B 均完成后进行 C	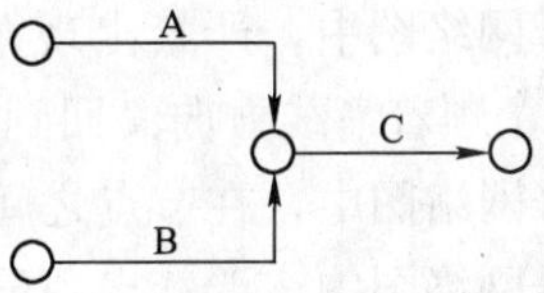
3	A、B 均完成后同时进行 C 和 D	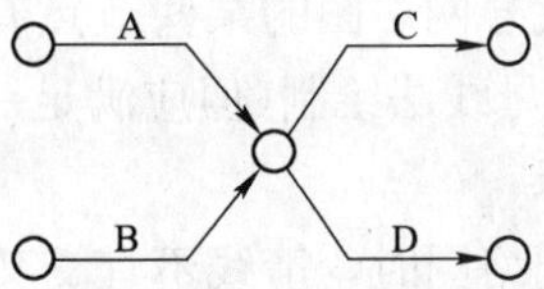
4	A 完成后进行 C，A、B 均完成后进行 D	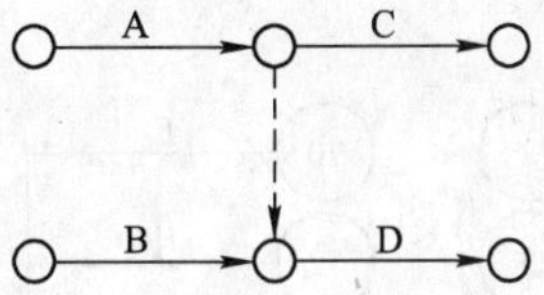
5	A、B 均完成后进行 D，A、B、C 均完成后进行 E，D、E 均完成后进行 F	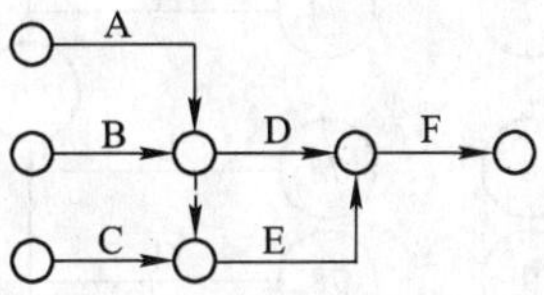
6	A、B 均完成后进行 C，B、D 均完成后进行 E	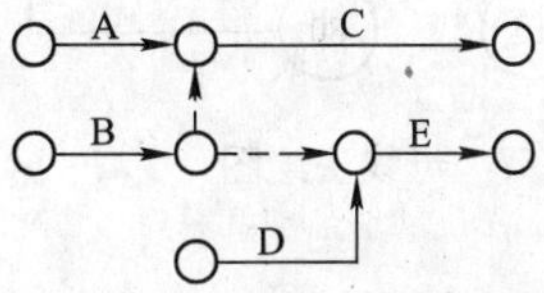
7	A、B、C 均完成后进行 D，B、C 均完成后进行 E	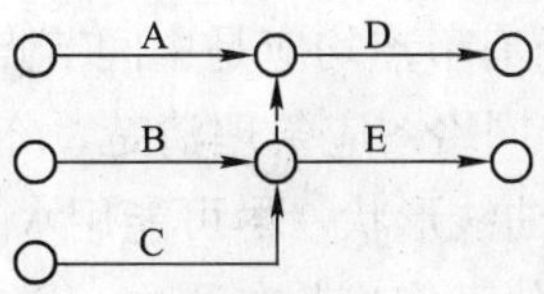

续表

序号	工作之间的逻辑关系	网络图中的表示方法
8	A完成后进行C，A、B均完成后进行D，B完成后进行E	
9	A、B两项工作分成三个施工段，分段流水施工：A_1完成后进行A_2、B_1，A_2完成后进行A_3、B_2，A_2、B_1完成后进行B_2、A_3，B_2完成后进行B_3	有两种表示方法

2）双代号网络图中，严禁出现循环回路。所谓循环回路是指从网络图中的某一个节点出发，顺着箭线方向又回到了原来出发点的线路；

3）双代号网络图中，在节点之间严禁出现带双向箭头或无箭头的连线；

4）双代号网络图中，严禁出现没有箭头节点或没有箭尾节点的箭线；

5）当双代号网络图的某些节点有多条外向箭线或多条内向箭线时，为使图形简洁，可使用母线法绘制（但应满足一项工作用一条箭线和相应的一对节点表示），如图6-27所示；

6）绘制网络图时，箭线不宜交叉。当交叉不可避免时，可用过桥法或指向法。如图6-28所示；

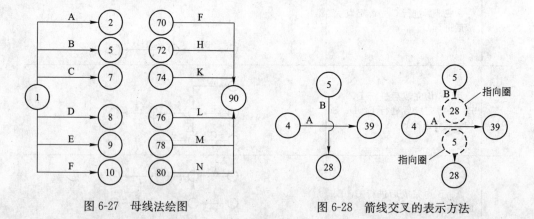

图6-27 母线法绘图　　　　　图6-28 箭线交叉的表示方法

7）双代号网络图中应只有一个起点节点和一个终点节点（多目标网络计划除外），而其他所有节点均应是中间节点；

8）双代号网络图应条理清楚，布局合理。例如，网络图中的工作箭线不宜画成任意方向或曲线形状，尽可能用水平线或斜线；关键线路、关键工作安排在图面中心位置，其他工作分散在两边；避免倒回箭头等。

(3) 双代号网络计划时间参数的计算

双代号网络计划时间参数计算的目的在于通过计算各项工作的时间参数，确定网络计划的关键工作、关键线路和计算工期，为网络计划的优化、调整和执行提供明确的时间参数。双代号网络计划时间参数的计算方法很多，一般常用的有按工作计算法和按节点计算法进行计算。本节只介绍按工作计算法在图上进行计算的方法。

1) 时间参数的概念及其符号

① 工作持续时间($D_{i\text{-}j}$)

工作持续时间是一项工作从开始到完成的时间。

② 工期(T)

工期泛指完成任务所需要的时间，一般有以下三种：

- 计算工期：根据网络计划时间参数计算出来的工期，用 T_c 表示；
- 要求工期：任务委托人所要求的工期，用 T_r 表示；
- 计划工期：根据要求工期和计算工期所确定的作为实施目标的工期，用 T_p 表示。

网络计划的计划工期 T_p 应按下列情况分别确定：

当已规定了要求工期 T_r 时，

$$T_p \leqslant T_r \tag{6-1}$$

当未规定要求工期时，可令计划工期等于计算工期，

$$T_p = T_r \tag{6-2}$$

③ 网络计划中工作的六个时间参数

- 最早开始时间($ES_{i\text{-}j}$)，是指在各紧前工作全部完成后，工作 $i\text{-}j$ 有可能开始的最早时刻；
- 最早完成时间($EF_{i\text{-}j}$)，是指在各紧前工作全部完成后，工作 $i\text{-}j$ 有可能完成的最早时刻；
- 最迟开始时间($LS_{i\text{-}j}$)，是指在不影响整个任务按期完成的前提下，工作 $i\text{-}j$ 必须开始的最迟时刻；
- 最迟完成时间($LF_{i\text{-}j}$)，是指在不影响整个任务按期完成的前提下，工作 $i\text{-}j$ 必须完成的最迟时刻；
- 总时差($TF_{i\text{-}j}$)，是指在不影响总工期的前提下，工作 $i\text{-}j$ 可以利用的机动时间；
- 自由时差($FF_{i\text{-}j}$)，是指在不影响其紧后工作最早开始的前提下，工作 $i\text{-}j$ 可以利用的机动时间。

按工作计算法计算网络计划中各时间参数，其计算结果应标注在箭线之上，如图 6-29 所示。

2) 双代号网络计划时间参数计算

按工作计算法在网络图上计算六个工作时间参数，必须在清楚计算顺序和计算步骤的基础

图 6-29 按工作计算法的标注内容

上，列出必要的公式，以加深对时间参数计算的理解。时间参数的计算步骤：

① 最早开始时间和最早完成时间的计算

工作最早时间参数受到紧前工作的约束，故其计算顺序应从起点节点开始，顺着箭线方向依次逐项计算。

以网络计划的起点节点为开始节点的工作最早开始时间为 0。如网络计划起点节点的编号为 1，则：

$$ES_{i\text{-}j}=0 \quad (i=1) \tag{6-3}$$

最早完成时间等于最早开始时间加上其持续时间：

$$EF_{i\text{-}j}=ES_{i\text{-}j}+D_{i\text{-}j} \tag{6-4}$$

最早开始时间等于各紧前工作的最早完成时间 $EF_{h\text{-}i}$ 的最大值。当工作 $i\text{-}j$ 有紧前工作 $h\text{-}i$ 时，其最早开始时间为：

$$ES_{i\text{-}j}=\max\{EF_{h\text{-}i}\} \tag{6-5}$$

或

$$ES_{i\text{-}j}=\max\{ES_{h\text{-}i}+D_{h\text{-}i}\} \tag{6-6}$$

② 确定计算工期 T_c

计算工期等于以网络计划的终点节点为箭头节点的各个工作的最早完成时间的最大值。当网络计划终点节点的编号为 n 时，计算工期：

$$T_c=\max\{EF_{i\text{-}n}\} \tag{6-7}$$

当无要求工期的限制时，取计划工期等于计算工期，即取 $T_p=T_c$。

③ 最迟开始时间和最迟完成时间的计算

工作最迟时间参数受到紧后工作的约束，故其计算顺序应从终点节点起，逆着箭线方向依次逐项计算。

以网络计划的终点节点（$j=n$）为结束节点的工作的最迟完成时间等于计划工期，即：

$$LF_{i\text{-}n}=T_p \tag{6-8}$$

最迟开始时间等于最迟完成时间减去其持续时间：

$$LS_{i\text{-}j}=LF_{i\text{-}j}-D_{i\text{-}j} \tag{6-9}$$

最迟完成时间等于各紧后工作的最迟开始时间 $LS_{j\text{-}k}$ 的最小值，当工作 $i\text{-}j$ 有紧后工作 $j\text{-}k$ 时，其最迟完成时间为：

$$LF_{i\text{-}j}=\min\{LS_{j\text{-}k}\} \tag{6-10}$$

或

$$LF_{i\text{-}j}=\min\{LF_{j\text{-}k}-D_{j\text{-}k}\} \tag{6-11}$$

④ 计算工作总时差

总时差等于其最迟开始时间减去最早开始时间，或等于最迟完成时间减去最早完成时间，即

$$TF_{i\text{-}j}=LS_{i\text{-}j}-ES_{i\text{-}j} \tag{6-12}$$

或

$$TF_{i\text{-}j}=LF_{i\text{-}j}-EF_{i\text{-}j} \tag{6-13}$$

⑤ 计算工作自由时差

当工作 $i\text{-}j$ 有紧后工作 $j\text{-}k$ 时，其自由时差应为：

$$FF_{i\text{-}j}=ES_{j\text{-}k}-EF_{i\text{-}j} \tag{6-14}$$

项目目标控制

或
$$FF_{i-j} = ES_{j-k} - ES_{i-j} - D_{i-j} \qquad (6\text{-}15)$$

以网络计划的终点节点($j=n$)为结束节点的工作，其自由时差 FF_{i-n} 应按网络计划的计划工期 T_p 确定，即自由时差等于总时差：

$$FF_{i-n} = T_p - EF_{i-n} = TF_{i-n} \qquad (6\text{-}16)$$

(4) 关键工作和关键线路的确定

① 关键工作

网络计划中总时差最小的工作是关键工作。

② 关键线路

自始至终全部由关键工作组成的线路为关键线路，或线路上总的工作持续时间最长的线路为关键线路。网络图上的关键线路可用双线或粗线标注。

案例分析 6-3　双代号网络计划例题

已知网络计划的资料如图 6-30 所示，试计算各项工作的六个时间参数并确定关键线路。

解答过程如下：

(1) 计算各项工作的最早开始时间和最早完成时间

从起点节点(①节点)开始顺着箭线方向依次逐项计算到终点节点(⑥节点)。

1) 以网络计划起点节点为开始节点的各工作的最早开始时间为零

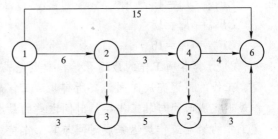

图 6-30　双代号网络计划例题

工作 1-2、1-3、1-6 的最早开始时间从网络计划的起点节点开始，因未规定其最早开始时间，故：

$ES_{1\text{-}2} = 0$

$ES_{1\text{-}3} = 0$

$ES_{1\text{-}6} = 0$

2) 计算各项工作的最早开始和最早完成时间

工作的最早开始时间 $ES_{i\text{-}j}$ 为其所有紧前工作最早结束时间的最大值或所有紧前工作最早开始时间与其工作持续时间之和的最大值。若其紧前工作是虚工作，则是该虚工作的紧前工作最早开始时间与其工作持续时间之和。

$ES_{2\text{-}4} = ES_{1\text{-}2} + D_{1\text{-}2} = 0 + 6 = 6$

$ES_{3\text{-}5} = \max\{ES_{1\text{-}3} + D_{1\text{-}3},\ ES_{1\text{-}2} + D_{1\text{-}2}\} = \max\{0+3,\ 0+6\} = \max\{3,\ 6\} = 6$

$ES_{4\text{-}6} = ES_{2\text{-}4} + D_{2\text{-}4} = 6 + 3 = 9$

$ES_{5\text{-}6} = \max\{ES_{3\text{-}5} + D_{3\text{-}5},\ ES_{2\text{-}4} + D_{2\text{-}4}\} = \max\{6+5,\ 6+3\} = \max\{11,\ 9\} = 11$

工作的最早完成时间就是本工作的最早开始时间 $ES_{i\text{-}j}$ 与本工作的持续时 $D_{i\text{-}j}$ 之

和，计算，如：

$EF_{1-2} = ES_{1-2} + D_{1-2} = 0 + 6 = 6$

$EF_{1-6} = ES_{1-6} + D_{1-6} = 0 + 15 = 15$

$EF_{1-3} = ES_{1-3} + D_{1-3} = 0 + 3 = 3$

$EF_{2-4} = ES_{2-4} + D_{2-4} = 6 + 3 = 9$

$EF_{3-5} = ES_{3-5} + D_{3-5} = 6 + 5 = 11$

$EF_{4-6} = ES_{4-6} + D_{4-6} = 9 + 4 = 13$

$EF_{5-6} = ES_{5-6} + D_{5-6} = 11 + 3 = 14$

(2) 确定计算工期 T_c 及计划工期 T_p

已知计划工期等于计算工期，即网络计划的计算工期 T_c 取以终点节点 6 为结束节点的工作 1-6、4-6、5-6 的最早完成时间的最大值，计算：

$T_c = \max\{EF_{1-6}, EF_{4-6}, EF_{5-6}\} = \max\{15, 13, 14\} = 15$

(3) 计算各项工作的最迟开始时间和最迟完成时间

从终点节点（⑥节点）开始逆着箭线方向依次逐项计算到起点节点（①节点）。

1) 以网络计划终点节点为结束节点的工作的最迟完成时间等于计划工期。

网络计划结束工作 $i\text{-}j$ 的最迟完成时间计算，如：

$LF_{1-6} = T_p = 15$

$LF_{4-6} = T_p = 15$

$LF_{5-6} = T_p = 15$

2) 计算各项工作的最迟开始和最迟完成时间

工作的最迟完成时间为其所有紧后工作最迟开始时间的最小值，或所有紧后工作最迟完成时间与其工作持续时间之差的最小值。若其紧后工作是虚工作，则是该虚工作的紧后工作最迟完成时间与其工作持续时间之差。

$LF_{3-5} = \min\{LF_{5-6} - D_{5-6}\} = 15 - 3 = 12$

$LF_{2-4} = \min\{LF_{5-6} - D_{5-6}, LF_{4-6} - D_{4-6}\} = \min\{15-3, 15-4\} = 11$

$LF_{1-3} = \min\{LF_{3-5} - D_{3-5}\} = 12 - 5 = 7$

$LF_{1-2} = \min\{LF_{3-5} - D_{3-5}, LF_{2-4} - D_{2-4}\} = \min\{12-5, 11-3\} = 7$

网络计划所有工作 $i\text{-}j$ 的最迟开始时间计算，如：

$LS_{1-2} = LF_{1-2} - D_{1-2} = 7 - 6 = 1$

$LS_{1-3} = LF_{1-3} - D_{1-3} = 7 - 3 = 4$

$LS_{1-6} = LF_{1-6} - D_{1-6} = 15 - 15 = 0$

$LS_{2-4} = LF_{2-4} - D_{2-4} = 11 - 3 = 8$

$LS_{3-5} = LF_{3-5} - D_{3-5} = 12 - 5 = 7$

$LS_{4-6} = LF_{4-6} - D_{4-6} = 15 - 4 = 11$

$LS_{5-6} = LF_{5-6} - D_{5-6} = 15 - 3 = 12$

(4) 计算各项工作的总时差

可以用工作的最迟开始时间减去最早开始时间或用工作的最迟完成时间减去最早完成时间。

$TF_{1-2}=LS_{1-2}-ES_{1-2}=1-0=1$

$TF_{1-3}=LS_{1-3}-ES_{1-3}=4-0=4$

$TF_{1-6}=LS_{1-6}-ES_{1-6}=0-0=0$

$TF_{2-4}=LS_{2-4}-ES_{2-4}=8-6=2$

$TF_{3-5}=LS_{3-5}-ES_{3-5}=7-6=1$

$TF_{4-6}=LS_{4-6}-ES_{4-6}=11-9=2$

$TF_{5-6}=LS_{5-6}-ES_{5-6}=12-11=1$

(5) 计算各项工作的自由时差

网络中工作 i-j 的自由时差等于所有紧后工作的最早开始时间的最小值减去本工作的最早完成时间。

$FF_{1-2}=\min\{ES_{2-4}-EF_{1-2}, ES_{3-5}-EF_{1-2}\}=\min\{6-6, 6-6\}=0$

$FF_{2-4}=\min\{ES_{4-6}-EF_{2-4}, ES_{5-6}-EF_{2-4}\}=\min\{9-9, 11-9\}=0$

$FF_{1-3}=ES_{3-5}-EF_{1-3}=6-3=3$

$FF_{3-5}=ES_{5-6}-EF_{3-5}=11-11=0$

网络计划中的结束工作 i-j 的自由时差按公式(6-16)计算。

$FF_{1-6}=T_p-EF_{1-6}=15-15=0$

$FF_{4-6}=T_p-EF_{4-6}=15-13=2$

$FF_{5-6}=T_p-EF_{5-6}=15-14=1$

(6) 确定关键工作及关键线路

在图中，最小的总时差是 0，所以，凡是总时差为 0 的工作均为关键工作。该例中的关键工作是：1-6。

在图中，自始至终全由关键工作组成的为关键线路 1-6。

最终结果如图 6-31 所示。

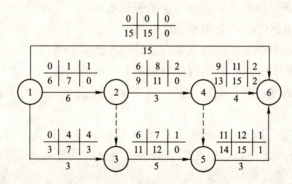

图 6-31 双代号网络图计算实例

4. 单代号网络计划

(1) 单代号网络图的特点

单代号网络图与双代号网络图相比，具有以下特点：

1) 工作之间的逻辑关系容易表达，且不用虚箭线，故绘图较简单；

2) 网络图便于检查和修改；

3）由于工作持续时间表示在节点之中，没有长度，故不够形象直观；

4）表示工作之间逻辑关系的箭线可能产生较多的纵横交叉现象。

(2) 单代号网络图的基本符号

1）节点

单代号网络图中的每一个节点表示一项工作，节点宜用圆圈或矩形表示。节点所表示的工作名称、持续时间和工作代号等应标注在节点内，如图6-32所示。

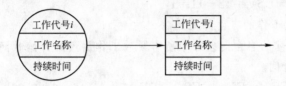

图6-32 单代号网络图工作的表示方法

单代号网络图中的节点必须编号。编号标注在节点内，其号码可间断，但严禁重复。箭线的箭尾节点编号应小于箭头节点的编号。一项工作必须有惟一的一个节点及相应的一个编号。

2）箭线

单代号网络图中的箭线表示紧邻工作之间的逻辑关系，既不占用时间，也不消耗资源。箭线应画成水平直线、折线或斜线。箭线水平投影的方向应自左向右，表示工作的行进方向。工作之间的逻辑关系包括工艺关系和组织关系，在网络图中均表现为工作之间的先后顺序。

3）线路

单代号网络图中，各条线路应用该线路上的节点编号从小到大依次表述。

(3) 单代号网络图的绘图规则

1）单代号网络图必须正确表达已定的逻辑关系。

2）单代号网络图中，严禁出现循环回路。

3）单代号网络图中，严禁出现双向箭头或无箭头的连线。

4）单代号网络图中，严禁出现没有箭尾节点的箭线和没有箭头节点的箭线。

5）绘制网络图时，箭线不宜交叉，当交叉不可避免时，可采用过桥法或指向法绘制。

6）单代号网络图中只应有一个起点节点和一个终点节点。当网络图中有多项起点节点或多项终点节点时，应在网络图的两端分别设置一项虚工作，作为该网络图的起点节点(S_t)和终点节点(F_{in})。

单代号网络图的绘图规则大部分与双代号网络图的绘图规则相同，故不再进行解释。

(4) 单代号网络计划时间参数的计算

单代号网络计划时间参数的计算应在确定各项工作的持续时间之后进行。时间参数的计算顺序和计算方法基本上与双代号网络计划时间参数的计算相同。单代号网络计划时间参数的标注形式如图6-33所示。

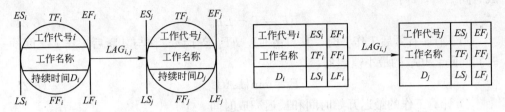

图 6-33 单代号网络计划时间参数的标注形式

单代号网络计划时间参数的计算步骤如下：

1) 计算最早开始时间和最早完成时间

网络计划中各项工作的最早开始时间和最早完成时间的计算应从网络计划的起点节点开始，顺着箭线方向依次逐项计算。

网络计划的起点节点的最早开始时间为 0。如起点节点的编号为 1，则：

$$ES_i = 0 \quad (i=1) \tag{6-17}$$

工作最早完成时间等于该工作最早开始时间加上其持续时间，即：

$$EF_i = ES_i + D_i \tag{6-18}$$

工作最早开始时间等于该工作的各个紧前工作的最早完成时间的最大值，如工作 j 的紧前工作的代号为 i，则：

$$ES_j = \max\{EF_i\} \tag{6-19}$$

或 $$ES_j = \max\{ES_i + D_i\}$$

式中 ES_i——工作 j 的各项紧前工作的最早开始时间。

2) 网络计划的计算工期 T_c。

T_c 等于网络计划的终点节点 n 的最早完成时间 EF_n，即：

$$T_c = EF_n \tag{6-20}$$

3) 计算相邻两项工作之间的时间间隔 LAG_{i-j}

相邻两项工作 i 和 j 之间的时间间隔 LAG_{i-j} 等于紧后工作 j 的最早开始时间 ES_j 和本工作的最早完成时间 EF_i 之差，即：

$$LAG_{i-j} = ES_j - EF_i \tag{6-21}$$

4) 计算工作总时差 TF_i

工作 i 的总时差 TF_i 应从网络计划的终点节点开始，逆着箭线方向依次逐项计算。

网络计划终点节点的总时差 TF_n，如计划工期等于计算工期，其值为 0，即：

$$TF_n = 0 \tag{6-22}$$

其他工作 i 的总时差 TF_i 等于该工作的各个紧后工作 j 的总时差 TF_j 加上该工作与其紧后工作之间的时间间隔 LAG_{i-j} 之和的最小值，即：

$$TF_i = \min\{TF_j + LAG_{i-j}\} \tag{6-23}$$

5) 计算工作自由时差

工作 i 若无紧后工作，其自由时差 FF_i 等于计划工期 T_p 减去该工作的最早完

成时间 EF_n，即：

$$FF_j = T_p - EF_n \tag{6-24}$$

当工作 i 有紧后工作 j 时，其自由时差 FF_i 等于该工作与其紧后工作 j 之间的时间间隔 $LAG_{i\text{-}j}$ 的最小值，即：

$$FF_i = \min\{LAG_{i\text{-}j}\} \tag{6-25}$$

6) 计算工作的最迟开始时间和最迟完成时间

工作 i 的最迟开始时间 LS_i 等于该工作的最早开始时间 ES_i 与其总时差 TF_i 之和，即：

$$LS_i = ES_i + TF_i \tag{6-26}$$

工作 i 的最迟完成时间 LF_i 等于该工作的最早完成时间 EF_i 与其总时差 TF_i 之和，即：

$$LF_i = EF_i + TF_i \tag{6-27}$$

7) 关键工作和关键线路的确定

① 关键工作：总时差最小的工作是关键工作。

② 关键线路的确定按以下规定：从起点节点开始到终点节点均为关键工作，且所有工作的时间间隔为零的线路为关键线路。

6.4 项目质量控制

质量控制是质量管理的一部分，致力于满足质量要求的一系列相关活动。项目质量控制是在明确的质量目标和具体的条件下，通过行动方案和资源配置的计划、实施、检查和监督，进行质量目标的事前预控、事中控制和事后纠偏控制，实现预期质量目标的系统过程。

项目质量控制的内容包括质量目标、质量计划、项目实施阶段质量控制任务、全面质量管理和质量管理体系。

6.4.1 质量目标

(1) 质量与质量目标

我国国家标准 GB/T 19000—2000 中关于质量的定义是：一组固有特性满足要求的程度。该定义可理解为：质量不仅是指产品的质量，也可以是某项活动或过程的工作质量，还可以是质量管理活动体系运行的质量。质量的关注点是一组固有特性，而不是赋予的特性。质量是满足要求的程度，要求是指明示的、隐含的或必须履行的需要和期望。质量要求是动态的、发展的和相对的。

对于建设工程项目而言，建设工程项目质量是国家现行的有关法律、法规、技术标准和设计文件及建设项目合同中对建设项目的安全、使用、经济、美观等特性的综合要求，它通常体现在适用性、可靠性、经济性、外观质量与环境协调等方面。建设工程项目质量是按照建设项目建设程序，经过建设项目可行性研究、项目决策、工程设计、工程施工、工程验收等各个阶段而逐步形成的，而不仅仅决定于施工阶段。

以建设工程项目为例,建设工程项目质量包含工序质量、分项工程质量、分部工程质量和单位工程质量。建设工程项目质量目标包括建设要求、有关技术规范和标准等方面,体现在设计、设备、材料、土建施工和设备安装、其他等多个环节。项目质量目标本身构成系统,如图6-34所示。

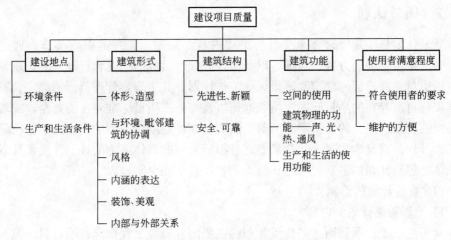

图6-34 项目质量目标

项目质量保证体系,必须有明确的质量目标,并符合质量总目标的要求。以工程承包合同为基本依据,逐级分解目标以形成在合同环境下的项目质量保证体系的各级质量目标。项目质量目标的分解主要从两个角度展开,即:从时间角度展开,实施全过程的控制和从空间角度展开,实现全方位和全员的质量目标管理。

(2) 项目质量的基本特性

项目从本质上说是一项拟建或在建的产品,它和一般产品具有同样的质量内涵,即一组固有特性满足需要的程度。这些特性是指产品的适用性、可靠性、安全性、经济性以及环境的适宜性等。同时,由于建设工程项目本身的一次性、单件性、预约性的特点,建设工程项目质量的基本特性包括以下几个方面:

1) 能够反映建筑环境

建筑环境质量包括项目用地范围内的规划布局、道路交通组织、绿化景观,更追求其与周边环境的协调性或适宜性。

2) 能够反映使用功能

建设工程项目的功能性质量,主要是反映对建设工程使用功能需求的一系列特性指标,如房屋建筑的平面空间布局、通风采光性能;工业建设工程项目的生产能力和工艺流程;道路交通工程的路面等级、通行能力等。

3) 能够反映艺术文化

建筑产品具有深刻的社会文化背景,其个性的艺术效果,包括建筑造型、立面外观、文化内涵、时代特征以及装修装饰、色彩视觉等,都是使用者以及社会关注的焦点。建设工程项目艺术文化特性的质量来自设计者的设计理念、创意和创新,以及施工者对设计意图的领会与精益生产。

4) 能够反映安全可靠

建筑产品不仅要满足使用功能和用途的要求，而且在正常的使用条件下应能达到安全可靠的要求。可靠性质量必须在满足功能性质量需求的基础上，结合技术标准、规范特别是强制性条文的要求进行确定与实施。

6.4.2 质量计划

质量计划是质量管理体系文件的组成内容，是质量管理的首要环节，通过计划，确定质量管理的方针、目标，以及实现方针、目标的措施和行动计划。质量计划包括质量管理目标的确定和质量保证工作计划，其中质量管理目标的确定，就是根据项目自身存在的质量问题、质量通病以及与先进质量标准对比的差距，或者用户提出的更新、更高的质量要求所确定的项目在计划期应达到的质量标准。质量保证工作计划，就是为实现上述质量管理目标所采用的具体措施的计划。质量计划工作总体上包括计划的编制、实施、检查调整和总结四个阶段。

(1) 质量计划的编制

1) 工程质量计划的内容

对于建设工程项目而言，质量计划的主要内容有：工程概况；项目目标及其分解；项目质量管理组织机构的设置；项目各级人员的质量职责；项目质量控制依据的规范、规程、标准和文件；项目质量控制程序等。

2) 质量计划编制的步骤

① 了解工程概况，收集有关资料

质量计划编制阶段应重点了解工程项目组成、建设单位的项目质量目标、项目撰写的施工方案、施工工艺等内容。收集的资料主要有施工规范、规程、质量评定标准和类似的工程经验等资料。

② 确定项目质量目标体系，建立项目质量管理组织机构

首先按项目质量总目标和项目的组成与划分，逐级分解，建立本项目质量目标体系。在项目实施阶段，根据项目进展情况对原项目质量目标体系做相应的调整。

其次，根据工程规划、项目特点、施工组织、工程总进度计划和已建立的项目质量目标体系，配备各级质量管理人员、设备和器具，确定各级人员的质量责任，建立项目的质量管理机构，建立项目质量管理组织机构。

③ 制定项目质量控制程序

项目的质量控制程序主要有：原材料及安装设备的检查试验和标识程序、施工过程的质量检查程序、不合格产品的控制程序、试验室的试验工作程序、计量器具的控制程序、种类施工质量记录的控制程序和交工验收程序等。

④ 制定项目质量奖罚规则及其他

做好项目质量管理，必须建立起有效的激励机制，将各类人员的经济利益与其施工质量挂起钩来，制订严格的质量奖罚措施。

单独编制成册的项目质量计划，还应根据工程总进度计划，相应编制项目的质量管理工作计划表、质量管理人员计划表和质量管理设备器具计划表等。

⑤ 工程质量计划编制后，经建设单位及相关部门审阅批准后颁布执行。

(2) 质量计划的实施、检查与调整

项目的工程质量计划，特别是项目的质量目标体系，是在充分占有项目设计文件和科学分析项目特点的基础上制定的，因而具有很强的针对性和严肃性。尤其是对项目总体质量等级评定有重要影响的主要单位工程、分部工程和分项工程的施工质量及其他指标，必须确保达到项目质量目标体系规定的质量标准，一旦偏离，即会造成项目质量总目标难以实现的严重后果，所以工程质量计划一经颁布，必须严格遵照执行。

然而由于影响项目施工的因素非常多，如设计变更、意外情况的发生等，均能阻碍项目质量计划的顺利实施，因而在项目工程质量计划实施的过程中，必须加强对质量计划执行情况的检查，发现问题，及时调整。

在项目施工的过程中，由于主客观因素的影响，偶尔会发生某部位工程的施工质量经检查未能达到原质量计划规定的质量目标的事件，从而对项目质量总目标带来不同程度的影响。此时，在项目质量总目标不变的前提下，应根据原质量计划和实际情况进行分析，及时调整项目的质量目标体系，并制定相应的技术保证措施，对原质量计划作适当的改进。确实无法调整时，经慎重研究，对影响项目质量总目标的分部实施返工，以确保项目质量总目标的实现。

(3) 总结阶段

当项目某一阶段的施工完成或项目完工后，均应及时总结本项目质量计划工作的成功经验和教训，加强项目交流，以利于上一阶段或后续工程项目的质量管理工作。

只有加强工程质量计划工作，通过以上四个阶段的循环，才能提高项目的质量管理水平，顺利实现项目的质量目标。

工程质量计划工作在项目管理特别是项目质量管理中具有重要的地位和指导作用。加强项目的质量计划工作，可以充分地体现项目质量管理的目的性，有利于项目各类人员达成共识，减少矛盾，克服质量工作中的盲目性和随意性，避免被动，从而增强工作的主动性、针对性和有序性，对确保项目工期、降低项目成本和顺利实现项目质量总目标产生积极的促进作用。

6.4.3 项目实施阶段质量控制任务

(1) 项目质量影响因素

对于建设工程项目而言，建设工程项目质量具有影响因素多、质量波动大、质量隐蔽性和最终检验局限大等特点。常见的质量影响因素有以下几类：

1) 人的因素

人的因素对建设工程项目质量形成的影响，包括两个方面的含义：一是指直接承担建设工程项目质量职能的决策者、管理者和作业者个人的质量意识及质量活动能力；二是指承担建设工程项目策划、决策或实施的建设单位、勘察设计单位、咨询服务机构、工程承包企业等实体组织。从某种意义上讲，人的因素是一种根本性的影响因素。

2) 管理因素

影响建设工程项目质量的管理因素，主要是决策因素和组织因素。其中，决策因素首先是业主方的建设工程项目决策，其次是建设工程项目实施过程中，实施主体的各项技术决策和管理决策。组织因素包括建设工程项目实施的管理组织和任务组织。管理组织是指建设工程项目管理的组织架构、管理制度及其运行机制，三者的有机联系构成了一定的组织管理模式，其各项管理职能的运行情况，直接影响着建设工程项目目标的实现。任务组织是指对建设工程项目实施的任务及其目标进行分解、发包、委托，以及对实施任务所进行的计划、指挥、协调、检查和监督等一系列工作过程。

3) 技术因素

影响建设工程项目质量的技术因素涉及的内容十分广泛，包括直接的工程技术和辅助的生产技术，前者如工程勘察技术、设计技术、施工技术、材料技术等，后者如工程检测检验技术、试验技术等。对于一个具体的建设工程项目，要通过技术工作的组织与管理，优化技术方案，发挥技术因素对建设工程项目质量的保证作用。

4) 社会因素

影响建设工程项目质量的社会因素，表现在建设法律、法规的健全程度及其执法力度；建设工程项目法人或业主的理性化以及建设工程经营者的经营理念；建筑市场包括建设工程交易市场和建筑生产要素市场的发育程度及交易行为的规范程度；政府的工程质量监督及行业管理成熟度；建设咨询服务业的发展及其服务水准的提高；廉政建设及行风建设的状况等。

5) 环境因素

一个建设工程项目的决策、立项和实施，受到经济、政治、社会、技术等多方面因素的影响，是建设项目可行性研究、风险识别与管理所必须考虑的环境因素。作为直接影响建设工程项目质量的环境因素，一般是指建设工程项目所在地点的水文、地质和气象等自然环境；施工现场的通风、照明、安全、卫生、防护设施等劳动作业环境；以及由多单位、多专业交叉协同施工的管理关系、组织协调方式、质量控制系统等构成的管理环境。对这些环境条件的认识与把握，是保证建设工程项目质量的重要工作环节。

(2) 质量控制的基本方法

质量控制的基本方法为 PDCA 循环法。美国质量管理专家戴明博士把全面质量管理活动的全过程划分为计划(Plan)、执行(Do)、检查(Check)、处置(Action)四个阶段。即按计划—执行—检查—处置四个阶段周而复始地进行质量管理，这四个阶段不断循环下去，故称 PDCA 循环。它是提高产品质量的一种科学管理工作方法，在日本称为"戴明环"。PDCA 循环，事实上就是认识—实践—再认识—再实践的过程。

1) P(Plan，计划)

主要任务是按照使用者的要求并根据本企业生产技术条件的实际可能，进行工程施工计划安排和编制施工组织设计。

2) D(DO，执行)

执行就是具体运作，实现计划中的内容。执行包含两个环节，即计划行动方案的交底和按计划规定的方法与要求展开活动。

3) C(Check，检查)

检查指对计划实施过程进行各类检查。各类检查包含两个方面：一是检查是否严格执行了计划的行动方案，实际条件是否发生了变化，没按计划执行的原因；二是检查计划执行的结果。

4) A(Action，处置)

处置指对于检查中所发现的问题，及时进行原因分析，采取必要的措施予以纠正，保持目标处于受控状态。处置分为纠偏处置和预防处置两个步骤，前者是采取应急措施，解决已发生的或当前的问题或缺陷；后者是信息反馈管理部门，反思问题症结或计划时的不周，为今后类似问题的预防提供借鉴。对于处置环节中没有解决的问题，应交给下一个 PDCA 循环去解决。

计划—执行—检查—处置是使用资源将输入转化为输出的活动或一组活动的一个过程，必须形成闭环管理，四个环节缺一不可。应当指出，PDCA 循环中的处置是关键环节。如果没有此环节，已取得的成果无法巩固，也提不出上一个 PDCA 循环的遗留问题或新的问题。

PDCA 循环过程是循环前进、阶梯上升的，如图 6-35 所示。

PDCA 循环是一个动态的循环，它可以在组织的每一个过程中展开，也可以在整个过程的系统中展开。它与产品实现过程及质量管理其他过程的策划、实施、控制和持续改进有密切的关系。

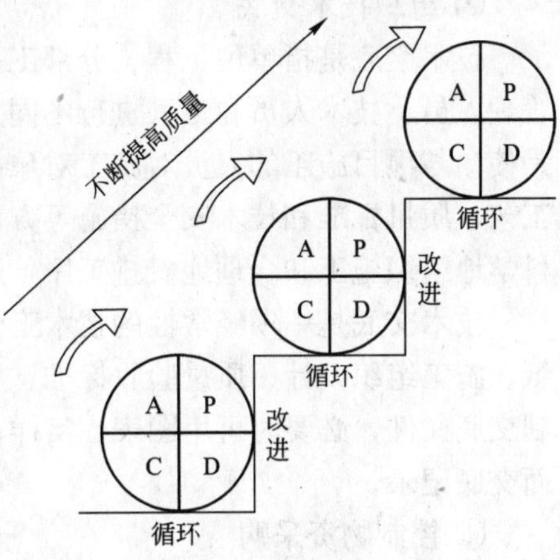

图 6-35 PDCA 循环示意图

(3) 项目施工阶段质量控制任务

对于建设工程项目而言，工程施工阶段的工作质量控制是工程质量控制的关键环节。工程施工是一个从对投入原材料的质量控制开始，直到完成工程质量检验收和交工后服务的系统过程，分施工准备、施工、竣工验收和回访保修四个阶段。

1) 施工准备阶段工作质量控制

① 图纸学习与会审

设计文件和图纸的学习是进行质量控制和规划的一项重要而有效的方法。一方面使施工人员熟悉、了解工程特点、设计意图和掌握关键部位的工程质量要求，更好地做到按图施工。另一方面通过图纸审查，及时发现存在的问题和矛盾，提出修改与洽商意见，帮助设计单位减少差错，提高设计质量，避免产生技术事故或产生工程质量问题。

图纸会审由建设单位或监理单位主持，设计单位、施工单位参加，并写出会审纪要。图纸审查必须抓住关键，特别注意构造和结构的审查，必须形成图纸审查与修改文件，并作为档案保存。

② 编制施工组织设计

施工组织设计是对施工的各项活动做出全面的构思和安排，指导施工准备和施工全过程的技术经济文件，它的基本任务是使工程施工建立在科学合理的基础上，保证项目取得良好的经济效益和社会效益。

施工组织设计根据设计阶段和编制对象的不同，大致可分为施工组织总设计、单位工程施工组织设计和难度较大、技术复杂或新技术项目的分部分项工程施工设计三大类。施工组织设计通常应包括工程概况、施工部署和施工方案、施工准备工作计划、施工进度计划、技术质量措施、安全文明施工措施、各项资源需要量计划及施工平面图、技术经济指标等基本内容。

施工组织设计中，对质量控制起主要作用的是施工方案，主要包括施工程序的安排、流水段的划分、主要项目的施工方法、施工机械的选择，以及保证质量、安全施工、冬期和雨期施工、污染防治等方面的预控方法和针对性的技术组织措施。

③ 组织技术交底

技术交底是指单位工程、分部工程、分项工程正式施工前，对参与施工的有关管理人员、技术人员和工人进行不同重点和技术深度的技术性交待和说明。其目的是使参与项目施工的人员对施工对象的设计情况、建筑结构特点、技术要求、施工工艺、质量标准和技术安全措施等方面有一个较详细的了解，做到心中有数，以便科学地组织施工和合理地安排工序，避免发生技术错误或操作错误。

技术交底是一项经常性的技术工作，可分级分阶段进行。技术交底应以设计图纸、施工组织设计、质量验收标准、施工验收规范、操作规程和工艺卡为依据，编制交底文件，必要时可用图表、实样、小样、现场示范操作等形式进行，并做好书面交底记录。

④ 控制物资采购

施工中所需的物资包括建筑材料、建筑构配件和设备等。如果生产、供应单位提供的物资不符合质量要求，施工企业在采购前和施工中又没有有效的质量控制手段，往往会埋下工程隐患，甚至酿成质量事故。因此，采购前应按先评价后选择的原则，由熟悉物资技术标准和管理要求的人员，对拟选择的供方通过对技术、管理、质量检测、工序质量控制和售后服务等质量保证能力的调查，信誉以及产品质量的实际检验评价，各供方之间的综合比较，最后做出综合评价，再选择合格的供方建立供求关系。

⑤ 严格选择分包单位

工程总承包商或主承包商将总包的工程项目，按专业性质或工程范围(区域)分包给若干个分包商来完成是一种普遍采用的经营方式。为了确保分包工程的质量、工期和现场管理能满足总合同的要求,总承包商应由主管部门和人员对拟选择的分包商,包括建设单位指定的分包商,通过审查资格文件、考察已完工程和施工工程质量等方法,对分包商的技术及管理实务、特殊及主体工程人员资格、机械设备能力及施工经验,认真进行综合评价,决定是否可作为合作伙伴。

2) 施工阶段施工质量控制

① 严格进行材料、构配件试验和施工试验

对进入现场的物料,包括甲方供应的物料以及施工过程中的半成品,如钢材、水泥、钢筋连接接头、混凝土、砂浆、预制构件等,必须按规范、标准和设计的要求,根据对质量的影响程度和使用部位的重要程度,在使用前采用抽样检查或全数检查等形式,对涉及结构安全的应由建设单位或监理单位现场见证取样,送有法定资格的单位检测,判断其质量的可靠性。检验和试验的方法有书面检验、外观检验、理化检验和无损检验等四种。严禁将未经检验和试验或检验和试验不合格的材料、构配件、设备、半成品等投入使用和安装。

② 实施工序质量监控

工程的施工过程,是由一系列相互关联、相互制约的工序所构成的,例如,混凝土工程由搅拌、运输、浇灌、振捣、养护等工序组成。工序质量包含两个相互关联的内容,一是工序活动条件的质量,即每道工序投入的人、材料、机械设备、方法和环境是否符合要求;二是工序活动效果的质量,即每道工序施工完成的工程产品是否达到有关质量标准。

工序质量监控的对象是影响工序质量的因素,特别是对主导因素的监控,其核心是管因素、管过程,而不单纯是管结果,其重点内容包括:

- 设置工序质量控制点;
- 严格遵守工艺规程;
- 控制工序活动条件的质量;
- 及时检查工序活动效果的质量。

③ 组织过程质量检验

过程质量检验主要指工序施工中或上道工序完工即将转入下道工序时所进行的质量检验,目的是通过判断工序施工内容是否合乎设计或标准要求,决定该工序是否继续进行(转交)或停止。具体形式有:

- 质量自检和互检;
- 专业质量监督;
- 工序交接检查;
- 隐蔽工程验收;
- 工程预检(技术复核);
- 基础、主体工程检查验收。

④ 重视设计变更管理

施工过程中往往会发生没有预料的新情况,如设计与施工的可行性发生矛盾;

建设单位因工程使用目的、功能或质量要求发生变化，而导致设计变更。设计变更须经建设、设计、监理、施工单位各方同意，共同签署设计变更洽商记录，由设计单位负责修改，并向施工单位签发设计变更通知书。对建设规模、投资方案有较大影响的变更，须经原批准初步设计单位同意，方可进行修改。接到设计变更，应立即按要求改动，避免发生重大差错，影响工程质量和使用。

⑤ 加强成品保护

在施工过程中，有些分项、分部工程已经完成，其他部位或工程尚在施工，对已完成的成品，如不采取妥善的措施加以保护，就会造成损伤，影响质量，严重的是有些损伤难以恢复到原样，成为永久性缺陷。产品保护工作主要抓合理安排施工顺序和采取有效的防护措施两个主要环节。

⑥ 积累工程施工技术资料

工程施工技术资料是施工中的技术、质量和管理活动的记录，是实行质量追溯的主要依据，是评定单位工程质量等级的三大条件之一，也是工程档案的主要组成部分。施工技术资料管理是确保工程质量和完善施工管理的一项重要工作，施工企业必须按各专业质量检验评定。

标准的规定和各地的实施细则，全面、科学、准确、及时地记录施工及试（检）验资料，按规定积累、计算、整理、归档，手续必须完备，并不得有伪造、涂改、后补等现象。

3) 竣工验收交付阶段的工程质量控制

① 坚持竣工标准

由于建设工程项目门类很多，性能、条件和要求各异，因此土建工程、安装工程、人防工程、管道工程、桥梁工程、电气工程及铁路建筑安装工程等都有相应的竣工标准。凡达不到竣工标准的工程，一般不能算竣工，也不能报请竣工质量核定和竣工验收。

② 做好竣工预检

竣工预检是承包单位内部的自我检验，目的是为正式验收做好准备。竣工预检可根据工程重要程度和性质，按竣工验收标准，分层次进行。通常先由项目部组织自检，对缺漏或不符合要求的部位和项目，确定整改措施，指定专人负责整改。在项目部整改复查完毕后，报请企业上级单位进行复检，通过复检，解决全部遗留问题，由勘察、设计、施工、监理等单位分别签署质量合格文件，向建设单位发送竣工验收报告，出具工程保修书。

③ 整理工程竣工验收资料

工程竣工验收资料是使用、维修、扩建和改建的指导文件和重要依据，工程项目交接时，承包单位应将成套的工程技术资料进行分类整理、编目、建档后，移交给建设单位。

4) 回访保修期的工作质量控制

工程项目在竣工验收交付使用后，按照有关规定，在保修期限和保修范围内，施工单位应主动对工程进行回访，听取建设单位或用户对工程质量的意见。对属于施工单位施工过程中的质量问题，负责维修，不留隐患，如属设计等原因造成的质量问题，在征得建设单位和设计单位认可后，协助修补。

6.4.4 质量控制的纠偏措施

由于影响质量目标的因素有多种，也很复杂，因此质量纠偏措施也有多种，从总体上可分为组织措施、管理措施(包括合同措施)、经济措施和技术措施等。

(1) 组织措施

组织因素是进行质量问题纠偏首要考虑的因素，主要采取以下措施：

1) 建立合理的组织结构模式，设置质量管理和质量控制部门，构建完善的质量保证组织体系，形成质量控制的网络系统架构。

2) 明确质量控制相关部门和人员的任务分工和管理职能分工，如质量的实施、检查和监督由哪些部门负责，责任落实到人；研究并确定控制系统内部质量职能交叉衔接的界面划分和管理方式。

3) 选择符合质量控制工作岗位的管理人员和技术人员，根据需要加强质量管理和质量控制部门的力量。

4) 制订质量控制工作流程和工作制度，审查工作流程和工作制度是否有效并得到严格执行，包括：

① 确定控制系统组织的领导关系、报告审批及信息流转程序；

② 制订质量控制工作制度，包括质量控制例会制度、协调制度、验收制度和质量责任制度等。

(2) 管理措施(包括合同措施)

在理顺组织的前提下，质量控制中的纠偏措施还应着重采取相应的管理措施，主要包括进行质量贯标、多单位控制、采用相关管理技术方法、采取必要合同措施、加强项目文化建设以及利用信息技术辅助质量控制和纠偏等。

1) 进行贯标，建立质量保证体系。质量体系认证是质量控制的有效方法，也是进行质量问题纠偏的系统性方法，因此必须严格按照 GB/T 19000 或 ISO 9000 (2000版)系列标准建立质量体系进行质量管理和质量控制。

2) 多单位控制。包括操作者自控、项目经理部控制、企业控制、监理单位控制、质量监督单位控制和政府控制以及业主和设计单位控制，尤其要强调操作者自控。

3) 采用相关管理技术方法进行质量问题分析，包括分层法、因果分析图法、排列图法和直方图法等。

4) 采取必要的合同措施。选择有利于质量控制的合同结构模式，减少分包数量，认真分析施工质量保证体系，并检查执行情况。

5) 加强项目文化建设。没有约束机制的控制系统是无法使工程质量处于受控状态的，约束机制取决于自我约束能力和外部监控效力，前者指质量责任主体和质量活动主体，即组织及个人的经营理念、质量意识、职业道德及技术能力的发挥；后者指来自于实施主体外部的推动和检查监督。因此，加强项目管理文化建设对于增强工程项目质量控制系统的运行机制是不可忽视的。

6) 利用信息技术辅助质量控制和纠偏,包括质量数据库的建立;探测技术的应用;远程监控系统的应用;质量数据的采集、分析和管理等。

(3) 经济措施

工程项目质量控制系统的活力在于它的运行机制,而运行机制的核心是动力机制,动力机制来源于利益机制。因此在进行质量控制和质量纠偏时除了采取一定的合同措施外,还应该采取一定的经济措施,例如:对出现质量问题的单位和个人进行经济处罚,对达到质量计划目标的单位或个人采取一定的经济激励措施等;进行质量保险,通过保险进行质量风险转移等。

(4) 技术措施

质量问题纠偏的技术措施有很多,在实施过程中,可以结合工程实际情况,主要采用下列两种措施处理质量问题:

1) 整修与返工

整修主要是针对局部性的、轻微的且不会给整体工程质量带来严重影响的质量缺陷,如对钢筋混凝土结构的局部蜂窝、麻面、道路结构层实度不足等问题的处理。这类质量问题一般通过整修即可得到处理,不会影响工程总体的关键性技术指标。

返工的决定应建立在认真调查研究的基础上。是否返工,应视缺陷经过补救后能否达到规范标准而定。补救,并不意味着规范标准的降低,对于补救后不能满足标准的工程必须返工。如某承包人为赶工期曾在雨中铺筑沥青混凝土,监理工程师只得责令承包人将已经铺完沥青的面层全部推除重铺;一些无法补救的低质涵洞也被炸掉重建;温度过低或过高的沥青混合料在现场被监理工程师责令报废等。

2) 综合处理方法

综合处理方法主要是针对较大的质量事故而言。这种处理办法不像返工和整修那样简单具体,它是一种综合的缺陷(事故)补救措施,能够使得工程缺陷(事故)以最小的经济代价和工期损失,重新满足规范要求。处理的办法因工程缺陷(事故)的性质而异,性质的确定则以大量的调查及丰富的施工经验和技术理论为基础。具体做法可组织联合调查组、召开专家论证会等方式。实践证明这是一条合理解决这类问题的有效途径。

尽管有很多纠偏措施,但有很多质量问题是难以纠偏的,可能造成永久性质量问题,因此质量控制应强调事前预控,通过事前预控消除质量隐患,实现预期的项目质量目标。

6.4.5 全面质量管理

(1) 全面质量管理的概念

全面质量管理是以组织全员参与为基础的质量管理形式,代表了质量管理发展的最新阶段。全面质量管理起源于美国,后来在其他一些工业发达国家开始推行,并且在实践运用中各有所长。特别是日本,在 60 年代以后推行全面质量管理并取得了丰硕的成果，引起世界各国的瞩目。20世纪80年代后期以来，全面质量管理得到了进一步的扩展和深化，逐渐由早期的TQC(Total Quality Control)演化成为TQM(Total Quality Management)，其含义远远超出了一般意义上的质量管理的领域，而成为一种综合的、全面的经营管理方式和理念。

全面质量管理有三层含义：

1) 全面质量管理是一种由顾客的需要和期望驱动的管理哲学。

2) 全面质量管理是以质量为中心，建立在全员参与基础上的一种管理方法，其目的在于长期获得顾客满意以及组织成员和社会的利益。

3) 从TQC到TQM，质量管理目标已从追求企业最大化利益向体现企业的社会责任转移。

(2) 全面质量管理的基本观点

全面质量管理最早是依靠质量在生产经营过程的地位、经济规律而提出的。其基本理论及指导思想就是从更广泛的角度去看待质量，不仅看产品采用技术标准的水平，还要看产品适合用户需要的程度。同时从社会需要出发，树立一个明确而又可行的质量奋斗目标，形成一个有利于对产品质量实施系统管理的质量体系，让一切与产品质量有关的人员都能参与质量管理的现代质量管理思想。总的来说，全面质量管理的基本观点有以下几条：

1) 全面质量的观点：是指除了要重视产品本身的质量特征外，还要特别重视数量(工程量)、交货期(工期)、成本(造价)和服务(回访保修)的质量以及各部门各环节的工作质量。把产品质量建立在企业各个环节的工作质量的基础上，用科学技术和高效的工作质量来保证产品质量。因此，全面质量管理要有全面质量的观点，才能在企业中建立一个比较完整的质量保证体系。

2) 为用户服务的观点：就是要满足用户的期望，让用户得到满意的产品和服务，把用户的需要放在第一位，不仅要使产品质量达到用户要求，而且要价廉物美，供货及时，服务周到，要根据用户的需要，不断地提高产品的技术性能和质量标准。为用户服务还应贯穿整个施工过程中，明确提出"下道工序就是用户"的口号，使每一道工序都为下一道工序着想，真正地提高本工序的工作质量，保证不为下道工序留下质量隐患。

3) 预防为主的观点：工程质量(产品质量)是在施工(加工)过程中形成的，而不是检查出来的。为此全面质量管理中的全过程质量管理就是强调各道工序、各个环节都要采取预防性控制。重点控制影响质量的因素，把各种可能产生质量隐患的苗头消灭在萌芽之中。

4) 用数据说话的观点：数据是质量管理的基础，是科学管理的依据。一切用数据说话，就是用数据来判别质量标准；用数据来寻找质量波动的原因，揭示质量波动的规律；用数据来反映客观事实，分析质量问题，把管理工作定量化，以便于及时采取对策、措施，对质量进行动态控制。这是科学管理的重要标志。

5) 持续改进的观点：持续改进是"增强满足要求的能力的循环活动"。就一个组织而言，为了改进组织的整体业绩，组织应不断提高产品质量，提高质量管理体系及过程的有效性和效率。坚持持续改进，组织才能不断进步。就一个工程项目来说，只有坚持持续改进，才能不断改进工程质量，以满足顾客和其他相关方日益增长和不断变化的需求和期望。

(3) 全面质量管理的核心

全面质量管理的核心是"三全"管理。所谓"三全"管理，主要是指全方位、全过程、全员参与的质量管理。

1) 全方位质量管理

建设工程项目的全面质量管理，是指建设工程项目各方干系人所进行的工程项目质量管理的总称，其中包括工程(产品)质量和工作质量的全面管理。工作质量是产品质量的保证，工作质量直接影响产品质量的形成。业主、监理单位、勘察单位、设计单位、施工总包单位、施工分包单位、材料设备供应商等，任何一方任何环节的怠慢疏忽或质量责任不到位都会造成对建设工程质量的影响。

2) 全过程质量管理

全过程质量管理是指根据工程质量的形成规律，从源头抓起，全过程推进。GB/T 19000 强调质量的"过程方法"管理原则。因此，必须掌握识别过程和应用"过程方法"进行全程质量控制。主要的过程有：项目策划与决策过程、勘察设计过程、施工采购过程、施工组织与准备过程、检测设备控制与计量过程、施工生产的检验试验过程、工程质量的评定过程、工程竣工验收与交付过程、工程回访维修服务过程。

3) 全员参与质量管理

按照全面质量管理的思想，组织内部的每个部门和工作岗位都承担有相应的质量职能，组织的最高管理者确定了质量方针和目标，就应组织和动员全体员工参与到实施质量方针的系统活动中去，发挥自己的角色作用。开展全员参与质量管理的重要手段就是运用目标管理方法，将组织的质量总目标逐级进行分解，使之形成自上而下的质量目标分解体系和自下而上的质量目标保证体系。发挥组织系统内部每个工作岗位、部门或团队在实现质量总目标过程中的作用。

6.4.6 质量管理体系

(1) 质量管理体系八项原则

质量管理体系八项原则是 2000 版 ISO 9000 族标准的编制基础，是世界各国质量管理成功经验的科学总结，其中不少内容与我国全面质量管理的经验吻合。它的贯彻执行能促进企业管理水平的提高，并能提高顾客对其产品或服务的满意程度，帮助企业达到持续成功的目的。质量管理体系八项原则包括：

1) 以顾客为关注焦点；
2) 领导作用；
3) 全员参与；
4) 过程方法；
5) 管理的系统方法；

6) 持续改进；
7) 基于实施的决策方法；
8) 与供方互利的关系。

(2) 质量管理体系文件的构成

质量管理体系文件的构成包括：
1) 形成文件的质量方针和质量目标；
2) 质量手册；
3) 质量管理标准所要求的各种生产、工作和管理的程序性文件；
4) 质量管理标准所要求的质量记录。

(3) 质量管理体系的建立与运行

质量管理体系是建立质量方针和质量目标并实现这些目标的体系。建立完善的质量体系并使之有效运行，是企业质量管理的核心，也是贯彻质量管理和质量保证标准的关键。质量管理体系的建立和运行一般可分为三个阶段，即质量管理体系的建立、质量管理体系文件的编制和质量管理体系的实施运行。

1) 质量管理体系的建立

质量管理体系的建立是企业根据质量管理体系八项原则，在确定市场及顾客需求的前提下，制定的企业质量的质量方针、质量目标、质量手册、程序文件和质量记录等体系文件，并将质量目标落实到相关层次、相关岗位的职能和职责中，形成企业质量管理体系执行系统的一系列工作。

2) 质量体系文件编制

质量体系文件是质量管理体系的重要组成部分，也是企业进行质量管理和质量保证的基础。编制质量体系文件是建立和保持体系有效运行的重要基础工作。编制的质量体系文件包括：质量手册、质量计划、质量体系程序、详细作业文件和质量记录。

3) 质量体系的运行

质量体系的运行是在生产及服务的全过程按质量管理文件体系制定的程序、标准、工作要求及目标分解的岗位职责进行操作。

(4) 质量管理体系认证的意义

质量认证制度是由公正的第三方认证机构对企业的产品及质量管理体系做出正确可靠的评价，从而使社会对企业的产品建立信心。它对供方、需方、社会和国家的利益都具有以下重要意义：
1) 提高供方企业的质量信誉；
2) 促进企业完善质量管理体系；
3) 增强企业的国际市场竞争能力；
4) 减少社会重复检验和检查费用；
5) 有利于保护消费者利益；
6) 有利于法规的实施。

(5) 质量管理体系认证的程序

1) 申请和受理

具有法人资格,并已按 GB/T 19000—ISO 9000 族标准或其他国际公认的质量管理体系规范建立了文件化的质量管理体系,并在生产经营全过程贯彻执行的企业可提出申请。申请单位须按要求填写申请书,认证机构经审查符合后接受申请,如不符合则不接受申请,均予发出书面通知书。

2) 审核

认证机构派出审核组对申请方质量管理体系进行检查和评定,包括文件审查、现场审核,并提出审核报告。

3) 审批与注册发证

认证机构对审核组提出的审核报告进行全面审查,符合标准者批准并予以注册,发给认证证书。

6.5 风险管理在项目目标控制中的应用

项目目标控制一般分为两种类型,即主动控制和被动控制。

主动控制是预先分析目标偏离的可能性,并拟定和采取各项预防性措施,以使计划目标得以实现。主动控制是一种面向未来的控制,它可以解决传统控制过程中存在的时滞影响,尽最大可能改变偏差已经成为事实的被动局面,从而使控制更为有效。主动控制是一种前馈控制,也是一种事前控制,它在偏差发生之前就采取控制措施。

被动控制则是指管理人员对计划值的实施进行跟踪,将系统输出的信息进行加工和整理,再传递给控制部门,使控制人员从中发现问题,找出偏差,寻求并确定解决问题和纠正偏差的方案,然后再回送给计划实施系统付诸实施,使得计划目标一旦出现偏离就能得以纠正。被动控制是一种反馈控制,也是一种事后控制。

风险管理作为一种主动控制的管理技术,其理论和方法在项目管理领域得到了广泛应用。美国项目管理协会编写的项目管理知识体系指南中指出,风险管理是项目管理九大知识体系之一。

6.5.1 风险的概念

(1) 风险的含义

风险指的是损失的不确定性,对于项目管理而言,风险是指可能出现的影响项目目标实现的不确定因素。

1) 风险的内涵

对风险内涵的理解主要包括以下三个方面:

① 风险与不确定性

不确定性是某一事件的预期结果与实际结果间的变动,由于不确定因素的影响,对于一个特定的事件或活动,人们不能确知最终会产生什么样的结果或者能够事先辨识各种可能结果,并且难以确定或估计它们发生的概率,这就是不确定性。风险是有条件的不确定性,只是不确定未来是何种状态,而对每种状态发生的概率以及每种状态的后果是知道的,或者是可以估计的。

② 风险与损失

不确定性的结果是多样的。风险是一种必然会导致不良后果的不确定性,即损失的不确定性;不会产生不良后果的不确定性一般不称为风险。

③ 风险的可度量性

不确定性的可能结果是多样的,难以度量,而风险是可以度量的。个别的风险事件是很难预测的,但可以对其发生的概率进行分析,并可以评估其发生的影响。风险的可测性是风险管理学科建立和发展的基础。

2) 风险的特性

对于建设工程项目管理而言,建设工程风险附着在建设工程的建筑安装施工过程中,与建设工程的施工过程紧密相关,其特性具体表现在如下四个方面:

① 建设工程风险管理对工程方面的专业知识要求较高

若要识别工程风险,首先需要具备建筑安装方面的专业知识。比如土方工程中经常发生挖方边坡滑坡、塌方、其他扰动、回填土沉陷、冻胀、融陷或出现橡皮土等情况,只有具备了建筑安装工程的基础知识,才能凭借工程专业经验识别出这些风险。建设工程风险的估计和评价更需要工程专业知识,这样才能比较准确地估计风险发生几率的大小以及风险可能给整体工程造成的风险损失。

② 建设工程风险发生概率高

在一些工程尤其是大型工程的施工过程中,人为原因和自然原因造成的工程事件频发。施工期内经常出现建筑工人意外伤亡、建筑材料和设备丢失损坏的事件,工程施工设计或现场管理不当也成为导致工程缺陷或事件的人为风险源。此外,地震、洪水和其他自然不可抗力等自然风险源引发的工程风险事件的频率也是比较高的。

③ 工程风险的承担者具有综合性

由于建设工程的施工过程往往涉及众多责任方参与,比如建筑材料和构件由供应商供给,施工机械由承包商提供,施工图由设计单位提供,工程施工由若干承包商参与施工、业主负责采购,有些项目还涉及提供贷款的银行和担保公司等。因此,一项工程风险事件的责任会涉及业主、承包商、分包商、设计方、材料设备供应商等多方。比如工程工期延误了,可能是业主资金或物资不到位造成的,可能是承包商施工组织不利造成的,也可能是供应商供货延期造成的,或者是这些原因共同造成的。

④ 建设工程风险造成的损失具有关联性

由于建设工程涉及面较广,同步施工和接口协调问题比较复杂,各分部分项工程之间关联度很高,所以各种风险相互关联将形成相关分布的灾害链,使得建设工程产生出特有的风险组合。

(2) 风险管理的概念

风险管理是为了达到一个组织目标而对组织所承担的各种风险进行管理的系统过程，即一个组织通过风险识别、风险分析和风险评估去认识风险，并在此基础上合理地使用回避、抑制、自留或转移等方法和技术对活动或事件所涉及的风险实行有效的控制，妥善地处理风险事件造成的后果，以合理的成本保证实现预定的目标。

(3) 风险管理的程序

风险管理是一个连续不断的过程。建设工程项目风险管理可以面向建设全过程，也可以面向某个阶段或某项任务，如施工阶段的风险管理。风险管理一般包括以下几个步骤：

1) 风险识别

对影响建设工程项目的各种因素进行分析，确定项目存在的风险。

2) 风险分析与评估

对存在的单个风险进行量化分析，估算风险事件的损失程度和发生的概率，确认风险出现的时间和影响范围，衡量其风险量，在此基础上形成风险清单；综合考虑各种风险对项目目标的影响，确定不同风险的严重程度顺序，确定风险应对措施及各种措施的成本，论证风险成本效益。

3) 风险应对决策

制定风险管理方案，采取措施避免风险的发生或减少风险造成的损失，即降低风险量。

4) 风险应对的控制

在项目实施过程中，评估风险应对工作的效果，及时发现和评估新的风险，监视残留风险的变化情况，在此基础上对风险管理方案进行调整。

6.5.2 风险因素识别

项目由于具有实施周期较长这一客观特性，将遇到较多的风险因素，加上自身及所处环境的复杂性，使人们很难全面、系统地识别其风险因素。因此，要从以系统地完成建设项目的角度，对可能影响项目的风险因素进行识别。以建设工程项目为例，面临的主要风险包括以下几个方面：

(1) 政治风险

政治风险是指由于国家政局和政策变化、罢工、国际局势变化、战争、动乱等因素引起社会动荡而造成财产损失以及人员伤亡的风险。政治风险包括宏观和微观方面，宏观政治风险是指在一个国家内对所有经营者都存在的风险，而微观政治风险则仅是局部受影响，一部分人受益而另一部分人受害，或仅有一部分行业受害而其他行业不受影响的风险。

(2) 经济风险

经济风险是指人们在从事经济活动中，由于经营管理不善、市场预测失误、贸易条件变化、价格波动、供求关系转变、通货膨胀、汇率或利率变动等原因所导致的经济损失的风险。经济风险是一个国家在经济实力、经济形势及解决经济问题的能力等方面潜在的不确定因素构成的经济领域的可能后果。

(3) 工程风险

对于建设工程项目而言，工程风险是指工程在设计、施工及移交运营的各个阶段可能遭受的、影响项目系统目标实现的风险。工程项目实施涉及业主、设计单位、施工单位、供货单位、咨询单位等，工程风险中的有些风险对所有参与各方来说是共有的，而有些风险对某一方是风险，对另一方可能就不是风险。

另外，前面所述的政治风险、经济风险以及社会风险均带有普遍性，在任何一个国家，只要发生这类风险，各行各业都会受到影响。而工程风险则不然，它仅涉及工程项目，其风险的主体只限于项目参与各方，其他行业并不受其影响。

工程风险主要由以下原因造成：

1) 自然风险

自然风险是指由于大自然的影响而造成的风险，一般包括三个方面的风险：

① 恶劣的天气情况，如严寒、台风、暴雨等都会对工程建设产生影响；

② 未曾预料到的工程水文地质条件，如洪水、地震、泥石流等；

③ 未曾预料到的一些不利地理条件等。

2) 决策风险

决策风险主要是指在投资决策、总体方案确定、设计或施工单位的选择等方面，若决策出现偏差，将会对工程产生决定性的影响。

3) 组织与管理风险

组织风险是指由于项目有关各方关系不协调以及其他不确定性而引起的风险。由于项目有关各方参与项目的动机和目标不一致将会影响合作者之间的关系、影响项目进展和项目目标的实现。组织风险还包括项目组织内部不同部门对项目的理解、态度和行动不一致而产生的风险，以及项目内部对不同工程目标的组织安排欠妥、缺乏对项目优先目标的排序、不同项目目标之间发生冲突而造成工程损失的风险。

管理风险是指由于项目管理人员管理能力不强、经验不足、合同条款不清楚、不按照合同履约、工人素质低下、劳动积极性低、管理机构不能充分发挥作用等造成的影响。

4) 技术风险

技术风险是指在项目实施过程中遇到各种技术问题（如地基条件复杂，资源供应条件差或发生变化，项目施工技术专业度高、难度高等）所要承担的风险。一般表现在方案选择、工程设计及施工过程中由于技术标准的选择、计算模型的选择、安全系数的确定等方面出现偏差而形成的风险。

5) 责任风险

在建设项目的整个开发过程中，所有项目参与主体的行为是基于合同当事人的责任、权力和义务的法律行为，任何一方都需要向合同对方承担相应的责任；同时，建设项目涉及到社会大众的利益，项目各参与方还对社会负有义务。行为责任风险是指由于项目管理人员的过失、疏忽、侥幸、恶意等不当行为造成财产损失、人员伤亡的风险。

此外,对于建设工程项目,风险因素还包括计划风险、市场风险、融资风险和安全风险等,如表6-13所示。

建设工程项目的风险因素和风险承担主体　　　　　表6-13

风险类型	风险因素	风险主要承担主体
政治风险	政府政策、民众意见和意识形态的变化、宗教、法规、战争、恐怖活动、暴乱	发展商、承包商、供货商、设计单位、监理单位
经济风险	财政政策、税制、物价上涨、利率、汇率	发展商、承包商
自然风险	不可预见的地质条件、气候、地震、火灾或爆炸、考古发现	发展商、承包商
决策风险	投资决策、方案确定、设计或施工单位选择	发展商
组织与管理风险	组织安排、项目优先排序、项目目标冲突、管理能力不强、经验不足	发展商、承包商、供货商、设计单位、监理单位
技术风险	设计充分、操作效率、安全性	发展商、承包商
责任风险	合同当事人责任、管理人员过失、恶意造成财产损失	发展商、承包商、供货商、设计单位、监理单位
计划风险	许可要求、政策和惯例、土地使用、社会经济影响、民众意见	发展商
市场风险	需求、竞争、经营观念落后、顾客满意程度	发展商、承包商、设计单位、监理单位
融资风险	破产、利润、保险、风险分担	发展商、承包商、供货商
安全风险	规章、危险物质、冲突、倒塌、洪水、火灾或爆炸	发展商、承包商

6.5.3 风险分析

(1) 风险量

风险量反映不确定的损失程度和损失发生的概率。若某个可能发生的事件其可能的损失程度和发生的概率都很大,则其风险量就很大,如图6-36中的风险区A。

若某事件经过风险评估,它处于风险区A,则应采取措施,降低其概率,即使它移位至风险区B;或采取措施降低其损失量,即使它移位至风险区C。风险区B和风险区C的事件则应采取措施,使其移位至风险区D。

(2) 风险等级

在《建设工程项目管理规范》(GB/T 50326—2006)的条文说明中所列风险等级评估如表6-14所示。

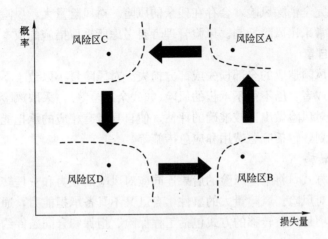

图 6-36 事件风险量的区域

风险等级评估表　　　　　　　　表 6-14

风险等级 可能性	轻度损失	中度损失	重大损失
很　大	3	4	5
中　等	2	3	4
极　小	1	2	3

按表的风险等级划分，图中的各风险区的风险等级如下：

1）风险区 A——5 等风险；
2）风险区 B——3 等风险；
3）风险区 C——3 等风险；
4）风险区 D——1 等风险。

6.5.4　风险控制

通常情况下，对风险的应对，一是采取措施防患于未然，尽可能地消除或减轻风险，将风险的发生控制在一定的程度内；二是通过适当的风险转移安排，减轻风险事件发生后对项目目标的影响。建设项目风险控制的方法主要包括以下四种：

(1) 风险回避

通过风险分析与评估，取消风险量很大并且没有有效措施降低风险量的事件，以避免风险的出现。如放弃一些先进但不成熟的、技术难度大、风险高的工艺。风险回避是一种有效的、普遍采用的方法，但是当回避一项风险时，也失去了潜在的获得效益的机会，还会在很多时候阻碍技术的创新和发展。风险管理者必须综合考虑风险成本和效益。

(2) 风险抑制

通过采取措施，降低风险事件发生的概率，减少风险事件造成的损失。风险减轻的方法不能完全消除风险,会存在残余的风险。对风险量大、风险无法回避和转移的事件,通常采用风险抑制。风险管理者要考虑所采取措施的成本。

(3) 风险自留

自己承担风险造成的全部损失或部分损失。对风险量小以致于不便于采取其他方式的风险,或者自己不得不承担的风险(如残余风险等),采取风险自留。采取风险自留,必须对风险做出比较准确的评估,使自身具有相应的承担能力;同时应制定风险应急计划,包括应急费用和应急措施等。

(4) 风险转移

通过某种方式,将某些风险的后果连同应对风险的权力和责任转移给他人,自己不再直接面对风险。风险量大的事件,自己又不具备承担能力,通常采用这种方式。建设工程项目风险转移的方式包括工程保险、担保和合同条件约定等。

6.5.5 工程保险与担保

(1) 工程项目保险的概念和种类

工程项目保险是指工程项目参与单位向保险公司缴纳一定的保险费,由保险公司建立保险基金,一旦发生所投保的风险事故造成财产或人身伤亡,即由保险公司用保险基金予以补偿的一种制度。它实质上是一种风险转移,即项目参与单位通过投保,将原应承担的风险责任转移给保险公司承担。

工程保险按是否具有强制性分为两大类:强制保险和自愿保险。强制保险系指工程所在国政府以法规明文规定承包商必须办理的保险。自愿保险是承包商根据自身利益的需要自愿购买的保险,这种保险非强行规定,但对承包商转移风险很有必要。

FIDIC 条款规定必须投保的险种有:工程和施工设备的保险、人身事故保险和第三方责任险。我国对于工程保险的有关规定很薄弱,尤其是在强制性保险方面。除《建筑法》规定建筑施工企业必须为从事危险作业的职工办理意外伤害保险属强制保险外,《建设工程施工合同示范文本》第 40 条也规定了保险内容。但是这些条款不够详细,缺乏操作性,再加上示范文本强制性不够,使得工程保险在实际工作中大打折扣。

除强制保险与自愿保险的分类方式外,我国《保险法》把保险种类分为人身保险和财产保险。自该法施行以来,在工程建设方面,我国已实行了人身保险中的意外伤害保险、财产保险中的建筑工程一切险和安装工程一切险。《保险法》还规定财产保险业务,包括财产损失保险、责任保险、信用保险等保险业务。

1) 建筑工程一切险及安装工程一切险

建筑工程一切险及安装工程一切险是以建筑或安装工程中的各种财产和第三者的经济赔偿责任为保险标的的保险。这两类保险的特殊性在于保险公司可以在一份保单内对所有参加该项工程的有关各方都给予所需要的保障,换言之,即在工程进行期间,对这项工程承担一定风险的有关各方,均可作为被保险人之一。

建安工程一切险需附加承保建筑工程第三者责任险,即指在该工程的保险费内,因发生意外事故所造成的依法应由被保险人负责的工地上及邻近地区的第三人的人身伤亡、疾病、财产损失,以及被保险人因此所支出的费用。

2) 意外伤害险

意外伤害险是指被保险人在保险有限期间,因遭遇非本意、外来的、突然的意外事故致使其身体蒙受伤害而残疾或死亡时,保险人员依照合同规定给付保险金的保险。《建筑法》第48条规定:"建筑施工企业必须为从事危险作业的职工办理意外伤害保险,支付保险费。"

3) 职业责任险

职业责任险是指以专业技术人员因工作疏忽、过失所造成的依法应负的民事赔偿责任为标的的保险。建设工程标的额巨大、风险因素多,建筑事故造成的损害往往数额巨大,而责任主体的赔偿能力相对有限,这就有必要借助保险来转移职业责任风险。在工程建设领域,这类保险对勘察、设计、监理单位尤为重要。

4) 信用保险

信用保险是以在商品赊销和信用放贷中的债务人的信用作为保险标的,在债务人未能履行债务而使债权人遭致损失时,由保险人向被保险人即债权人提供风险保障的保险。信用保险是随着商业信用、银行信用的普遍化以及道德风险频繁而产生的,在工程建设领域得到越来越广泛的应用。

(2) 担保的概念和类型

担保是为了保证债务的履行、确保债权的实现,在人的信用或特定的财产之上设定的特殊的民事法律关系。合同的担保是指合同当事人一方为了确保合同的履行,经双方协商一致而采取的一种保证措施。在担保关系中,被担保合同通常是主合同,担保合同是从合同。担保合同必须由合同当事人双方协商一致自愿订立,如果由第三方承担保险,必须由第三方,即保证人亲自订立。担保的发生以所担保的合同存在为前提,担保不能孤立地存在,如果合同被确认无效,担保也随之无效。

通常,担保有如下两种划分方式:

1) 法定担保和约定担保

法定担保是指依照法律的规定而直接成立并发生效力的担保方式,主要体现为法律规定的优先权、留置担保和法定抵押权等。法定担保的成立要件、效力、行使等,均由法律直接规定,无需当事人约定。

约定担保是指当事人按照法律规定自行约定的担保。除法律对其成立要件和内容作强制性规定外,当事人可以完全按照自己的意愿缔结担保合同。我国《担保法》中规定的保证、抵押、质押、定金即为约定担保。

2) 人的担保和物的担保

人的担保是指债务人以外的第三人以其信用为债务人提供的担保,主要指以债务人或第三人所有的特定的动产、不动产或其他财产权利担保债务履行而设定的担保。物的担保包括抵押担保、质押担保、留置担保和优先权等形式。物的担保赋予被担保人(债权人)直接支配作为担保的特定财产的权利,在债务人不履行债务时,被担保人可以变卖该财产以清偿其债权。

我国《担保法》规定的担保方式有以下5种：

1) 保证

保证，是指保证人和债权人约定，当债务人不履行债务时，保证人按照约定履行债务或者承担责任的行为。

保证的方式为一般保证和连带责任保证两种。保证方式没有约定或约定不明确的，按连带责任保证承担保证责任。一般保证是指当事人在保证合同中约定，当债务人不履行合同时，由保证人承担保证责任的保证方式。一般保证的保证人在主合同未经审判或仲裁，并就债务人财产依法强制执行仍不能履行债务时，对债务人可以拒绝承担保证责任。连带责任保证是指当事人在保证合同中约定保证人与债务人对债务承担连带责任的方式。连带责任保证的债务人在主合同规定的债务履行期届满没有履行债务的，债权人可以要求债务人履行债务，也可以要求保证人在其保证范围内承担保证责任。

2) 抵押

抵押是指债务人或者第三人不转移对抵押财产的占有，将该财产作为债权的担保。当债务人不履行债务时，债权人有权依照担保法的规定以该财产折价或者以拍卖、变卖该财产的价款优先受偿。抵押该财产的债务人或者第三人为抵押人，获得该担保的债权人为抵押权人，提供担保的财产为抵押物。

3) 质押

质押是指债务人或者第三人将其动产或者权利凭证移交债权人占有，将该动产或权利作为债权的担保。债务人不履行债务时，债权人有权依照担保法的规定以该动产或权利折价，或者以拍卖、变卖该动产或者权利的价款优先受偿。

4) 留置

留置是指依照法律的规定，债权人按照合同约定占有债务人的动产，债务人不按照合同约定的期限履行债务的，债权人有权依照担保法规定留置该财产，以该财产折价或者以拍卖、变卖该财产的价款优先受偿。《担保法》第五章对留置作了规定。

5) 定金

定金是指合同当事人一方于合同履行前，为了保证合同的履行，在应支付的规定数额内，预先支付一定数额的款项作为债权的担保。给付定金的一方不履行合同约定的债务的，无权要回定金；收受定金的一方不履行合同约定的债务的，应当双倍返还定金。定金的数额由当事人约定，但不得超过主合同标的额的20%。

复习思考题

1. 简述项目目标动态控制的工作步骤，并试画目标动态控制原理图。
2. 项目目标动态控制主要包括哪些纠偏措施？
3. 项目分解结构、费用分解结构、投资分解结构各有什么特点？它们之间有什么联系？

4. 建设工程项目的投资计划系统包括哪些方面的内容？
5. 简述项目实施各阶段投资控制的主要任务。
6. 建设项目的进度计划包括哪些种类？进度计划系统包括哪些内容？
7. 网络计划技术如何分类？
8. 双代号网络计划如何绘图，时间参数如何计算以及关键工作和关键线路如何确定？
9. 单代号网络计划如何绘图，时间参数如何计算以及关键工作和关键线路如何确定？
10. 建设工程项目的质量计划工作分为哪几个阶段，各阶段的工作内容包括哪些方面？
11. 简述 PDCA 循环原理。
12. 简述质量管理体系八项原则，质量管理体系认证有哪些意义？
13. 简述建设工程项目一般有哪些风险因素？
14. 风险控制一般有哪些方法？

第 7 章 项目合同管理

项目管理有三大目标，即投资目标、进度目标和质量目标；项目管理亦有三大关系，即合同关系、指令关系和协调关系。指令关系已经在本教材第 3 章讲述，协调关系将在本教材第 8 章讲述，本章讲述合同关系。

合同关系是项目管理中的重要关系，因为项目许多工作需要委托专业人士、专业单位承担，而委托与被委托关系需要通过合同关系来体现，如果不能很好地管理好这些合同关系，项目实施的进展就会受到干扰，并会对项目实施的三大目标产生不利影响。

由于项目涉及的参与单位众多，各个单位之间会形成不同的合同关系，一般对建设工程项目的业主而言，合同关系分为三大类，即工程发包、咨询服务采购和设备材料采购，如图 7-1 所示。

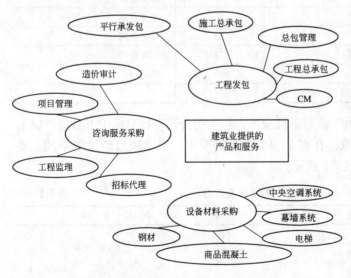

图 7-1 建设工程项目合同关系

工程发包是指施工任务的委托，委托方式包括平行承发包、施工总承包、施工总承包管理、项目总承包、CM 模式等；咨询服务采购是指设计委托、项目管理委托、监理委托、招标代理委托、造价审计委托等；设备材料采购是指购买钢材、商品混凝土、幕墙、电梯、机电设备、智能化系统等。

本章内容包括合同分类与合同分解结构、合同结构模式与合同结构图、工程招投标、项目合同文本以及项目合同的计价方式。

7.1 合同分类与合同分解结构

现代工程项目是一个复杂的系统工程，项目参与方众多，合同的种类和数量较多，有的大型项目甚至涉及到上千份合同，只要有一份合同履行出现问题，就会影响和殃及其他合同甚至整个项目的成功。因此，要全面做好项目整个生命周期合同管理的决策和实施工作，确保整个项目在不同阶段、不同合同主体之间顺利开展，实现项目的总体目标和效益。

7.1.1 合同分类

项目合同管理的第一步是进行合同分类。按照《中华人民共和国合同法》，合同可以分为 15 大类，如表 7-1 所示。

合同法合同分类　　　　　　　　　　　　　　表 7-1

序 号	分 类	序 号	分 类
1	买卖合同	9	运输合同
2	供用电、水、气、热力合同	10	技术合同
3	赠与合同	11	保管合同
4	借款合同	12	仓储合同
5	租赁合同	13	委托合同
6	融资租赁合同	14	行纪合同
7	承揽合同	15	居间合同
8	建设工程合同		

对于建设项目而言，由于参与单位众多，相关的合同可能有成千上百份，以上 15 大类合同基本上都会涉及。在整个项目生命周期中，根据项目阶段的不同，签订的合同亦有所不同，如表 7-2 所示。

项目生命周期合同分类　　　　　　　　　　　　　　表 7-2

项目阶段	合 同 种 类	合 同 主 体
决策阶段	咨询合同	业主、咨询公司、政府、土地转让方、银行等
	土地征用合同	
	房屋拆迁合同	
	土地使用权出让转让合同	
	可行性研究合同	
	贷款合同	
	……	

续表

项目阶段	合同种类	合同主体
实施阶段	勘察合同	业主、勘察单位、设计单位、招标代理机构、供应商、承包商、监理单位等
	设计合同	
	招标代理委托合同	
	监理合同	
	施工承包合同	
	采购合同	
	技术咨询合同	
	……	
使用阶段	保修合同	业主、供电水气单位、物业公司等
	供水电气合同	
	房屋销售合同	
	运营管理合同	
	物业管理合同	
	出租合同	
	……	

7.1.2 合同分解结构

合同是合同管理工作的基本对象，为了有效地对合同进行管理，需要对合同和合同数据进行分类、汇总和统计，基本工具为合同分解结构图。

在对项目进行合同分解，建立合同分解结构时，应注意从整体上考虑项目控制与合同管理的关系，系统地为合同管理工作分解合同结构，确保合同发包的灵活性，使得项目子项或投资子项与合同之间保持一致性和相关性。因此在分解合同结构时不能孤立地考虑合同本身，应考虑到投资分解结构与合同分解结构之间的信息对应关系。

可以将合同分解结构划分为三个部分，即合同类型、合同以及合同分项等。合同类型将合同按照一定的要求进行分类，通过对合同法以及多个大型工程项目的合同文件研究和分析，针对工程项目的特点，一般可以将合同分为勘察合同、设计合同、施工合同、科研合同、采购合同、监理合同、咨询合同、借款合同、租赁合同、融资租赁合同、运输合同以及技术转让合同等。合同分项是合同工作内容和范围的再分解，分包合同也可以当作合同分项处理，因此，对于每一个合同分项应给予一定的标记符，确定该合同分项是一个真正的合同还是一个合同的内容和工作的再分解。

图 7-2 所示是总投资为 155 亿元、建设周期为 10 年的某深水航道治理工程项目合同分解结构示意图。

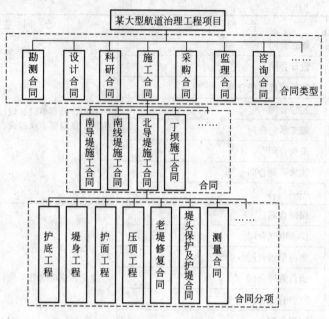

图 7-2 某深水航道治理工程项目合同分解结构

7.2 合同结构模式与合同结构图

合同结构与合同分类不同，合同分类是指某一项目实施过程中合同的种类，而合同结构是指业主与各个项目参与单位如设计单位、咨询单位、施工单位、物资供应单位等之间的合同关系，以及这些单位相互之间的合同关系（如总包与分包、联合体成员与成员等之间的合同关系）。

比如对于某一建设工程项目的钢结构工程来讲，需要与业主发生合同关系的单位非常多，首先是主设计单位，但是主设计单位可能对钢结构工程设计深度不够，业主就有必要再寻找一家钢结构工程细部设计单位进行细化设计，设计好之后，业主再寻找材料供应单位采购钢材，然后寻找钢结构制作单位进行加工制作，最后确定吊装单位对钢结构进行安装，如图 7-3 所示。有时候，细化设计、材料供应、加工制作、吊装等是由一家钢结构单位完成的，即钢结构设计、制作、安装一体化的单位。

建设工程项目承发包是建筑市场中的商品交换方式，建设工程项目承发包模式反映了项目建设业主方和实施方、实施方与实施方等相互之间的合同关系。目前建筑市场中常见的建设工程项目承发包模式有很多种，如图 7-4 所示。

许多大型项目的项目管理实践证明，一个项目建设能否成功，能否进行有效的投资控制、进度控制、质量控制、合同管理及组织协调，很大程度上取决于承发包模式的选择。本节以平行承发包、施工总承包、施工总承包管理、CM 模式、项目总承包为例进行论述。

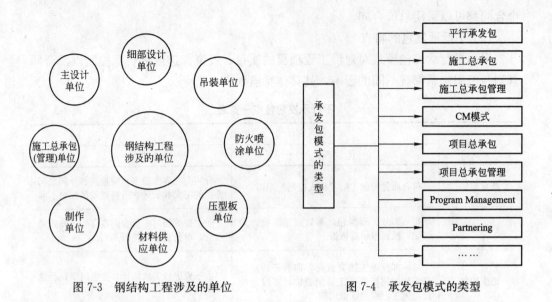

图7-3 钢结构工程涉及的单位　　　　图7-4 承发包模式的类型

7.2.1 平行承发包

(1) 平行承发包的概念

平行承发包，又称为分别发包，是指发包方根据建设工程项目的特点、项目进展情况和控制目标的要求等因素，将建设工程项目按照一定原则分解，将设计任务分别委托给不同的设计单位，施工任务分别发包给不同的施工单位，各个设计单位和施工单位分别与发包方签订设计合同和施工合同的承发包模式。

(2) 平行承模式发包的合同结构

承发包模式中有个很重要的因素是合同结构。各种承发包模式都有具有自身特点的合同结构。

平行承发包模式的合同结构图如图7-5所示。

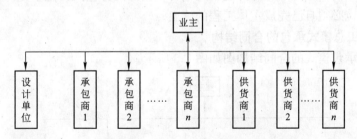

图7-5 平行承发包模式的合同结构

平行承发包模式将工程化整为零，设计时分批出图(例如桩基-地下结构-上部结构-设备安装-装修)。在施工阶段，业主将不同的施工任务分别委托给不同的施工单位，各个施工单位分别与业主签订合同，各个施工单位之间的关系是平行关系。一般情况下，在通过招标选择施工单位时，该部分工程的施工图已经完成，每个合同都可以采用总价合同。

(3) 平行承发包的特点

采用平行承发包模式对建设工程项目的质量、投资、进度的目标控制以及合同管理与组织协调都有不同的影响，其具体特点如表 7-3 所示。

平行承发包特点一览表　　　　　　　　　表 7-3

	特　点	
	优　点	缺　点
质量控制	符合质量控制上的"他人控制"原则	合同交互界面较多，应重视各合同之间界面的定义和管理，否则对质量控制不利
投资控制	每一部分工程发包，都以施工图设计为基础，投标报价有依据	业主要等最后一份合同签订后才知道总投资，对投资早期控制不利
进度控制	某一部分施工图完成后，即可开始这部分工程的招标，开工日期提前，可以边设计边施工，缩短建设周期	由于要进行多次招标，业主用于招标的时间较多
合同管理	业主要负责所有合同的招标、合同谈判、签约，招标及合同管理工作量大；业主要负责对多个合同的跟踪管理，工作量较大	
组织协调	业主要负责对所有承包商的管理及组织协调，承担类似于施工总承包管理的角色，工作量大	

7.2.2　施工总承包

(1) 施工总承包的概念

施工总承包模式的英文名称是"General Contractor"，简称 GC，是指发包人将全部施工任务发包给一个施工单位或由多个施工单位组成的施工联合体。施工总承包单位主要依靠自己的力量完成施工任务，经发包人同意，施工总承包单位可以根据需要将施工任务的一部分分包给其他符合资质的分包人，但不允许转包，即施工总承包单位必须自己完成主体工程的施工。

(2) 施工总模式承包的合同结构

施工总承包模式的合同结构图如图 7-6 所示。

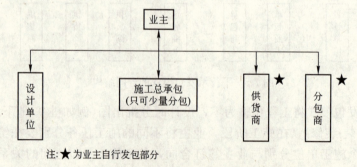

注：★为业主自行发包部分

图 7-6　施工总承包的合同结构

1) 施工总承包单位承担整个项目的施工任务，视具体情况可将部分工程分包给具有相应资质的分包单位，但工程的主体部分不允许分包，分包单位不得再分包；

2) 对于一般分包商，总承包商须向业主承担全部的工程责任，负责工程的管理、所属各分包商之间工作的协调以及各分包商之间合同责任界限的划分，并向业主承担工程风险，分包单位按照分包合同的约定对总承包单位负责；

3) 业主视具体情况可能会对某些分部分项工程的施工责成施工总承包商将其分包给指定分包商；

4) 指定分包商的分包合同条款和工程价款，由业主确定，并由总包分包双方签订实施；

5) 总承包商对指定分包商的施工起管理和协调的作用，由指定分包商的责任影响了工期或造成总包的经济损失，由业主承担责任，总承包商可以索赔。

施工总承包的工作程序是：先进行项目的设计，待设计结束后再进行施工总承包招投标，然后再施工。一般情况下，在通过招标选择施工总承包单位时，施工图设计已经完成，施工总承包合同往往采用总价合同，如图7-7所示。

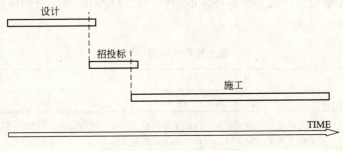

图7-7　GC的项目开展顺序

案例分析7-1　某国际会展中心合同结构

某国际会展中心项目建设采用施工总承包模式，其合同结构如图7-8所示。

该项目合同结构的特点是业主委托混凝土框剪结构施工单位担任施工总承包，且自行分包某造船厂和某机制公司承担钢结构深化设计；施工总承包单位将其中的钢结构部分分包给钢结构主承包单位，将钢材供应分包给三家钢厂。钢结构主承包单位负责钢结构安装，将钢结构制作和防火喷涂再分包给三家机制公司；待造船厂和机制公司钢结构深化设计以及制作完成后交给钢结构主承包单位接管。

(3) 施工总承包的特点

施工总承包的最大好处是大大减轻了业主方的组织协调、合同管理工作，但最

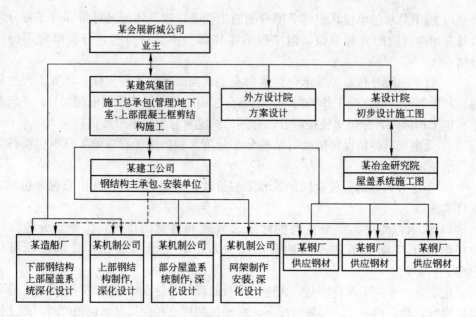

图 7-8 某国际会展中心工程合同结构图

大的缺点是要等设计出图全部完成才能招标,建设周期较长,否则风险较大,其具体特点如表 7-4 所示。

施工总承包特点一览表　　　　　　　表 7-4

	特　　点	
	优　点	缺　点
质量控制	项目质量好坏很大程度上取决于施工总承包单位的选择,取决于施工总承包单位的管理和技术水平。业主对施工总承包单位的依赖较大	
投资控制	一般以施工图设计为投标报价的基础,投标人的投标报价较有依据; 在开工前就有较明确的合同价,有利于业主对总投资的早期控制。 若在施工过程中发生设计变更,则可能发生索赔	
进度控制	施工图设计全部结束后,才能进行施工总承包的招标,开工日期较迟,建设周期势必较长,限制了其在建设周期紧迫的建设项目上的应用	
合同管理	业主只需要进行一次招标,与一家承包商签约,招标及合同管理工作量大大减小	在很多工程实践中,采用的并不是真正的施工总承包,而用所谓的"费率招标",实质上是开口合同,对业主方的合同管理和投资控制不利
组织协调	业主只负责对施工总承包单位的管理及组织协调,工作量大大减小	

7.2.3 施工总承包管理

(1) 施工总承包管理的概念

施工总承包管理模式的英文名称是"Managing Contractor",简称 MC,意为

"管理型承包",它不同于施工总承包模式。采用该模式时,业主与某个具有丰富施工管理经验的单位或联合体签订施工总承包管理协议,负责整个建设项目的施工组织与管理。一般情况下,施工总承包管理单位不参与具体工程的施工,而是将工程实体再分包。

(2) 施工总承包管理的合同结构

按照 MC 单位是否和分包单位签约,施工总承包管理模式分为两种类型:第一种类型是 MC 单位与分包单位签约型;第二种是 MC 单位与分包单位不签约型。其中第一种类型又分为纯施工总承包管理模式和承担部分施工任务的施工总承包管理模式两种,后者必须参加部分工程分包招标的投标,这时,分包合同的招标工作转由业主负责。

第一种类型的 MC 合同结构如图 7-9 所示。

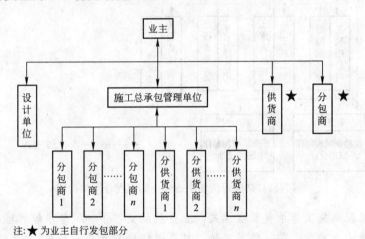

图 7-9 MC 单位与分包单位签约型

第二种类型的 MC 合同结构如图 7-10 所示。

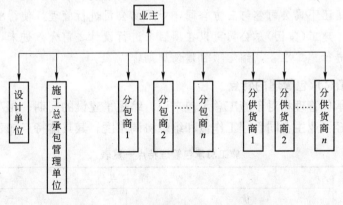

图 7-10 MC 单位与分包单位不签约型

案例分析 7-2 某国际机场合同结构

某国际机场项目建设采用施工总承包管理模式，其合同结构如图 7-11 所示。

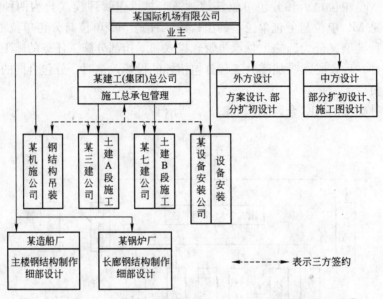

图 7-11 某国际机场航站楼一期工程合同结构图

该项目采用施工总承包管理模式，业主虽然支付了一笔总承包管理费，但组织协调工作量大为减少，并转移了风险。其合同结构特点是：某建工(集团)总公司作为施工总承包管理单位与业主签订施工总承包管理合同，其集团下属的三建和七建和业主签订合同，分别负责土建 A 段、B 段的施工，集团下属的机施公司和设备安装公司与业主签订合同，分别负责项目的钢结构吊装、设备安装工作。集团总公司与业主、集团下属公司签订三方合同，对下属公司进行管理，使得业主的组织协调得以简化。建工(集团)总公司可以在项目未进行设计之前介入进来，协助业主设计，并提前进行施工准备，缩短项目建设周期。

(3) 施工总承包管理的特点

施工总承包管理相对于施工总承包来说，缩短了建设的周期；相对于平行承发包来说，减轻了业主合同管理工作量和组织协调难度。其具体特点如表 7-5 所示。

施工总承包管理特点一览表　　　　　　　　　　表 7-5

	特　点	
	优　点	缺　点
质量控制	对分包人的质量控制由施工总承包管理单位进行； 对分包人来说，符合质量控制上的"他人控制"原则，对质量控制有利； 各分包合同交界面定义由施工总承包管理单位负责，减轻了业主方的工作量	

续表

	特　点	
	优　点	缺　点
投资控制	某部分施工图完成后，由业主单独或与施工总承包管理单位共同进行该部分工程招标，分包合同的投标报价较有依据	在进行施工总承包管理单位的招标时，只确定施工总承包管理费，没有合同总造价，是业主承担的风险之一
进度控制	施工总承包管理的招标不依赖于施工图设计，可以提前。分包合同的招标也得到提前，从而提前开工，可缩短建设周期	
合同管理	对分包人工程款支付又分为总包管理单位支付和业主直接支付，前者对加大总包管理单位对分包人管理力度更有利	一般情况下，所有分包合同的招投标、合同谈判、签约工作由业主负责，业主方的招标及合同管理工作量大
组织协调	由施工总承包管理单位负责对所有分包人的管理及组织协调，大大减轻了业主的工作。这是施工总承包管理模式的基本出发点	与分包人的合同一般由业主签订，一定程度上削弱了施工总承包管理单位对分包人管理的力度

（4）施工总承包管理模式与施工总承包模式的比较

MC模式是"管理型"承包，它和GC模式有很大的不同，具体表现在以下几个方面：

1）工作开展程序不同

施工总承包模式与施工总承包管理模式不同，施工总承包模式的工作程序是：先进行建设工程项目的设计，待设计结束后再进行施工总承包招投标，然后再进行施工，如图7-12(a)所示。从图中可以看出，如果要等到施工图全部出齐再进行工程招标，显然是很困难的，因此GC模式对于规模庞大的项目是很难进行的。

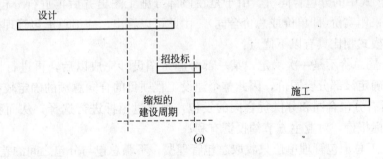

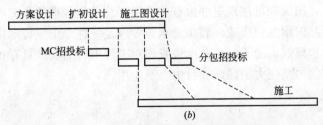

图7-12　施工总承包与施工总承包管理模式下项目开展顺序的比较
(a)施工总承包模式下的项目开展顺序；(b)施工总承包管理模式下的项目开展顺序

而如果采用施工总承包管理模式，施工总承包管理单位的招标可以提前到建设工程项目尚处于设计阶段进行，因为其招标不依赖完整的施工图。另外，工程实体由施工总承包管理单位化整为零，分别进行分包的发包，即每完成一部分施工图就招标一部分，从而使该部分工程的施工提前到整个建设工程项目设计阶段尚未完全结束之前进行，边设计边施工，大大缩短了建设的周期，如图7-12(b)所示。

2）合同结构不同

在GC模式中，GC单位与分包商或供货商签订合同；而在MC模式中，根据MC模式的不同类型，MC单位可能与分包商签约，也可能直接由业主和分包商签约，前者更有利于MC单位对分包商的管理。

3）分包范围不同

在GC模式中，绝大部分工程实体不允许分包，必须由GC单位自己完成；而在MC模式中，MC单位一般不参与具体工程的施工，而是将所有工程实体再分包。

4）对分包商的付款不同

在GC模式中，GC单位支付分包商的各项款项；而第一种MC模式中，对各个分包单位的各种款项可以通过施工总承包管理单位支付，也可以由发包单位直接支付。如果由发包单位直接支付，需要经过施工总承包管理单位的认可。在第二种MC模式中，业主支付分包商的各种款项。

5）合同价格不同

在GC模式中，GC单位根据全部施工图报出建安工程造价；在MC模式中，施工总承包管理合同中一般只确定施工总承包管理费（通常是按工程建安造价的一定百分比计取），而不需要确定建安工程造价。

MC模式中的分包合同价，由于是在该部分施工图出齐后再进行分包的招标，因此应该采用实价（即单价或总价合同）。由此可以看出，施工总承包管理模式与施工总承包模式相比具有以下优点：

① 合同总价不是一次确定，某一部分施工图设计完成以后，再进行该部分施工招标，确定该部分合同价，因此整个建设工程项目的合同总额的确定较有依据；

② 所有分包合同和分供货合同的发包，都通过招标进行选择，从而获得有竞争力的投标报价，对业主方节约投资有利；

③ 施工总承包管理单位只收取总包管理费，不赚总包与分包之间的差价。

需要注意的是，国家现行法规里并没有关于施工总承包管理的条文规定，但在国际上却是一种成熟的承发包模式。施工总承包管理是一种介于平行承发包和施工总承包之间的承发包模式。由于施工总承包管理对工程项目的实施具有很好的推动作用，因此目前在国内某些大型建设项目中有所应用。

7.2.4 CM模式

(1) CM模式的概念

CM是英文Construction Management的缩写，它的定义是：CM模式是由业主委托 CM 单位，以一个承包商的身份，采取有条件的"边设计、边施工"，即"快速路径法"的生产组织方式，来进行施工管理，直接指挥施工活动，在一定程度上影响设计活动，而它与业主的合同通常采用"成本＋利润(Cost Plus Fee)"方式。

(2) CM 模式的合同结构

国际上 CM 模式的合同结构可以分为以下两种基本类型：

1) CM/Non-Agency(非代理型 CM)；
2) CM/Agency(代理型 CM)。

CM/Non-Agency(非代理型 CM)是指 CM 单位不是以"业主代理"的身份，而是以承包商的身份工作，具体说，就是由 CM 单位直接进行分包的发包，由 CM 单位直接与分包商签订分包合同。

CM/Agency(代理型 CM)指 CM 单位仅以"业主代理"的身份参加工作，CM 单位不负责进行分包的发包，与分包商的合同由业主直接签订。

CM/Agency(代理型 CM)与 CM/Non-Agency(非代理型 CM)的最大区别在于 CM 单位是否与分包商签约。这一区别又引申出两者在以下方面的不同：

1) 采用 CM/Non-Agency，CM 单位承担的风险更大；
2) 采用 CM/Non-Agency，CM 单位对分包商的控制强度大于 CM/Agency；
3) 在 CM/Non-Agency 模式中，CM 单位要承担 GMP(保证最大工程费用)，而 CM/Agency 不承担 GMP；
4) 两者合同条件的内容和组成有很大的区别；
5) 在 CM/Agency 模式中，CM 单位不向业主单位收取 CMfee(CM 利润)，而 CM/Non-Agency 要收 CMfee，两者合同价的构成有很大的区别。

(3) CM 模式的特点

CM 模式的最大特点在于非代理型 CM 单位向业主保证最大工程费用(GMP)，超过部分由 CM 单位承担，节约部分则归业主，其具体特点如表 7-6 所示。

CM 模式特点一览表　　　　　　　表 7-6

	特　点
质量控制	实现了在设计阶段设计与施工的结合与协调，有利于提高工程质量。 对分包商的质量控制由 CM 单位负责，对分包商来说，符合质量控制上的"他人控制"原则，对质量控制有利。 各分包合同交界面的定义由 CM 单位负责，减轻了业主方的工作量
投资控制	施工合同总价不是一次确定，而是有一部分完整图纸确定一部分，合同价的确定较有依据。 CM 单位与分包商的合同价向业主公开，不赚总包与分包之间的差价。 在设计阶段采用价值工程方法，向设计提合理化建议，挖掘节约潜力。 CM/Non-Agency 模式采用 GMP 模式，大大减轻了业主在投资控制方面的风险；CM/Agency 模式由于没有 GMP 的保证，业主在项目投资控制方面的风险较大

续表

	特　点
进度控制	采用"Fast Track"快速路径法，设计与施工充分搭接，有利于缩短工期。这是CM模式的基本出发点。 通过在设计阶段提合理化建议，减少了在施工阶段因修改设计给工程造成的延误。 CM招标的时间不依赖于设计图纸的完成，可以提前
合同管理	CM/Non-Agency模式所有分包合同的招投标、合同谈判、签约工作由CM单位负责，与分包商的合同由CM单位签订，加大了其对分包商管理的力度；CM/Agency模式所有分包合同的招投标、合同谈判等工作都由CM单位负责，但由于是业主签约，势必加大业主方的合同管理工作
组织协调	CM/Non-Agency模式与分包商的合同由CM单位签订，加大了其对分包商管理的力度；CM/Agency模式与分包商的合同由业主直接签订，一定程度上削弱了CM单位对分包商管理的力度

(4) GMP——保证最大工程费用

1) GMP的目的

CM/Non-Agency的招标时间和项目总承包一样，往往在设计的前期进行；但是其合同计价方法与项目总承包不同，对整个工程费用没有采取总价包干，其合同总价是在CM合同签字以后，随着CM单位与各分包商签约而逐步形成，因此有些文献指出"在整个工程开始前没有固定或保证的最终费用，这是业主承担的最大风险，也是CM模式的最大弱点"。

采用GMP方法的最终目的，就是为了减少业主的费用控制风险，将业主承担的工程费用风险转由CM单位来承担，同时为业主控制工程费用提供一个明确的标准。因此，采用GMP从根本上是为了保护业主的利益，同时对CM单位的管理也是一种鞭策。

2) GMP的概念

GMP是保证最大工程费用(Guaranteed Maximum Price)的简称，是指CM单位向业主保证将来的建安工程费用的总和不超过某一规定的数额，这个最大数额在合同文件中称为保证最大工程费用(除合同文件规定的设计变更外)，超过保证最大工程费用的费用应由CM单位支付，业主不予承担。从中我们可以看出以下几方面含义：

① CM单位对其施工阶段的工作要承担经济责任，即它必须按GMP的限制来计划和组织施工；

② GMP表明了CM单位向业主保证的最大合同价格，业主实际支付的费用要小于或等于GMP，如果实际工程费用加CMfee超出GMP，将由CM单位承担，反之节约部分将归业主；

③ 为鼓励CM单位控制工程费用的积极性，通常经双方协商，CM单位可对节约部分作一定比例的提成；

④ 由于CM/Non-Agency是以承包商的身份工作，承担工程风险，而

CM/Agency是以业主代理的身份工作，不直接从事施工活动，所以GMP是只适合CM/Non-Agency模式使用的一种合同计价方法。

3) GMP的编制方法

GMP的编制过程是一个连续的、持续的过程，它并不是在投标时即由投标商报价，在合同谈判时即已确定的，而是在CM合同签订以后，当设计图纸和文件达到足够深度时，由CM单位在某一规定的时间提出，并由业主确认。

GMP的具体编制方法可按以下步骤，如图7-13所示。

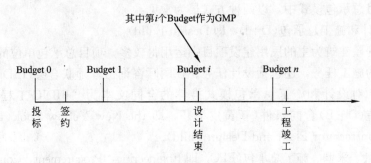

图7-13 GMP的提出时间

① 在设计阶段，随着设计工作的不断深入，CM经理同业主和设计单位一起分析和确定项目的标准和功能要求，并根据这些标准和要求编制工程费用的1号预算(Budget 1)。

② 按照CM合同的事先商定，在合同签字后的合理期间内，CM经理不断修改和细化工程费用预算并报业主批准，先后编出2号预算、3号预算……

③ 在工程进展的某一时期（通常是施工图全部完成或基本完成），CM单位提出GMP提案报业主批准，经业主接受和批准的工程费用详细预算在合同中称为保证最大工程费用(GMP)。

(5) CM与MC的区别

CM与MC的区别主要体现在以下两个方面：

1) MC签约时只确定施工总承包管理费，工程实体的建筑安装总造价要等每一份分包合同签订后加起来才能确定，给业主的工程投资早期控制带来一定风险；而CM模式中，CM单位向业主保证总投资不超过GMP，投资风险转由CM单位承担，对业主投资控制十分有利。

2) MC单位必须按图施工；而采用CM模式，CM单位通过早期介入，在设计阶段就采用价值工程方法，对设计的技术、经济方面提供咨询意见，挖掘资金节约潜力，同时CM单位通过从承包商的角度在设计阶段提出合理化建议，可减少施工阶段因修改设计而给工程造成时间上的延误。

7.2.5 项目总承包

(1) 项目总承包的概念

项目总承包又称为工程总承包。2003年，建设部颁发了《关于培育发展工程总承包和工程项目管理企业的指导意见》,该文件指出:"工程总承包和工程项目管理是国际通行的工程建设项目组织实施方式。积极推行工程总承包和工程项目管理,是深化我国工程建设项目组织实施方式改革,提高工程建设管理水平,保证工程质量和投资效益,规范建筑市场秩序的重要措施。"

文件同时对工程总承包的定义做了说明,即工程总承包是指从事工程总承包的企业受业主委托,按照合同约定对工程项目的勘察、设计、采购、施工、试运行(竣工验收)等实行全过程或若干阶段的承包。

在项目总承包模式中,以两种方式最为常见:

1) 设计和施工总承包(D+B,即 Design-Build)

在以房屋建筑为主的民用建设项目中运用得较多,项目总承包单位的工作范围除了全部的施工任务,还包括设计任务。在国际咨询工程师联合会(FIDIC)新出版的合同中,对设计和施工总承包模式推荐的合同文本为"FIDIC 工程设备和设计——建造(D+B)合同条件(新黄皮书)",即 the New Yellow Book(the Conditions of Contract for Plant and Design-Build)。

2) 设计、采购、施工总承包(EPC,即 Engineering, Procurement, Construction)

常见于以大型装置或工艺过程为主要核心技术的工业建设领域,如大型石化、化工、橡胶、冶金、制药、能源等建设项目。在这些类型的建设项目中,项目总承包单位工作的范围包括设计、施工和物资(包括设备)采购。EPC 总承包模式与 D+B 总承包模式在操作方法上有很大的不同,在国际咨询工程师联合会(FIDIC)新出版的合同中,有专门针对 EPC 方式的合同文本"FIDIC 设计采购施工(EPC)/交钥匙工程合同条件(银皮书)",即 the Silver Book(the Conditions of Contract for EPC/Turnkey Projects)。

项目总承包单位介入项目的时间一般在项目决策后,施工图设计前。根据介入的时间不同,建设项目总承包单位可以从方案设计阶段就开始总承包工作,也可以从初步设计阶段、技术设计阶段或者施工图设计阶段开始总承包工作,如图 7-14 所示。

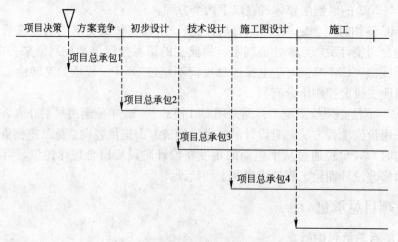

图 7-14 项目总承包单位的介入时间

(2) 项目总承包的合同结构

项目总承包模式的合同结构如图 7-15 所示。

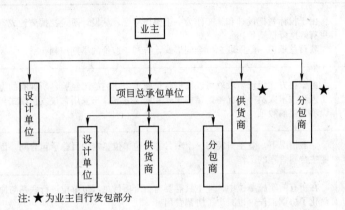

注:★为业主自行发包部分

图 7-15 项目总承包模式的合同结构

1) 项目总承包单位可以从方案设计阶段就开始项目总承包,也可以从初步设计阶段、技术设计阶段或者施工图设计阶段开始项目总承包,如合同结构图所示。但是,当施工图设计完成以后再进行总承包,就变成施工总承包模式;

2) 项目总承包自主选择分包单位和供货单位,经业主批准后与之签订合同,业主也可以自己指定一部分分包单位和供货单位,如图中星号所示为业主自行采购和分包的部分;

3) 实际操作中,往往具有两种模式,一是由施工单位承接建设工程项目总承包的任务,而设计单位受施工单位的委托承担其中的设计任务,即设计作为分包;二是由设计单位承接建设工程项目总承包的任务,而施工单位作为其分包承担其中的施工任务;

4) 项目总承包单位要对项目承担投资、质量、进度等目标的总体责任。

(3) 项目总承包的特点

项目总承包的基本出发点不在于"总价包干",也不是"交钥匙",其核心是通过设计与施工的组织集成,促进设计和施工的紧密结合,以达到为建设项目增值的目的。项目总承包的最大特点是将设计与施工有效结合,但是在我国,很少有承包企业既有很强的设计能力,又有很强的施工承包能力,因此实际做法往往是由设计单位和施工单位组成联合体,共同承担项目总承包任务,其具体特点如表 7-7 所示。

项目总承包特点一览表　　　　表 7-7

	特　点
质量控制	关键看功能描述书的质量,由于设计方结合了施工单位的特点进行设计,施工单位又从工艺、施工方法的角度对设计提优化意见,有利于获得更好的质量

续表

	特　点
投资控制	由于投标者把设计和施工作为一个整体考虑，从设计阶段挖掘节约成本的潜力，能够更有效地降低造价； 项目总承包一般采取总价合同形式，有利于造价的早期控制
进度控制	由于在方案设计阶段就可以根据建筑施工企业的施工经验、所拥有的施工机械、熟练工人和技术人员等情况考虑结构形式和施工方案，与采用常规发包模式相比，可以使建设项目提前竣工
合同管理	一般情况下，业主只需与一个项目总承包单位签定项目总承包合同，因此大大减轻了业主合同管理的工作
组织协调	在所有的实施单位中，业主只需要与一个项目总承包单位进行联系与协调，从而大大简化了协调工作，也减少了协调费用

(4) 功能描述书

项目总承包模式的最大难点在于业主如何发包，由于项目总承包是从还没有开始设计或者设计只完成一部分的情况下发包的，发包时图纸不够详细或者甚至没有图纸，工程的内容、数量、标准、规格等都很难确定，因此项目总承包区别于施工总承包，不适合使用构造招标，而只适用于功能招标。功能招标与构造招标的最大区别是：对建设任务的描述不是用图纸形式，而是用文字、数字和表格形式来进行描述。其中功能招标的核心是功能描述书。

功能描述书是业主或受委托的咨询单位（包括设计院），从用户的愿望出发和根据业主提出的要求，对拟建建设工程项目从建筑物的使用功能上进行描述的文本；它作为详细的建设任务设计文件是项目总承包单位投标的依据。

1) 功能描述书的编制原则

在应用功能招标模式过程中要考虑以下问题：生活质量和环境条件、建筑造型和经济性、承发包双方的风险和责任及投标书的质量、施工质量等。功能描述书的编制一般有以下几点原则：

① 对建设任务的描述不涉及具体的材料品种、规格，不涉及具体的构造和设计；

② 对建设任务的描述必须明确质量水平，其描述应全面、清楚，不出现矛盾。

2) 功能描述书的编制组织

一般来说，功能描述书的编制单位有两种类型：

① 由业主自主编制，这种类型仅适合对建筑工程有丰富经验的业主。一般业主对建筑工程的经验不足以编制出较高质量的功能描述书，需要委托专门的咨询机构；

② 委托咨询机构（包括设计院）编制，一方面用户向咨询单位"提出房间（或空间）的需求情况和相互关系"，另一方面咨询单位应负责提出用户和业主对建筑物的使用功能的质量要求，同时双方应经常保持联系，咨询单位为业主估计不同要求水

平下费用的差异及确定项目最终的项目匡算。

3) 功能描述书的内容

一般来讲，功能描述书的内容包括以下几点：

① 概述
- 拟建项目概况；
- 以表格形式说明在整个项目中，业主和承包者负责完成的任务。

② 建筑基地条件
- 建设地点；
- 建筑基地红线及其周围环境；
- 城市建设方面的要求和条件；
- 城市规划方面对建筑造型的要求；
- 地基勘察报告及专家鉴定书；
- 地形图；
- 关于给水排水、供电、通信等市政设施的具体条件及环境条件；
- 施工现场三通一平等。

③ 设计标准
- 前阶段设计；
- 平面设计；
- 尺寸编排；
- 地势考虑；
- 设计质量。

④ 建筑总体构思
- 概述；
- 对建筑空间的要求及有关条件，包括对每一个功能区域的描述；
- 组织方案；
- 上级主管部门对建筑空间要求计划的审批文件，其中包括总的使用面积，并说明每一房间的使用面积；
- 列出房间的通用标准及特殊标准。

⑤ 对建筑构件和建筑组成元素的要求

⑥ 鉴定证明要求

投标者在递交投标文件时，必须能证明若其承担项目，能满足业主的各项要求。业主应明确提出鉴定投标文件的要求，以便于对投标书的评价、分析。鉴定要求如下：

建筑面积、保暖措施、节能数据、建筑物使用阶段经常费、特殊设备的经济性计算、外围设施、承重结构、内墙、顶棚、地面、外墙、门、水暖电设施、维修协议草案、合同草案、结构计算等。

⑦ 评标的标准及方法

在功能描述书评标时应考虑：

- 城市建设方面；
- 建筑方面；
- 功能方面；
- 总价；
- 质量与技术水平；
- 评标委员会的组织等方面。

⑧ 任务描述的附件

为投标者提供必要的资料，如：

- 前阶段设计图纸；
- 总平面图；
- 地质勘测报告；
- 给水排水、供电、暖气图纸；
- 与市政管线接口的条件；
- 费用计算的标准表格等。

(5) 项目总承包的适用范围

功能描述书的难度决定了项目总承包的难度，从国际情况来看，使用项目总承包方式发包的项目只占总数的 14％左右，项目总承包方式只适用于技术上不是很复杂、规模不大或者虽然规模大但单体的性质比较一致的项目，而不适用于以下项目：

1) 纪念性建筑，意义十分重大的公共建筑。由于建筑师的思维受到施工单位（或总承包方式）的约束，所以这类建筑不适合用总承包模式；

2) 新型项目。由于技术上对这类建筑物还不能定义，所以不适合用总承包模式；

3) 国内政府部门指令性的重大工程。此类工程受各种因素干扰大，设计变更大，所以不适合用总承包模式。

由于采用项目总承包模式，招标时设计还未开始或是设计未能完成，这就给选择项目总承包单位的招标工作带来困难，对项目实施构成瓶颈，因此目前在国内应用不多，若是要推广应用项目总承包模式，就必须很好地解决招标问题。

综上所述，每种承发包模式都有其自身的特点，现以平行承发包、施工总承包、施工总承包管理第一种类型、施工总承包管理第二种类型、CM/Non-Agency、CM/Agency 模式为例，对其在投资控制、进度控制、质量控制、合同管理、组织协调五个方面进行比较，如表 7-8 所示。

表 7-8 几种承发包模式比较一览表

序号	名称	投资控制	进度控制	质量控制	合同管理	组织协调
1	平行承发包	每一部分工程发包,都以施工图设计作为基础,投标报价较有依据。要等最后一份合同签订后才知道总造价,对投资早期控制不利	某一部分施工图完成后,即可开始这部分招标,开工日期提前,可缩短建设周期。由于要进行多次招标,业主用于招标的时间多	符合质量控制上的"他人控制"原则,对质量控制有利。应非常重视各分包合同交界面的定义,否则对质量控制不利	业主要负责所有分包合同的招投标、合同谈判、签约,招投标及合同管理工作量大大,对业主十分不利。业主要负责对多个合同的跟踪管理,工作量较大	业主要负责对所有分包商的管理及组织协调,工作量大大,对业主十分不利。这是平行承发包的致命弱点,限制了该模式在大型项目上的应用。因此,在目前国内许多项目上不可能采用
2	施工总承包	以施工图设计为投标报价基础,投标报价较有依据。在开工前就有较明确的合同价,有利于业主对投资的早期控制。但若在施工过程中发生设计变更,则可能发生索赔	施工图设计全部结束后,才能进行施工总承包的招标,建设周期势必较长。这是施工总承包模式的最大缺点,限制了其在建设周期紧迫项目上的应用	项目质量好坏很大程度上取决于施工总承包单位的选择,取决于施工总承包单位的管理水平和技术水平。对施工总承包单位的依赖较大	业主只需要进行一次招标、与一家承包商签约,招投标及合同管理工作量大大减小,对业主十分有利。在很多工程实践中,采用的并不是真正的施工总承包,而是所谓的"费率招标",实质上是开口合同,对合同管理十分不利	业主只负责对施工总承包单位的组织协调,工作量大大减小,对业主十分有利
3	施工总承包管理	某部分施工图完成后,由施工总承包管理单位进行该部分工程招标,分包合同投标报价较有依据。在进行招标时,只确定总包管理费,没有合同总造价,是业主承担的风险	施工总承包管理不依赖于施工图设计,分包合同的招标可以提前(由施工总承包管理单位进行)也得到提前开工,可缩短建设周期	对分包商的质量控制由施工总承包管理单位进行。对分包商来说,符合质量控制上的"他人控制"原则,对施工总承包管理有利。各分包合同交界面由施工总承包管理单位定义,由施工总承包管理单位负责,减轻了业主方的工作量	所有分包合同的招投标、合同谈判、签约工作由施工总承包管理单位负责,由业主审批准,业主的招投标及合同管理工作量减少,与施工总承包管理单位签订、加大了其对分包商管理的力度。对分包管理单位支付可分为总包管理费支付和业主直接支付,前者对加大分包商管理的力度更有利	由施工总承包管理单位负责所有分包的管理及组织协调的工作,大大减轻了业主的工作,这是施工总承包管理模式的基本出发点

续表

序号	名称	投资控制	进度控制	质量控制	合同管理	组织协调
4	施工总承包管理Ⅱ	同3 但由于业主方与分包商签约,加大了业主方的风险(任何签约方都会承担风险)	同3	同3	尽管所有分包合同的招投标、合同谈判等工作都由施工总承包管理单位负责,但由于是业主方签约,势必加大了业主方的合同管理工作	与分包商的合同由业主签订,一定程度上削弱了施工总承包管理单位对分包商管理的力度
5	CM/Non-Agency	类似施工合同总承包管理,施工合同总价不是一次确定,而是有一部分完整图纸确定一部分,合同价的确定较有依据。CM单位向业主分包合同价与分包合同之间不赚总包与分包之间的差价。在设计阶段采用合理化建议,向设计提合理化建议,挖掘节约潜力,采用GMP模式,大大减轻了业主在投资控制方面的风险	采用"Fast Track"快速路径法,设计与施工充分搭接,有利于缩短工期。通过在设计阶段提出合理建议,减少了在施工阶段因修改设计给工程造成的延误。CM招标时的同不依赖于设计图纸的完成,可以提前	实现了在设计阶段设计与施工的结合与协调,有利于提高工程质量。对分包商的质量控制由CM单位负责。对分包商来说,符合质量控制上的"他人控制"原则,对质量控制有利。各分包合同交界面的质量控制又由CM单位负责,减轻了业主方的工作量	所有分包合同的招投标、合同谈判、签约工作由CM单位负责,类似第一种类型的施工总承包管理。与分包商的合同由施工总承包管理单位签订,加大对分包商管理的力度。类似第一种类型的施工总承包管理。对分包商合同又可分为总包支付和业主直接支付两种,前者对加大其对分包合同管理力度更为有利	与3类似
6	CM/Agency	与CM/Non-Agency模式相比,由于没有GMP的保证,业主在项目投资控制方面的风险较大	同5	同5	分包合同的招投标、谈判等由CM单位负责,合同该业主签约,加大了CM单位主方对分包合同的管理工作	与分包商的合同由业主直接签订,一定程度上削弱了CM单位对分包商管理的力度

7.3 工程招标投标

7.3.1 招标投标的概念

(1) 招标投标的概念

招标投标,是在市场经济条件下进行大宗货物的买卖、工程建设项目发包与承包,以及服务项目的采购与提供时,所采用的一种交易方式。在这种交易方式下,通常是由项目采购方(包括货物的购买、工程的发包和服务的采购)作为招标方,通过发布招标公告或者向一定数量的特定供应商、承包商发出招标邀请等方式发出招标采购的信息,提出所需项目的性质及其数量、质量、技术要求,交货期、竣工期或提供服务的时间,以及其他供应商、承包商的资格要求等招标采购条件,由各有意提供所需货物、工程或服务的投标方提出报价及其他响应招标要求的条件,参加投标竞争。经招标方对各投标者的报价及其他的条件进行审查比较后,从中择优选定中标者,并与其签订采购合同。

招标投标的交易方式,是市场经济的产物,采用这种交易方式,须具备以下两个基本条件:

首先是要有能够开展公平竞争的市场经济运行机制。在计划经济条件下,产品购销和工程建设任务都按照指令性计划统一安排,没有必要也不可能采用招标投标的交易方式。

其次是必须存在招标采购项目的买方市场,对采购项目能够形成卖方多家竞争的局面,买方才能够居于主导地位,有条件以招标方式从多家竞争者中择优选择中标者。

(2) 项目招标范围

为了保证公共利益,各国法律都规定了有政府资金投资的公共项目(包括部分投资的项目或全部投资的项目),涉及公共利益的其他资金投资项目,投资额在一定额度之上时,要采用招标方式进行。对此《中华人民共和国招标投标法》也有详细的规定。我国对于建设工程项目的招投标对象包括:在中华人民共和国境内进行下列工程建设项目包括项目的勘察、设计、施工、监理以及与工程建设有关的重要设备、材料等的采购,必须进行招标采购。

1) 大型基础设施、公用事业等关系社会公共利益、公众安全的项目;

2) 全部或者部分使用国有资金投资或者国家融资的项目;

3) 使用国际组织或者外国政府贷款、援助资金的项目。

除此以外,各地方政府遵照招标投标法和有关规定,也对所在地区应该实行招标的建设工程项目的范围和标准做了具体规定。

(3) 项目招标准则

招标投标活动应当遵循公开、公平、公正和诚实信用的原则,这些原则是招标采购过程中各项活动的基本准则。

1）公开原则

招标投标活动的公开原则首先要求招标活动的信息要公开，另外，开标的程序、评标的标准和程序、中标的结果等都应当公开。

当然，信息的公开也是相对的，对于一些需要保密的事项是不能公开的。例如，评标委员会成员的名单在确定中标结果之前就不能公开。

2）公平原则

招标投标活动的公平原则，要求招标人或评标委员会应严格按照规定的条件和程序办事，平等地对待每一个投标竞争者，不得对不同的投标竞争者采用不同的标准。招标人不得以任何方式限制或者排斥本地区、本系统以外的法人或者其他组织参加投标。

3）公正原则

在招标投标活动中招标人或评标委员会行为应当公正。对所有的投标竞争者都应平等对待，不能有特殊倾向。特别是在评标时，评标标准应当明确、严格，对所有在投标截止日期以后送到的投标书都应拒收，与投标人有利害关系的人员都不得作为评标委员会的成员。招标人和投标人双方在招标投标活动中的地位平等，任何一方不得向另一方提出不合理的要求，不得将自己的意志强加给对方。

4）诚实信用原则

诚实信用是民事活动的一项基本原则，招标投标活动是以订立采购合同为目的的民事活动，当然也适用这一原则。诚实信用原则要求招标投标各方都要诚实守信，不得有欺骗、背信的行为。例如，在投标的过程中，如果投标人假借别的企业的资质，弄虚作假来投标即违反了这一原则。由于招标投标的活动是处于订立合同的过程中，按照《中华人民共和国合同法》的规定，如果一方在订立合同的过程中违背了诚实信用的原则并给对方造成了实际的损失，责任方将承担缔约过失责任。

（4）项目招标类型

世界银行贷款项目中的工程和货物的采购，可以采用国际竞争性招标、有限国际招标、国内竞争性招标、询价采购、直接签订合同、自营工程等采购方式。其中国际竞争性招标和国内竞争性招标都属于公开招标，而有限国际招标则相当于邀请招标。

按照《中华人民共和国招标投标法》规定，招标分为公开招标和邀请招标。

1）公开招标

公开招标亦称无限竞争性招标，招标人在公共媒体上发布招标公告，提出招标项目和要求，符合条件的一切法人或者组织都可以参加投标竞争，都有同等竞争的机会。按规定应该招标的建设工程项目，一般应采用公开招标方式。

公开招标的优点是招标人有较大的选择范围，可在众多的投标人中选择报价合理、工期较短、技术可靠、资信良好的中标人。但是公开招标的资格审查和评标的工作量较大、耗时长、费用高，且有可能因资格预审把关不严导致鱼目混珠的现象发生。

如果采用公开招标方式，招标人就不得以不合理的条件限制或排斥潜在的投标人。例如不得限制本地区以外或本系统以外的法人或组织参加投标等。

2) 邀请招标

邀请招标亦称有限竞争性招标，招标人事先经过考察和筛选，将投标邀请书发给某些特定的法人或组织，邀请其参加投标。

为了保护公共利益，避免邀请招标方式被滥用，各个国家和世界银行等金融组织都有相关规定：按规定应该招标的建设工程项目，一般应采用公开招标，如果要采用邀请招标，需经过批准。

对于有些特殊项目，采用邀请招标方式确实更加有利。根据我国的有关规定，有下列情况之一的，经批准可以进行邀请招标：

① 项目技术复杂或有特殊要求，只有少量几家潜在投标人可供选择的；
② 受自然地域环境限制的；
③ 涉及国家安全、国家秘密或者抢险救灾，适宜招标但不宜公开招标的；
④ 拟公开招标的费用与项目的价值相比，不值得的；
⑤ 法律、法规规定不宜公开招标的。

招标人采用邀请招标方式，应当向三个以上具备承担招标项目的能力、资信良好的特定法人或其他组织发出投标邀请书。

7.3.2 招标程序

无论采用招标方式的项目是建设工程项目或是 IT 项目，采购内容是货物、工程，还是服务，招标方式都遵循招投标法规定的基本程序，根据项目的不同而有所调整。招标的基本程序如图 7-16 所示。

(1) 招标组织准备

应当招标的工程建设项目在办理报建登记手续后，已满足招标条件的，应成立招标的组织，即由专门的机构负责组织招标，办理招标事宜。可以由建设单位自行组织招标或委托招标代理公司组织招标投标活动。

招标人不具备自行招标能力的，应当委托具备相应资质的招标代理机构代为办理招标事宜。招标人有权自行选择招标代理机构，委托其办理招标事宜。任何单位和个人不得以任何方式为招标人指定招标代理机构。

(2) 办理招标备案手续和招标申请

依法必须进行招标的项目，招标人自行办理招标事宜的，应当向有关行政监督部门备案。

计划招标的项目在招标之前需要向政府主管机构提交招标申请，包括招标单位的资质、招标工程具备的条件、拟采用的招标方式和对投标人的要求等。

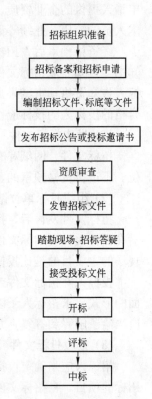

图 7-16 招标程序

(3) 编制招标文件和标底

建设单位自行组织招标的,一般由建设单位自行准备招标文件。委托招标代理公司招标的,一般由招标代理公司准备招标文件。

制定标底是招标的一项重要准备工作。标底是投标工程的预期价格,是对市场价格的预测。标底的作用,一是使建设单位预测拟采购内容的价格,从而进行投资预测和相关准备;二是作为衡量投标报价的准绳,也就是评标的主要尺度之一。

(4) 发布招标公告或发出投标邀请书

招标人采用公开招标方式的,应当发布招标公告。依法必须进行招标的项目的招标公告,应当通过国家指定的报刊、信息网络或者其他媒介发布。

招标人采用邀请招标方式的,应当向三个以上具备承担招标项目的能力、资信良好特定的法人或者其他组织发出投标邀请书。

(5) 对投标单位进行资质审查,并将审查结果通知各申请投标者

招标人可以根据招标项目本身的要求,在招标公告或者投标邀请书中,要求潜在投标人提供有关资质证明文件和业绩情况并对潜在投标人进行资格审查;国家对投标人的资格条件有规定的,依照其规定。

招标人不得以不合理的条件限制或者排斥潜在投标人,不得对潜在投标人实行歧视待遇。

资格预审文件一般应当包括资格预审申请书格式、申请人须知,以及需要投标申请人提供的企业资质、业绩、技术装备、财务状况和拟派出的项目经理与主要技术人员的简历、业绩等证明材料。

经资格预审后,招标人应当向资格预审合格的潜在投标人发出资格预审合格通知书,告知获取招标文件的时间、地点和方法,并同时向资格预审不合格的潜在投标人告知资格预审结果。资格预审不合格的潜在投标人不得参加投标。资格预审不合格的投标人的投标应作废标处理。

(6) 发售招标文件

招标文件、图纸和有关技术资料发放给通过资格预审获得投标资格的投标单位。不进行资格预审的,发放给愿意参加投标的单位。

(7) 组织投标单位踏勘现场,并对招标文件答疑

招标文件发售后,招标人要在招标文件规定的时间内组织投标人踏勘现场并对潜在投标人针对招标文件及现场提出的问题进行答疑。招标人组织投标人进行踏勘现场的主要目的是让投标人了解工程现场和周围环境情况,获取必要的信息。

投标人对招标文件或者在现场踏勘中如果有疑问或有不清楚的问题,应当用书面的形式要求招标人予以解答。招标人收到投标人提出的疑问或不清楚的问题后,应当给予解释和答复,并将解答同时发给所有获取招标文件的投标人。

(8) 接收投标文件

招标人应当确定投标人编制投标文件所需要的合理时间;但是,依法必须进行招标的项目,自招标文件开始发售之日起至投标人提交投标文件截止之日止,最短不得少于 20 日。

招标人收到投标文件后，应当签收保存，不得开启。在招标文件要求提交投标文件的截止时间后送达的投标文件，招标人应当拒收。

投标人应当在招标文件要求提交投标文件的截止时间前，将投标文件密封送达投标地点。招标人收到投标文件后，应当向投标人出具标明签收人和签收时间的凭证，在开标前任何单位和个人不得开启投标文件。

提交投标文件的投标人少于3个的，招标人应当依法重新招标。重新招标后投标人仍少于3个的，属于必须审批的工程建设项目，报经原审批部门批准后可以不再进行招标；其他建设工程项目，招标人可自行决定不再进行招标。

(9) 开标

1) 开标的时间和地点

开标应当在招标文件确定的提交投标文件截止时间的同一时间公开进行；开标地点应当为招标文件中确定的地点；开标应该在投标人代表到场的情况下公开进行，开标会应该有开标记录。

采用单信封法投标，应该检查标书格式、技术资料、工程量清单报价或者总报价单、投标担保等。

采用双信封法投标，即将技术和财务标书分别放在两个信封中，评标时分两个步骤，首先开技术标书的信封(而且只打开技术标书的信封)，审查并确定技术的响应性。其次，才打开那些技术响应的投标书的财务标书，而那些技术不响应的投标书将被退回，根本不需要打开财务标书。

有的采购招标本身就分两步，所以叫做两步法招标。两步法招标适用于那些具有不同的技术解决方案的项目，如工艺设备、大型桥梁、信息技术系统开发等。对这类项目的招标，第一步可以要求投标人提出技术建议书，业主与投标人讨论并确定技术规格。第二步，可以根据修改过的技术规格，要求投标人提出报价。

2) 废标的条件

投标或者投标文件属下列情况之一的，作为废标处理：

① 逾期送达的或者未送达指定地点的；
② 未按招标文件要求密封的；
③ 无单位盖章并无法定代表人或法定代表人授权的代理人签字或盖章的；
④ 未按规定的格式填写，内容不全或关键字迹模糊、无法辨认的；
⑤ 投标人递交两份或多份内容不同的投标文件，或在一份投标文件中对同一招标项目报有两个或多个报价，且未声明哪一个有效(按招标文件规定提交备选投标方案的除外)；
⑥ 投标人名称或组织结构与资格预审时不一致的；
⑦ 未按招标文件要求提交投标保证金的；
⑧ 联合体投标未附联合体各方共同投标协议的。

(10) 评标

评标过程分为评标的准备与初步评审工作、详细评审、编写评标报告等过程。评标结束应该推荐中标候选人。评标委员会推荐的中标候选人应当限定在1至3

人，并标明排列的顺序。

(11) 中标

1) 确定中标人的时间

评标委员会提出书面评标报告后，招标人一般应当在 15 日内确定中标人，但最迟应当在投标有效期结束日前 30 个工作日内确定。

2) 发出中标通知书

招标人和中标人应当自中标通知书发出之日起 30 日内，按照招标文件和中标人的投标文件订立书面合同。

中标人应按照招标人要求提供履约担保，招标人也应当同时向中标人提供工程款支付担保。

招标人与中标人签订合同后 5 个工作日内，应当向中标人和未中标的投标人退还投标保证金。

3) 招标投标情况的书面报告

依法必须进行施工招标的项目，招标人应当自发出中标通知书之日起 15 日内，向有关行政监督部门提交招标投标情况的书面报告。

7.3.3 招标文件

招标文件是投标单位编制投标书的主要依据。不同的招标方式和不同的招标内容，招标所用的文件是不一样的。如公开招标用的文件准备包括招标公告、资格预审、投标邀请、招标文件乃至中标通知书等在内的全部文件的准备，而邀请用的文件就不含招标公告、投标资格预审等内容。

采购招标的内容不同，其招标文件的内容也有所区别，一般招标文件包括以下六大组成部分，如图 7-17 所示。

1) 投标人须知；
2) 招标书具体内容；
3) 投标文件要求；
4) 评标与议标；
5) 合同条件；
6) 附件。

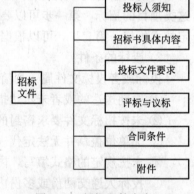

图 7-17 招标文件内容

(1) 投标人须知

一般应包括的内容有：招标范围、投标人的资格要求、投标费用、现场考察、招标文件的内容、澄清和修改、投标文件、投标价格和货币、投标有效期、投标保证金、投标书的形式和签署要求、投标书的密封与标志、投标截止日期、开标与评标、投标书的澄清、投标书的检查与响应性的确定、错误修正、投标书的评价与比较、授标、中标通知书、合同协议书的签署、履约保证金等。

(2) 招标书具体内容

招标书具体内容一般包括以下四点：

1) 工程概况；
2) 项目合同结构；
3) 项目组织结构；
4) 技术要求。

(3) 投标文件要求

投标文件要求内容一般包括以下六点：

1) 投标书；
2) 投标保证金；
3) 投标价格；
4) 报价表；
5) 组织结构及其成员；
6) 工作方案。

(4) 评标与议标

评标与议标的主要内容包括评标的主要标准和方法，即具体是采用综合评估法还是经评审的最低投标价法。

(5) 合同条件

对于建设工程项目而言，世界银行贷款项目中，对土建工程招标所采用的合同条件一般都采用 FIDIC 土木工程施工合同条件。在国内，建设部和国家工商行政管理总局根据工程建设的有关法律、法规，结合我国建设工程项目施工合同的实际情况和有关经验，并借鉴国际上通用的土木工程施工合同的成熟经验和有效做法，于 1999 年 12 月 24 日颁发了修改的《建设工程施工合同示范文本》（GF-99-0201）。该文本适用于各类公用建筑、民用住宅、工业厂房、交通设施及线路、管道的施工和设备安装等工程。

由于各种建设项目之间的差异性很大，特别是不同行业之间的建设工程项目，如水利水电、公路、电力、石油化工、冶炼等，这些特殊性就要求有符合项目需要的专门的施工合同文本。因此，有关行业管理部门颁布了专门的合同文本，如，交通部颁布《公路工程国内招标文件范本》，其中包含合同文本；水利部、国家电力公司和国家工商行政管理总局于 2000 年颁布了修订的《水利水电土建工程施工合同条件》（GF-2000-0208）等。

(6) 附件

附件的内容一般包括七点内容：

1) 地质勘探报告及其他技术报告；
2) 图纸及基本建筑技术规格说明；
3) 项目结构图；
4) 投标书填报格式；
5) 授权书格式；

6) 投标保证金填报格式；

7) 工程量清单。

7.4 项目合同文本

7.4.1 国际工程标准合同文本

为了维护合同当事人双方的利益，确保合同订立的严密、完整和合理，在签订建设工程合同时，一般都趋向于采用具有标准、统一格式和内容的合同条件范本。这不仅节省了重新编制一套合同条件所需要的时间和费用，而且标准合同条件总结了多年经验，经历了各种特殊情况的考验，因而更有利于保护合同双方的合法权益。

目前国际上应用最为广泛、具有较大声誉的建设工程标准合同条件有(见图 7-18)：

1) 国际咨询工程师联合会制定的 FIDIC 标准合同文本；

2) 英国土木工程师学会、咨询工程师协会等制定的 ICE 标准合同文本；

3) 英国"联合合同法庭"颁布的 JCT 标准合同文本；

4) 英国土木工程师学会制定的 NEC 标准合同文本；

5) 美国建筑师学会制定的 AIA 标准合同文本；

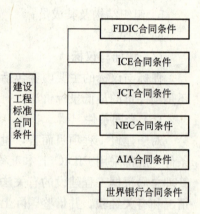

图 7-18 建设工程标准合同条件

6) 世界银行、亚洲银行颁布的标准合同文本。

(1) FIDIC 标准合同文本

由各国咨询组织所组成的国际团体的领导机构"国际咨询工程师(简称 FIDIC)"制定的 FIDIC 合同条件，适用于国际工程承包项目，目前作为惯例已成为国际工程界公认的标准化合同格式的有：

1)《业主-咨询工程师标准服务协议书》及《业主/咨询工程师设计与施工监督工作标准服务协议书》(白皮书)；

2)《土木工程施工合同条件》(红皮书)；

3)《电气与机械工程合同条件》(黄皮书)；

4)《设计-建造与交钥匙合同条件》(橘皮书)；

5)《土木工程分包合同》。

1999 年 9 月，FIDIC 又出版了新的《施工合同条件》(新红皮书)、《生产设备设计-施工合同条件》(新黄皮书)、《EPC 交钥匙合同条件》(银皮书)及《合同简短格式》(绿皮书)，这是迄今为止 FIDIC 的最新版本。它们的主要内容和特点为：

1)《施工合同条件》(Condition of Contract for Construction，简称"新红皮书")

该合同主要用于由发包人设计的或由咨询工程师设计的房屋建筑工程(Building Works)和土木工程(Engineering Works)，承包商的主要工作为施工，也可承担部分设计工作，由工程师来监理施工和签发支付证书，一般采用单价包干形式，风险分担较均匀。施工合同条件的主要特点表现为，以竞争性招标投标方式选择承包商，合同履行过程中采用以工程师为核心的工程项目管理模式，适于整个土木工程。

2)《永久设备和设计-建造合同条件》(Conditions of Contract for Plant and Design-Build，简称"新黄皮书")

新黄皮书适合机电设备、基础设施项目以及其他类型的项目，业主只负责编制项目纲要和提出对设备的性能要求，承包人的基本义务是完成永久设备的设计、制造和安装，工程师负责监督设备的制造、安装和工程施工，并签发支付证书。包干价格按里程碑支付方式，也可对小部分分项工程采用单价合同；风险分担较均衡。

3)《EPC交钥匙项目合同条件》(Conditions of Contract for EPC Turnkey Projects，简称"银皮书")

银皮书又可译为"设计-采购-施工交钥匙项目合同条件"，它适于工厂建设之类的开发项目，是包含了项目策划、可行性研究、具体设计、采购、建造、安装、试运行等在内的全过程承包方式。承包人"交钥匙"时，提供的是一套配套完整的可以运行的设施。

4)合同的简短格式(Short Form of Contract，简称"绿皮书")

该合同条件主要适于价值较低的或形式简单、或重复性的或工期短的房屋建筑和土木工程。

(2) ICE标准合同文本

由英国土木工程师学会、咨询工程师协会以及土木工程承包商联合会共同编制的ICE合同条件在土木工程界有着广泛的应用，适用于英国和英联邦及历史上与英国关系密切的国家。

1991年1月第六版《ICE合同条件(土木工程施工)》共计71条109款，主要内容包括：工程师及工程师代表；转让与分包；合同文件；承包商的一般义务；保险；工艺与材料质量的检查；开工、延期与暂停；变更、增加与删除；材料及承包商设备的所有权；计量；证书与支付；争端的解决；特殊用途条款；投标书格式。此外IEC合同条件的最后也附有投标书格式、投标书格式附件、协议书格式、履约保证等文件。

(3) JCT标准合同文本

JCT合同条件由英国"联合合同法庭(简称JCT)"颁布，主要用于道路、桥梁、水利等大型土木工程及构筑物的建设。

JCT系列的标准合同门类齐全，具体分成以下九个类别：

1) 标准建筑合同。按照地方政府或私人投资、带工程量清单、不带工程量清单、带近似的工程量清单分为五种标准合同文本；

2) 承包商带设计的合同；

3) 固定总价合同；

4) 总包标准合同；

5) Intermediate Form of Building Contract(IFC84)；

6) 小型工程合同；

7) 管理承包合同；

8) 单价合同；

9) 分包合同标准文本。

(4) NEC 标准合同文本

NEC 合同条件是英国土木工程师学会新工程合同条件的简称（the Institution of Civil Engineers, New Engineering Contract）。NEC 系列合同包括以下四个类别：

1) 工程施工合同。用于发包人和总承包商之间的主合同，也被用于总包管理的一揽子合同；

2) 工程施工分包合同。用于总承包商与分包商之间的合同；

3) 专业服务合同。用于发包人与项目管理人、监理人、设计人、测量师、律师、社区关系咨询师等之间的合同；

4) 裁判者合同。用于指定裁判者解决任何 NEC 合同项下的争议的合同。

与其他标准合同文本相比，NEC 合同条件有它的独特性。它是一组可相互交替灵活使用的多功能合同文本。该文本尽管是为英国的工程与施工而设计制作的，但它的内容非常容易适应其他国家的不同情况，包括总包、分包、设计与建造合同的各类情况。NEC 包含了土木、机械、电气、化学工程的建造和流水线工厂的建造的所有要求。

(5) AIA 标准合同文本

AIA 标准合同文本由美国建筑师学会（AIA）制定颁布。AIA 出版的系列合同文件在美洲地区具有较高的权威性，应用广泛。

AIA 系列合同文件分为 A、B、C、D、G 等系列：

1) A 系列是用于发包人与承包商的标准合同文件，不仅包括合同条件，还包括承包商资格申报表，保证标准格式；

2) B 系列主要用于发包人与建筑师之间的标准合同文件，其中包括专门用于建筑设计、室内装修工程等特定情况的标准合同文件；

3) C 系列主要用于建筑师与专业咨询机构之间的标准合同文件；

4) D 系列是建筑师行业内部使用的文件；

5) G 系列是建筑师企业及项目管理中使用的文件。

AIA 系列合同文件的核心是"一般条件"（A201）。采用不同的工程项目管理模式及不同的计价方式时，只需选用不同的"协议书格式"与"一般条件"即可。

1987年版的AIA文件A201《施工合同通用条件》共计14条68款，主要内容包括：发包人、承包商的权利与义务；建筑师与建筑师的合同管理；索赔与争议的解决；工程变更；工期；工程款的支付；保险与保函；工程检查与更正条款等。

(6) 世界银行颁布的标准合同文本

世界银行于1995年出版了《在IBRD贷款和IDA信用项下的采购指南》第5版，1996年编写出版了《世界银行贷款项目招标文件范本》，具体包括以下13个文本：

1) 土建工程国际竞争性招标资格预审文本；
2) 土建工程国际竞争性招标文本；
3) 货物采购国际竞争性招标文本；
4) 大型成套设备供货和监督安装招标文本；
5) 生产工艺技术转让招标文本；
6) 总包合同招标文本；
7) 咨询服务合同文本；
8) 土建工程国内竞争性招标文本；
9) 货物采购国内竞争性招标文本；
10) 大宗商品国际竞争性招标文件；
11) 计算机系统国际竞争性招标文件；
12) 单个咨询专家咨询合同；
13) 标准评标报告格式。

《采购指南》和《标准招标文件》覆盖了建设工程合同的各个方面，详细规定了履约担保、预付款、进度款、价格调整公式、反贪污贿赂等条款的具体要求。

7.4.2 我国建设工程标准合同文本

目前我国建设工程标准合同文本主要有以下三种：
(1)《建设工程设计合同》(GF-2000-0201)；
(2)《建设工程施工合同(示范文本)》(GF-1999-0201)；
(3)《建设工程施工劳务分包合同(示范文本)》(GF-2003-0214)。

这三种合同文本分别针对设计、施工总承包和分包。《建设工程施工合同(示范文本)》(GF-1999-0201)由国家建设部和国家工商行政管理局根据最新颁布和实施的工程建设有关法律、法规，总结了近几年施工合同示范文本推行的经验，结合我国建设工程施工的实际情况编制而成，适用各类公用建筑、工业厂房、交通设施及线路管线的施工和设备安装。

《建设工程施工合同(示范文本)》由《协议书》、《通用条款》和《专用条款》三部分组成，并附有《承包人承揽工程项目一览表》、《发包人供应材料一览表》、《工程质量保修书》三个附件。

(1)《协议书》的内容

《协议书》是《施工合同文本》中总纲性的文件，它规定了合同当事人最主要的义务，经当事人签字盖章后，就对合同双方产生法律约束力。它的主要内容包括：

1) 工程概况。包括工程名称、工程地点、工程内容、工程立项批准文号、资金来源。

2) 工程承包范围。承包人承包的工作范围和内容。

3) 合同工期。包括开工日期、竣工日期；合同工期应填写总日历天数。

4) 质量标准。工程质量必须达到国家标准规定的合格标准，双方也可以约定达到国家标准规定的优良标准。

5) 合同价款。合同价款应填写双方确定的合同金额。

6) 组成合同的文件。

7) 本协议书中有关词语含义与本合同第二部分《通用条款》中分别赋予它们的定义相同。

8) 承包人向发包人承诺按照合同约定进行施工、竣工并在质量保修期内承担工程质量保修责任。

9) 发包人向承包人承诺按照合同约定的期限和方式支付合同价款及其他应当支付的款项。

10) 合同的生效。

(2)《通用条款》的内容

《通用条款》共47条，是一般土木工程所共同具备的共性条款，具有规范性、可靠性、完备性和适用性等特点，该部分可适用于任何工程项目。它的主要内容包括：

1) 词语定义及合同文件；

2) 双方一般权利和义务；

3) 施工组织设计和工期；

4) 质量与检验；

5) 安全施工；

6) 合同价款与支付；

7) 材料设备供应；

8) 工程变更；

9) 竣工验收与结算；

10) 违约、索赔和争议。

(3)《专用条款》的内容

《专用条款》共47条，是合同双方结合企业实际情况和工程项目的具体特点，经过协商达成一致的内容。其内容如下：

1)《专用条款》谈判依据及注意事项；

2)《专用条款》与《通用条款》是相对应的；

3)《专用条款》具体内容是发包人与承包人协商将工程的具体要求填写在合同文本中；

4）建设工程合同《专用条款》的解释优于《通用条款》。

7.4.3 不同承发包模式建议选用的标准合同文本

不同承发包模式具有不同的特点，因而适用的标准合同文本不同，常见的承发包模式及其相应适用的标准合同文本如表7-9所示。

不同承发包模式的标准合同文本一览表　　　　表7-9

承发包模式	平行承发包	施工总承包	施工总承包管理	项目总承包管理	CM模式
建议采用的标准合同文本	根据需要采用任何一种标准合同文本	根据需要采用任何一种标准合同文本	建议采用英国联合合同法庭颁布的JCT标准合同文本	建议采用德国承包商协会颁布的VOB标准招标文件及合同文本	建议采用美国建筑师学会颁布的AIA合同文本

7.5 项目合同的计价方式

建设工程合同类型依据不同的标准有不同分类，如按照合同标的性质可划分为勘察设计合同、工程咨询合同、工程监理合同、物资供应合同、工程施工合同、工程安装合同等；按承包合同的计价方式可分为总价合同、单价合同、成本加酬金合同。当承发包模式确定了以后，很重要的一步是确定合同的计价方式，不同计价方式对项目的投资控制和合同管理影响不同，图7-19所示是按照计价方式划分的承包合同类型。

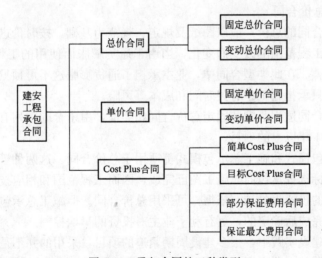

图7-19 承包合同的三种类型

7.5.1 总价合同

总价合同一般要求投标人按照招标文件要求报一个总价，在这个价格下完成合同规定的全部项目。显然，这种合同，对承发包工程的详细内容及其各种经济技术指标都必须一清二楚，否则承发包双方都有蒙受一定经济损失的风险。

总价合同的特点是：

（1）发包单位可以在报价竞争状态下确定项目的总造价，可以较早确定或预测工程成本；

（2）承包人将承担较多的风险；

（3）评标时易于迅速确定最低报价的投标人；

（4）在施工进度上能极大地调动承包人的积极性；

（5）必须完整而明确地规定承包人的工作；

（6）必须将设计和施工方面的变化控制在最小限度。

总价合同分为固定总价合同和变动总价合同两种。

(1) 固定总价合同

固定总价合同的价格计算是以图纸规定、规范为基础，合同总价是固定的。承包商在报价时对一切费用的上升因素已经作了估计，并将其包含在合同价格之中。总价只有当设计和工程范围发生变化时，才作出相应的调整。

固定总价合同适用于：

1) 工程项目的施工图设计符合要求，项目范围及工程量计算依据确切，无较大的设计变更，报价工程量与实际完成工程量无较大的差异；

2) 规模较小，技术不太复杂的中小型工程，承包方可以合理预见实施过程中遇到的各种风险；

3) 合同工期一般较短（一般为 12 个月内的工程）。

(2) 变动总价合同

变动总价合同的总价一般以图纸及规定、规范为基础，按时价进行计算。总价不仅随设计和工程范围的改变而变化，当由于通货膨胀而使用的工料成本增加时，它也作相应调整。在此类型合同中，业主承担了通货膨胀这不可预见的费用因素风险，而承包人只承担施工中有关时间和成本等风险。

变动总价合同适用范围和固定总价合同相类似，由于合同中列有调价因素，也适用于工期在 1 年以上的项目。

平行承发包模式和施工总承包模式都适用于总价合同。这两种模式有个共同特点，就是在招标选择承包商时施工图已完成，因而工程范围和相应技术经济指标已明确，承包商的投标报价较有依据，可采用总价合同。但施工总承包模式的总价是在全部施工图完成后确定的，更有利于业主对投资的早期控制。

在我国的建设实践中，很多建设周期紧迫的项目，采用的并不是真正的施工总承包，而是所谓的"费率招标"，即在施工图设计早期就开始招标，因而无论是工程量还是单价，都很难在签约时确定，实质上是签了一个开口合同，这对业主方的合同管理不利，要尽量避免。

7.5.2 单价合同

单价合同指根据发包人提供的资料，双方在合同中确定每一单项工程单价，结算则按实际完成工程量乘以每项工程单价计算。当准备发包的工程项目内容、技术经济指标一时不能像采用总价合同那样明确、具体时，采用工程单价合同为宜。单价合同分为固定单价合同和变动单价合同。

(1) 固定单价合同

固定单价合同条件下，无论发生哪些影响价格的因素都不对单价进行调整，它适用于工期较短、工程变化幅度不会太大的项目。使用固定单价合同对承包商存在一定风险。

(2) 变动单价合同

采用变动单价合同时，合同双方可以约定一个估计的工程量，当实际工程量发生较大变化时单价如何调整；也可以约定当通货膨胀达到一定水平或国家政策发生变化时可以对哪些工程内容的单价进行调整以及如何调整。

综合上述两种合同形式来看，工程单价合同具有以下优点：

（1）在招标前，发包单位无需对工程范围作详细、完整的规定，从而可以缩短招标准备时间；

（2）能鼓励承包商提高工作效率，因为按国际惯例，低于工程单价的节约算成本节约，节约工程成本可相应提高承包商的利润；

（3）合同结算时只需对那种不可预见的、未予规定的工程单价进行调整，结算程序比较简单。

由此可见，不管是何种发包模式，当工程范围不明确的时候，都可以考虑采用单价合同。

7.5.3 成本加酬金合同

成本加酬金合同是指成本费按承包人的实际支出由发包人支付，发包人同时另外向承包人支付一定数额或百分比的管理费和商定的利润。成本加酬金合同适用于：

（1）承发包双方之间有高度信任、承包方在某些方面有独特的技术、特长和经验；

（2）工程内容及技术指标尚未全面确定，投标报价的依据尚不充分，发包方工期要求紧迫，必须发包的工程。

使用这种合同形式有两个最明显的缺点，一是发包单位对工程总造价不能实行实际的控制；二是承包商对降低成本也很少有兴趣。但是通过在合同中加入补充条款，尤其是那些鼓励承包商节约资金的条款，可以有效弥补这种合同的缺点。

成本加酬金合同分为三种类型：简单成本加酬金合同、目标成本加酬金合同、保证费用加酬金合同。

(1) 简单成本加酬金合同

根据这种合同，工程施工的最终合同价格按照工程的实际成本再加上一定的酬金计算。酬金可以是一笔固定费用，也可以是实际成本的一个百分比。在合同签订时，工程实际成本往往不能确定，只能确定酬金的取值比例或者数量。

采用这种合同，承包商不承担任何价格变化或工程量变化的风险，这些风险由业主承担，不利于业主的投资控制。而且承包商往往缺乏控制成本的积极性，尤其是百分比酬金还会刺激承包商提高成本以获取更高利润。在实际工程中应避免采用这种合同。

(2) 目标成本加酬金合同

在签订合同时，双方商量一个目标成本，并规定一个百分数作为酬金。如果实际成本低于目标成本(有一个幅度界限)，按原定比例支付酬金，并另外给承包商一定比例的奖励；如果实际成本高于目标成本(也有一个幅度界限)，则降低酬金的比例。用公式表达为：

$$C=C_d+p_1\times C_0+p_2\times(C_0-C_d) \tag{7-1}$$

式中　C——支付给承包商的总价；

C_d——实际成本；

C_0——目标成本；

p_1——基本酬金百分比；

p_2——奖励酬金百分比。

(3) 保证费用加酬金

保证费用加酬金合同，有部分保证费用加酬金和保证最大费用加酬金两种。保证最大费用加酬金合同是承包商向业主保证一笔最大工程费用，如果实际费用超过了最大工程费用，则由承包商支付，业主不予承担；如果实际费用低于最大工程费用，则节余部分归业主，有时业主也会按照事先约定的百分比将节余的一部分返回承包商以鼓励其积极性。

由于简单成本加酬金合同要建立在诚信的基础上，中国的工程签订的合同很少采用这种方式，但施工总承包管理模式除外。此种模式一般在合同中只确定了总承包管理费(通常按工程建安造价的一定百分比确定)，如果施工总承包管理单位也负责部分工程的施工，则业主采用简单成本加酬金的方式支付。

CM 模式中的 CM/Non-Agency 模式采用的是保证最大费用加酬金，它有效地降低了业主的费用控制风险，将业主承担的工程费用分险转由 CM 单位承担。

复习思考题

1. 什么是合同分类？什么是合同分解？
2. 什么是平行承发包？平行承发包有什么特点？
3. 什么是施工总承包？施工总承包有什么特点？
4. 什么是施工总承包管理？施工总承包管理有什么特点？

5. 什么是 CM 模式？CM 模式有什么特点？
6. 什么是项目总承包？项目总承包有什么特点？
7. 简述工程招投标的基本程序。
8. 简述国内外的标准合同文本及其主要内容。

第 8 章 信息沟通与管理

项目实施的特点之一是开放的组织、跨组织的管理，因此需要构建多种关系来明确组织间的权利、义务，协调组织间的工作，为实现项目目标服务。项目跨组织之间存在三大关系，分别是指令关系、合同关系以及信息协调关系。本教材用3章分别讲述这三大关系，指令关系已在第3章讲述，合同关系已在第7章讲述，本章将讲述信息协调关系。

信息协调关系是项目管理领域中的重要关系，项目实施过程中会产生巨大的信息量，信息内容及其来源也十分复杂，能否有效地做好信息交流与沟通方面的工作将直接影响项目管理工作的成败。

本章主要内容包括信息管理的概念、信息分类与编码体系、信息交流和信息流程图、信息管理制度、项目管理信息系统、项目信息门户和生命周期信息集成。

8.1 信息管理的概念

8.1.1 信息管理的重要性

在项目实施过程中，每一个阶段会产生大量的信息，每一个参与单位会产生大量的信息，每一个专业会产生大量的信息。这些信息突出的表现为报表、函件、图纸等文档资料。以建设工程项目为例，设计阶段会产生大量的方案设计图纸、初步设计图纸、施工图设计图纸，施工阶段会产生大量的施工记录、材料设备检验报告、工程变更文件等；建设单位会产生业主函、业主评审意见；施工单位会产生现场签证、工程款支付申请表等；建筑专业会产生总平面图、立面图、剖面图；结构专业会产生基础图、柱梁板结构图、钢筋结构图等。对于海量的项目信息，只有通过信息管理工作，有效地收集、处理、存储、传递和应用，才能提供所需的信息，充分发挥信息的价值。

对项目而言，特别是大型的建设工程项目，所涉及的组织众多，包括政府主管部门、市政部门、设计单位、监理单位、项目管理单位、施工单位、设备及材料供应商等。项目目标的实现依赖于所有组织的共同努力、协同工作，而项目信息是组织之间联系的纽带，是组织之间交流的桥梁，因此需要对项目信息进行良好而有效的沟通与管理。

项目管理理论的工作性质决定了在项目管理全过程中，项目管理本身会产生大量的信息，项目管理的许多工作也就是项目信息的收集、整理、加工、储存、传递和运用，因此，信息管理是项目管理的重要工作内容。

8.1.2 信息管理的内容

信息化指信息资源的开发和利用与信息技术的开发和应用，即信息产业和信息应用两大方面。完整的信息化应该包括：一定的信息技术水平；信息基础设施；信息产业水平；社会信息基础支持的环境；社会、经济、文化等方面允许信息化发展的自由度；信息活动的不断提升和丰富的过程等。

信息资源的开发和利用是信息化建设的重要内容，因为信息化建设的初衷和归属都是通过对信息资源的充分开发利用来发挥信息化在各行各业中的作用。信息技术的开发和应用是信息化建设的加速器，因为信息技术为人们提供了新的、更有效的信息获取、传输、处理和控制的手段和工具，极大地提高了人类信息活动的能力，扩展了人类信息活动的范围，加速了社会的信息化进程。

(1) 信息资源的开发和利用

信息同能源、材料并列为当今世界三大资源。对信息资源概念的理解，有狭义和广义两种理解。一种观点是狭义的理解，认为信息资源是指人类社会经济活动中经过加工处理的有序化并大量积累起来的有用信息的集合，如科技信息、政策法规信息、市场信息等，都是信息资源的重要构成要素。另一种观点是广义的理解，认为信息资源是人类社会信息活动中积累起来的信息、信息生产者、信息技术等信息活动要素的集合。后一观点把信息活动的各种要素都纳入信息资源的范畴，以系统论的观点，把信息活动要素按照一定的原则加以配置并组成一个信息系统，使得信息要素的价值得以真正实现，最终使信息资源得到真正的开发和利用。

信息资源开发同样可以从广义和狭义理解。广义的信息资源开发包括信息本体开发、信息技术研究、信息系统建设、信息设备制造、信息机构建立、信息规则设定、信息环境维护和信息人员培养等活动，如图8-1所示。

图8-1 广义信息资源开发图

狭义的信息资源开发仅仅是指对信息本体的开发，主要包括信息的创造、识别、表示、搜集、整理、组织、存储、重组、转化、加工、传播、评价和应用等，如图8-2所示。

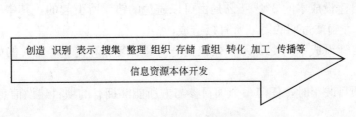

图 8-2　狭义的信息资源开发

信息资源开发是我国实施"以信息化带动工业化，实现后发优势"的国家信息化发展战略的核心内容。目前，信息资源开发的主流是指数字信息资源开发，包括网络信息资源开发、数据库信息资源开发和信息系统开发。其主要技术包括数据仓库、数据挖掘(Data Mining)和数字图书馆(Digital Library)等。

信息资源开发是信息资源利用的基础，信息资源开发和利用的流程图如图 8-3 所示。

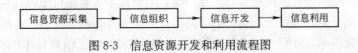

图 8-3　信息资源开发和利用流程图

信息资源利用行为就是有目的性和有选择性地利用信息资源，以满足个人需要的行为。从历史角度和人的行为过程来看，信息资源的利用模式都是一个"双螺旋"模式(类似于 DNA 链)，也就是说利用和积累是一个相互缠绕、螺旋上升的过程，在利用信息资源的过程中产生了新的信息，在积累信息的同时也在利用着已有的信息。由于信息资源的应用层次可分为满足社会需求、满足组织需求、满足个人需求三个层次，相应的信息资源的利用也可分为社会利用、组织利用和个体利用。

信息资源的利用虽然给人类带来了巨大的财富，但同时也带来了许多以前未曾遭遇的麻烦，如信息污染与信息紊乱问题、信息产权保护和信息资源共享问题、信息编码与信息标准问题、信息保密与信息安全问题等。

信息资源的开发和利用在项目管理工作中主要包括项目信息的分类与编码、项目信息交流与项目信息管理制度等。

(2) 信息技术的开发和应用

近年来，随着项目的地域跨度越来越大，项目参与单位分布越来越广，项目信息成指数级增长，信息交流问题已成为影响项目实施的主要问题。目前，信息交流手段还较为落后，使用纸质文档、电话、传真、邮政快递、项目协调会等方式作为信息交换的手段，不仅容易造成信息沟通的延迟(Delay)，而且大大增加了信息沟通的费用。根据美国《经济学家》杂志 2000 年刊登的有关资料表明：

1) 一个典型的 1 亿美元的建设项目在实施过程中会产生 15 万份左右独立的文

档或资料(包括设计文件、合同文件、采购文件、资金申请单、进度计划等);

2) 每年美国建筑业为了传递工程文件和图纸在联邦快递(FedEx)上的花费大约 5 亿美元;

3) 项目建设成本的 3%～5%是由可以避免的错误所引起的,其中 30%则是因为采用了不准确或过期的图纸所直接造成;

4) 项目建设成本的 1%～2%仅仅是与打印、复印和传真等有关的办公(Paperwork)费用;

5) 在项目竣工时,任何一个项目参与方所能够拥有的项目建设信息不足 65%;

……

目前,这一落后的信息沟通状况已经严重制约了包括建筑业在内的各个行业生产水平的提高和进一步发展,而通过信息技术在项目管理领域的开发和应用可以有效地解决这一问题。我国各个行业领域应用信息技术与工业发达国家相比,尚存在较大的数字鸿沟,它反映在项目管理中应用信息技术的观念上,也反映在有关的知识管理上,还反映在有关技术应用方面。

广义的信息技术是用于管理和处理信息所采用的各种技术的总称,是指有关信息的收集、识别、提取、变换、存贮、传递、处理、检索、检测、分析和利用等技术。信息技术能够延长或扩展人的信息功能,信息技术可能是机械的,也可能是激光的;可能是电子的,也可能是生物的。信息技术主要包括传感技术、通信技术、计算机技术和缩微技术,计算机技术与现代通信技术一起构成了信息技术的核心内容。

信息技术的开发和应用涉及自然科学、技术、工程以及管理学等学科,以上学科在信息管理和处理中的应用,相关的软件和设备等。信息技术的应用包括计算机硬件和软件、网络和通信技术、应用软件开发工具等。信息技术的开发和应用加速了现代社会的信息化进程,导致社会结构的变化。

通过信息技术在项目管理中的开发和应用能实现以下功能:

1) 信息存储数字化和存储相对集中;
2) 信息处理和变换的程序化;
3) 信息传输的数字化和电子化;
4) 信息获取便捷;
5) 信息透明度提高;
6) 信息流扁平化。

信息存储数字化和存储相对集中有利于项目信息的检索和查询,有利于数据和文件版本的统一,并有利于项目的文档管理;信息处理和变换的程序化有利于提高数据处理的准确性,并可提高数据处理的效率;信息传输的数字化和电子化可提高数据传输的抗干扰能力,使数据传输不受距离限制并可提高数据传输的保真度和保密性;信息获取便捷,信息透明度提高以及信息流扁平化有利于建设项目参与方之间的信息交流和协同工作。

信息技术的开发和应用在项目管理领域上的应用大体包括以下三个研究方向:

1) 管理信息系统(MIS);

2) 项目信息门户(PIP);

3) 生命周期信息集成(LII)。

管理信息系统(MIS),英文全称 Management Information System,国际上开始于 20 世纪 70 年代,国内则于 20 世纪 90 年代引进并推广,以建设工程项目应用为例,PMIS 在上海地铁 1 号线项目、上海河流污水处理项目、长江口深水航道治理工程项目得到应用,对于项目质量、投资、进度等目标的顺利实现起到了重要作用。

项目信息门户(PIP),英文全称 Project Information Portal,国际上开始于 20 世纪 90 年代,国内则于 21 世纪初引进并推广,以建设工程项目应用为例,PIP 相继在某化工项目、北京 2008 奥运工程建设项目上得到应用。

生命周期信息集成(LII),英文全称 Lifecycle Information Integration,国际和国内都于 21 世纪初开始研究并试行推广,2010 年上海世界博览会充分利用现代高科技及现代信息技术,借鉴最新的信息化管理理念,开发出上海世博会信息化集成与管理系统,通过组织的集成和管理的集成实现上海世博会建设、运营期间的技术的集成、信息的集成和设施的集成。

(3) 信息管理的内容

信息管理是指对信息的收集、加工、整理、存储、传递与应用等一系列工作的总称,信息管理的目的是通过有组织的信息流通,使决策者能及时、准确地获得相应的信息。对于建设工程项目而言,信息管理主要是指在建设项目决策和实施的全过程中,对工程建设信息的获取、存储、存档、处理和交流进行合理的组织和控制,其目的在于通过有组织的信息流通,使项目管理人员能够及时掌握完整、准确的信息,了解项目实际进展情况并对项目进行有效的控制,同时为进行科学决策提供可靠的依据。

8.2 信息分类与编码体系

项目信息分类与编码体系的建立是项目信息管理规划实施的基础。统一的项目信息分类与编码体系,能够在所有的项目参与方之间建立所谓的"项目共同语言"。运用先进的网络技术,项目参与方可以在同一个信息平台使用这一共同的"项目语言",达到项目信息的统一管理与自主管理,主要表现在以下两方面:

(1) 统一的项目信息分类与编码可以惟一标志各类项目信息,这给项目信息的统一管理以及完全共享提供了可能性;

(2) 项目参与方有各自信息的特有标志,对于本方的各类项目信息,又可以根据自身的项目信息管理水平以及项目信息管理特点实现自主管理。

在统筹考虑国家及地方对归档资料整理和竣工资料验收要求后制定的项目信息分类与编码体系,可以将项目各个阶段的信息产生与利用,通过这一纽带有序地串连起来,将归档资料的整理和竣工资料的收集分散在项目运行过程中的各个环节,既保证文档资料的完整、准确性,又可以避免目前由于在建设项目竣工期整理归档资料和竣工资料所出现的种种弊端。

信息分类编码工作的核心是在对项目信息内容分析的基础上建立项目的信息分类体系，而项目信息分类编码的设计则是信息分类体系的具体实现。

8.2.1 信息分类编码的原则

信息分类是指在一个信息管理系统中，将各种信息按一定的原则和方法进行区分和归类，并建立起一定的分类系统和排列顺序，以便管理和使用信息。一般来讲，对项目信息进行分类必须遵循以下基本原则：

(1) 稳定性

信息分类应当选择分类对象最稳定的本质属性或特征作为信息分类的基础和标准。信息分类体系应当建立在对基本概念和划分对象的透彻理解基础上。

(2) 兼容性

信息分类体系必须考虑到不同项目参与方所应用的编码体系的情况，项目信息分类体系应能满足不同项目参与方高效信息交换的需要。同时与有关国际、国内标准的一致性也是兼容性应当考虑的内容。

(3) 可扩展性

项目信息分类体系应当具备较强的灵活性，可以在使用过程中进行方便的扩展。在信息分类中通常应设置收容类目，以保证增加新的信息类型时，不至于打乱已建立的分类体系，同时一个通用的信息分类体系还应为具体环境中信息分类体系的拓展和细化创造条件。

(4) 逻辑性原则

项目信息分类体系中信息类目的设置应具有逻辑性，如要求同一层面上各个子类互相排斥。

(5) 综合适用性

信息分类应从系统工程的角度出发，放在具体的应用环境中进行整体考虑。这体现在信息分类的标准与方法的选择上，应当综合考虑项目的实施环境和信息技术工具。确定具体应用环境中的项目信息分类体系应避免对通用信息分类体系的生搬硬套。

8.2.2 信息分类

在项目实施过程中，不同类型的信息来源于项目实施的不同阶段，或由参与项目的各方直接生成，或通过对其他来源的信息加工处理而成。信息种类繁多，来源复杂，信息的创建过程也不相同。对于建设工程项目而言，业主方和项目参与各方可根据各自项目管理的需求确定其信息的分类，但为了信息交流的方便和实现部分信息共享，应尽可能作一些统一分类的规定。

按照建设工程项目信息不同的类型、内容、管理职能、实施阶段以及项目参与方等，可以分为不同的情况进行分析，如图 8-4 所示。

(1) 按照信息表现形式划分

按照信息的存在方式或表现形式，建设工程项目信息可以分为几种基本的类

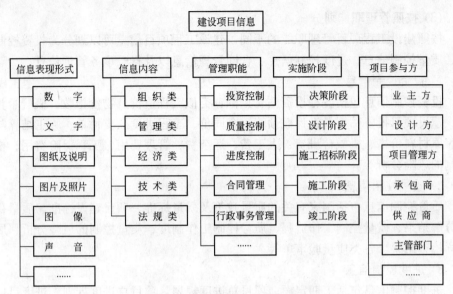

图 8-4 建设项目信息分类方法

型，如数字、文字、图纸及说明、图片及照片、图像、声音等。传统情况下，文字、图纸及说明占了建设工程项目信息的很大一部分，人们主要通过纸张的交流和保存对项目的信息进行管理。随着信息存储形式的多样化和信息交流工具的发展，图片、照片、图像、声音等多媒体信息开始在建设工程项目信息中占有一席之地，并开始发挥一些重要作用。项目管理网络平台的出现对信息的存在方式和表现形式提出规范化的要求，以便于统一处理、集中管理和多方共享。

(2) 按照信息内容划分

按照信息的内容，建设工程项目信息一般分为组织类信息、管理类信息、经济类信息、技术类信息和法规类信息。每类信息根据工程建设各阶段项目管理的工作内容又可进一步细分：

1) 组织类信息

组织类信息可以包含所有项目建设参与单位、项目分解及编码信息、管理组织信息等。

2) 管理类信息

管理类信息包括项目投资管理、进度管理、合同管理、质量管理、风险管理和安全管理等各方面信息。

3) 经济类信息

经济类信息包括资金使用计划、工程款支付、材料、设备和人工市场价格等信息。

4) 技术类信息

技术类信息包括国家或地区的技术规范标准、项目设计图纸、施工技术方案和材料设备技术指标等信息。

5) 法规类信息

法规类信息包括国家或地方的建设程序法规要求等。

(3) 按照管理职能划分

按照建设工程项目管理职能的不同,建设工程项目信息可以划分为投资控制信息、质量控制信息、进度控制信息、合同管理信息以及行政事务管理信息。

1) 投资控制信息

投资控制信息包括各种投资估算指标,类似工程造价、物价指数、概(预)算定额、建设项目投资估算、设计概预算、合同价、工程进度款支付单、竣工结算与决算、原材料价格、机械台班费、人工费、运杂费、管理费用、工程保险费用、投资控制的风险分析等。

2) 质量控制信息

质量控制信息包括国家有关的质量政策及质量标准、项目建设标准、质量目标的分解结果、质量控制工作流程、质量控制工作制度、质量控制的风险分析、质量抽样检查结果、各类质量验审单等。

3) 进度控制信息

进度控制信息包括工期定额、项目总进度规划、项目总进度计划、进度目标分解结果、进度控制工作流程、进度控制工作制度、进度控制的风险分析、各类施工进度记录等。

4) 合同管理信息

合同管理信息包括国家及地方有关法律、法规、建设工程招投标管理办法、建设工程施工合同管理办法、招标文件和投标书、建设工程中标通知书、甲供料合同管理办法、工程建设监理合同、建设工程勘察设计合同、建设工程施工承包合同、土木工程施工合同条件、合同变更协议等。

5) 行政事务管理信息

行政事务管理信息包括上级主管部门、项目主持方、设计单位、监理单位、招标代理机构、施工承包单位、供货商的往来函件、有关技术资料等。

(4) 按照实施阶段划分

按照建设全过程划分,建设工程项目信息可以分为以下几类:

1) 决策阶段相关信息

① 批准的项目建议书、可行性研究报告、设计要求文件及有关资料;

② 批准的建设选址报告、城市规划部门的批文、土地使用要求、环保要求;

③ 工程地质和水文地质勘察报告、地域图、地形测量图;

④ 地质气象和地震烈度等自然条件资料、矿藏资源报告;

⑤ 设备条件;

⑥ 规定的设计标准、国家和地方的建设法规和规定;

⑦ 国家和地方有关的技术经济指标和定额等。

2) 设计阶段相关信息

① 初步设计文件。如建设项目的规模、总体规划布置、主要建筑物的位置、结构形式和设计尺寸、各种建筑物的材料用量、主要设备清单、主要技术经济指标、建设工期、总概算、建设方与市政、公用、供电、电信、铁路、交通、消防等

部门的协议文件和配合方案；

② 技术设计文件。如工艺流程、建筑结构、设备选型及数量确定等；

③ 施工图设计文件。如施工总平面图、建筑物的施工平面图和剖面图、设备安装详图、各种专业工程的施工图，以及各种设备和材料的明细表、施工图预算等。

3）招投标、合同阶段有关信息

这一阶段，文件主要包括项目主持方或者其委托的招标代理机构以及投标单位提供的：招标邀请书、投标须知、合同双方签署的合同协议书、履约保函、合同条款、投标书及其附件、工程报价表及其附件、技术规范、招标图纸、发包单位在招标期内发出的所有补充通知、投标单位在投标期内补充的所有书面文件、投标单位在投标时随同投标书一起递送的资料和附图、发包单位发出的中标通知书、合同双方在洽商合同时共同签字的补充文件等。

除了上述各种文件资料外，还包括上级有关部门关于建设工程项目的批文和有关批示、有关征用土地或拆迁赔偿等协议文件。

4）施工阶段有关信息

建设工程项目在整个工程施工阶段，每天都发生各种各样的情况，相应地包含着各种信息，需要及时收集和处理。因此，项目的施工阶段，是大量的信息发生、传递和处理的阶段。

① 项目主持方提供的信息

项目主持方负责某些材料的供应时，应收集项目主持方所提供材料的品种、数量、规格、价格、提货地点、提货方式等。还应提供这些材料的材质证明、检验（试验）资料等。

项目主持方对施工过程中有关进度、质量、投资、合同等方面的看法和意见的书面材料。

项目主持方的上级主管部门对工程建设的各种意见和看法的书面材料。

② 施工承包单位提供的信息

包括：开工报告、施工组织设计、各种计划文件、施工技术方案、材料报验单、月支付申请表、分包申请、工料价格调整申请表、索赔申请表、竣工报验单、复工申请、各种工程项目自检报告、质量问题报告、有关问题的意见等。

③ 监理单位提供的信息

监理单位提供的信息包括：现场监理人员的日报表、现场每日的天气记录、监理工作纪要、其他有关情况与说明文件、现场监理日记、监理周报、监理月报、总监理工程师对承包商的指示文件、工程质量记录、工程计量和工程款记录、工程竣工记录、工地会议纪要等。

5）竣工阶段有关信息

工程竣工并按要求进行竣工验收时，需要大量的对竣工验收有关的各种资料信息。这些信息一部分是在整个施工过程中长期积累形成的，一部分是在竣工验收期间，根据积累的资料整理分析而形成的。完整的竣工资料应由施工单位编制，经工程监理单位和有关方面审查后，移交项目主持方并通过项目主持方移交设施管理单位以及相关的政府主管部门。

(5) 按照项目参与方划分

按照项目参与方的不同，建设项目信息可以分为项目主持方的信息、设计方的信息、项目管理方的信息、施工方的信息、设备和材料供应方的信息、政府主管部门的信息等，包括某个参与方生成的信息以及围绕某个参与方可以系统性地组织起来的信息。如项目主持方的信息一般包括项目主持方内部的文件资料和发送给其他方面的文件信函等；设计方的信息一般包括设计图纸、设计方案说明以及设计变更等；项目管理方的信息一般包括项目管理函、项目管理周报、项目管理评审意见等；施工方的信息一般包括现场签证、工程款支付申请书、工程实施进度表等；设备和材料供应方的信息一般包括设备和材料报价表、设备和材料图纸、设备型号说明等；政府主管部门的信息一般包括政府审查意见、批复意见、备案手续等。

项目信息分类与编码体系应该从不同的项目管理范畴、项目参与方不同的信息需求以及项目各个阶段不同的信息特点出发，提供出来一套兼顾各种信息分类标准的分类与编码体系，用以满足项目管理工作的不同需求。

8.2.3 信息编码体系

项目信息分类之后，为了便于检索和查找，需要对分类之后的信息进行编码。一般而言，完整的项目信息编码由四部分组成，如图 8-5 所示。

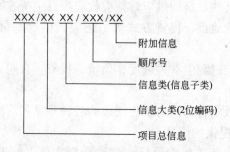

图 8-5 完整的项目信息编码

（1）表示项目的总信息，包括项目年份、项目名称等；

（2）信息类别是项目信息编码的主体内容，根据项目实际情况可以有所不同，以图 8-5 为例，可以前两位表示信息大类，后两位表示信息类。信息大类第一位表示信息总分类，第二位表示子分类；信息类由两位组成，第四位表示信息子类。随着项目进展可适当增加信息大类以及信息类编码以适应项目的变化；

（3）顺序号，即流水号，按 001，002 等顺序编号；

（4）附加信息，即根据项目需求补充说明的信息，如签发人代号等。

项目信息编码应根据有关项目档案的规定、项目的特点和项目实施单位的需求而建立，其形式不完全相同，其中信息类别和信息号是项目编码的必要内容，其余编码可根据实际情况增减。

项目信息编码有如下几种主要方法：

（1）在进行项目信息分类和编码时，项目实施的工作项编码应覆盖项目实施全过程的工作任务目录的全部内容，以建设工程项目实施的工作内容为例，包括设计准备阶段的工作项、设计阶段的工作项、招投标工作项、施工和设备安装工作项和项目动用前准备工作项等；

（2）建设工程项目进展报告和各类报表编码应包括建设工程项目管理过程中形成的各种报告和报表的编码；

（3）合同编码应参考项目合同结构和合同分类，应反映合同的类型、相应的项目结构和合同签订的时间等特征；

（4）函件编码应反映发函者、收函者、函件内容所涉及的分类和时间等，以便函件的查询和整理。

案例分析 8-1　某金融大厦项目信息分类和编码

某金融大厦是向国内外金融界、贸易界提供具有一流设备和管理水平的综合性、多功能、智能型的超高层金融、贸易办公楼。其项目信息分为五大类，如图8-6所示。

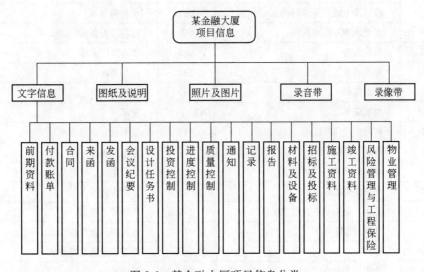

图 8-6　某金融大厦项目信息分类

该金融大厦项目信息编码形式如图 8-7 所示。

说明：

（1）年份号每年变换一次，顺序号重新从 001 开始；

（2）信息类别号由三位数字组成，编号方法见下文；

（3）信息顺序号即流水号，于每年年初从 001，002……顺序编号；

（4）签发人/拟稿人代号除下文建议外，其余由业主根据需要确定。

信息编码如表 8-1 所示。

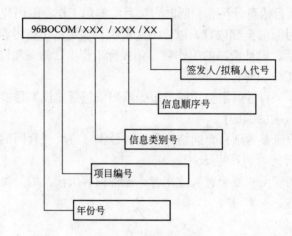

图 8-7 编码图例

某金融大厦信息编码 表 8-1

编号	信息类别	编号	信息类别
000	**前期资料**	031	政府及上级有关部门来函
001	某金融大厦有限公司资料	032	咨询单位来函
002	项目前期策划资料	033	规划、勘察、设计单位来函
003	政府及上级有关部门批文	034	承包商来函
004	基地地理及市政资料	035	材料、设备供应商来函
005	咨询报告	036	市政部门来函
006	有关政策、制度、规定等文件	037	内部来函
007	其他资料	038	其他来函
010	**付款账单**	040	**发函**
011	咨询单位付款账单	041	董事长、总经理函
012	规划、勘察、设计单位付款账单	042	业主代表函
013	政府有关部门付款账单	043	项目主任、顾问函
014	承包商付款账单	044	总工程师函
015	设备、材料供应商付款账单	045	工程部经理函
016	其他付款账单	046	设计项目管理经理函
020	**合同**	047	施工监理总工程师函
021	合作、合资合同	048	其他发函
022	咨询合同	050	**会议纪要**
023	规划、勘察、设计合同	051	公司董事会会议纪要
024	工程承包合同	052	公司总经理(业主代表)工作会议纪要
025	材料、设备供应合同	053	市政征询会、政府审批会、专家咨询会
026	市政合同	054	总工程师工作会议纪要
027	其他合同	055	工程部工作会议纪要
030	**来函**	056	设计协调会会议纪要

续表

编号	信息类别	编号	信息类别
057	施工协调会会议纪要	111	公司工作记录
058	其他会谈、谈话纪要	112	总工程师工作记录
060	**设计要求文件**	113	工程部工作记录
061	方案征集文件	114	设计项目管理工作记录
062	优化方案设计要求文件	115	施工监理工作记录
063	扩初设计要求文件	116	其他记录
064	施工图设计要求文件	120	**报告**
065	精装修设计要求文件	121	咨询报告
070	**投资控制**	122	工作报告
071	资金使用计划	123	申请报告
072	投资计划	124	送审报告及审批报告
073	估算、概算、预算资料	125	公司内部请示报告
074	工程实际投资报告	126	其他报告
075	投资计划与实际值比较、分析报告	130	**材料及设备资料**
080	**进度控制**	131	智能化设备资料
081	项目进度计划	132	电梯设备资料
082	工作计划	133	暖通设备资料
083	物资采购计划	134	电气设备资料
084	工程实际进度报告	135	给水排水设备资料
085	工程计划进度与实际进度比较报告	136	动力设备资料
090	**质量控制**	140	**招标投标**
091	标准及规范	141	桩基工程招投标
092	质量控制大纲及质量目标	142	施工总承包招投标
093	设计文件审核意见	143	设备工程招投标
094	施工质量检查报告	144	装饰工程招投标
095	分部分项工程验收报告	150	**施工资料**
096	施工质量问题及处理报告	151	设计变更
097	工程质量事故报告	152	施工变更
100	**通知**	153	施工签证
101	董事会、总经理通知	154	施工组织设计（施工方案）
102	业主代表通知	155	材质证明
103	办公室通知	156	测试报告
104	工程部通知	160	**竣工资料**
105	设计项目管理方通知	161	竣工验收报告
106	施工监理方通知	170	**风险管理与工程保险**
107	其他通知	171	保险方案
110	**记录**	172	保单

续表

编号	信息类别	编号	信息类别
173	赔偿	180	物业管理
174	索赔		

签发人/拟稿人代号:

GM	表示公司总经理或副总经理	PF	计财部经理或副总经理
OR	表示业主代表或副代表	DPM	表示设计项目管理经理
CE	表示总工程师或副总工程师	CPM	表示施工监理总工程师
CM	表示工程部经理或副经理		

案例分析 8-2 某卷烟厂项目信息分类与编码

某卷烟厂项目在实施期间编制的项目信息编码如图 8-8 所示。

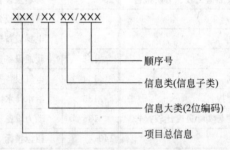

图 8-8 某卷烟厂项目信息编码

项目详细的信息编码如表 8-2 所示。

某卷烟厂项目信息编码   表 8-2

文档编码	文档信息分类	文档编码	文档信息分类
A0	项目 A 主项目信息	1330	总体设计优化文件
1000	工程准备阶段文件	1340	初步设计文件
1100	项目立项文件	1350	施工图设计文件
1110	项目立项	1360	专业深化设计文件
1120	可行性研究报告	1400	招投标与委托文件
1200	建设用地、征地、拆迁文件	1410	工程管理服务委托
1210	用地与征地文件	1420	总体设计招投标
1220	拆迁文件	1430	勘察单位委托
1300	勘察、测绘、设计文件	1440	施工监理招投标
1310	勘察与测绘文件	1450	施工总承包(管理)招投标
1320	总体设计文件	1460	专业分包招投标

续表

文档编码	文档信息分类	文档编码	文档信息分类
1470	设备材料采购招投标	3120	施工现场准备文件
1500	开工审批文件	3130	地基处理记录
2000	**监理文件**	3140	工程图纸变更记录
2100	监理规划	3150	材料质量证明文件及复试验报告
2110	监理规划与实施细则	3160	施工试验记录
2120	监理部总控制计划	3170	隐蔽工程检查记录
2200	监理月报	3180	施工记录
2300	监理进度控制文件	3190	工程质量事故处理记录
2310	工程开工/复工审批表	31A0	工程质量检验记录
2320	工程开工/复工暂停令	3200	其他专业工程
2400	监理质量控制文件	3210	施工记录
2410	不合格项目通知单	3220	图纸变更记录
2420	质量事故报告及处理意见	3230	设备、产品质量检查、安装记录
2500	监理造价控制文件	3240	预检记录
2510	设计变更与洽商费用报审与签认	3250	隐蔽工程检查记录
2520	工程竣工决算审核意见书	3260	施工试验记录
2600	分包资质	3270	质量事故处理记录
2610	分包单位资质材料	3280	工程质量检验记录
2620	供货单位资质材料	4000	**竣工图**
2630	试验单位资质材料	5000	**竣工验收文件**
2700	监理通知	5100	工程竣工总结
2710	进度控制的监理通知	5200	竣工验收记录
2720	质量控制的监理通知	5210	质量验收记录
2730	造价控制的监理通知	5220	竣工验收材料
2800	监理合同管理文件	5230	工程质量保修书
2810	工程延期报告及审批文件	5300	财务文件
2820	费用索赔报告及审批文件	5400	声像、缩微、电子档案
2830	合同争议与违约报告及处理意见	6000	**项目管理文件**
2840	合同变更材料	6100	项目公共信息
2900	监理工作总结	6110	项目基本信息
2910	专题总结	6120	项目干系方信息
2920	月报总结	6130	项目实施大事记
2930	工程竣工总结	6200	项目实施组织及管理制度
2940	质量评价意见报告	6210	组织设置与任务职能分工
3000	**施工文件**	6220	项目管理制度
3100	土建工程	6300	请求及政府部门批文
3110	施工技术准备文件	6400	政府或主管部门有关文件、来函

续表

文档编码	文档信息分类	文档编码	文档信息分类
6500	领导讲话摘要及厂部文件	6A20	设计方进度报告
6600	会议组织及纪要	6A30	项目总控方进度报告
6610	总体设计评审会议	6A40	施工监理方进度报告
6620	可行性研究评审会议	6A50	施工总承包(管理)单位进度报告
6630	初步设计评审会议	6A60	专业分包单位进度报告
6640	专家咨询会议	6A70	设备材料供应单位进度报告
6650	业主代表(副代表)工作会议	6B00	工作计划
6660	部务会议	6B10	工程管理月工作计划要点
6670	技改办周工作例会	6B20	工程管理月工作计划
6680	专业组工作会议	6B30	业主方月工作计划
6690	项目文化小组工作例会	6B31	综合管理组月工作计划
66A0	设计协调会	6B32	建筑组月工作计划
66B0	工程协调会	6B33	工艺与总图组月工作计划
66C0	施工协调会	6B34	电气与自控组月工作计划
66D0	监理例会	6B35	动能组月工作计划
66E0	其他会议	6B36	物流自动化组月工作计划
6700	函件	6B40	项目总控组工作计划
6710	业主代表(副代表)函	6B41	项目总控组季工作计划
6720	技改办主任(副主任)函	6B42	项目总控组月工作计划
6730	项目总控主任(副主任)函	6B50	设计方工作计划
6740	项目总控组经理函	6C00	工程管理工作总结报告
6750	专业组组长函	6C10	项目总控总结报告
6760	设计院总设计师函	6C11	项目总控年度总结报告
6770	工艺设计咨询单位函	6C12	项目总控季度总结报告
6780	监理总工程师函	**6D00**	**项目管理信息系统的应用**
6790	招标代理单位函	6D10	EXP软件的引进和应用
67A0	专业设计单位函	6D20	P3软件的引进和应用
67B0	施工总承包(管理)单位函	6D30	信息沟通与管理平台软件的引进和应用
67C0	专业分包单位函	6E00	项目文化建设和实施
67D0	设备材料供应单位来函	6F00	工程管理研讨与培训
6800	投资规划及控制	6G00	设备材料资料
6810	投资数据与材料	6H00	工程保险
6820	工程实际投资报告	6I00	技术交流与考察
6830	投资计划值与实际值比较、分析报告	6J00	图像资料
6900	质量规划及控制	6J10	会议图像资料
6A00	进度规划及控制	6J20	考察图像资料
6A10	业主方进度报告	6J30	施工图像资料

8.3 信息交流和信息流程图

在项目实施过程中，项目参与方任何信息的交互都包含于广义的信息交流范畴中，信息交流一般指在项目实施过程中，项目参与各方对项目信息的交换与共享。

传统的项目信息的交流方式是单向的，由上级至下级传递，缺少时间效率和反馈，而现代的项目信息交流方式是项目多个参与方对项目信息的共享，项目信息流程是扁平化的、互动的。

项目信息交流过程中，为了规范项目文档、信息以及任务的流转，往往需要使用信息流程图表示，信息流程图是用图的形式来反映一个组织系统中各种信息资源的工作关系，其目的是规范项目文档、信息以及任务的流转。信息流程图是一个重要的组织工具，如图 8-9 所示，信息流程图用双层矩形框表示信息处理单位或人员以及他们的工作内容，其中，上层框表示信息处理单位或人员，下层框表示相应的工作内容，双向虚线箭头表示信息的流转关系。

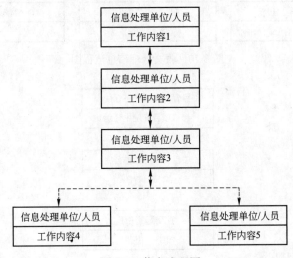

图 8-9　信息流程图

案例分析 8-3　某房地产项目信息流程图

某房地产项目实施期间，项目管理单位针对项目实际特点，编制了一系列信息流程图，用以规范项目信息的交流。信息流程图主要包括以下内容：

(1) 收文处理信息流程图（见图 8-10）；
(2) 项目管理主任函处理信息流程图（见图 8-11）；
(3) 项目管理副主任函处理信息流程图（见图 8-12）；

(4) 设计管理经理函处理信息流程图(见图 8-13)；
(5) 施工管理经理函处理信息流程图(见图 8-14)；
(6) 项目管理月报处理信息流程图(见图 8-15)。

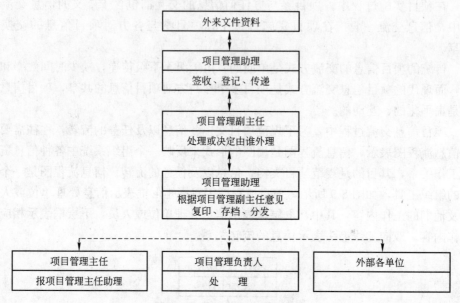

图 8-10 收文处理信息流程图

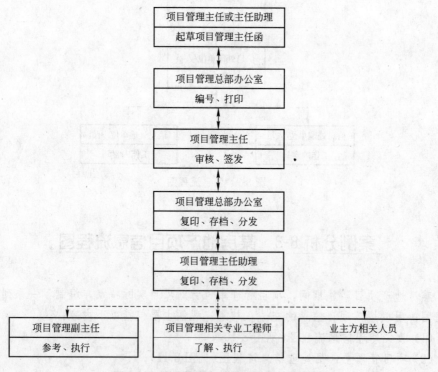

图 8-11 项目管理主任函处理信息流程图

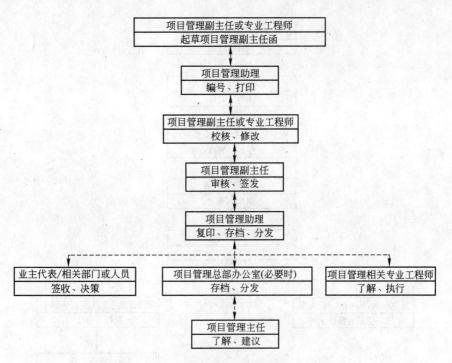

图 8-12　项目管理副主任函处理信息流程图

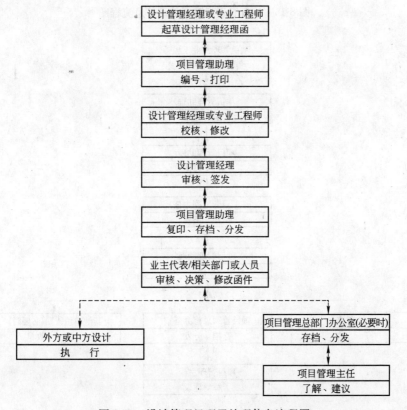

图 8-13　设计管理经理函处理信息流程图

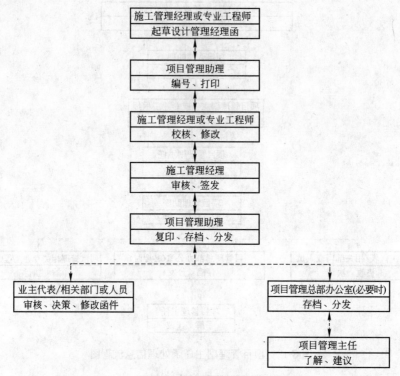

图 8-14 施工管理经理函处理信息流程图

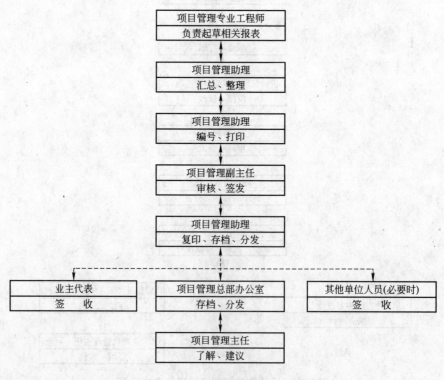

图 8-15 项目管理月报处理信息流程图

8.4 信息管理制度

在项目实施过程中,将例行的日常项目信息管理方式通过制度的形式确定下来,用以规范工作方式、规定工作流程,使日常工作趋于标准化、程序化,达到良好控制与交流的目的。一般包括文档格式标准化、文档管理制度以及会议制度等。

8.4.1 文档格式标准化

项目信息管理的成果一大部分是一系列项目文档,这些文档几乎覆盖了项目管理所要提供的各方面信息;同时项目文档的发送人和接收人各不相同,为了便于查询和管理,对项目文档的要求是采用标准化格式,按照统一方式编排。文档的标准化是项目管理工作和成果规范化的体现。例如某会展中心的项目管理中,报表系统包括函件、日报、周报、月报和季报等形式。

函件有项目经理函和内部联系函。这些函件的表头部分包括子项目名称、涉及阶段(设计、招标及采购、施工、动用准备、其他)、内容摘要(总结过去、分析现在、预测未来)、涉及问题的种类(组织问题、管理问题、经济问题、合同问题、技术问题)、涉及单位(建设单位、设计监理、施工监理、设计单位、施工单位、供货单位、政府主管部门、其他)、文件属性(提供信息、研究讨论、请决策、请组织落实)以及主送、抄送等。括号内部分都设置成复选框供选择,简明扼要地反映了函件的内容,也便于计算机检索。

日报包括项目经理日报和专业工程师日报,汇总成项目管理周报,用来规范项目管理人员的日常工作。内容有:本专业及相关专业的工程进展(设计、采购、施工、市政配套)、当日主要控制工作(来函处理、发函审核、审图、会议、起草文件、内部交流等)、来日工作安排、问题分析及建议等内容。这些报表主要供工程师在现场填写。

月度报表是控制成果的主体内容,包括:本月计划进度与实际进度比较、本月进度分析及采取措施、下月计划进度、项目形象进度表、本月资金使用计划值与实际值比较、累计资金使用汇总表、下月资金使用计划、本月重大技术、质量及安全问题处理汇总表、本月设备材料采购及招投标汇总表、本月总体情况汇总、业主方下月工作建议。上述报表涵盖进度、投资、质量、安全、合同等各个方面,进度报表又细分为设计、设备材料采购及招投标、施工、市政配套、开业准备等各阶段。对于重大的问题要设专题报告,分析问题的实质并提出解决方案。专题报告不定期提出,每月底汇总检查执行情况。

季报和年报在月报基础上产生。

以德国统一铁路项目为例,其报表种类主要包括以下六大类:

(1) 总体情况报表(Sachstandbericht):应业主的要求提供,反映项目的总体进展情况;

(2) 月度报表(Monatliche Berichterstattung):逐月向业主汇报工程的财务、

发包、完成工程量、结算的基本情况及关键问题；

(3) 控制报表(Controlling Bericht)：逐月向业主汇报、分析本报告期内的重大工程决策问题，并提出建设性咨询意见，是项目管理的重要报表之一；

(4) 设计与进度控制报表(Entwurfshefte and Termine)：每两月向业主汇报设计与总体进度情况，重点汇报不同设计阶段的投资变化情况(类似于国内的估算、概算、预算等)；

(5) 发包控制报表(Vergabe Contorlling)：围绕发包的进度安排、发包对象的审核、是否符合发包要求等内容，反映了招投标在公款项目管理中的重要地位；

(6) 合同控制报表(Verrtagskontrolle)：反映合同控制的内容，如合同对象、合同内容、工程款情况、索赔情况等，体现了合同控制的核心地位。

8.4.2 文档管理制度

文档管理是项目信息管理非常重要的一个环节，文档管理需要解决的是"如何收集项目文档信息"、"如何管理项目文档信息"这两个问题。一般项目文档管理需要考虑以下几个方面：

(1) 根据项目信息管理组织结构体系建立项目文档管理体系的人员设置以及各组织、人员的工作内容与职责；

(2) 项目实施过程中产生的有些信息对项目管理是有直接作用的，如函件、会议纪要等；而有些信息是在实施过程中项目参与方之间对某一问题交流的"中间"信息，只有它们的最终结果信息才对项目管理产生影响。因此，文档管理应明确定义归档文件的范围以及这些文档的收集方式，让每一位项目信息管理参与人员明确其工作范围；

(3) 对于每一份归档管理的项目文档信息都应该根据已经确定的项目信息分类与编码要求进行编码，实现对项目文档信息的统一管理；

(4) 对于一些特殊的文档资料，应该制定特殊的管理方式对其进行管理。以建设工程项目为例，特殊的文档资料包括：国内外引进技术的图纸和文件、建设方与外单位的往来文件、设计图纸与文件、设计变更文件等；

(5) "项目信息中心"是项目所有信息的收集中心、存储中心以及共享中心，"项目信息中心"还应该给项目参与方提供文档的查询与借阅服务。文档管理应该明确项目文档的查询借阅制度以及权限分配；

(6) 所有的项目文档在项目结束以后都需要移交。文档管理还应该明确移交的项目文档类型以及移交双方。

对于建设项目而言，文档管理制度主要包括以下几个内容：

(1) 组织设置与人员配备

组织设置：项目主持方档案室("项目信息中心")、各专业组兼职文档管理员；在项目建设时期，现场施工单位、监理单位亦应设相应机构并配备必要的人员，以适应工程建设的需要。

人员配备："项目信息中心"工作由专人负责；各专业组文档管理工作由组员

兼职完成。当文档管理人员调换工作时，要对所管理的文档资料根据目录进行全面核对移交，确属无误方可调离。施工单位和监理单位介入后，亦应配置文档管理人员形成参与方的信息网络、资料共享。

(2) 归档范围及归档方式

不同的项目具有不同的特点，其归档范围及方式也有所区别，以某卷烟厂项目为例，其根据文档类别性质具体分类如表8-3所示。

某卷烟厂项目归档范围以及归档方式　　　　　表8-3

文档类别	责任部门（人）	归档方式
专业组自身所形成的技术文件资料、决策文件、函件、小组会议纪要、管理文件资料	专业组	日常积累，按事务阶段完成交付档案室归档。随月工作计划检查成果一并检查
国内外参观、考察、技术交流、设计联系、检验、操作培训、贸易洽谈等方面获取的技术资料、传真	专业组	活动参与负责人收集整理，事务结束后交档案室归档。随月工作计划一并检查
外商来厂谈判所提交的资料、外技人员到现场技术交流和现场工作时所提供的图纸资料	专业组	组长负责，组文档管理人员收集整理，按月归档
国内、外设备到货开箱资料，设备、材料验收单	专业组	专业技术人员收集整理，所有原件立即向档案室归档，因工作需要由档案室分发复印件
联合试运转和试生产记录文档	专业组	按项目主持方要求整理归档
项目主持方日常工作会议纪要、招投标过程中产生的所有信息文档、项目管理制度、各类工作流程	综合组	日常积累，按事务阶段完成交付档案室归档。随月工作计划检查成果一并检查
上级主管部门、政府职能部门的文件与批复，集团公司下达文件。 设计单位、施工单位、监理单位、招投标代理机构以及其他项目参与方提供的用于本项目的文件材料（包括各阶段图纸及变更联系单）	综合组经办人员	根据归档份数要求保留原文件归档，并及时将相关文件发放到对应的专业组
项目主持方向上级上报文件以及与外单位各类联系文件、传真、函件	综合组经办人员	收集整理，保留原文件归档
国内、国外设备供货商签订合同、协议书中规定设备到货前提供的设备技术材料、设备图纸	综合组经办人员	文件原件归档，并根据设备材料负责人提交的分发人员与份数清单及时分发，发给施工单位的资料（采用复印件）随同竣工资料一起回收
合同文本以及与合同相关的补充文件	综合组合同管理人员	日常收集整理，并根据项目主持方规定向审计部门归档
投资报表、投资分析文件、估算审核意见、概算审核意见、预算审核意见等投资控制文件	综合组投资控制小组	按月、按时提交报表及分析文件，向档案室归档。涉及资金的投资密级文件根据业主方财务规定向财务部提交
工程施工部分竣工档案资料	施工总承包单位	自行收集整理，在工程竣工验收前必须经过档案室的资料验收
工程监理文档、监理月报、监理评估报告	监理单位	自行收集整理，按月提交监理月报，分部（子部分）验收前提交相应监理评估报告，竣工验收前提供监理总评估报告

1）工程施工部分竣工档案资料由施工总承包单位负责整理，并对其负责。在工程竣工验收前，项目主持方档案室人员汇集企业档案室相关人员进行竣工档案资料初审。初审通过方可进行工程竣工验收，同时将竣工档案资料归档。在进行初审时，按照《建设工程文件归档整理规范》要求审查。

　　2）对于归档的文件无特殊原因均要求原件，并做到书写、打印材料优良、字迹工整、图样清晰，不得使用铅笔、圆珠笔，以利长期保存。

　　3）归档文件份数规定：一般要求档案室保留一份原件进行归档。工程施工部分竣工资料文档，由于城建档案室的需要，应要求施工单位整理三份交档案室归档。

　　4）归档要求：各专业组信息管理人员在软件录入文件信息的同时，应把相关纸质文件交项目主持方档案室归档。归档时间应遵循事务结束即归档的原则。任何归档的文件都必须在项目主持方档案室进行归档登记。电子文档不作归档依据。

(3) 文档编码

归档文件在录入软件后，由"项目信息中心"专职管理员对归档文件进行形式审核，并根据文档类型在系统中进行信息编码，同时对相对应的纸质文档原件进行对应的手工信息编码。

(4) 特殊文档资料管理

1）引进技术设备图纸、文件管理流程如图8-16所示。

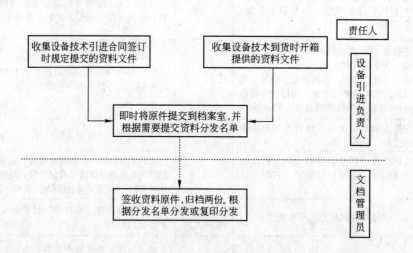

图8-16　引进技术设备图纸、文件管理流程

2）外单位往来文件管理

各项目管理部门与外单位的文件、函件交流时，由责任人负责起草文件，并征得项目管理部门负责人认可，报项目投资方的审批，以业主代表函或企业正式文件的形式，在"项目信息中心"登记取得文件编号后由项目管理部门自行负责对外发送。任何对外发送的函件及文件均应及时归档。

各项目管理部门负责收集整理与专业相关的外单位交流的传真文件,并在事务阶段完成后向档案室归档。各专业组对归档的传真件负责,并应保证最终文件的可追溯性。综合组相关人员负责对有关外来文件的翻译处理。

各组在交流过程中有大容量图纸需要接收、发送,可使用项目主持方档案室电子信箱。电子邮件不作归档依据。

3) 设计图纸、文件管理

设计图纸、文件提交和分发流程如图 8-17 所示。

① 任何有效设计图纸必须根据国家规定以及合同约定要求、份数,统一提交给"项目信息中心","项目信息中心"根据归档要求保留适当份数后,再进行分发。

② 设计方在出图的时候要对图纸进行科学、合理的编号,做到任何图纸都有编号(含设计变更和备忘录),而且是惟一的。

③ "项目信息中心"在接收到设计院提交的设计文件、图纸后,除根据文档分类与编码要求进行文档编码外,还应根据设计图纸分类与编码要求对其进行编码,并按其立卷形式,完整保存两份原件归档。其余图纸、文件供专业组使用。

④ "项目信息中心"管理员对于设计院提交的设计文件、图纸电子版,及时录入软件。并同时审核设计院提交文件的命名准确性。

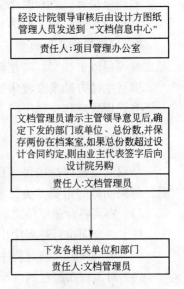

图 8-17 设计图纸、文件提交和分发流程

(5) 文档资料查询与借阅服务

"项目信息中心"对项目参与人员提供档案、资料总目录、分类目录或计算机数据查询服务;提供档案查、借阅服务,权限内提供文件、技术资料的复制品。

项目经理部人员查、借阅档案资料一般仅供本人使用,查、借阅的档案应保持完整;长期借阅给各组的复制品或原件,应由各组兼职文档管理员管理;查阅特殊文档(企业密级档案、技术交流总结报告等)只能在档案室内,禁止带出档案室,特殊情况必须借阅密级档案时,须由项目主持方领导人审核同意方可借阅。

文档的借阅应进行登记,登记内容包括借阅人、借阅日期、借阅文件名称及其编号、预计归还日期、实际归还日期等。

项目合同文本以及与合同相关的补充材料,由审计部归档,合同管理员负责收集、整理。查询人员在取得项目主持方领导同意后,通过合同管理员进行查阅。

(6) 文档移交管理

分包单位收集与整理分包范围内的施工文件，在分包工程结束后，及时向施工总承包单位移交文档。未纳入施工总承包单位的分包施工文件由"项目信息中心"接收保存，作为项目竣工档案的组成部分。

施工总承包单位收集整理自身承包部分的施工文件以及分包单位移交的竣工文档，并整理立卷工程施工部分竣工档案，向"项目信息中心"移交。

监理单位整理立卷监理文档，向"项目信息中心"移交。

项目总控组整理立卷项目总控文档，向"项目信息中心"移交。

"项目信息中心"收集汇总施工部分竣工档案、监理文档、项目总控文档。整理立卷项目竣工档案，向建设方档案室移交。

项目主持方档案室收集整理完整的竣工验收文件，按城建档案馆规定以及建设方档案管理规定移交和保存。

8.4.3 项目会议制度

会议制度是保持项目建设有效交流的手段，是在项目建设过程中及时发现问题、解决问题的重要方法。项目会议的召开有以下一些基本功能：

(1) 协调各参建单位之间的关系；
(2) 对合同执行过程中出现的问题进行协商或讨论；
(3) 解决项目实施过程中存在的一些客观而亟待处理的问题；
(4) 对工程实施进展情况进行动态跟踪检查；
(5) 提高团队士气和动力；
(6) 会议结果通知利益相关者并跟踪执行。

一个项目实施过程中会有很多的相关单位参与，协调各个参建单位之间的关系就成为一项重要的工作，而项目会议的召开就可以解决这个问题。比如某机场建设项目会议设计中有一项组织协调功能，组织协调涉及到业主、设计单位、承包单位、监理单位、政府部门等。业主单位包括航站区工程处、机电动力处、弱电处、计财处、物资设备处、总工办；设计单位包括主设计单位、专业设计单位、深化设计单位；承包单位包括总包单位、材料供应、专业分包；监理单位包括内部人际关系协调、组织关系协调、需求关系协调；政府部门包括市建委、质监站、市消防、市交易中心等。

会议记录是对会议的主要内容和决策的记录，各有关单位或部门应按会议记录的精神开展工作。各有关单位或部门如对会议记录有异议，应在收到会议记录后三天内提出，否则彼此执行。

所有会议纪要必须归档到"项目信息中心"，要求具有主持人签发的文本文件和电子文件。由文档管理员根据项目信息分类与编码要求进行编码。

由于各个建设项目都有其自身的特殊性，项目会议设计一般都分层次进行。比如某机场建设工程项目的会议设计如表8-4所示。

某机场建设工程项目会议制度 表 8-4

第一层次：关键线路项目每天碰头会	
主持	总包
参加	业主相关处室人员、专业监理工程师及相关施工单位
时间	每天上午九点
内容	每天的进度检查及相关的事宜协调
列为关键线路的内容	东西翼土建、金属屋面板、二、三标段幕墙、东西翼钢结构等
第二层次：各专业协调会	
土建协调会每周一	总包主持
由工程处、监理、土建、钢结构、幕墙等施工单位参加	
安装协调会每周二下午	总包主持
由机电动力处、监理、安装单位参加	
设计协调会每周四	设计主持
由业主、监理、各施工单位参加	
弱电协调会每周二下午	弱电处主持
由弱电处、弱电设计、监理和施工单位	
第三层次：工程例会	
主持	总监理工程师
时间	每周二上午九点
参加	指挥部总指挥、副总指挥、总工、各处处长、市建委领导、市质监站、监理设计及各施工单位项目经理
内容	跨专业及各专业协调会无法解决的问题和其他需协调解决的重大事宜

8.5 项目管理信息系统

8.5.1 项目管理信息系统的概念

项目管理信息系统(PMIS)是基于计算机的项目管理信息系统，主要用于项目的目标控制，为项目目标的实现提供了强有力的帮助。

项目管理信息系统的应用，主要是应用计算机的手段，进行项目管理有关数据的收集、记录、存储、过滤以及将数据处理的结果提供给项目管理班子的成员。它是项目进展的跟踪和控制系统，也是信息流的跟踪系统。

项目管理信息系统的功能主要包括以下几个方面：

(1) 投资控制；

(2) 进度控制；

(3) 质量控制；

(4) 合同控制。

每一个功能模块由一个子系统完成，因此项目管理信息系统又相应的分成以下几个子系统：

(1) 投资控制子系统；

(2) 进度控制子系统；

(3) 质量控制子系统；

(4) 合同控制子系统。

8.5.2 投资控制子系统

(1) 投资控制子系统的功能

投资控制子系统是处理项目投资信息，为项目建设各级管理人员控制项目投资提供决策依据的信息系统。投资控制子系统功能可以归纳为以下四个方面：

1) 确定与调整项目各阶段的投资计划值；

2) 存储与查询项目各类投资数据(包括投资计划值与实际值)；

3) 动态比较项目投资计划值与实际值；

4) 控制财务用款。

如图 8-18 所示。

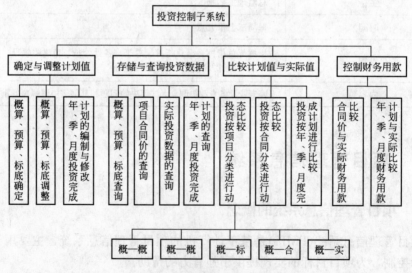

图 8-18　投资控制子系统的功能

(2) 投资控制子系统的数据结构

投资控制子系统的数据结构是指数据存储或数据流的各组成数据项。表 8-5 是投资控制子系统的输入和输出数据一览表。

输入/输出列表　　　　　　　　　　　表 8-5

输入	来源	参考号	输出	去处	参考号
项目编号	投资控制小组	Pcode	项目编号	投资控制小组	Pcode
工程量单位(概)		Unit	工程量单位(概)		Unit
工程量(概)		Amount	工程量(概)		Amount
直接费单价(概)		Duprice	直接费单价(概)		Duprice
直接费(概)		Dprice	直接费(概)		Dprice
概算单价		Uprice	概算单价		Uprice
概算合价		Price	概算合价		Price
工程量单位(预)		Unit	工程量单位(预)		Unit
工程量(预)		Amount	工程量(预)		Amount
直接费单价(预)		Duprice	直接费单价(预)		Duprice
直接费(预)		Dprice	直接费(预)		Dprice
预算单价		Uprice	预算单价		Uprice
预算合价		Price	预算合价		Price
工程量单位(标)		Unit	工程量单位(标)		Unit
工程量(标)		Amount	工程量(标)		Amount
直接费单价(标)		Duprice	直接费单价(标)		Duprice
直接费(标)		Dprice	直接费(标)		Dprice
标底单价		Uprice	标底单价		Uprice
标底合价		Price	标底合价		Price
合同编码		Ccode	合同编码		Ccode
承包单位编码		Crcode	承包单位编码		Crcode
合同签订日期		Cdate	合同签订日期		Cdate
工程量单位(合)		Unit	工程量单位(合)		Unit
合同工程量		Camount	合同工程量		Camount
合同单价		Cuprice	合同单价		Cuprice
合同合价		Cprice	合同合价		Cprice
实际投资日期		Bdate	实际投资日期		Bdate
工程量单位(实)		Unit	工程量单位(实)		Unit
实际完成工程量		Bamount	实际完成工程量		Bamount
实际完成投资单价		Buprice	实际完成投资单价		Buprice
实际完成投资合价		Bprice	实际完成投资合价		Bprice

(3) 投资控制子系统的输出报表

投资控制子系统所提供的投资信息是以报表的形式，通过屏幕显示和打印机输出给用户。投资控制子系统共有 17 种输出报表，如表 8-6、表 8-7 所示。

查询类报表　　　　　　　　　表8-6

CC-R-01	概算报表　第(1/2/3)版	CC-R-05	按合同分类查询的合同价报表
CC-R-02	预算报表　第(1/2/3)版	CC-R-06	按项目查询的实际投资报表
CC-R-03	标底报表　第(1/2/3)版	CC-R-07	按合同分类查询的实际投资报表
CC-R-04	按项目查询的合同价报表		

比较类报表　　　　　　　　　表8-7

CC-R-08	概算不同版本之间的比较报表	CC-R-13	实际投资——合同价比较报表（按合同分类比较）
CC-R-09	预算——概算比较报表	CC-R-14	实际投资——投资计划比较报表
CC-R-10	标底——概算比较报表	CC-R-15	实际投资——概算比较报表
CC-R-11	合同价——概算比较报表	CC-R-16	实际财务用款——合同价比较报表
CC-R-12	实际投资——合同价比较报表（按项目分解比较）	CC-R-17	实际财务用款——计划用款比较报表

8.5.3　进度控制子系统

(1) 进度控制子系统的功能

进度控制子系统作为项目管理信息系统的一部分，其功能目标有两部分组成：

1) 能辅助项目进度控制人员发现问题、编制项目进度目标规划、辅助决策、进行工程项目进度的跟踪检查；

2) 能有效地辅助对正在实施的工程项目进行进度控制，有关进度控制的信息能为未来的工程项目进度控制服务。

其功能如图8-19所示。

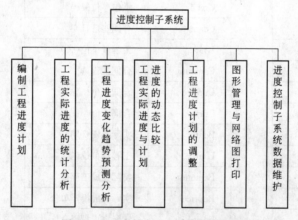

图8-19　进度控制子系统功能略图

(2) 进度控制子系统数据库设计

在进度控制子系统内，数据库的设计主要包括库结构设计、数据文件及其关系的描述。在具体设计过程中除考虑数据的完整性、一致性、易操作及规范化原则外，进度控制子系统的数据库以面向网络类型设计较好，这有利于网络计划系统的计算和数据的维护。

表8-8所示为某工程项目进度控制子系统的数据库文件列表。

某工程项目进度控制子系统数据库文件列表　　　表8-8

编号	标识符	助忆库	索引文件个数	备注
1	TCTSP.DBF	网络系统描述库	1	
2	TCSSP.DBF	MSM网络中子网描述库	2	
3	TCCAL.DBF	日历定义库	5	
4	TCT.DBF	MSM总网进度库	2	
5	TCAT.DBF	MSM总网事件关系库	4	
6	TCS.DBF	MPM网络节点库	2	
7	TCSA.DBF	MPM网络搭接关系库	4	
8	TCTSA.DBF	MSM总、子网关系库	4	
9	TCD.DBF	CPM网络库	5	
10	TCDXX.DBF	工程形象进度库	1	
11	TC-CA.DBF	合同-进度库	1	合同子系统与进度子系统数据传递用
12	TC-CC.DBF	投资-进度库	1	投资子系统与进度子系统数据传递用

(3) 进度控制子系统的输出报表

进度控制子系统具备图形管理的功能，并能输出网络图、横道图和资金累积曲线等。

1) 网络图。进度控制子系统可以输出的网络图包括：双代号网络图；单代号网络图；多阶网络计划系统中的群体网络；

2) 横道图。进度控制子系统可以根据网络计划按照用户指定的时间单位在屏幕上显示横道图；

3) 资金累积曲线。进度控制子系统可以按照施工过程最早开始时间输出资金累积曲线。

8.5.4 质量控制子系统

(1) 质量控制子系统的功能

质量控制子系统具有以下几项基本功能，如图8-20所示。

1) 设计质量控制；
2) 施工质量控制；
3) 材料质量控制；
4) 设备质量控制；
5) 工程事故处理；
6) 质监活动档案。

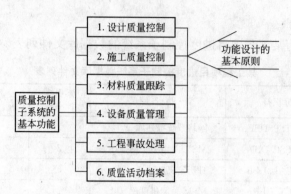

图 8-20　质量控制子系统的基本功能

(2) 质量控制子系统的数据管理

质量控制子系统的运行，要求数据的收集、整理、输入、输出有明确流程和完整规定，以确保数据的准确性和完整性。质量控制子系统数据管理流程的建立与项目管理组织机构、项目管理规划紧密联系在一起。

图 8-21 所示是分项工程检验评定数据管理流程图。施工单位提供分项工程质量检验评定表，经驻地监理组审核签署后生效；系统操作员登录其综合数据和评定结果，并输出分项工程评定结果输入报表，与原始报表对照，有错则修改，无错则连同原始报表交资料室存档。在这个流程图中，清楚地描绘了分项工程检验评定数据的来源、处理流程和去处，同时从图中也可以看出人工系统和计算机系统的结合。

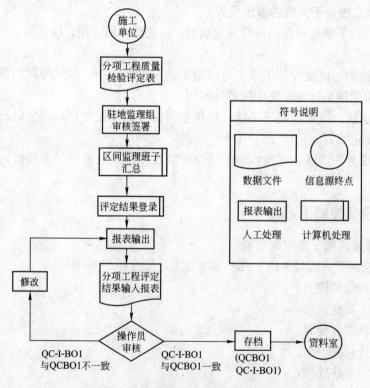

图 8-21　质量控制子系统数据管理流程图

(3) 质量控制子系统的输出报表

质量控制子系统利用已存储数据,经过特定处理而形成输出报表,其反映的信息具有综合性、重点性等特点。一个完整的质量控制子系统会形成非常多的输出报表,表 8-9 所示是其中的一个工程事故统计分析报告。

工程事故统计分析表　　　　表 8-9

序号	单位工程	分部工程	事故损失	事故性质(次数)		事故责任方(次数)		
				一般	重大	甲方	乙方	丙方
单位工程累计								
合计	总次数							

8.5.5 基于互联网的投资控制与合同管理系统

(1) 基于互联网的投资控制与合同管理的概念

基于互联网的投资控制与合同管理是一个较新的概念,它是在网络社会、信息社会以及知识经济社会环境下产生的一种新的投资控制与合同管理方式。在项目建设的全过程中,它不但利用项目管理理论对投资控制和合同管理的目标进行策划、控制以及管理,而且借助现代信息技术和互联网技术建立独立的项目信息网站,集中存储与投资控制和合同管理有关的结构化和非结构化信息,消除地域和时间约束,为项目参与各方提供准确、及时以及安全的项目信息,通过提高个性化和单一的项目信息接入方式,减少项目信息交流和传递的时间和过程,提高项目参与各方的信息沟通和协同工作能力。

图 8-22 表示了基于互联网的投资控制与合同管理的形成过程。

(2) 基于互联网的投资控制与合同管理信息系统的功能设计

基于互联网的投资控制与合同管理信息系统由系统设置、投资控制、合同管理子系统、信息沟通和协作、报告系统以及安全管理等六个功能模块组成,系统总体架构如图 8-23 所示。

其中,系统设置、投资控制、合同管理、信息沟通和协作四个模块的具体功能模块结构图如图 8-24、图 8-25、图 8-26、图 8-27 所示。

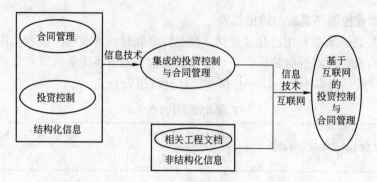

图 8-22 基于互联网的投资控制与合同管理的形成

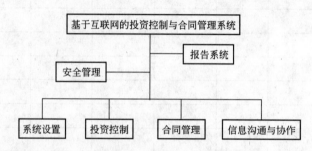

图 8-23 基于互联网的投资控制与合同管理系统总体架构

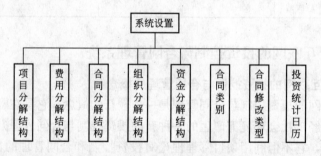

图 8-24 系统设置功能模块结构图

(3) 基于互联网的投资控制与合同管理信息系统的报告系统

系统设置、投资控制、合同管理以及信息沟通和协作功能主要侧重于基本数据处理，数据比较和分析功能主要由报告系统完成。基于互联网的投资控制与合同管理信息系统提供如下 12 类报表和图表，其中每一类都包含有若干种详细报表：

1）通用报表；
2）投资计划数据查询报表；
3）投资执行数据查询报表；
4）招投标信息报表；
5）合同基本信息报表（针对某一个合同）；
6）合同执行信息报表（针对某一个合同）；
7）合同比较信息报表；

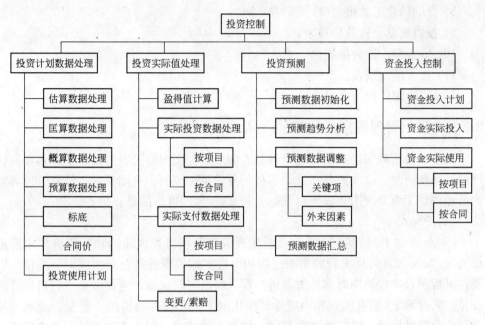

图 8-25 投资控制功能模块结构图

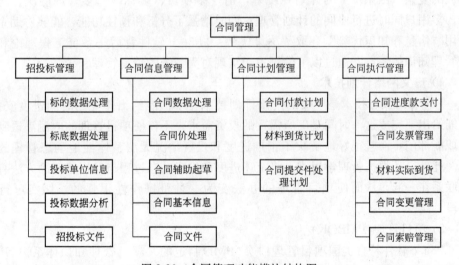

图 8-26 合同管理功能模块结构图

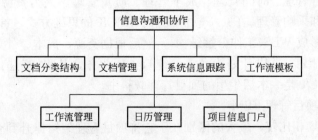

图 8-27 信息沟通和协作功能模块结构图

8) 合同信息汇总报表（针对所有合同）；
9) 投资数据比较分析报表；
10) 资金投入控制报表；
11) 投资预测报表；
12) 沟通和协作信息报表。

8.5.6 项目管理信息系统相关产品

随着项目管理信息系统的理论日益发展成熟，国内外已经开发出了许多项目管理信息系统产品，这些产品在建设工程行业的目标控制、合同管理、信息管理等方面已经得到了重要应用。以下以 P3e/c 和 C3A 为例进行简要介绍。

(1) P3e/c

P3e/c 是在 P3 的基础上吸收日益发展成熟的项目管理理论和计算机技术而形成的。P3e/c 软件可将工程的组织过程和项目实施步骤进行全面的规划、编排，以便在工程项目实施初期对多种方案进行深入的研究与比较，更科学地进行目标计划安排。除继承 P3 所有优点和功能外，换代的 P3e/c 软件将组织、资源、成本等提升到企业管理层面，以实现多项目统一体系下的管理，因此更擅长处理由多种要素构成的复杂"巨系统"的计划和统筹，适合多项目、多标段、多管理层次、跨组织、多用户同时进行协同的计划管理；同时增强了分析和预控功能，能够协助企业利用"信息和知识优势"夺取"决策优势"。P3e/c 软件背后是系统工程理论和项目管理知识体系，并通过以下管理思想实现对大系统的精良管理。

1) 广义网络计划技术

P3e/c 的核心技术是广义的网络计划技术，不但能给出作业的时间进度安排，还能给出要完成这一时间进度所需要的投资需求，不仅使项目管理的内涵渗透到各个职能部门，而且很好地解决了工期进度和投资情况无法整体性地动态管理的问题。此外，还根据管理学思维，将上述进度和投资动态过程与目标管理的方法有机地联系在一起，从而使项目管理的办法变为一种可操作性很强的、切实可行的手段。

2) 项目管理(PMBOK)

P3e/c 软件符合美国项目管理协会(PMI)制定的《项目管理知识体系》(PMBOK)，是工具化的项目管理知识体系。PMBOK 将项目管理分为九大业务范围：范围管理、综合管理、时间管理、成本管理、质量管理、人力资源管理、沟通管理、风险管理和采购管理。P3e/c 软件根据 PMBOK 的思维方式，首先定义项目的工作范围，并形成 WBS(工作分解结构)，然后根据资源、成本、外部条件等约束，编制综合管理计划，并以计划为龙头，统筹各项业务，各职能部门协同工作。因此，可以说 P3e/c 是一本活生生的项目管理教科书。

3) 企业级项目管理 EPM

P3e/c 与 P3 相比较，最大的区别在于它将项目管理架构提升到企业管理高度，称为企业级项目管理(EPM)。P3e/c 利用现代的通信和网络工具，能够将大型项目群(Program)或分布在世界各地的众多项目统一在项目分解结构下协调和管理。对于很多企业，存在很多各自为政的项目，企业难以在执行过程中及时监控，项目经理的权力得不到有效控制，企业资源无法有效共享等。P3e/c 软件将企业多个管理层次的管理责任落实到项目分解结构中，自上而下可视化跟踪和监督；并将企业资源、成本等作为全局数据，所有项目采用一套统一体系，自下而上进行数据过滤和汇总，便于企业整体分析和调控，实现全局利益最大化。

作为商业软件，P3e/c 软件能够在严密权限控制下共享数据资源，众多项目参与者或参建各方(如业主、监理、施工承包商)可以同时在一个数据库下按授予的不同权限进行读写操作，共享数据；多用户、多国语言、多种日历、多货币、自由的项目组织架构方式、远程操作等都是 P3e/c 为企业级的项目管理而设计的。

为便于多项目分析，用户能够按照多种方式对进度、资源需求和预测、成本和赢得值等数据进行分类汇总统计，除了项目分解体系、WBS 体系、资源分解体系、费用科目体系等主线外，P3e/c 还设置了项目分类码、资源分类码、作业分类码等多种用户自定义的层次结构。

4) 项目组合管理(PPM)

P3e/c 利用源于金融投资分析的组合管理(Portfolio Management)思想，演绎项目组合管理(Project Portfolio Management，简称 PPM)。P3e/c 在项目群内引进一个连贯统一的项目评估与选择机制，对具体项目的特性以及成本、资源、风险等项目要素(选择一项或多项因数)按照统一的计分评定标准进行优先级别评定，协助企业选择符合战略目标的方案。

P3e/c 设置了专用的 Portfolio Analysis 模块专供企业高层分析人员使用。他们能够按照项目类型、区域、项目群组等进行任意组合和分析，并能够得到专业评估指标和数据报告。

5) 风险分析与问题监控

P3e/c 能够通过工期、费用变化临界值设置和监控，对项目中出现的问题自动报警，使项目中的各种潜在"问题"及时发现并得到解决。在 P3e/c 软件中，利用模拟分析(What-If)在不同的项目组合环境中分析各种项目方案的投入和产出，分析潜在风险，帮助企业在众多不确定性中，理性地、有目的地控制自己的项目执行和管理行为。P3e/c 软件还能够与专业风险分析软件 MonteCarlo 集成使用。

6) 目标管理

目标管理是 P3e/c 又一核心内容，这一方法使得项目的参与者首先要重视进度计划，树立起进度计划的严肃性，使各参与方都有一份统一的关于进度的指导性文件，并为兑现该文件中所载明的各种时间要求做出努力。工程进展过程中，软件会一目了然地提示哪些工作超前了，哪些工作落后了，为什么会落后，是谁的责任，哪些工作实际何时开工或完工，本来应该何时开工或完工，到现在为止实际完成了多少工程量或投资，本来应该完成多少工程量或投资等。

7) 注重知识积累

计划是"事前之举，事中之措，事后之标准"，P3e/c 不仅能够在事前协助企业编制精良计划，事中进行计划跟踪、分析和监控，而且可进行项目经验和项目流程的提炼。企业利用 P3e/c 进行项目经验总结，将诸如一些施工工艺和工法，施工消耗的时间、资源和成本数据，规范的管理流程等，形成可重复利用的企业的项目模板，实现企业的"Best Practice"（最佳的实践），并能够利用项目构造功能快速进行项目初始化。同时还能够逐步积累建立企业的内部定额。企业在利用 P3e/c 取得经济效益的同时，也逐步提高项目管理的成熟度。

P3e/c 具有以下几大功能模块：

1) 易用性的角色化设计模块

P3e/c 由基于 C/S（客户端/服务器端）和 B/S（浏览器/服务器端）结构的五个模块组成，通过它的各个组件为企业的各个管理层次以及外部的有关人员提供了简单易用的、个性化界面的、协调一致的工作环境。

2) Project Management

Project Management 是 P3e/c 的核心组件，供项目经理、计划管理工程师、职能部门经理、投资控制人员、企业中层管理人员等使用。在 PM 模块中建立企业统一的多项目管理框架体系，通过项目分解结构和责任分解体系的对应实现严密权限控制，不同专业、不同层次的计划管理人员能够协同进行综合计划编制，并将工作任务下达到执行层。PM 模块还能够按照周期进行计划执行情况盘点，记录统计周期内的资源、费用和完成工作量。PM 模块还包含强大的数据统计分析和报表发布功能，将自上而下的目标分解、自下而上的执行状态数据进行多视角汇总和统计，并能够利用赢得值、模拟分析等工具提供专业分析报告。

3) Portfolio Analysis

Portfolio Analysis 是专门为企业中高层管理人员、专业计划分析人员、项目管理办公室成员等设计的分析工具。多项目组合分析并制作报表是次模块的主要功能。专业分析人员，利用模拟分析、赢得值分析、对比分析、目标分析等方法对企业项目数据进行深度分析。根据项目优先级，从全局思考企业资源配置；利用模拟分析发现潜在风险，寻找高价值项目区域等。强大的、简单的、便捷的报表输出功能协助用户绘制各种分析报表和视图，并能够发布形成项目网站。

4) Methodology Management

Methodology Management 专门供企业标准化管理的人员使用。它的主要功能是对企业项目实施过程经验逐步积累，协助企业形成"边实施项目，边提升管理"的良性循环机制。它的作用是将实施过程中的一些做法提升到企业层面，提炼代表企业管理水平的资源、成本数据，提高核心竞争力。它通过建立不同类型的项目模板，对施工和管理的流程固化，并估算时间、资源、成本消耗指标，以及涉及到的文档、标准和制度，形成最优化实践。通过"项目构造"，快速利用模板新建项目计划，提升工作效率和工作质量。

5) Team Member

Team Member 适用于执行层或项目组成员。项目团队成员利用 Team Member 工具获取计划任务，与项目团队成员之间进行沟通和交流，定期反馈工时消耗和工作完成情况。项目经理和职能部门经理能够动态监控和审核项目成员工作情况。

6) myPrimavera

myPrimavera 一般用于企业中高层管理人员、职能部门经理、项目经理。它的主要功能包括高层计划编制、资源调配和项目信息查询分析。myPrimavera 是基于 WEB 的,可以通过互联网访问有固定 IP 地址的 P3e/c 的数据库服务器或者通过局域网来访问 P3e/c 的数据库服务器,可以满足领导移动办公的需要。有了 myPrimavera,中高级管理层不再只能看到信息量很小的、空洞的纸面计划,而是既可以看到宏观的高层计划和完成情况,也可以看到最详细的底层作业计划和完成情况。通过一目了然的项目健康状况指示灯,可以直观地了解项目的执行情况和存在的问题(进度、资源、费用等多个角度)、项目的风险等信息,并可以追根溯源查到问题发生的原因以及对应的责任人,还可以在 myPrimavera 中直接发送电子邮件给有关责任人通知并指示责任人解决问题。

7) 项目网站

P3e/c 能够利用 WEB 发布向导方便快捷建立项目网站,将所有项目数据制作成网站形式,为所有参与项目的成员了解项目进展信息提供便利。

(2) C3A

C3A 是 Cost Control & Contract Administration 的英文缩写,意即"投资与合同的集成控制和管理",是为建设工程项目(特别是大型建设工程项目)的投资与合同的集成控制和管理工作提供辅助服务的专业化软件。该软件基于科学的投资控制与合同管理理论,创造性地提出了投资与合同集成化管理的方法和模式,采用先进的信息技术和通信技术,为建设工程项目提供了一套完整的投资控制与合同管理方法和工具。

C3A 在设计和开发过程中充分考虑了我国基本建设的特点,既可供单机使用,又可在局域网和互联网上供多用户操作,适用于各种类型、各种规模的民用建筑、工业建筑以及基础设施建设工程项目,能满足各级政府主管部门、工程建设指挥部、建设单位、项目管理咨询公司和工程监理公司等各方对投资控制与合同管理工作的要求。

投资控制和合同管理无论对业主方,还是设计、施工方,或供货方乃至监理方,都是非常重要的工作内容,投资控制和合同管理贯穿于项目建设全过程,是项目管理的关键组成部分。项目建设过程中浩如烟海的投资控制和合同管理数据以及紧迫的时间使得手工处理往往难以满足管理要求。C3A 提供了项目全过程,特别是实施阶段的投资控制和合同管理辅助管理作用,其主要包括投资控制、投资计划、投资预测、资金管理、合同管理、合同分析、工程文档、报表系统、用户管理、系统管理等 10 大功能模块。

1) 投资控制

① 分解投资结构,确定投资控制目标;

② 计划投资数据多版本操作;

③ 多种投资数据类型动态比较分析;

④ 每个投资项的费用开支情况一目了然;
⑤ 形象的比较分析图形。
2) 投资计划
① 投资项、已签合同、待签合同的年度、季度、月度投资计划的编制;
② 各个投资项投资计划的汇总和统计;
③ 各个投资项投资计划完成情况动态比较分析。
3) 投资预测
① 从投资项、合同以及市场条件变化等三个方面对未完投资进行预测;
② 在不同时间点对投资进行预测;
③ 在同一时间点支持多个版本的预测;
④ 预测值与目标控制值的动态比较分析。
4) 资金管理
① 年度、季度、月度资金投入计划的编制;
② 记录资金实际到位情况;
③ 掌握资金投入计划执行情况;
④ 掌握到位资金使用情况;
⑤ 资金投入计划、实际到位资金、已支付资金动态比较分析。
5) 合同管理
① 已签合同基本信息管理;
② 待签合同基本信息管理;
③ 虚拟合同(非合同财务支出)管理;
④ 多种类型合同数据的处理;
⑤ 我的、部门的以及所有合同的管理;
⑥ 合同分类查询、统计功能;
⑦ 合同快速检索功能;
⑧ 合同编码查询和设置;
⑨ 合同分配数据检验;
⑩ 合同清单管理;
⑪ 合同付款计划管理;
⑫ 合同投资计划管理;
⑬ 合同预测管理;
⑭ 合同执行情况记录;
⑮ 合同自定义提醒功能;
⑯ 合同完成投资管理;
⑰ 合同支付管理;
⑱ 合同变更/索赔管理;
⑲ 合同结算管理;
⑳ 保修期满管理;

㉑ 合同终结处理；
㉒ 合同相关文件管理；
㉓ 合同与投资信息集成处理；
㉔ 合同数据分析；
㉕ 合同数据校核。

6）合同分析
① 从投资和合同角度对单个或所有项目进行总体分析；
② 合同变更分析；
③ 合同完成投资分析；
④ 合同支付情况分析。

7）工程文档
① 工程文档结构维护；
② 上传、下载工程文件；
③ 工程文件权限设置；
④ 文件查看提醒；
⑤ 文件浏览记录跟踪；
⑥ 文件快速检索。

8）报表系统
① 投资数据基本报表；
② 投资比较分析报表；
③ 合同基本信息报表；
④ 合同签订汇总报表；
⑤ 合同执行汇总报表；
⑥ 投资计划报表；
⑦ 资金管理报表；
⑧ 投资预测报表。

9）用户管理
① 甲方单位管理；
② 甲方部门管理；
③ 系统用户管理；
④ 系统模块权限设置；
⑤ 项目权限设置；
⑥ 审核权限设置；
⑦ 报表权限设置；
⑧ 用户权限复制处理；
⑨ 零星合同权限设置。

10）系统管理
① 项目设置；

② 合同分类结构维护；
③ 合同变更/索赔类型维护；
④ 乙方单位维护；
⑤ 报表参数维护；
⑥ 合同文件类型维护；
⑦ 合同状态维护；
⑧ 系统权限模板维护；
⑨ 项目权限模板维护；
⑩ 审核权限模板维护。

8.6 项目信息门户

8.6.1 项目信息门户的意义

据有关国际资料的统计显示：
(1) 传统建设工程中 2/3 的问题都与信息交流有关；
(2) 建设工程中 10%～33% 的成本增加都与信息交流存在的问题有关；
(3) 在大型建设工程中，信息交流问题导致的工程变更和错误约占工程总投资的 3%～5%。

据美国 Rebuz 网站预测，PIP 服务的应用将会在未来 5 年节约 10%～20% 的建设总投资，这是一个相当可观的数字。通过项目信息门户的开发和应用，能实现以下几种功能：
(1) 信息存储数字化和存储相对集中；
(2) 信息处理和变换的程序化；
(3) 信息传输的数字化和电子化；
(4) 信息获取便捷；
(5) 信息透明度提高；
(6) 信息流扁平化。

PIP 的建设工程管理在建设项目组织与管理应用中有着重要的意义，主要表现在以下几个方面：

(1) 对工程的管理和控制提供强有力支持，提高项目建设的效益

项目信息门户 PIP 的应用从根本上改变了传统工程项目建设过程中信息交流和传递的方式，使项目业主和各参与方能够在任何地方、任何时间准确及时地掌握工程项目建设的实际情况和准确信息，从而能够做到对项目实施全过程进行有效监控，极大提高对工程项目建设管理和控制的能力。在工程项目结束后，业主和各参与方可以十分方便地得到项目实施过程中全部记录信息，这些信息对于项目今后的运营与维护有着极为重要的作用。从包括项目的建设期和建成后的生产运营期的整个项目生命的经济效益来看，项目信息门户 PIP 的应用将极大提高整个项目建设的效益。

(2) 降低工程项目实施的成本

成本的节约来自两方面：一方面是减少了花费在纸张、电话、复印、传真、商务旅行及竣工文档准备上的大量费用，从而带来的直接成本降低；另一方面是提高了信息交流和传递的效率和有效性，从而减少了不必要的工程变更，提高了决策效率，带来了间接成本的降低。

(3) 缩短项目建设时间

据统计，现代建设项目中，工程师工作时间的 10%～30% 是用在寻找合适的信息上，而项目管理人员则有 80% 的时间是用在信息的收集和准备上，在美国一个项目经理每天大约要处理 20 多个来自项目参与各方的信息请求，这要占去项目经理大部分的工作时间。由于信息管理工作的繁重，有人甚至称项目经理已经变成了项目信息经理。使用基于互联网的项目信息门户进行项目信息的管理和交流可以大幅降低搜寻信息的时间，提高了工作和决策的效率，从而加快项目实施的进度。另外，应用基于互联网的项目信息门户可以有效减少由于信息延误、错误所造成的工期拖延。

(4) 提高工程建设的质量

项目信息门户 PIP 可以为业主、设计单位、施工单位及供货单位提供有关设计、施工和材料设备供货的信息。在一定的授权范围内，这些信息对业主、设计单位、施工单位及供货商是透明的，从而避免了传统信息交流方式带来的弊端，有利于工程项目的设计、施工和材料设备采购的管理与控制，为获得高质量的工程提供有力的保障。

(5) 降低项目实施的风险

在工程建设过程中，采用项目信息门户 PIP 可以保证项目信息交流和传递在任何时候和任何地点都十分通畅，提高了决策人员对工程实施情况的把握准确性和对项目发展变化趋势的预见性，从而可以很好应对项目实施过程中的风险和各种干扰因素，保证项目目标更好地实现。

8.6.2 项目信息门户的概念

项目信息门户(PIP)属于电子商务的范畴。电子商务有电子交易和电子协同两大分支。其中电子交易包括电子采购、供应链管理等方面的内容；而电子协同包括信息门户等方面的内容，所以 PIP 属于电子商务中电子协同工作的范畴。

项目信息门户(PIP)是在项目主题网站和项目外联网的基础上发展起来的一种工程管理信息化的前沿研究成果。根据国际学术界较公认的定义，项目信息门户是在对项目实施全过程中项目参与各方产生的信息和知识进行集中式存储和管理的基础上，为项目参与各方在 Internet 平台上提供的一个获取个性化(按需索取)项目信息的单一入口，见图 8-28。

项目信息门户是基于互联网的一个开放性工作平台，为项目各参与方提供项目信息沟通(Communication)、协调(Coordination)与协作(Collaboration)的环境，因此它的核心理念是3C。

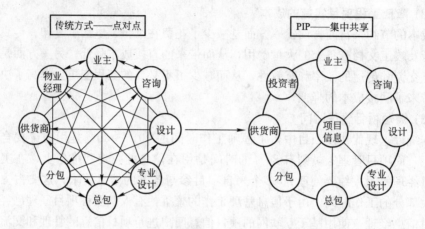

图8-28 PIP改变传统工程项目信息沟通方式

与传统建设项目的信息管理和信息沟通方式相比，基于PIP的信息管理和沟通具有以下特点：

(1) 与传统工程项目团队信息的分散保存和管理不同，PIP是以项目为中心对项目信息进行集中存储与管理，这种对信息集中管理的高级形式是通过统一的产品数据模型对项目信息进行分布式的存储管理，但由于这种方式在技术上的困难，目前PIP系统较多采用的是将项目信息集中存储在Internet上的项目信息库中；

(2) 信息的集中存储改变了项目组织中信息沟通的方式，由于采用集中和共享式的信息沟通，大大提高了信息沟通的效率，降低了工程信息沟通的成本，提高了信息沟通的稳定性、准确性和及时性；

(3) 提高了信息的可获取性和可重用性，使用PIP系统作为项目信息获取途径，项目信息的使用者摆脱了时间和空间的限制，同时也提高了信息的可重用性。

(4) 改变了项目信息的获取和利用方式，PIP系统将传统项目组织中对信息的被动获得改为自动获取，更改变了过量信息对人活动的制约。传统建设工程项目组织中项目参与者信息获取的方式是信息产生者将信息推(Push)给信息的使用者，这是信息沟通中"信息过载"问题产生的重要原因。而在PIP系统中，由于信息门户具有信息集中个性化信息表达的特点，提高了信息推送的准确度。而且由于PIP系统对信息的集中存放和有效管理，信息获取者可以根据业务处理和决策工作的需要来拉(Pull)信息，这大大地提高了信息利用的效率，缓解了以往将大量信息推给决策者而导致的"信息过载"现象，提高了项目决策的效率。

项目信息门户(PIP)相比于项目管理信息系统(PMIS)的区别包括如下几个方面。

PMIS是项目参与的某一方或几方，为有效控制项目的投资、进度、质量目标，主要利用信息处理技术，处理与项目目标控制有关的结构化数据，为项目管理者提供信息处理的结果和依据。项目参与各方有各自的PMIS，是一个相对封闭的信息系统。

PIP 则是项目参与各方为有效进行信息沟通和共享，利用信息管理和通信技术，提供个性化的信息获取途径和高效协同工作的环境。PMIS 的核心功能是目标控制，PIP 可以集中存储、处理 PMIS 所产生的目标控制数据。项目的成功既需要 PMIS 提供有效的目标控制功能，也需要 PIP 提供良好的信息沟通和协作功能。

PIP 和 PMIS 在系统目的、功能、信息技术工具、处理对象、用户等方面的区别如表 8-10 所示。

PIP 和 PMIS 的区别　　　　　　　　　　　表 8-10

比较内容	PMIS	PIP
系统目的	有效控制项目的投资/成本、进度、质量目标	有效进行信息沟通和共享，为项目参与各方提供个性化的信息获取途径和高效协同工作的环境
功能	投资/成本控制、进度控制、质量控制以及合同管理等	文档管理、信息搜索、变更提醒、在线讨论、工作流管理等
信息技术工具	信息处理技术	信息管理和通信技术
处理对象	与项目目标控制有关的数据	参建各方共享的各种类型的信息，包括数字、文本、图像、声音等形式的文档信息，也包括形体语言、影像等形式的隐含着知识的非文档信息
用户	项目参与的某一方或几方	项目参与各方

项目信息门户 PIP 加上项目管理信息系统 PMIS，再加上其他运用软件及操作系统所形成的建设工程项目运用软件系统，再加上由计算机及网络系统组成的硬件系统，构成了工程项目信息平台，如图 8-29 所示，PIP 是搭建工程项目信息平台的核心。项目管理软件对工程相关数据进行处理，PIP 则实现包括项目管理软件处理的信息在内的项目有关信息的交流和共享，是工程项目信息平台信息交流的枢纽，它是对传统的项目信息管理方式和手段的革命性的变革。

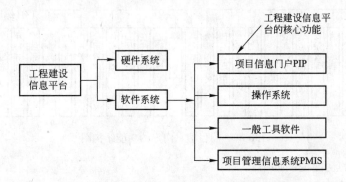

图 8-29　项目信息门户与项目管理信息系统

8.6.3　项目信息门户的功能

PIP 的核心功能是实现项目生命周期信息管理必须具备的功能，包括三个方面：Project Communication，即项目各参与方的信息交流；Document Management，即项目文档管理；Project Collaboration，即项目各参与方的共同工作。

(1) 项目各参与方的信息交流

项目各参与方的信息交流功能主要是使项目主持方和项目参与方之间以及项目各参与方之间在项目范围内进行信息交流和传递，如电子邮件传递信息功能、预定项目文档的变动通知功能等。

(2) 项目文档管理

项目文档管理功能包括文档的查询、文档的上下载、文档在线修改以及文档版本控制等功能。在 BLM 信息管理模式下，PIP 的文档管理功能与 BIM 的设计文档生成功能必须进行有效的集成，以保证设计文档的及时更新和正确的版本信息。

(3) 项目各参与方的共同工作

项目各参与方的共同工作功能能够使项目参与各方在 PIP 中在线完成同一份工作，如工程项目相关事项的讨论功能，在线图纸信息编辑更改功能，在线报批功能等。

项目信息门户的产品还有一些扩展功能，如多媒体的信息交互、电子商务功能和在线项目管理（Web-Based Project Management）等。图 8-30 所示是基于互联网的项目信息门户的功能结构图，它涵盖了目前一些基于互联网的项目信息门户商品软件和应用服务的主要功能，是较为系统全面的基于互联网的项目信息门户的功能架构，在具体建设工程项目的应用中可以结合工程实际情况进行适当的选择和扩展。

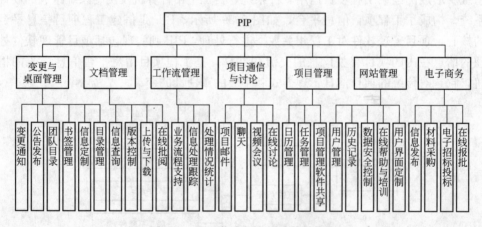

图 8-30 项目信息门户的功能结构图

对其中的功能说明如下：

（1）桌面管理（Desktop Management）。包括变更提醒、公告发布、团队目录、书签管理等相关功能；

（2）文档管理（Documents Management）。包括文档查询、版本控制、文档的上传和下载、在线审核、文档在线修改，项目参与各方可以在其权限范围通过 Web 界面对中央数据库中的各种格式的文档（包括 CAD）直接进行修改；

(3) 工作流管理(Workflow Management)。业务流程的全部或部分自动化,即根据业务规则在参与方之间自动传递文档、信息或者任务。工作流管理也包括工程变更、处理跟踪、处理统计等工作。项目信息门户定义和组织了项目管理流程和业务处理流程,并为各个业务子系统提供接口,实现项目管理流程的控制和改进;

(4) 项目通信与讨论(Project Messaging and collaboration)。或称为项目协同工作,包括项目邮件、实时在线讨论、BBS、视频会议等内容。使用同步(如在线交流)和异步(线程化讨论)手段使建设项目参与各方结合一定的工作流程进行协作和沟通;

(5) 任务管理(Task Management)。包括任务管理、项目日历、进度控制、投资控制、项目管理软件共享等内容;

(6) 网站管理(Website Administration)。或称为系统管理,包括用户管理、安全控制、历史记录、界面定制、用户帮助与培训等功能。如安全管理建设项目信息门户有严格的数据安全保证措施,用户通过一次登录就可以访问所有规定权限内的信息源;

(7) 电子商务(E-commerce)。包括设备材料采购、电子招投标、在线报批等功能。此外,还包括在线录像功能。在施工现场的某些关键部位安装摄像头,使得项目参与各方能够通过Web界面实时查看施工现场,从而为施工问题提供解决方案、解释设计意图或者只是简单地监控现场施工。

8.6.4 项目信息门户的应用

项目信息门户在欧美等发达国家应用比较广泛,在国内,对项目信息门户的应用还处在起步阶段。目前国内引进和开发项目信息门户的项目有某化工集团化工项目和北京奥运会信息管理项目。

案例分析 8-4 某化工集团化工项目

某化工集团投资兴建一个化工项目,在项目开发和建立项目信息门户的过程中,项目实施单位引进了德国最大的工程咨询公司(Drees and Sommer公司)开发的项目信息门户软件——PKM V5.0软件。

PKM是国际上应用于大型工程项目上的最成熟的项目管理信息门户之一,PKM V5.0的模块化的结构使它具有高度的灵活性,其最大特点之一就是容易使用。在正常运营情况下,管理员可以完成所有的配置任务,在优化的Web界面下可以修改所有的配置参数。所有对系统有较大影响的特征都是用XML文件来定义,这样管理员可以很容易地进行系统的维护。PKM V5.0在某化工项目上的应用有以下几个特点:

(1) 工程信息的发布平台

该项目PIP实现了与其他互联网站相同的最基本功能,即信息发布。有关的工程信息分门别类发布在平台上,并可进一步根据需要设置不同的发布平台,并为有关项目成员提供相应的访问权限,成为灵活、高效的项目信息发布中心,提高有关重要信息的传播速度和利用效率。

(2) 工程信息的收集、整理和存储平台

该项目 PIP 在信息处理过程中,通过对工程信息的全面收集、瞬时整理、集中存储和安全管理,将传统工程文档管理中少数人从事的封闭的事后整理工作转变成多数项目成员参与的开放的信息处理流程,并因而实现对工程信息的广泛共享。

(3) 个人工作信息的处理平台

该项目 PIP 为项目建设各方成员提供了个性化的、互动的信息处理工作平台。通过现代化的互联网工作方式提供了灵活便利的项目工作条件,个性化的工作权限设置保证了安全稳定的信息处理工作环境,从而使项目信息既能远达五湖四海,又得以在限定的项目范围和人员范围内安全流动,为项目综合效益的提高提供最有效的保证。

案例分析 8-5 北京 2008 奥运会项目信息平台

为了促进北京 2008 奥运工程的建设,2003 年第 29 届奥林匹克运动会组织委员会(以下简称"北京奥委会")接受北京市建委的建议,开发了"北京奥运工程信息平台",以保障对奥运项目的建设实施科学、高效、全面的管理。

该信息平台的开发和实施旨在为奥组委工程部的体育场馆及相关设施项目建设实施管理工作提供信息化支持。通过北京市建设工程发包承包交易中心,北京奥组委委托联想集团承担信息平台的软件开发和系统集成任务,同济大学则提供该信息平台开发项目的管理咨询。

该信息平台的功能包括五项,即文档管理、信息交流、协同工作、工作流管理、决策支持与预警,如图 8-31 所示,最终开发完成的界面如图 8-32、图 8-33 所示。

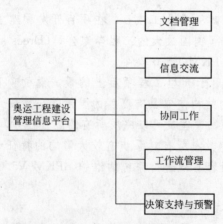

图 8-31 北京奥运工程信息平台功能

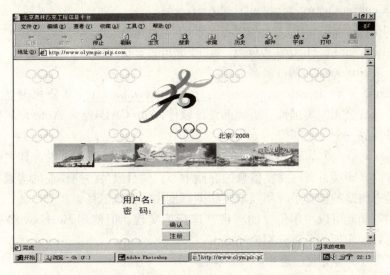

图 8-32 北京奥运工程信息平台登陆界面

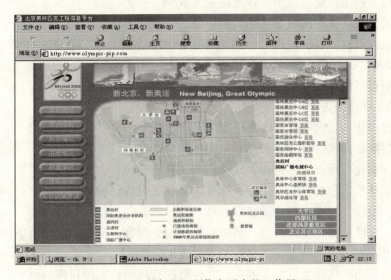

图 8-33 北京奥运工程信息平台的工作界面

8.6.5 项目信息门户相关产品

随着项目信息门户理论及应用技术的发展,国际上已经开发出了多种项目信息门户产品,这类产品在工程建筑业的信息沟通、协同工作方面已经得到了重要应用。具有代表意义的项目信息门户产品有以下几种:

(1) Buzzsaw(http://www.buzzsaw.com);

(2) PKM(http://www.pkm.com);

(3) E-project(http://www.eproject.com);

(4) Bidcom(http://www.bidcom.com);

(5) Cephren(http：//www.cephren.com)；

(6) Projecttalk(http：//www.projecttalk.com)；

(7) Build-online(http：//www.build-online.com)等。

以下以 Buzzsaw 为例做简要介绍。

Buzzsaw 平台由 Buzzsaw.com（http：//www.pkm.com）公司开发。后来，Buzzsaw.com 公司与美国计算机辅助设计软件(AutoCAD)巨人 Autodesk 公司合并成为其下属的一个分支部门。

Buzzsaw 是一个基于 Internet 的在线协同作业平台，概括来说，其主要功能包括四个方面，即项目资料完整信息的存储中心、项目成员协同作业的沟通平台、项目进展动态跟踪的检查手段和版本控制浏览批注的实施工具。

这四项功能可以使用传统的项目管理行为实现，但使用 Buzzsaw 解决方案可以获得更好的实现效果，分别论述如下：

(1) 项目资料完整信息中心——存储

项目管理行为分析：

1) 完整的项目资料是项目管理的主要成果之一；

2) 项目资料管理的两个目标：集中统一管理和方便安全利用；

3) 项目资料不仅仅包括工程图纸和工程文档本身，项目资料的管理标准、分类结构以及形成过程（即项目的实施过程）也是重要的项目资料；

4) 项目资料具有不同的创建者和使用者，需要分层次管理。

Buzzsaw 解决方案：

1) 集中化：所有项目资料集中存放；

2) 数字化：减少打印、投递作业和费用；

3) 标准化：所有项目资料管理模式和文件类型统一；

4) 完整性：包括图纸、文档、标准、事件、目录结构等项目资料；

5) 一致性：所有项目成员获取同样信息；

6) 安全性：SSL 安全机制、多级权限控制，保证合适的人看到合适的资料；

7) 可检索：包括内容查询在内的多种查询方法；

8) 再利用：包括项目、文件夹、文件级的管理模式和项目资料再利用。

(2) 项目成员协同作业平台——沟通

项目管理行为分析：

在找到合适的项目成员（包括外部合作公司和内部员工）以后，影响项目周期、预算、质量的最主要因素，就是项目成员之间的沟通、决策、审批方式和渠道。

Buzzsaw 解决方案：

1) 7 天 24 小时；

2) 不同地区的成员可以使用不同的语言；

3) 不同的工作时间；

4) 自动 Email 通知；

5) 项目事件的自动记录、跟踪、汇总。

(3) 项目进展动态追踪手段——检查

项目管理行为分析：

项目管理过程中最大的问题是什么？就是不知道何时何地有问题存在！在项目的实施计划确定以后，如何随时随地看到每个项目成员和每个事件的执行情况，并对出现的问题采取及时措施，是保障项目按计划实施的关键。

Buzzsaw 解决方案：

1) 总经理：所有项目进展状态的动态显示；
2) 项目经理：本项目进展状态的动态显示；
3) 项目成员：本人负责项目事件动态显示；
4) 事件、项目、企业级的各类报表；
5) 通过项目动态追踪保障项目按时按预算完成。

(4) 版本控制浏览批注工具——实施

项目管理行为分析：

1) 项目成员上至企业高层、下到一般文员，层次复杂；
2) 项目资料从工程图纸、Office 文件到传真、照片，内容繁复；
3) 易学易用是项目管理和协同作业系统能够成功的关键。

Buzzsaw 解决方案：

1) Office 用户界面，容易使用；
2) 与 AutoCAD 无缝集成；
3) 跨项目条目检索和内容检索；
4) 版本控制；
5) 各种文件格式浏览：DWG，DWF，Microsoft Word，Excel，Project；
6) 红线批注。

除此之外，Buzzsaw 提供了更强大的过程控制能力和空前的项目能见度，带来了项目生命周期的全面节省，如表 8-11 所示。

Buzzsaw 为项目生命周期带来成本节省　　　表 8-11

项目管理行为	Buzzsaw 在线协同作业	成本节省的主要方面
修改计划并得到最终的计划	对计划的评审和批注可以同时进行，结果可以直接在 Buzzsaw 上上传下载	电话、传真、打印、邮寄
创建整套的施工图	整套图纸都可以在线创建和发布	打印和邮寄
创建和发布招投标文件	在线公布和发布	对 80 个供应商投标文件的扫描、打印、复印、邮寄以及相应的劳动力成本
处理投标和合同	供应商在线提交投标文件，最终结果在 Buzzsaw 上公布	打印成本，人工输入数据的成本

8.7 生命周期信息集成

8.7.1 建设项目生命周期管理

建设项目生命周期管理(BLM)，英文全称 Building Lifecycle Management，是借鉴于 PLM(产品生命周期管理)的基本思想，通过系统性的解决方案，支持协作性的创建、管理、共享和使用项目的相关信息，并采用生命周期集成化管理的思想将建筑产品决策和策划、设计、施工和运营的相关信息有机地进行集成，其目的是充分挖掘信息的再利用价值，为项目增值服务。其思想和理念可以概括为三个方面的内容：

(1) 更好地创建信息，保证在设计和施工过程中所创建的信息更为有用与准确；

(2) 更好地管理生命周期建设工程信息，保证信息的组织和跟踪贯穿生命周期，而且从一个阶段到另一阶段转换时没有信息的丢失；

(3) 在建设工程项目参与方之间更好地共享信息，保证在建设过程中所有参与方可获得所需的个性化信息。

(1) 更好地创建信息

BLM 思想和理念认为更好地创建建设工程设计信息是保证信息在传递过程中保持有用和准确性的根本。在设计阶段所创建的有关建筑物的设计信息实际上是以图形形式存在的。它用图来描述建筑物的组成及它们之间的几何关系，通常是二维图形形式。由于用二维图形来表示复杂的三维设施时存在困难，图纸通常是对所建设施的非常抽象的表示。虽然这些抽象的表达有时通过图例来定义，但是对它们的解释是非常不严格的，并且在信息的交流过程中出现很大的异议。此外，这些图形的抽象表达通常是不可用于计算的。虽然图形是用计算机绘出，但是没有给出与图形相关的数据结构，用来表示组成单元内部的特征和关系。例如，用图形 CAD 系统表示的门不可能标出材料、外立面、声音传输的特性、热传输的特性、连接五金件、防火等级、两个不同空间之间的连接情况等。更好地创建信息意味着在数字化的形式下，创建建设工程设计信息，减少信息的重复输入，从而保证信息的有用和准确。BLM 利用 BIM 技术创建建设工程设计信息，保证信息的数字化形式，从而保证信息的准确性，BIM 信息的创建见图 8-34。

(2) 更好地管理生命周期建设工程信息

BLM 思想和理念认为更好地管理生命周期建设工程信息要求：

1) 要以数字化的形式创建和保存信息；

2) 建立机制来储存和跟踪数字化的信息；

3) 把数字化信息的多个方面相互关联起来；

4) 为参与方提供数据入口。

BLM 思想是以 BIM 技术为基础，利用 PIP 技术把项目所有参与方创建和使用的项目有关信息进行集中管理，并且对信息的使用和更改进行跟踪。PIP 的使用贯

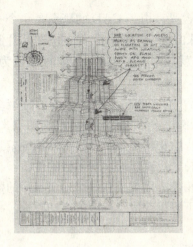 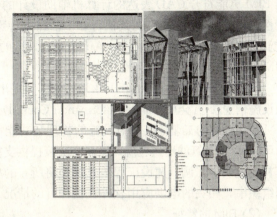

图纸————————→建筑信息

图 8-34　BIM 中信息的创建

穿建设工程生命周期，在 BIM 创建建设工程设计信息的基础上，PIP 提供了管理建设工程信息的工作平台。

(3) 在建设工程项目参与方之间更好地共享信息

BLM 思想和理念是信息在项目各参与方之间进行共享。BLM 思想的信息共享包括两个方面的内容：

1) 利用 PIP 技术为项目参与各方提供个性化的信息入口；

2) 良好的数据交换机制，保证项目参与各方之间信息交换畅通。

协助参与方在项目生命周期使用 PIP 管理和共享信息同样可以减少信息的流失并且改善参与方之间的沟通。BLM 思想和理念不仅关注单个的任务，而且把整个过程集成在一起。在整个项目生命周期内，BLM 协助把许多参与方的工作最优化。BLM 思想和理念可以用图 8-35 表示。

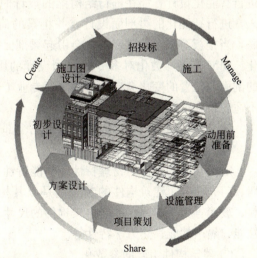

图 8-35　BLM 的思想和理念

8.7.2　建筑信息模型

(1) BIM 的定义

传统 CAD 技术实现了建筑画图的自动化和电子化，但远远没有实现 CAD 文字概念所表达的意思。实际上，传统 CAD 更恰当的解释为计算机辅助制图（Computer Aided Drafting）。所以，严格意义上，BIM 的概念应该从属于 CAD 的概念，但 BIM 更能符合 CAD 表达的计算机辅助设计的含义。由于 CAD 的概念是一个一般性的概念，而且 CAD 在其他行业中已经由特殊的概念所替代，如在电子芯片制造业，EDA(Electronic Design Automation)指的就是 CAD 技术，所以可以认为，BIM 是建筑业的 CAD 技术。

BIM 的概念最早由 Autodesk 在 2002 年提出，后来被广泛接受。国际标准组织设施信息委员会(Facilities Information Council)给出一个比较完整和准确的定义：BIM 是在开放的工业标准下对设施的物理和功能特性及其相关的项目生命周期信息的可计算/可运算的形式表现，从而为决策提供支持，以更好地实现项目的价值。在其补充说明中强调，建设工程信息模型将所有的相关方面集成在一个连贯有序的数据组织中，相关的电脑应用软件在被许可的情况下可以获取、修改或增加数据。

(2) BIM 的特征

BIM 创建的建设工程信息模型具有以下三个特征：

1）建筑物构件对象化

作为建设工程信息模型基本元素的建筑物构件是一个数字化的对象，如数字化的门、窗、墙体等，能表现出门、窗、墙体的物理特性和功能特征，并具有智能性的互动能力，门、窗和墙体之间能自动结合，在几何关系和功能结构上能形成为一个整体。

2）信息模型参数化

参数化的信息模型是 BIM 最重要的特征，BIM 通过信息参数而不是图形参数进行智能化设计，如在进行结构梁的设计时，BIM 通过梁所承受的荷载参数的输入，进行智能化的梁剖面设计，并将梁的荷载参数与梁上楼板的荷载参数进行关联，当楼板荷载参数改变时，会引起梁剖面的变化和梁在整个三维模型中的位置变化。BIM 模型参数化对多专业协同设计的影响更加深远，仍以梁的设计为例，梁的剖面和位置的变化会自动通知暖通专业工程师，梁下通风管道的位置和尺寸已经不适合现在的梁的布置。

信息模型的参数化可以分成以下三个部分：

① 建筑构件的参数化

定义建筑物构件的物理特性、功能特性、可选择性以及与其他构件的关系，如墙、门、窗等。建筑构件的参数化是以其构成的建筑材料如砖、钢材、楼地面材料、玻璃等为基本项，并能定义构件的尺寸、重量、价格、颜色和质地、防水耐火性能、隔声性能、热力学特性等。

② 建筑构件组合的参数化

定义一个构件组合的物理特性、功能特性、构造和内部构件之间的关系，如门、门框、五金件的组合，楼梯段、梯梁、休息平台的组合等。构件组合参数化以定义其内部的建筑构件相互关系的参数为基本项，建筑构件中，一些标准化的构件参数可以进行统一的定义，并依照设计意图，自由的组合。

③ 参数的控制和调整

在设计规范和相关计算公式基础上进行参数操作，可以根据设计要求、光学、声学、风力分析等规则进行参数的控制、模拟等。

3）信息输出多元化

BIM 在数据库中储存项目所有相关信息，可以输出各种形式的信息。从模型中可以直接输出各个角度的视图、剖面图、三维效果图等，也可以报告的形式输出系统性的非图形数据，如工程量清单、门窗列表、造价估算等，这些信息都可以通过表格的形式显示出来，对信息模型的任何编辑和修改都会即时、准确、全面地反映在这些表格中。BIM 输出的信息如图 8-36 所示。

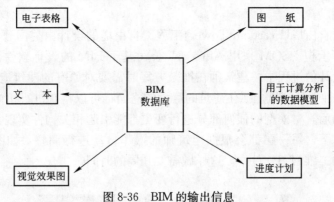

图 8-36　BIM 的输出信息

(3) 基于 BIM 的信息创建

BIM 设计工具创建了参数化建筑设计数据，为建设工程生命周期的信息管理提供了可行的技术基础，可以实现建筑工程生命周期各阶段的信息共享和管理。参数化建筑设计数据，可以进一步地应用于建筑方案设计优化、各项专业设计、施工计划安排、生命成本分析和设施管理等的技术和管理活动中，这将极大地提高工程建设和管理的效率和效益，如图 8-37 所示。

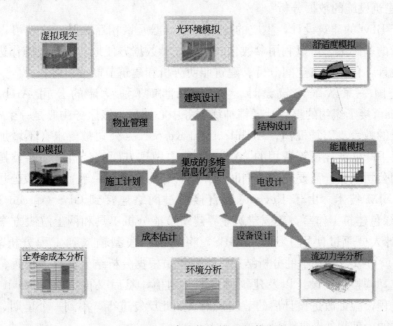

图 8-37　基于建筑信息模型的信息交流

1)建筑设计优化

建筑设计水平的提高,涌现出许多造型新颖和空间丰富的现代建筑,现有二维设计工具在表现形体和空间时,表达深度上的局限性比较突出。同时,由于市场竞争的需要,建筑师在建筑设计中往往是边构思边画图推敲,所以对设计表现的空间表达能力也提出了更高的要求。BIM 创建的信息模型能满足准确绘制复杂形体的平立剖面图的要求,提高了建筑师工作效率,在短时间内完成建筑物的设计工作,缩短设计周期。

如纽约的自由塔(Freedom Tower)工程。自由塔的设计由美国著名的 SOM 建筑设计事务所承担。SOM 采用 Autodesk 公司基于 BIM 的设计软件 Revit 进行设计。在方案设计的过程中,建筑师在推敲方案时需要对原有的建筑造型进行扭曲,应用 Revit 软件在计算机上抓住建筑的巨大的立面,可以将它进行扭曲。由于在建立了信息模型后,对模型的任何部分进行变更都能引起相关构件实现关联变更,因此在这种状态下,每一层都会根据建筑师的操作自动进行调整,如图 8-38 所示。以前在标准的二维制图软件中,这样做需要几周的时间。

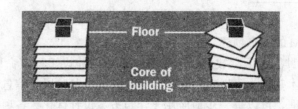

图 8-38　Revit 软件对原有的建筑造型进行扭曲

2)建筑设施的数据分析

基于 BIM 的建筑设计,生成的建筑对象数据元素相互关联,这就可以在完成建筑设计的基础上,可以利用参数化的建筑设计数据方便地对建筑设施作进一步的分析和设计,包括建筑空间分析、建筑照明分析和建筑节能分析等。

如美国一家从事建筑设计、室内设计和规划设计的公司 Architectural Resources 承接了纽约的皇后社区精神病服务中心项目,该服务中心是一个有 45000 平方英尺的教育、康复机构。Architectural Resources 公司被要求在不增加原来预算的前提下降低能耗预算费用的 20%。以往要做这方面的分析,都要委托专业的工程顾问公司来做,需要耗费数周时间,而且还需要支付一笔费用。该公司采用了 Revit 的 BIM 技术。由于 Revit 可以直接通过网络连接到 GBS(Green Building Studio,绿色建筑工作室,美国建筑业界建筑节能分析工具和网上解决方案的引领者),设计人员通过使用 Revit 和 GBS,将建筑物模型输入到工程分析软件中,10min 后就可以得到基本的分析结果。设计人员根据分析结果,改进采暖、通风和空调系统,调整建筑设计以及建筑材料的热阻值,然后又再次使用 Revit 和 GBS 的计算过程,验证改进设计后的节能效果。如此反复进行,不到一个星期,就得到符合要求的、理想的节能设计。

3) 建筑工程实施的动态模拟

BIM 技术可以在设计阶段实现可视化施工过程和顺序的模拟,如图 8-39 所示,可使项目参与各方尤其是业主和最终用户在项目方案设计阶段,就可以对建筑产品及其实施过程有直观的感受,便于方案比较和选择。

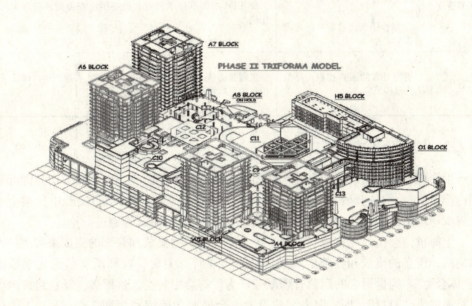

图 8-39 可视化施工过程和顺序模拟

基于建筑信息模型,通过 4D(四维)技术可以将空间三维与时间维很好地链接在一起,可以通过模拟施工过程预测施工过程中出现的场地与作业时间的冲突,进行可施工性分析等。

4) 设施管理的简便和高效

BIM 创建的设计数据,也为建筑物在使用阶段的管理和维护提供完整和可靠的信息。数字化建筑模型的利用,使得设施的运行维护管理更为简便和高效。

(4) BIM 应用的意义

BIM 应用的意义体现在以下四个方面,如表 8-12 所示。

BIM 应用的价值　　　　　　　　　　表 8-12

	BIM 应用的价值	原　因
工程质量	1. 设计质量得到准确度方面的提高; 2. 更好的项目决策支持	1. 减少了通过二维图纸来表示建筑物的人为错误的发生,如数量计算错误,标高错误等; 2. 在方案设计阶段,对不同设计方案中质量和数量的分析,为业主和项目运营方的决策提供信息支持
工程造价	1. 降低项目参与各方的成本; 2. 降低项目生命周期造价	1. BIM 在项目各参与方之间共享,大大加强了信息沟通和协作;承包商得到更准确和及时的建设信息,工程师得到准确的项目控制信息; 2. 对项目运营成本进行分析比较

续表

BIM 应用的价值	原　因
工程进度	1. 提高效率：减少设计时间，使项目管理方进行更多的项目进度分析，评价多个项目可行性方案； 2. 减少图纸误差带来的进度延误可能性	1. 基于同一模型的多专业协同设计加快了设计进度； 2. BIM 的共享使承包商和设备供应商得到最新版本的图纸
工程风险	更为可靠的预算控制，降低人为错误风险	工程量清单、工程造价等信息由 BIM 直接产生，保证了信息的可靠性和准确性

8.7.3　信息化集成与管理系统

生命周期信息集成是信息技术在项目管理领域发展的一个新研究方向，国际和国内都于 21 世纪初开始，因此是一个非常新的概念，应用到项目实践中的案例也比较少，本节以上海 2010 年世博会信息化集成与管理系统为例进行论述。

上海世博会信息化集成与管理系统是通过组织的集成和管理的集成来实现技术的集成、信息的集成和设施的集成，最终实现所有尖端科技和所有信息化手段的"整体合力"，为世博会的运营管理服务，为世博会中各类人群服务。其在组成内容上可表述为"3111"，即：服务于建设期、会展期和后续利用期 3 个阶段，1 个全过程、全方位的信息化集成与管理平台，1 个决策指挥控制中心和 1 个信息发布与服务窗口。如图 8-40 所示。

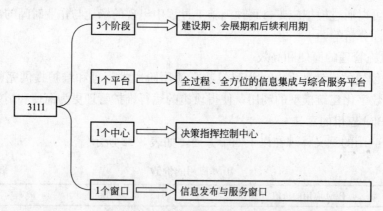

图 8-40　上海世博会信息化集成与管理系统功能总体框架

该总体功能框架可以分为三个层面，即专业技术服务、信息化集成与管理平台、决策指挥控制中心和信息发布与服务，如图 8-41 所示。

上海世博会信息化集成与管理系统的功能框架构建的总体思路是：

（1）以地理信息系统（GIS）、人脸识别技术、智能 IC 卡技术、电子标签技术、虚拟现实技术、导航定位技术等技术手段为基础，形成第一层面的专业技术服务手段；

（2）基于生命周期信息集成的理念，以会展期为重点，构建面向园区管理与服务人群、后备保障人群等的信息化集成与管理平台。该平台具体内容包括安保系统、售检票系统、设施和运营系统、物流系统、客流引导系统、交通系统和生命周期全过程控制管理系统等七大子系统，作为2010年上海世博会信息化集成与管理系统的第二层面，它是本系统的核心；

（3）在信息化集成与管理平台的基础上，构建面向决策人群的决策指挥控制中心；

（4）建立面向参观人群和参展人群等的信息发布与服务窗口，从而实现上海世博会信息化的全面集成与管理。

具体如图 8-42 所示。

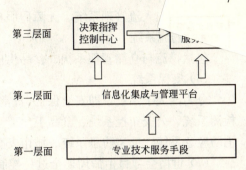

图 8-41　上海世博会信息化集成与管理系统的三个层面

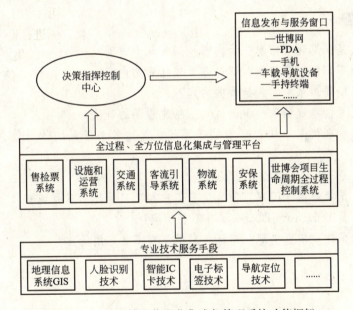

图 8-42　上海世博会信息化集成与管理系统功能框架

作为核心功能的信息化集成与管理平台由以下七大子系统组成：

（1）售检票系统

包括智能门票管理、售票系统、检票系统等；

（2）设施和运营系统

包括基础设施智能化管理、参展商和展品管理、场内餐饮管理系统、世博礼品综合管理、远程虚拟世博会、建筑和工程安全与监控检测管理系统等；

（3）交通系统

包括智能交通综合管理、智能停车管理、场内交通组织系统等；

（4）客流引导系统

包括场内人流管理系统、无障碍服务系统、智能导游系统等；

（5）物流系统

包括物流与仓储管理系统、食品供应管理等；

（6）安保系统

分为两大子系统，即安全保卫（日常）与紧急抢险（抢救）子系统，具体包括气象检测系统、公安布控系统、食品卫生管理、地理及空间信息系统、医疗救护系统、消防应急系统、反恐防恐系统、城市安全与防灾、风险预警应急系统等；

（7）世博会项目生命周期全过程控制系统

包括规划可视化管理、项目信息门户、设施管理系统等。

上海2010年世博会信息化集成与管理系统的建设将真正实现世博会"园区内智能化，园区外信息化"的目标，世博会结束后形成一整套成熟的大型活动成套信息系统，实现"以数字世博为抓手，推进数字上海建设"的目标。

复习思考题

1. 什么是信息化？信息化的内容包括哪几个方面？
2. 按照不同的划分依据，信息分类包括哪些内容？
3. 信息编码体系主要包括哪些内容？
4. 什么是信息流程图？举例说明信息流程图的画法。
5. 项目管理信息系统包括哪些子系统？简述各个子系统的功能、数据结构、输出报表。
6. 什么是P3e/c？什么是C3A？
7. 什么是项目信息门户？项目信息门户和项目管理信息系统有什么区别？
8. 什么是Buzzsaw？Buzzsaw有哪些功能？
9. 什么是建筑信息模型？建筑信息模型有哪些应用价值？

参考文献 References

[1] 爱德华·R·菲斯克著，金永红译. 建设项目管理实务. 北京：清华大学出版社，2006.
[2] 曹吉鸣、林知炎. 工程施工组织与管理. 上海：同济大学出版社，2002.
[3] 陈建国、曹吉鸣、高显义. 工程计量与造价管理. 上海：同济大学出版社，2001.
[4] 丛培经等. 实用工程项目管理手册. 北京：中国建筑工业出版社，1999.
[5] 丁士昭编著. 建设监理导论. 上海快必达软件出版发行公司，1990.
[6] 丁士昭主编. 建设工程信息化导论. 北京：中国建筑工业出版社，2005.
[7] 丁士昭主编. 工程项目管理. 北京：中国建筑工业出版社，2006.
[8] 全国一级建造师执业资格考试用书编写委员会编写，丁士昭任编写委员会主编. 建设工程项目管理. 北京：中国建筑工业出版社，2004.
[9] 全国二级建造师执业资格考试用书编写委员会编写，丁士昭任编写委员会主编. 建设工程施工管理. 北京：中国建筑工业出版社，2004.
[10] 全国造价工程师执业资格考试培训教材编审委员会. 工程造价计价与控制. 北京：中国计划出版社，2003.
[11] Gregory T. Haugan 编著，北京广联达慧中软件技术有限公司译. 有效的工作分解结构. 北京：机械工业出版社，2005.
[12] 官振祥. 工程项目质量管理与安全. 北京：中国建材出版社，2001.
[13] 国际复兴开发银行和国际开发协会信贷采购指南. 2004.
[14] 何伯森. 国际上工程项目的管理模式及其风险分析. 工程经济，2005.
[15] 何清华. 建设项目全寿命周期集成化管理模式的研究. 重庆建筑大学学报，2001.
[16] 何清华. 建设项目全寿命周期集成化管理信息系统(LMIS)的研究. 土木工程学报(建设工程与管理分册)，2002.
[17] 何清华. 大型工程项目集成化项目控制系统的研究. 同济大学学报(自然科学版)，2000.
[18] 何清华. 基于 Internet 的大型工程项目信息系统. 同济大学学报(自然科学版)，2002.
[19] 何清华. 上海 2010 年世博会信息化集成与管理系统研究. 同济大学学报(自然科学版)，2007.
[20] 何清华. 建设项目全寿命周期集成化管理模式的研究(博士论文). 同济大学，2000.
[21] 何清华. Internet-based information communication and management-the application of project information portal. second international conference on construction in the 21st. century: sustainability and innovation in management and technology. Hongkong, 2003.
[22] 何清华. The Research of Management Information System Based on the Viewpoint of Life-Cycle Period. 2003 International Conference on Construction & Real Estate Management (第一作者). Harbin, 2003.
[23] 何清华. Project Information Portal applied in the professional Management of Large-scale

construction project. Harbin, 2003.
[24] 何清华. Life-cycle Integrated Management Information System(LMIS) of Construction Project. International Conference on Advances in Building Technology. the Hong Kong Polytechnic University, 2002.
[25] 黄如宝. 建设项目投资控制—原理、方法与信息系统. 上海：同济大学出版社, 1995.
[26] 贾广社. 项目总控(Project Controlling)—建设工程的新型管理模式. 上海：同济大学出版社, 2003.
[27] 罗德尼·特纳著, 任伟等译. 项目管理手册—改进过程、实现战略目标(第二版). 北京：清华大学出版社, 2002.
[28] 乐云. 国际新型建筑工程CM承发包模式. 上海：同济大学出版社, 1998.
[29] 乐云. Project Controlling(项目控制)与项目管理(监理)的区别分析. 建设监理, 2000.
[30] 乐云. 项目前期策划与项目管理. 2002建设部西部地区项目管理研讨会, 2002.
[31] 乐云. 项目总控(Project Controlling)模式在大型项目建设管理中的应用. 2002海峡两岸工程管理研讨会, 2002.
[32] 乐云. 项目管理信息系统(PMIS)与项目信息门户(PIP). 建设监理, 2003.
[33] 乐云. 大型工程项目的新型合同结构模式研究. 同济大学学报(自然科学版), 2004.
[34] 乐云. 工程项目信息门户的开发与应用实践. 同济大学学报(自然科学版), 2005.
[35] 乐云. BLM集成模型研究. 山东建筑大学报. 2006.
[36] 乐云. 建设项目全寿命周期集成化管理信息系统. 中国管理科学, 2006.
[37] 乐云. 上海世博会项目全寿命周期信息集成与管理研究. 中国管理科学, 2006.
[38] 乐云. 设计过程的项目管理. 建筑经济, 2007.
[39] 乐云、罗晟、何清华. 中国新型工业化进程中工程管理学科建设研究, 高等工程教育研究, 2007.
[40] 乐云. 房地产委托项目管理的实践(之一). 建筑经济, 2007.
[41] 卢勇. 基于互联网的工程建设远程协作的研究(博士论文). 上海：同济大学, 2004.
[42] 米兰主编. 世行贷款项目招标采购案例分析. 北京：中国建筑工业出版社, 2003.
[43] 彭勇. 基于互联网的投资控制与合同管理信息系统的研究(博士论文). 上海：同济大学, 2001.
[44] 上海普华科技发展有限公司主编. Primavera5.0参考手册. 2004.
[45] 孙占国、徐帆主编. 建设工程项目管理. 北京：中国建筑工业出版社, 2007.
[46] 石礼文. 建设工程质量知识读本. 上海：上海科学技术出版社, 2001.
[47] 上海科瑞建设项目管理有限公司网站. http://www.kcpm.com.cn.
[48] 李永奎、乐云、何清华. 2010年上海世博会信息化集成与管理系统研究. 计算机工程, 2007.
[49] 袁义才、杨永太. 项目管理手册. 北京：中信出版社, 2001.
[50] 李永奎. 建设工程生命周期信息管理(BLM)的实现研究-组织、过程、信息和系统集成(博士论文). 上海：同济大学, 2007.